Gentleys

© GD Verlag | Gentlemen's Digest Ltd. & Co. KG
Alle Rechte vorbehalten. All rights reserved.

Alle hier vorliegenden Inhalte sind urheberrechtlich geschützt. Die Vervielfältigung, Verbreitung und Übersetzung ist nicht gestattet. Kein Teil des Werkes darf in irgendeiner Form (durch Film, Funk, Fernsehen, Fotokopie, Mikrofilm, Tonträger, Internet oder ein anderes Verfahren) ohne schriftliche Genehmigung reproduziert oder unter Verwendung elektronischer Systeme gespeichert, verarbeitet, vervielfältigt oder verbreitet werden

Redaktion: Petra Harenbrock, Berlin
Satz und Gestaltung: Karin Kostmann, Bremen
Covergestaltung: Benjamin Metz, Berlin
Grafiken: © WoGi, © Rena Marijn, © Jörg Vollmer, © michanolimit - Fotolia.com
Druck: Sowadruk
ISBN: 978-3-941045-11-8

GD Verlag | Gentlemen's Digest Ltd. & Co. KG
www.gentleys.com - www.gdigest.com - www.xinxii.com

Herausgeber:
Media Innovation GmbH
www.media-innovation.de - www.marketingshop.de

2. Auflage 2010

Vorwort

„Der brave Mann denkt an sich selbst zuletzt", hat Friedrich von Schiller einmal gesagt. Das war vor mehr als 200 Jahren. Und der moderne Mann heute? Unser Alltag zeigt: Männer sind vielseitig interessiert, sie denken viel über persönliche Ziele, Motivationen und Lebensqualität nach. Und an sich selbst denken sie nicht zuletzt, sondern glücklicherweise schon ein bisschen früher. Denn moderne Männer sind anspruchsvoll, sie wollen weiterkommen und suchen stets den entscheidenden Tipp. Schließlich bekommt nur derjenige einen Vorsprung gegenüber seinen Artgenossen, der mit wertvollen Insider-Informationen ausgestattet ist. Wer solches Zusatzwissen hat, erreicht mehr Lebensqualität, größeren Erfolg und eine Extraportion Luxus.

Wer in dem vorliegenden Ratgeber stöbert, trifft auf eine wahre Fundgrube an Beiträgen ausgesuchter Experten, die viel darüber nachgedacht haben, wie sie Ihr Leben erleichtern und verbessern können. Das betrifft nicht nur das weite Feld des Erfolgs, sondern auch alle Bereiche des Genießens und nicht zuletzt die Sphären der Mobilität. Daher finden Sie in den drei Hauptkapiteln „Erfolg", „Leben und Genießen" und „Unterwegs" viel Wissens- und Lebenswertes. So versprechen die Geldanlagetipps von Finanzexperten ein Plus auf dem eigenen Konto, die Flirt-Tipps bekennender Herzensbrecher garantieren mehr Erfolg bei den Frauen und der richtige Kniff bei der Kleidung sorgt stets für einen makellosen Auftritt.

Manche Autoren werden Sie dazu auffordern, Ihr gesamtes Wertesystem zu hinterfragen. Andere wiederum steuern nützliches Detailwissen bei. Wer wollte etwa nicht schon immer wissen, wie man Dinnergäste galant auch wieder los wird, warum sich Männer beim Essen ein Vorbild am Neandertaler nehmen sollten, wie Networking im Internet funktioniert und wie Sie Frauen mit Ihrer Wohnung imponieren?

Ein Hauch von Luxus weht durch die Seiten. Seien es nun Privatjets, Yachten oder der Luxus im übertragenen Sinne, Gefühle als Mann zuzulassen – wer erkannt hat, dass ein Paar Maßschuhe dreimal so lange hält wie ein Paar Konfektionsschuhe, der legt sein Geld sehr viel vernünftiger an. Luxus, gewiss: Aber weder unvernünftig noch verschwenderisch. Luxus ist letztendlich die gekonnte Umsetzung sinnlicher Wahrnehmungen in Lebensqualität. Kurzum: Das vorliegende Buch ist eine Fundgrube an Themen, die Männer mit Stil begeistern, unterhalten und informieren. Vielleicht führt ja die Lektüre zur Realisierung des einen oder anderen Traumes. Und wenn er nicht gleich hier und heute erfüllbar ist, dann vielleicht in einem Jahr, in fünf Jahren, in zehn. Better late than never, wie die Briten sagen. Damit Sie – anders als von Friedrich von Schiller postuliert – nicht zuletzt, sondern ruhig ein bisschen früher an sich selbst denken.

Viel Vergnügen bei der Lektüre.

Ihre Gentleys Redaktion

Inhaltsverzeichnis

ERFOLG

Erfolg im Beruf

Networking macht mächtig 14
Karrieresprünge ohne Kollateralschäden 17
Einflussreiche Freunde 18
Welche Leute gehören in Ihr Netzwerk? 20
Geld, Einfluss und Macht. Erfolg und Reichtum mit den Tricks der Mafia . . . 21
Networking in Clubs 23
Networking beim Golf 25
Kleine Anleitung zum Business-Golf 27
Die geheimen Gesetze der Macht 29
So werden Sie zum guten Chef 31
Zum Experten werden 32
Sind Sie ein Workaholic? 35

Erfolg im Internet

Ihr guter Ruf im Netz 38
Networking mit Sozialen Netzwerken 41
Selbstvermarktung auf Xing 43
Zwitscher-Leitfaden 45

Erfolg durch Prestige und Renommee

Ein „Doktor" öffnet Türen 50
Diplomat werden 55
So werden Sie zum Konsul 60
Ein Wappen für Ihre Familie 61
Die Welt des Adels 63

Erfolg mit Finanzen

Effektiv Geld vermehren 68
Die tickende Depotbeimischung. Nobeluhren als Kapitalanlage 71
Flüssig durch jede Krise. Wein als Kapitalanlage 75
Die zehn goldenen Regeln des Wein-Investements 78
Luxus zu Wasser. Yachten als Kapitalanlage 79
Autos in den besten Jahren. Youngtimer als Kapitalanlage 83
Geld im Ausland 86
Private Paradiese. Trauminseln mieten oder kaufen 88
Kapitalanlage Kunst 90
Die Kunst des Stiftens 93
Reich werden im Casino? 96
Das Fünf-Flaggen-Modell 99

Erfolg durch gutes Benehmen

- Vorstellen, Anrede und Titel 104
- Ohne Kollisionen 108
- Geschäftskorrespondenz mit Stil 109
- Als Gast glänzen 111
- Erfolgreiche Geschäftsessen 112
- Zu Tisch bitte 113
- Tipps vom Starkoch von A bis Z 114
- Wieviel Trinkgeld geben? 118
- Ihr Freund, der Sommelier 119
- Der perfekte Gastgeber 120
- Gäste wieder loswerden 121
- Verhalten in einer Ausstellung 122
- Promis in Sicht 123
- Perfektes Verhalten in der Oper 124

Erfolg bei Frauen

- Frauen um den Finger wickeln 128
- Geheimsprache der Verführer 132
- Herzensbrecher 134
- Mit einem Flirt Grenzen sprengen 139
- Pillen für die Potenz 140
- Der perfekte Seitensprung 143
- Eine Barkeeperin verführen 145
- Werden Sie zum Überflieger und verführen Sie eine Stewardess 147
- Was Sie einer Frau nie sagen sollten 150

LEBEN UND GENIESSEN

Der Mann und sein Inneres

- Gefühle sind Luxus 156
- Ziel erkannt, Glück gebannt 159
- Jobverlust als Chance 164
- Endlich mehr Charisma 166
- Kein Stress mit dem Stress 170
- So haben Sie Ihre Wut im Griff 172
- Fit bis ins hohe Alter 173
- Gesundheit für die Vorsteherdrüse 176
- So kurieren Sie einen Kater aus 177

Der Mann und sein Äußeres

- Cremen, salben, duften 180
- Bärte sind wieder da 183
- Unter's Messer für die Schönheit 184

Wenn sich das Haar lichtet 186
Pflegetipps für Haut und Haar. 187
Essen wie die Urmenschen 188
Auf den Leib geschneidert 192
Das richtige Outfit für den Job 196
Dresscodes und was sie bedeuten 198
Solide Basis. Schuhe für den modernen Mann. 200
Sportlerfüße mit Stil 204
Maßschuhe aus Exotenleder 206
Die Welt der Luxusuhren. 208

Sport und Spaß

Artgerechte Haltung 212
Die perfekte Trainingswoche 215
Ihr ärgster Trainingsfeind 216
Angeln ist sexy 218
Kicks statt Alltag. Extremsportarten verändern Ihr Leben 220
Wenn Männer spielen 222
Für das Kind im Manne: Gadgets 224
Die teuersten Dinge der Welt 225

Wohnen

Gemütlich und stilvoll 228
Wohnen in Lofts 232
My home is my castle 234
Die perfekte Farbpalette 236
Kaufen oder mieten? 238
Psychogramm des Mobiliars 239
Verführerische Wohnung 242
Das beste Grundstück finden 243
Sicherheit für Ihr Heim 244
Moderne Butler 247
Bodyguards 248

Kochen

Mit Kochkünsten umwerben 252
Leidenschaft und Entspannung 255
Großes Kino in der Küche 259
Beziehungspflege mit Bison 261
Kräuter statt Blumen 264
Risotto vom Weltmeister 268
Schokolade für die Dame 270

Genusselixiere

Verkannte Rebsorten 276

Für jedem Wein das passende Glas 278
  So gelingt die Weinprobe 279
  Welcher Wein passt zum Essen? 280
  Das flüssige Gold: Champagner. 281
  Cowboy oder Gentleman: Whisky ist ein Drink für Männer 283
  Richtig Whisky trinken 286
  It's Tea-Time. 287

Delikatessen
  Kulinarische Highlights. 292
  Fische mit Brief und Siegel 299
  Mit Speisen die Sinneslust wecken 302
  Die Königin der Sinnlichkeit: Warum Edelschokolade boomt 303
  Schokoladen-Degustation 306

UNTERWEGS

Zu Lande
  Oldtimer der Weltklasse 312
  Autokauf im Internet. 320
  Abenteuerreisen für ganze Kerle 321
  Kleine Helfer für unterwegs. 323
  Camping + Luxus = Glamping. 325
  Jogging und Sightseeing 326

Zu Wasser und in der Luft
  Schwimmender Luxus. 330
  Aristoteles Onassis' Yacht 333
  Auf dem Wasser wohnen 334
  Hoch hinaus. Was Vielfliegern das Leben erleichtert 336
  Die besten Geldverstecke für unterwegs 339
  Keine Zeit verlieren 340
  Die coolsten Bars weltweit. 341

Erfolg

Erfolg im Beruf

Networking macht mächtig

Tipps für erfolgreiche Netzwerke immer und überall

Erst das richtige Networking führt in vielen Berufskreisen zu neuen Jobs, Kontakten und neuen Kunden. Ich persönlich betrachte Networking darüber hinaus als eine unterhaltsame gesellige Praxis, die mein Leben bereichert. Darin liegt, glaube ich, der Unterschied zwischen schlechtem und gutem Networking. Werfen wir einen Blick darauf, was an den konventionellen Vorstellungen von Networking-Praktiken falsch ist und erarbeiten wir einen einfachen Ansatz für gutes Networking.

In der Geschäftswelt müssen wir uns ständig darauf konzentrieren, unser Netzwerk von Kontakten auszuweiten. Networking geht nicht immer nur darum, sich auf der Karriereleiter nach oben zu bewegen, es ist aber ein wichtiges Nebenprodukt. Es geht darum, Informationen zu bekommen und Kontakte zu knüpfen, die im täglichen Geschäftsleben helfen können. Es ist ein notwendiges Werkzeug in Ihrem Berufsleben, auch wenn Sie nicht nach einem neuen Job suchen. Wenn Sie einmal Ihren Job verlieren, ist ein gutes Netzwerk von größter Wichtigkeit.

Networking bedeutet auch, anderen bei ihren Bemühungen zu helfen, die in der Geschäftswelt Karriere zu machen. Gute Networker arbeiten hart an der Beziehungspflege und beschäftigen sich sehr viel damit.

Schlaue Geschäftsleute wissen, dass es überall und immer Gelegenheit gibt, Netzwerke zu knüpfen. Die folgenden Tipps können Sie in jeder Umgebung anwenden, wie z.B. bei Cocktail Partys, Konferenzen oder Messen. Man weiß nie, wen man auf der Party des Sohnes Ihrer Freundin oder auch in der Warteschlange im Kaufhaus trifft.

Hier einige grundlegende Tipps, Ihre Networking-Fähigkeiten zu verbessern.

Haben Sie immer Visitenkarten dabei

- Gehen Sie sicher, dass Sie immer Visitenkarten dabei haben. Sortieren Sie zerknickte oder verschmutzte aus.

Überlegen Sie sich interessante Gesprächseinstiege

- Bleiben Sie auf dem Laufenden bei Welt- und Lokalnachrichten und beachten Sie aktuelle Angelegenheiten und neue Geschäftsideen. Auf diese Weise werden Sie, wenn Sie Ihren neuen Kontakt treffen, ein Thema haben, über das Sie sprechen können. Politische und religiöse Themen sollten vermieden werden.

Helfen Sie anderen

- Bei einer gesellschaftlichen oder geschäftlichen Feier suchen Sie sich die Leute heraus, die am Rand stehen, und stellen Sie sich vor. Wenn jemand nicht der kontaktfreudigste Mensch ist, wird er sicher dankbar sein und sich an Sie erinnern. Sie können auch zusammenarbeiten, indem Sie die Führung übernehmen und ihn anderen vorstellen.

Stellen Sie sich vor

- Sagen Sie Ihren Namen (und den Ihrer Firma, sofern Sie eine repräsentieren) und wiederholen Sie den Namen der anderen Person, so dass Sie sich daran erinnern werden. Geben Sie Ihrem Gegenüber die Hand. Stellen Sie Augenkontakt her.

Haben Sie eine Frage parat

- Nähern Sie sich mit einer Frage oder Einleitung, die Interesse ausdrückt, wie „Sind Sie nicht Johann Kehl von Master Technologies?", „Waren Sie nicht Teil des Entwicklungsteams des neuen Projekts?" oder „Ich bin froh, die Gelegenheit zu haben, jemanden von ... zu treffen." Wenn man an Ihnen interessiert ist, werden Sie Interesse auf sich ziehen.

Zeigen Sie Interesse

- Zeigen Sie Interesse an Ihrem neuen Kontakt, ohne es zu übertreiben. Wenn Sie die Leute dazu bringen, über sich selbst zu sprechen und Sie aufmerksam und aktiv zuhören, wird man Sie als interessanten Gesprächspartner in Erinnerung behalten, auch wenn Sie wenig sagen.

Gehen Sie zum richtigen Zeitpunkt

- Passen Sie den richtigen Zeitpunkt ab, um ein Gespräch zu beenden. Verabschieden Sie sich aus dem Gespräch, bevor es beginnt abzusterben. Übernehmen Sie das Motto aus dem Showbusiness: „Always leave 'em wanting more."

Machen Sie Notizen

- Nutzen Sie die Rückseite der Visitenkarten, die Sie sammeln, um sich Notizen über Ihren neuen Kontakt zu machen. Schreiben Sie auf, wo und wann sie sich getroffen haben. Ein Projekt, das Sie besprochen haben oder ein interessantes Detail, an dem er Sie teilhaben ließ, wie z. B., wo er seinen Urlaub verbringen will. Wenn er ein besonderes Hobby oder Interesse beschrieb, schreiben Sie es auf, da es Ihnen einen großartigen Einstieg für den weiteren Kontakt bieten kann.

Seien Sie nicht aufdringlich

- Hören Sie auf Gelegenheiten, in denen Sie eine sachliche Anekdote in ein Gespräch einbringen können – es muss etwas sein, mit dem Ihr neuer Kontakt sich identifizieren kann. „Als ich letztes Jahr in Frankfurt war, um das neue Marketingprogramm zu entwickeln und einzuführen, hatte ich Gelegenheit, Tourist zu spielen..." oder „Das erinnert mich an die Teamarbeit, als unsere Abteilung ein neues Produkt entwickelte, das dem Unternehmen eine halbe Million Euro im Jahr sparte." Geben Sie nicht an. Geben Sie nur einige erinnernswerte Informationen über sich, die für Ihren neuen Kontakt von Interesse sein können.

Schenken Sie Ihre volle Aufmerksamkeit

- Während Sie in ein Gespräch mit einem Kontakt verwickelt sind, vermeiden Sie es über seine Schulter zu schauen, um den Raum zu sondieren. Das ist ein todsicherer Weg, Ihren Gesprächspartner zu verärgern und als unaufrichtig oder unhöflich gebrandmarkt zu werden.

Seien Sie unterhaltsam

- Setzen Sie Humor klug ein. Gehen Sie sicher, dass Witze geschmackvoll, harmlos und wirklich lustig sind, ansonsten vermeiden Sie sie zu erzählen. Sie müssen ein Image bewahren und das kann im Bruchteil einer Sekunde durch unangebrachten Humor ruiniert sein.

 Flirten verboten

Machen Sie niemals einer Frau auf einer Networking-Veranstaltung Avancen. Niemals. Auch nicht, wenn Sie überzeugt sind, dass sie Ihre Seelenverwandte sein könnte. Wenn Sie sie zu einem späteren Zeitpunkt treffen möchte, großartig, aber halten Sie es auf einer geschäftlichen Ebene, bis sie klar den ersten Schritt macht. Man weiß nie, wie mächtig sie ist, ob durch ihre Position oder ihren gesellschaftlichen Status.

Bleiben Sie in Kontakt

- Halten Sie Kontakt mit Ihrem Netzwerk. Mailen oder rufen Sie Ihre Kontakte von Zeit zu Zeit an, um Grundlagen zu schaffen. Sie können Ihnen Artikel zum Lesen schicken, die wegen des Arbeitsbereiches von Interesse sein können, oder zu guten Neuigkeiten Ihres Kontakts (oder seiner Firma), die Sie gehört haben, gratulieren.

Wenden Sie Ihre neuen Networking-Fähigkeiten an, und Sie werden neues Selbstvertrauen aufbauen und Ihr Geschäftsimage verbessern. Geschäftserfolg und persönliche Zufriedenheit werden folgen.

Andreas Münsterberg

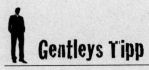
Gentleys Tipp

Karrieresprünge ohne Kollateralschäden
Wie Sie Ihre neue Rolle perfekt ausfüllen und Neider ausbremsen

Karrieresprünge sind gut für das Selbstbewusstsein und das Bankkonto – der menschliche Faktor kann dabei aber zum Problem werden. Denn wo einer befördert wird, gibt es meistens einen anderen, der meint, er hätte den Sprung auf der Karriereleiter noch viel mehr verdient als Sie. Neidische Blicke, unangenehme Seitenhiebe, beißende Kommentare und offene Eifersucht sind die Folge. Mit den folgenden Grundsätzen sind Sie nach einem Karrieresprung gut gerüstet:

☛ **Halten Sie Ihre Beziehungen zu Kollegen professionell**

Achten Sie besonders auf einen angemessenen Ton. Ganz gleich, ob Sie unter Termindruck stehen, das Meeting sich bis in die Abendstunden zieht oder jemand die Arbeit der letzten Woche zunichte macht: Vermeiden Sie Beleidigungen und bleiben Sie sachlich. Wenn Sie sich keine Entgleisungen leisten, bieten Sie auch keine Angriffsfläche.

☛ **Umgeben Sie sich mit positiv eingestellten Mitarbeitern**

Ein loyales und freundliches Team hält die Motivation hoch und schützt Sie vor offenen Feindseligkeiten. Außerdem brauchen Sie so keine Angst zu haben, als einziger die Sonderschichten im Büro ableisten zu müssen. Allerdings sind solche Kollegen schwer zu finden – vielleicht lohnt ein Blick über Ihre eigene Abteilung hinaus.

☛ **Vermeiden Sie Prahlerei**

Natürlich können Sie sich über Anerkennung und Erfolg freuen, aber vermeiden Sie es, vor anderen, die gerade nicht befördert wurden und keine Gehaltserhöhung bekommen haben, mit Ihren Leistungen zu prahlen. Gießen Sie nicht noch Öl ins Feuer, sondern bleiben Sie auf dem Teppich, das wirkt sympathisch.

☛ **Konzentrieren Sie sich auf die wesentlichen Ziele im Job**

Je fokussierter und besser Sie arbeiten, desto geringer sind die Möglichkeiten, Ihnen mangelnde Qualitäten nachzusagen, oder zu behaupten, Sie hätten Ihren Erfolg nur Vitamin B zu verdanken.

☛ **Sprechen Sie eifersüchtige Kollegen direkt an**

Herrscht bereits in der ganzen Abteilung negative Stimmung, müssen Sie die direkte und sachliche Konfrontation mit der eifersüchtigen Person suchen. Ein offenes Gespräch kann Missverständnisse aus dem Weg räumen.

tma

Einflussreiche Freunde

Wie Sie von mächtigen Menschen gezielt profitieren

Wenn Sie einen Tisch im angesagtesten Restaurant der Stadt ergattern, haben Sie Glück. Wenn Sie jedoch nur in der Ecke neben der Küche sitzen dürfen, haben Sie vielleicht doch noch einen Aspekt vergessen, der wichtig ist auf dem Weg zu mehr Einfluss und Ansehen. Wie hat es der elegante Herr am begehrten Fenstertisch nur geschafft, dort speisen zu dürfen? Hatte er schlicht Glück? Oder ist er etwa einer von diesen beneidenswerten Leuten, die durch ein paar leichte Kniffe und die richtigen Kontakte einfach immer bequemer durchs Leben kommt? Merken Sie sich: Auch Sie können den besten Tisch bekommen, wenn Sie den Maître kennen. Er wird Ihnen eine Reservierung am überfülltesten Abend garantieren, den besten Tisch, dazu eine Flasche Champagner und erstklassigen Service.

Ein anderes Beispiel: Wenn Sie wegen Trunkenheit am Steuer ertappt werden, haben Sie das Recht auf einen Anwalt. Aber nur der richtige Anwalt kann die Gesetze, die Sie in Schwierigkeiten gebracht haben, so auslegen, dass Sie mit einem blauen Auge und vielleicht ohne größere Strafe aus der Sache herauskommen. Jeder hat das Recht auf einen Anwalt, aber der richtige Anwalt macht den Unterschied. Wenn Sie jemals ein mächtiger Mann werden möchten, müssen Sie wissen, wie Sie andere Menschen für sich und Ihre Belange einspannen. Es ist einfach, Prominenz im Palm Pilot zu haben, wenn Sie mit einem silbernen Löffel im Mund geboren sind. Es ist aber nicht so einfach, wenn sie ein Mr. Nobody aus dem Allgäu sind.

Verbindungen und gute Beziehungen zu haben, sind ein ganz wesentlicher Schlüssel zu mehr Macht. Warum? Weil Sie Zugang zu Leuten haben, die Dinge zu Ihren Gunsten und gegen Ihre Feinde bewegen können. Die richtigen Leute in den richtigen Positionen zu kennen, wird Ihnen nicht nur neue Türen öffnen und neue Gelegenheiten bieten, es wird auch Ihre bereits bestehende Machtbasis ausdehnen.

Die richtigen Freunde bekommen

Machen wir etwas kristallklar: Verwechseln Sie „Freunde" in hohen Positionen nicht mit Freunden, die Sie fragen würden, ob sie Taufpaten Ihrer Kinder sein möchten. Diese Freunde sind Freunde, deren Bekanntschaft nur auf einer geschäftlichen oder politischen Beziehung basiert. Also Leute in Schlüsselpositionen der Gesellschaft wie Redakteure, Manager, Ärzte oder Anwälte. Wie Sie Angehörige dieser Berufsgruppen für sich einnehmen, erfahren Sie weiter unten.

Bieten Sie etwas

Ob es ein permanent reservierter Tisch in einem "In"-Restaurant ist, die Versorgung mit kubanischen Zigarren oder das Auftreten als Mittelsmann in "delikaten" Situationen – Sie sollten etwas haben, das Sie für andere Menschen mit einem gewissen Anspruch interessant macht. Es muss etwas sein, das es ihnen wertvoll genug erscheinen lässt, Sie in ihrer Nähe zu haben. Hier ist also Kreativität gefragt. Studieren Sie ihren Hintergrund, Lebenslauf, ihre Hobbys und ihr Umfeld. Wenn Sie nichts Wertvolles zu bieten haben, kommen Sie nicht weit.

Haben Sie eine erfolgreiche Basis

Lassen sie Ihre Position in der Gesellschaft, Ihren Ruf oder Ihr Expertenwissen für sich sprechen. Wenn Sie bekannt sind, eine wichtige Firma besitzen oder eine angesehene Persönlichkeit in Ihrer Gemeinde sind, steigen die Chancen, dass Ihre Anrufe beantwortet werden. Die Leute, mit denen Sie sich anfreunden möchten, müssen schließlich wissen, wer Sie sind. Also zeigen Sie Ihr Gesicht bei den richtigen Events und Parties.

Beginnen Sie eine Wohltätigkeitsveranstaltung

Die meisten Wohltätigkeitsveranstaltungen sind Fassade für Personen, die bekannt sind oder noch bekannter werden wollen. Natürlich gibt es auch Ausnahmen. Bereiten Sie beispielsweise mit Ihrer Frau ein feines Abendessen vor, laden Sie (über eine PR-Agentur) alle lokalen VIPs ein und nutzen Sie die Gelegenheit, den Leuten näher zu kommen, die Sie brauchen. Natürlich werden nicht alle kommen, aber häufig genügt schon ein bekanntes Gesicht, um weitere anzuziehen und dem Ganzen die nötige Aufmerksamkeit in den Medien, auch wenn es anfangs vielleicht nur das Lokalblatt ist, zu bringen.

Freunde zweiten Grades

Wenn Sie nicht direkt an die Person heran kommen, finden Sie heraus, wer die Bekannten und Freunde sind, und nehmen Sie Kontakt auf. Freunde von Freunden in hohen Positionen zu haben, ist die zweitbeste Wahl.

Wenn Sie nicht die nötigen Mittel haben, um solch einen Event selber auszurichten, machen Sie sich in der lokalen Wohltätigkeitsszene bekannt. Es wird die Chancen steigern, zu größeren und wichtigeren Veranstaltungen eingeladen zu werden.

Ludwig von Renhausen

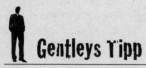
Gentleys Tipp

Welche Leute gehören in Ihr Netzwerk?

Wen genau wollen Sie in Ihrer Nähe haben? Die Antwort ist einfach: Jeden, der Ihrer Karriere, Ihrem Konto und Ihrem Wohlbefinden nutzen kann. Dazu gehören Mitglieder der folgenden Berufsgruppen.

- **Redakteure**

   Ob es die neunzehnte Vorstellung Ihres Unternehmens ist, das Herausstellen Ihrer großen Taten für die Gemeinde oder die Unterstützung Ihrer politischen Agenda – die richtigen Leute bei den richtigen Zeitungen zu haben, die die richtigen Stories für Sie schreiben, ist ein großer Vorteil. Suchen Sie also den Kontakt zu ihnen.

- **Manager**

   Nichts ist so wichtig, wie einflussreiche Freunde zu haben. Große Firmen genießen viel Respekt, viel Einfluss und eine Menge Macht. Wenn Sie die Entscheider von Firmen kennen, ist das eine wichtige Errungenschaft. Sie helfen Ihnen bei Ihren Geschäften, Ihrer Karriere, der Kontrolle Ihrer Konkurrenz und stellen Sie anderen Freunden in hohen Positionen vor.

- **Ärzte**

   Umgeben Sie sich mit den richtigen Ärzten und dies nicht erst im Notfall. Wie in jeder Branche ist die Kompetenz der Ärzte unterschiedlich. Fragen Sie Freunde und Bekannte nach empfehlenswerten Ärzten. Lesen Sie Fachbeiträge, in denen renommierte Ärzte vorgestellt werden. Die Patienten-Empfehlungen auf www.jameda.de bieten hier beispielsweise eine gute Hilfestellung.

- **Anwälte**

   Auch die richtigen Anwälte sind von Bedeutung für Ihr Netzwerk. Am besten suchen Sie sich eine Anwaltskanzlei, die alle Fachgebiete abdeckt. Diese finden Sie im Internet u.a. unter www.anwaltssuche.de oder www.anwaltssuchdienst.de.

- **Steuerberater**

   Der richtige Steuerberater kann Wunder wirken. Ein schlechter kann Sie viel Geld kosten. Auf der Internetseite www.dstv.de/suchservice/steuerberater-suchen können Sie einen Experten für Ihr spezifisches Problem finden.

lvr

Geld, Einfluss und Macht

Erfolg und Reichtum mit den Tricks der Mafia

Die Mafia als Karrierebeschleuniger? Skrupellose Taktik auf dem Weg zu Macht und unendlichem Reichtum? Über Leichen gehen? Vermutlich fragen Sie sich: „Was soll ich von einer Bande Krimineller schon für meinen eigenen Erfolg lernen?" Natürlich rate ich Ihnen nicht, das Gesetz zu brechen und Ihr Geld mit Drogenhandel oder Schutzgelderpressung zu verdienen. Aber schließlich gleicht die Mafia einer äußerst effizient arbeitenden Firma – die wir ja auch anstreben. Daher lohnt ein genauerer Blick auf die Erfolgsstrategien und Werte der „Ehrenwerten Gesellschaft". Denn wir müssen niemanden um die Ecke bringen, um den Erfolg der Mafia ein wenig zu kopieren.

Keine Ausflüchte

Können Sie sich vorstellen, dass ein Mafioso vor dem Paten Don Vito Corleone alias Marlon Brando in „Der Pate" steht und umständlich zu erklären versucht, warum der beauftragte Mord nicht geklappt hat? Der Abzug hat geklemmt? Das Auto sprang nicht an? Undenkbar! Auch für Sie gilt: Erfinden Sie keine aufgebauschten Entschuldigungen! Ausreden sind etwas für Schuljungen, die Ihre Hausaufgaben vergessen haben. Sie sind erwachsen, also verhalten Sie sich auch so.

Ein Ehrenwort zählt

„Ich gebe Ihnen mein Ehrenwort": Bei diesen Worten aus dem Munde eines Mafioso gegenüber seinem Paten weiß ein Jeder, dass das Gesagte unumstößlich gilt. Einer der wichtigsten Punkte im System der Mafia ist nämlich der strikte Ehrenkodex. Nach außen mag gelogen, betrogen und mit miesen Tricks gespielt werden – innerhalb der Familie sind die Loyalitäten jedoch klar. Wer sein Ehrenwort gibt, der muss dazu stehen. Dieses verlässliche Verhalten ist der beste Weg, sich langfristig Respekt zu verschaffen. Ein simples Prinzip, das sich auch in Ihrer Lebens- und Arbeitswelt anwenden lässt. Deshalb lautet die erste Regel: Brich nie ein Wort, das du gegeben hast!

Untreue Gefährten werden eliminiert

Vertrauen ist unerlässlich bei jeder Art von beruflicher und privater Beziehung. Ihre engsten Angehörigen und Freunde müssen sich hundertprozentig auf Sie verlassen können. Wenn ein Mafioso sein Wort bricht, rollen Köpfe – in der Geschäftswelt geschieht dies im übertragenen Sinn ebenfalls. Denn nur Kollegen, Lieferanten und Kunden, auf die Verlass ist, werden langfristig vertrauenswürdige Geschäftsfreunde und Vertragspartner. Wer sein Wort nicht hält, kann niemals eine Respektperson werden. Das gilt nicht nur für Sie alleine, sondern für alle Mitglieder Ihres Netzwerkes. Darum gilt auch die folgende Mafia-Maxime:

Das Ansehen von Freunden darf niemals beschmutzt werden

- Manchmal ist es notwendig, die Regeln zu beugen oder gar zu brechen, und nicht immer bringt Sie die Wahrheit ans Ziel. Was auch immer Sie tun, um aufzusteigen: Achten Sie darauf, dass die Konsequenzen lediglich Sie selbst betreffen. Sprechen Sie nicht für andere, wenn diese das nicht wünschen. Wenn Sie gerade eine repräsentative Funktion inne haben – sei es für die Familie oder Ihre Firma – sollten Sie sich immer absolut einwandfrei verhalten.

Treue und Loyalität

- Das Geheimnis von erfolgreichen Menschen besteht im Mafia-Business wie in jedem anderen Geschäft aus einer Mischung aus Kompetenz, Talenten und Fleiß. Doch all das hilft nichts, wenn die Zuverlässigkeit fehlt. Verlässliche Partner sind eine aussterbende Rasse. Aber jeder braucht verlässliche Verbündete – auch Ihr Chef! Zeigen Sie also Verantwortung und Verlässlichkeit und schon heben Sie sich positiv von der Masse der anderen ab.

Pünktlichkeit

- Wer Mafia-Filme schaut, weiß, dass die Uhr stets unbarmherzig tickt. Fünf Minuten können darüber entscheiden, ob Menschenleben ausgehaucht werden oder nicht. Nicht ganz so dramatisch sind die Umstände im Geschäftsleben, doch sollte Pünktlichkeit auf Ihrer Werteskala weit oben rangieren. Haben Sie eine Verabredung um 12 Uhr, dann erscheinen Sie auch um 12 Uhr. Pünktlichkeit zeigt, dass Ihnen etwas wichtig ist und dass Sie den damit zusammenhängenden Auftrag oder die Person auch wirklich ernst nehmen.

Sie sind der Pate: Einschüchterung als Machtstrategie

Ob als Pate oder Vorgesetzter – wer Verantwortung trägt, braucht manchmal eine harte Hand, um mit strengem Regime Ordnung im Laden zu halten. Die Dosierung ist dabei das A und O. Nur mit der richtigen Mischung kann man seine Position durchsetzen, sich behaupten und dennoch respektiert werden. Einen speziellen psychologischen Kniff sollte jede erfolgreiche Führungskraft jedenfalls beherrschen: die Einschüchterung. Ganz gleich ob Sie jemanden durchdringend anstarren, Ihren Mitarbeitern im Büro regelmäßig über die Schulter schauen oder sie mit Scherzen unter Druck setzen, wichtig ist nur, dass Sie Ihre Autorität klar zum Ausdruck bringen.

Einschüchterung gebietet Respekt

- Wer eine gewisse Haltung an den Tag legt, wird respektvoller behandelt. Betreten Sie einen Raum und machen Sie allen Anwesenden klar, dass Sie der Chef im Ring sind. Wenn Sie dies von an Anfang an transportieren, wird keiner Ihnen so schnell etwas anhaben können. Setzen Sie dabei jedoch immer nur so viel Kraft ein wie notwendig.

Einschüchterung kitzelt die besten Leistungen aus Ihrem Team hervor

- Sie müssen weder schreien noch drohen. Bauen Sie Druck auf, indem Sie erklären, dass der Angestellte absolut fähig ist, diesen Job zu erledigen und Sie erwarten, dass er es richtig macht.

Einschüchterung siebt die Schwachen aus

- Wer dem von Ihnen aufgebauten Druck nicht Stand hält und zusammenbricht, auf den können Sie verzichten. Denn ein Mitarbeiter, der schon diesem geringen Stress nicht gewachsen ist, der wird auch in brenzligen Situationen keine Hilfe sein.

Einschüchterung schafft Überlegenheit gegenüber Feinden

- In Verhandlungen den dominanten Part zu übernehmen ist wie die Pole Position bei der Formel 1: man bekommt leichter was man will.

Till Manger

Gentleys Tipp

Networking in Clubs
Serviceclubs für die Karriere

Sie wollen beruflich nach oben? Dann benötigen Sie die richtigen Kontakte! Eine hervorragende Möglichkeit der Kontaktaufnahme mit den richtigen Leuten bieten Clubs, die internationales Networking verfolgen. Wer wirklich aufstrebende Karrieregedanken hat, wirft den Blick auf die traditionellen Service-Clubs.
Der Einfluss solcher Clubs ist nicht zu unterschätzen. Eins müssen Sie allerdings mitbringen, um dort voran zu kommen: Die Bereitschaft zum sozialen Engagement. Wer Erfolg und Karriere anstrebt, wird um diese Verpflichtung nicht herum kommen.

Karriere und menschliches Miteinander

Karrierefördernd waren die elitären Service-Clubs, zu denen der Lions-Club, der Rotary-Club, Kiwanis oder der Round Table zählen, schon immer. Ursprünglich sollten hier lediglich Freundschaften gepflegt werden. Natürlich ließ sich aus dieser Zielsetzung der weltweiten Netzwerke, dank jeder Menge Austausch und Kontakt, auch die Karriere beleben. Das Ziel der traditionellen Clubs ist klar: Es sollen berufliche und private Erfahrungen ausgetauscht werden und es wird soziales Miteinander verlangt. Ohne das geht gar nichts.

Wie Sie hinein kommen

Möchten Sie Zugang zu den feinen Clubs erhalten, sind Sie auf die Empfehlung eines etablierten Mitglieds angewiesen. Im Rotary- und Lions- sowie Kiwanis-Club wird ausschließlich männlichen Mitgliedern Zutritt gewährt. Ebenfalls ausschließlich männlich und unter 40 sind die Beteiligten im Round Table.

Keine Angst, auch wenn elitäre Tendenzen zu verzeichnen sind, ist nicht nur das Vermögen alleine ausschlaggebend für die Aufnahme. Vielmehr sind es die ethischen Werte im privaten und beruflichen Bereich, die den Dienst am Nächsten umschließen. Deshalb sind diese Clubs auch als Wohltätigkeits-Clubs bekannt. Charity ist das Zeichen der Zeit, an dem Karrierewillige nicht vorbei kommen.

In den Clubs findet sich meist eine breite Palette unterschiedlicher Berufe. Schließlich will niemand nur unter „Fachidioten" seine kostbare Lebenszeit verbringen. Die Vorteile: Suchen Sie beispielsweise einen Handwerker, wird er dort zu finden sein. Ganz nach dem Motto: „Eine Hand wäscht die andere."

Pflichten

Unterliegen Sie nicht dem Irrtum, Sie könnten einfach aus reinen Karrieregründen diesen Clubs beitreten! Die Mitgliedschaft bringt wirkliche Verpflichtungen mit sich. Freundschaft steht in den Club-Maximen an oberster Stelle und die will, wie sonst auch im Leben, gepflegt werden. Sie müssen bereit sein, an den regelmäßig anberaumten Treffen teilzunehmen. Die Mitglieder-Teilnahme ist relativ verbindlich und wer diesen Punkt vernachlässigt, kann schnell wieder draußen sein.

Business-Freunde unter sich

Neben den traditionellen Clubs sind auch andere private Club-Initiativen im Kommen. So gibt es in Frankfurt den Private Dinner Club „Seven Swans". Hier wird die Aufnahme neuer Mitglieder nach Bauchgefühl entschieden. Wer es geschafft hat, darf künftig die Tür mit seinem Fingerabdruck selbst öffnen.

Klein aber fein präsentiert sich dieser Club des Rothenberger-Clans mit 100 Mitgliedern als Oase inmitten eines hektischen Berufs-Alltags. Bevorzugtes Interesse gilt den kulinarischen Genüssen, die für max. 95 Euro zu bekommen sind und per Mail regelmäßig avisiert werden. Wer im Club bleiben will, muss eine gewisse Treue beweisen, denn sonst wird er auch hier schnell wieder ausgeschlossen.

Im Gegensatz zu den traditionellen Clubs, haben diese Art von Clubs Ziele, die sich auf sich selbst beschränken. Im Falle „Seven Swans" sind dies kulinarische Genüsse mit hohem Entspannungsfaktor, welche gerne zu Geschäftstreffen genutzt werden.

Surftipps

Rotary-Club Deutschland: http://rotary.de

Kiwanis-Club: http://kiwanis.org

Lions Club: www.lionsclubs.org

Private Dinner Club „Seven Swans": www.sevenswans.de

Umfassende Informationen über diverse Clubs: www.service-clubs.de

tma

Networking beim Golf

Geschäfte auf die kultivierte Art

Golf ist exklusiv, klassisch-modern, international. Mit diesem Image passt Golf besser als jede andere Sportart zur Wirtschaft. Golfen etabliert sich in modernen Chefetagen und unter Selbständigen in Deutschland in Form von Business-Golf mehr und mehr zum beliebten CRM-Tool (Beziehungsmanagement). In Deutschland finden Woche für Woche hunderte Firmenturniere statt. Business-Golf und Golfsport-Sponsoring bei Profi- und Amateurturnieren spielen im Kundenmanagement und für die im Business-Development involvierten Führungskräfte eine immer größere Rolle.

Freund und Feind erkennen

Die Amerikaner wissen schon lange, dass Geschäft sehr viel mit Vertrauen zu tun hat und man seinen Geschäftspartner nirgends besser kennen lernen kann als bei einer Runde Golf. Ob er will oder nicht, der Golfspieler offenbart auf dem Golfplatz seinen Charakter, im Guten wie im Schlechten, niemand kann sich bei diesem Sport verstellen. Wie geht der Spieler mit den Höhen und Tiefen einer ganz „normalen" Runde um, spielt er mit Disziplin, Konzentration, Risikobereitschaft und Strategie? Wie verhält er sich zu seinen Partnern, wenn sie erfolgreich sind und wie, wenn sie scheitern? Donald Trump sagt typisch amerikanisch plakativ: „Ich kann sofort sagen, ob jemand ein Gewinner- oder Verlierertyp ist, allein auf Grund seines Verhaltens auf dem Golfplatz." Beim Business-Golf geht es nicht darum, das Gegenüber auszuspionieren, sondern in einer Atmosphäre des gegenseitigen Vertrauens eine Offenheit und Freundschaft zu gewinnen, die später im Geschäftlichen von Nutzen sein kann. Es kommt mehr auf die Charakterstärke als auf die Spielstärke an, schließlich ist keiner von uns Tiger Woods.

 Golf-Etikette

Tipps zur internationalen Golf-Etikette und länderspezifischen Eigenheiten in Golf finden Sie im Xing Forum „Golf - BusinessGolf International" unter www.xing.com/net/businessgolf.

Gute Figur = Gute Geschäfte

Golf ist mehr als nur ein simples Spiel. Golf ist international und überwindet hierarchische, kulturelle und sprachliche Barrieren. „Fore!" verstehen Golfer auf der ganzen Welt. Egal ob Anfänger oder Könner, wer die (Business-)Golf-Etikette beherrscht, macht auf jedem Green eine gute Figur und dann auch gute Geschäfte. Deswegen haben Business-Golfschulen Hochkonjunktur in den USA. In Deutschland steckt dieser Bereich auch kulturell bedingt noch in den Anfängen. Golf gilt hier als Freizeitvergnügen und weniger als adäquates Tool zur Geschäftsanbahnung, geschweige denn als Arbeit. Dabei verkennen noch allzu viele Menschen, welches Potenzial darin steckt, beim Sport auch ans Geschäft zu denken.

Bei welchem Loch sollten Sie geschäftliche Themen ansprechen?

Bei keiner anderen Form des Businessmeetings haben Sie so viel Zeit, Ihren Geschäftspartner für sich zu begeistern, wie bei einer Runde Golf, die über 18 Löcher gespielt mindestens vier Stunden dauert. Doch wann ist der richtige Moment geschäftliche Themen anzusprechen? Einer der berühmtesten Sätze dazu ist von Jack Welch, früherer CEO von General Electric: „No business talk before the 12. hole".

 Netikette

Ärger über schlechte Schläge und Kommentare über langsam vor Ihnen spielende (Frauen)-Flights werden im Business-Golf nicht ausgesprochen.

„Einige amerikanische Business-Golf-Experten empfehlen, zwischen dem 5. und 15. Loch zur Sache zu kommen. Kein ungefährliches Vorhaben. Denn das Golfspiel verlangt vom Business-Golfer eine hohe Konzentration. Geht er nun mit dem Vorsatz auf die Runde, spätestens am 15. Loch mit dem Geschäftlichen anzufangen, dann belastet das nicht nur ihn, sondern auch die Atmosphäre. Womöglich geht die Freude am Spiel irgendwo zwischen dem 5. und 15. Loch verloren. Schon Adolph Freiherr von Knigge vertrat die Auffassung: ‚Wo man sich zur Freude versammelt, da rede nicht vom Geschäft.'" Zitat aus dem empfehlenswerten und einzigen deutschen Buch über Business-Golf „30 Minuten für bessere Geschäftsbeziehungen durch Business-Golf" von Brigitte Neff. Mit Franz Beckenbauer gesprochen: „Vor lauter Quatschen kommt der eine oder andere oft gar nicht mehr zum Spielen. Auf dem Platz werden ja heut´ mehr Geschäfte gemacht als Abschläge" (Zitat Postbank-Werbespot). In chinesischer Ironie ausgedrückt heißt das: „Im Büro spricht man übers Golfen, auf dem Golfplatz spricht man übers Geschäft".

Und wann ist nun der optimale Zeitpunkt? Seien Sie einfach sensibel für den „richtigen Moment" Businessthemen anzusprechen. Und wenn sich dieser auch beim 19. Loch nicht einstellen will, können Sie eine schöne Golfrunde auch zwei Tage später zum Anlass einer weiteren Kontaktaufnahme nutzen. Wenn Sie gemeinsam die Höhepunkte des Spiels noch einmal Revue passieren lassen, ergibt sich ja vielleicht auch der geschäftliche Durchbruch.

Matthias Ditsch

 Über den Autor

Matthias Ditsch ist Geschäftsführer der FirstGolf Business Club GmbH und leidenschaftlicher (Business)-Golfspieler. Er veranstaltet seit über zehn Jahren Business-Golf-Events und Golfreisen weltweit. Außerdem betreibt er in Xing das Forum „Businss Golf International" sowie die Online-Golfer-Community Flightbörse (www.flightboerse.com). Er berät Interessenten in allen Fragen des Business-Golf und bei der Planung und Realisierung von Golf-Events, Golfreisen und Golfsport-Sponsoring-Aktivitäten.

E-Mail: md@firstgolfbc.com, Telefon: 49-151-2302.6212

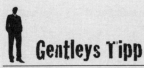
Gentleys Tipp

Kleine Anleitung zum Business-Golf

☛ **Golf mit einem Geschäftspartner**

Wählen Sie einen Golfplatz, den Sie schon kennen oder schauen Sie sich den Platz vorher an, damit er den Ansprüchen Ihres Gastes genügt (Ambiente, Restaurant, angenehme Anreise, freundliches Personal und nette Leute). Verschicken Sie eine Anfahrtsskizze und vereinbaren Sie, ob bei jedem Wetter gespielt wird, bzw. wie Sie sich im Zweifel darüber verständigen. Reservieren Sie rechtzeitig Startzeiten für den vereinbarten Termin und wählen Sie einen Zeitpunkt, an dem der Platz nicht zu überlaufen ist

Regeln Sie alle Formalitäten (Greenfee, Tokens für die Driving-Range, Tisch-Reservierung für das Essen nach der Runde), bevor Ihr Gast ankommt. Begrüßen Sie Ihn schon auf dem Parkplatz und weisen Sie ihn auf alle Besonderheiten des Platzes hin. Konzentrieren Sie sich in erster Linie darauf, eine angenehme freundliche Atmosphäre zu schaffen und damit einen bleibenden Eindruck bei Ihrem Business-Golfpartner zu hinterlassen.

☛ **Einladungsturniere und Golfevents von Firmen**

Bei solchen Veranstaltungen sollen gute Kunden und potenzielle neue Kunden in angenehmer Form für das eigene Unternehmen und deren Produkte oder Dienstleistungen begeistert werden. Fast alle großen Unternehmen, aber auch viele mittelständische Firmen haben heute Veranstaltungen dieser Art bereits umgesetzt. Bei sogenannten „Invitationals" brauchen Sie eine Einladung, die dafür dann meist kostenlos ist und somit eine sehr exklusive und begehrte Form von Golf-Events.

☛ **Offene Business-Golf Events und Turnierserien**

Diese Events bieten als Networking-Plattform Sponsoringpartnern die Möglichkeit, deren VIP-Kunden einzuladen, bzw. die Mitspieler dort als zukünftige Kunden zu gewinnen. Aktuelle Termine finden Sie unter www.flightboerse.com.

☛ **Charity-Golfevents mit Prominenten**

Eine Form mit langer Tradition ist etwa ein sogenannter „Pro-Am": das heißt Profis und Amateure spielen zusammen. Durch Ihren Promifaktor erzeugen sie große Aufmerksamkeit und damit Spenden in teilweise beachtlicher Höhe, die je nach Veranstalter verschiedenen wohltätigen Zwecken zukommen. Die Startplätze sind sehr begehrt und meist nur Eingeladenen vorbehalten.

☛ **Corporate-Golf-Days**

Prominente Trainer helfen in exklusiver Atmosphäre z.B. beim Golfschwung der geladenen Gäste. Es können innovatives Golfequipment getestet oder spezielle Produkte unter fachkundiger Anleitung ausprobiert werden.

☛ **After-Work-Golf, lockere Golfrunden**

Golfbegeisterte kommen am frühen Nachmittag zum regionalen Business-Networking zusammen.

☛ **Der eigene Golfplatz**

Diese nicht ganz billige Form der Kundenbindung wurde trotz der erheblichen Investitionen inzwischen schon von einigen deutschen Firmen realisiert. Beispiele sind etwa der Margaretenhof (Deutsche Bank), St. Leon-Rot (SAP) sowie der Golfclub Gütermann (Dynastie-Gütermann).

☞ Incentive-Golfevents/Golfreisen

Der Trend geht immer mehr zu ganz besonderen und ausgefallenen Events mit kleinen Gruppen, die zu exklusiven Locations eingeladen werden und dort ganz individuell betreut und als Kunden gewonnen werden können. DGS-Geschäftsführer Nikolaus Peltzer (Deutsche Golf Sport GmbH): „Im High-End-Bereich können da schon Kosten von 10.000 Euro pro Person entstehen, aber selbst das ist nicht viel Geld für jemanden, der einem Unternehmen übers Jahr Millionenumsätze verschafft".

☞ VIP-Karten und Sponsoring von internationalen PGA-Turnieren

Auch für Nichtgolfer kann eine Einladung in das VIP-Zelt bei einem internationalen PGA-Turnier ein tolles Erlebnis sein. Durch das hohe Besucheraufkommen von bis zu 100.000 Besuchern bei großen PGA-Turnieren kann sich ein aufwändiges Sponsoringengagement durchaus lohnen. Allerdings sollten Zielgruppe und Produkt nicht jeglicher Golfaffinität entbehren.

☞ Golfer-Communities

Golfer haben ein hohes Involvement in die eigene Sportart, über Golf kann man stundenlang reden, diskutieren, philosophieren. Manche sagen, bei Golf gehe es um mehr als um Leben und Tod. In Online-Communities haben Sie gute Möglichkeiten, interessante Menschen und potenzielle Geschäftspartner kennenzulernen, um dann mit Ihnen auf die Runde zu gehen. Ein gemeinsames Hobby wie Golf ist die beste Voraussetzung für gute Geschäfte mit Geschäftspartnern, denen man vertrauen kann oder können muss.

Die internationale Golfer Community „Flightbörse – golfspielen – golfreisen – golfequipment" unter www.flightboerse.com hat über 10.000 Mitglieder weltweit. In der Basis-Membership ist die Mitgliedschaft kostenlos, die Premium-Membership kostet 65 Euro pro Jahr. Die sogenannte Corporate-Membership, bei der Sie auch Ihr eigenes Unternehmen, Ihre Dienstleistung oder Ihre Produkte präsentieren können, kostet 299 Euro pro Jahr.

mdi

 Profi-Events

Die BMW-International Open finden immer im Juni statt, im Golfclub München Eichenried, www.bmw-golf.com. Die UniCredit Ladies German Open immer am Vatertags-Wochenende im Mai, Golfclub Gut Häusern bei München, www.unicreditladiesgermanopen.com.

Die geheimen Gesetze der Macht

14 Strategien für mehr Erfolg

Jeder will erfolgreich sein. Doch warum schaffen es immer nur die happy few, während sich die breite Masse mühsam abstrampelt? Es kommt vor allem darauf an, dass Sie die geheimen Gesetze des Erfolgs kennen. Und die wichtigsten finden Sie hier.

Gesten der Macht beherrschen

Wenig lachen, schnell sprechen, den Körper nur halb zugewandt, fester Blick, regelmäßige Sprechpausen: Wenn Sie diese Verhaltensmuster von Vorgesetzten beherzigen, behalten Sie im Gespräch die Oberhand.

Schweigen ist Gold

Wer zu viel aus dem Nähkästchen plaudert, verliert schnell seine Aura der Macht. Zudem erhöht sich mit jedem weiteren Satz das Risiko, etwas Banales von sich zu geben. Wer dagegen mit einem sphinxhaften Lächeln schweigt, erhält sich den Ruf, eine komplexe und weise Persönlichkeit zu sein.

Wissensvorsprünge sichern

Wissen ist Macht. Wer zu viel davon an andere verteilt, stärkt nur unnötigerweise die Umgebung, schwächt aber dagegen die eigene Position. Vor allem um Ihre persönlichen Ziele sollten Sie ein großes Geheimnis machen.

Sich aus der breiten Masse abheben

Nur außergewöhnliche Menschen sind erfolgreich. Wenn Sie in der breiten Masse verschwinden, schwindet Ihre Macht. Sorgen Sie dafür, dass Sie immer und überall auffallen – mit Ihrer Kleidung, Ihrem Briefpapier, Ihren Büroräumen und Ihrem Konversationsstil. Nur so bleiben Sie im Gedächtnis.

Mit Lobhudelei Kritikern den Mund verschließen

Viele Menschen lechzen dermaßen nach Anerkennung, dass ihnen ein Lob kurzzeitig die Sinne vernebelt. Eine Bauchpinselei hier, ein kleines Geschenk dort – und schon liegen Ihnen auch kritische Geister zu Füßen.

Miesepeter meiden

Erfolgreiche Menschen brauchen eine Atmosphäre mit positiven Schwingungen. Wenn Liebeskummer oder Job-Frust in der Luft hängen, bleiben die Gedanken eher am Boden, statt Höhenflüge anzutreten. Umgeben Sie sich mit glücklichen Menschen und lassen Sie die ewigen Miesepeter links liegen.

Unberechenbar bleiben

Die Blicke Ihrer Feinde folgen Ihnen überall hin? Schlagen Sie ihrer Neugier ein Schnippchen und verhalten Sie sich so überraschend, dass Ihr Gegenüber immer wieder über Ihre wahren Absichten zu grübeln hat. Das bindet seine Kräfte und macht Sie undurchschaubar.

Leichtigkeit kultivieren

Was Sie auch tun, wieviel Sie auch leisten – es geht Ihnen wie von Zauberhand mit großer Leichtigkeit von der Hand. Das sollten Sie zumindest Ihre Umgebung glauben lassen. Die Bewunderung wird Ihnen sicher sein.

Erfolge der anderen missachten

Auch wenn Sie sich noch so über den Erfolg Ihres Konkurrenten ärgern – lassen Sie ihn das auf keinen Fall spüren! Ignorieren Sie ihn, zucken Sie leicht mit den Schultern und setzen Sie Ihre wichtige Arbeit fort. Er wird schäumen vor Wut! Und Ihr eigener Ärger verraucht.

Bloß nicht in Hektik verfallen

Nach außen hin haben Sie immer alle Zeit der Welt. Sie sind so souverän, dass Sie immer die Ruhe wahren – so groß der Stress auch sein mag. Das vermittelt Ihrer Umgebung, dass Sie die Angelegenheit im Griff haben und stets die Kontrolle wahren.

Glauben Sie an sich selbst

Nur wer 100-prozentig von sich selbst überzeugt ist, überzeugt auch andere von seinem Wert. Selbstzweifel werfen Sie lieber gleich über Bord. Dafür haben Sie gar keine Zeit.

Klappern Sie laut und effektiv

Ihre guten Leistungen sollten Sie stets verbreiten. Wer wüsste besser als Sie selbst, wie gut Sie sind? Damit auch andere Loblieder auf Ihre Taten anstimmen, holen Sie sie einfach mit ins Boot und loben Sie Ihre Mitarbeiter, dass der Erfolg nur durch ihre Mithilfe möglich war. Sie werden sehen: Ihr Eigenlob wird sich wie ein Lauffeuer verbreiten.

Freigiebigkeit verschafft Vorteile

Packen Sie Ihre Mitmenschen beim Ehrgefühl. Indem Sie ihnen mit kleinen Gefälligkeiten zuvorkommen, fühlen sich andere Ihnen gegenüber in der Schuld und werden Ihre spätere Bitte um einen (auch größeren) Gefallen kaum abschlagen.

Mit Unverschämtheit punkten

Haben Sie ein Anliegen, für das Sie einen Mitmenschen um Hilfe bitten müssen, starten Sie Ihre Anfrage mit einer unverschämten Anfrage. Die Extremforderung wird mit Sicherheit abgelehnt, doch die nachgeschobene, echte Bitte wird dann meist gerne akzeptiert.

Till Manger

So werden Sie zum guten Chef
Auch Mitarbeiterführung will gelernt sein

Vielleicht erinnern Sie sich noch an Ihre Anfänge im Beruf und wie der Umgang mit Ihrem Vorgesetzten aussah? Hat er Sie gefördert und motiviert oder ständig kritisiert und sogar gemobbt? Fakt ist: Es gibt gute und schlechte Führungspersönlichkeiten. Wenn Sie nun selbst weiter oben auf der Karriereleiter stehen, sollten Sie einige Tipps beherzigen, um Ihren Mitarbeitern ein großartiger Chef zu sein.

Kommunizieren Sie

Sie müssen nicht nur mit Ihren Kunden zuvorkommend und freundlich umgehen, sondern auch mit Ihren Mitarbeitern. Führungspersönlichkeiten sollten zuhören können, Dinge beim Namen nennen und exakte Vorstellungen haben – allerdings ohne unnötig direkt zu werden. Halten Sie in regelmäßigen Abständen Meetings und geben Sie allen Mitarbeitern die Chance, über Probleme zu reden.

Gehen Sie mit gutem Beispiel voran

Als Teamführer sollten Sie eine positive und motivierte Einstellung an den Tag legen. Ständiger Pessimismus und eine negative Grundstimmung färben schnell auf das Team ab.

Teilen Sie Informationen

Kommunikation ist alles. Ihre Mitarbeiter sollten über alle für sie relevanten Vorgänge Bescheid wissen. Fragen Sie nach Meinungen und Vorschlägen, geben Sie Ziele der Firma weiter und sprechen Sie mit allen über alles. Nur so schaffen Sie Vertrauen in einer Firma.

Machen Sie klare Ansagen

Drücken Sie sich klar und deutlich aus. Ihre Mitarbeiter müssen wissen, was Sie erreichen möchten. Sie allein sind dafür verantwortlich, dass ein Mitarbeiter so arbeitet, wie Sie es sich vorstellen.

Motivieren und loben Sie

Sprechen Sie auch mal ein Lob aus und nicht nur Kritik. Seien Sie ehrlich und fair, wenn es um Ihre eigenen Leistungen geht und geben Sie ruhig auch einmal zu, wenn Sie selbst falsch lagen. Belohnen Sie Mitarbeiter, wenn ein großes Projekt abgeschlossen ist. Eine Firmenparty oder eine Bonuszahlung eignen sich dafür ideal.

Bauen Sie keine Angst auf

Verlieren Sie niemals vor Ihren Mitarbeitern die Geduld. Wenn Sie direkt sein müssen, seien Sie dies, doch geben Sie Ihren Mitarbeitern nie das Gefühl, Angst vor Ihnen haben zu müssen.

mhe

Zum Experten werden

Wie Sie zu den Besten Ihrer Branche aufsteigen

Marken sind kantig, Marken sind eckig, Marken sind knackig. Sie bringen Vertrauen und sorgen für mehr Umsatz. Das ist die eine Seite der Medaille. Marken sind aber auch äußerst schwer und nur mit hohem Budget aufzubauen, so die andere Meinung vieler Unternehmer. Hier erfahren Sie, wie Sie sich selbst mit einfachen Mitteln zu einer bekannten Marke aufbauen können.

Haben Sie bereits herausgefunden, auf welchem Gebiet Sie 95% aller Menschen überlegen sind? Wenn ja, haben Sie eine sehr gute Chance, sich als Experte in Ihrem Business zu etablieren und viel Geld zu verdienen. Wenn nein, dann lesen Sie unbedingt weiter, denn die folgenden Informationen könnten Ihre Zukunft entscheidend verändern! Egal in welchem Geschäft, in welcher Branche oder in welcher Nische Sie zu Hause sind: Sie sind bereits ein Experte! Damit Sie jedoch auch als Experte wahrgenommen werden, ist ein gezieltes Expert-Branding, ein Image- und Markenaufbau zur eigenen Person notwendig. Oft sind es einfache Bausteine, welche den eigenen Ruf aufpolieren.

Strategien für einen Experten-Status

Sich bekannt machen

Wenn Sie eine Spezialausbildung, Zertifikate oder Schulungsnachweise vorweisen können, sind Sie bereits ein Experte. Indem Sie Ihre Beglaubigungsschreiben bekannt machen, beispielsweise mit einer "Über mich"-Seite im Blog oder auf der Homepage, sorgen Sie dafür, dass Ihre potenziellen Kunden wissen, dass Sie ein Experte auf Ihrem Gebiet sind.

Nischenwissen sammeln

Lesen Sie alle relevanten Nachrichten, Fachzeitschriften und Informationen aus Ihrer Branche, um so noch besser Bescheid zu wissen. Abonnieren Sie RSS-Feeds und Newsletter. Spezialisieren Sie sich so gut es geht.

Eine Gruppe aufbauen

Bilden Sie eine lokale Vereinigung und dirigieren Sie regelmäßige Sitzungen. Fördern Sie Ihre Gruppe online durch ein eigenes Forum oder eine Gruppe bei Xing, Facebook, Linkedin, MySpace oder in einem anderen Netzwerk.

Publizieren

Publizieren Sie Fachartikel und Beiträge in Artikelportalen, Business-Communities und Foren. Bauen Sie Ihre Bekanntheit dort aus, wo schon viele Menschen sind, die idealerweise Ihrer potenziellen Zielgruppe angehören.

Interviews geben

Stellen Sie sich für Interviews zur Verfügung, sei es nun per Telefon, per Skype, per Video oder per Textfragen. Kommen keine Anfragen, suchen Sie aktiv nach Journalisten, Redakteuren oder Magazinen, die daran interessiert sein könnten. Im Internet gibt es zudem zahlreiche "Interview-Blogs", die regelmäßig Interviewpartner suchen. Das veröffentlichte Interview greifen Sie dann erneut auf Ihrer Webseite oder in Ihrem Newsletter auf. Und posten Sie das Interview in Social News-Communities.

Hochwertiges bieten

Schreiben Sie regelmäßig hochwertige Fachbeiträge für andere Blogs, Webseiten und Newsletter. Achten Sie darauf, wirklich hohen Wert in diese Inhalte einfließen zu lassen. Je wertvoller der investierte Wert ist, desto höher fällt die Gegenleistung aus, die Sie dafür bekommen.

Ein Buch schreiben

Ein eigenes Buch ist eine der besten Visitenkarten. Als Autor unterstreichen Sie Ihren Expertenstatus und erlangen mehr Vertrauenswürdigkeit in den Medien, was zu mehr Interviews und einer besseren Reputation führt. Wenn Sie Ihr Buch mit einer ISBN-Nummer veröffentlichen (z.B. bei www.lulu.com, www.bod.de, www.1-2-buch.de), wird es in allen großen Buchhandlungen sowie im Internet gelistet. Sollten Sie sich schwer tun mit dem Schreiben oder Recherchieren, nutzen Sie Ghostwriter oder PLR-Content, also „Privat Label Rights"-Texte, die nicht urheberrechtlich geschützt und damit frei verfügbar sind.

Informationsprodukte erstellen

Entwickeln Sie Informationsprodukte, etwa in Form von Ebooks, Berichten, Anleitungen, Broschüren, Checklisten, Megapostern, Audio-Interviews, Teleseminaren oder Videos. Geben Sie diese Infoprodukte zu "Brandingzwecken" auch einmal kostenlos weg und verwandeln Sie so wertvolle Kunden in lukrative Einkommensströme. Weiterführende Infos zum Aufbau, Verkauf und Vertrieb von digitalen Infoprodukten finden Sie unter www.digitale-infoprodukte.de.

Vorträge halten

Halten Sie kleine Vorträge und Reden auf Messen, Kongressen oder anderweitigen Veranstaltungen. Egal, ob Sie umsonst oder gegen Bezahlung sprechen: Sie werden als Experte betrachtet. Starten Sie lokal und suchen dann nach nationalen Gelegenheiten.

Newsletter verschicken

Der Versand von informativen Nachrichten für Ihre Branche (ohne penetrante Werbung!) in einem Newsletter bringt Vertrauenswürdigkeit und ein Publikum, welches Ihnen wohlgesonnen ist. Tipp: Nutzen Sie auch sogenannte Autoresponder, um Ihren Newsletterversand zu automatisieren!

Die Website optimieren

Stellen Sie Sicher, dass Ihre Website Ihre Erfahrung und Ihren Wissensstand wiedergibt. Eine Expertenseite, welche kaum Inhalte oder nur Artikel von vor drei Jahren aufweist, ist zum Scheitern verurteilt. Verpflichten Sie sich dazu, aktuellen Inhalt zusammen mit einer Online-Marketingstrategie (Suchmaschinenoptimierung, Pay-Per-Click-Werbung, usw.) zu entwickeln. Sie sind der Experte, also zeigen Sie es auch mit entsprechend hochwertigen Inhalten.

Anleitungen schreiben

Schreiben und veröffentlichen Sie sogenannte "Whitepaper" (exakte Anleitungen, Tutorials) über die in Ihrer Branche relevanten Themen. Verzichten Sie bei Whitepapern auf Werbung. Polieren Sie stattdessen Ihren Expertenstatus weiter auf und zeigen Sie, was Sie können. Ein Experte wirbt nie in seinen Veröffentlichungen, er empfiehlt. Zudem sollten Sie Whitepapers als „Produktproben" sehen, welche bereits kurzfristig Ihren Expertenruf nachhaltig beeinflussen können!

Netzwerke im Internet nutzen

Vernetzen Sie sich aktiv im Internet und füllen Sie Ihre Profile in Business-Communities optimal aus. Diese Profile werden von den „Spidern" (Indexierungswerkzeuge) der großen Suchmaschinen indiziert und tauchen mit Ihrem Namen in den Suchergebnissen auf. Hier können Sie Ihren Expertenstatus hervorragend aufbauen. Nutzen Sie Profile bei MySpace, LinkedIn, Xing, Facebook, StudiVZ, Naymz, iKarma, OpenID, ClaimID, Expeerter, Flickr, Twitter, YouTube, Google & Co. Nutzen Sie die zahlreichen Gelegenheiten, sich mit anderen Personen aus Ihrer Branche zu verbinden und an Gruppen teilzunehmen, über welche Sie Ihren Expertenstatus weiter ausbauen können.

Ob ein Experte wirklich als solcher wahrgenommen wird, hängt von der Authentizität, dem Wissensstand und dem vermittelten Mehrwert gegenüber potentiellen Kunden und Partnern ab. Gekrönt werden kann der Erfolg jedoch nur durch ein erfolgreiches, zielgesteuertes Experten-Marketing bzw. Experten-Branding. Bleiben Sie daher am Ball und Sie werden bereits innerhalb weniger Wochen spürbare Veränderungen wahrnehmen, wie Menschen Sie respektvoll ansprechen oder großzügige Kooperationen anbieten.

Tobias Knoof

 Über den Autor

Tobias Knoof zählt zu den erfolgreichsten Infomarketern im deutschsprachigen Raum und ist Experte für Erstellung, Vertrieb und Verkauf digitaler Informationsprodukte. Auf seiner Homepage www.digitale-infoprodukte.de gibt er seinen gesamten Erfahrungsschatz von über 2.500 analysierten Webseiten und Infoprodukten aus der Kategorie „Traffic", „Online-Marketing" und „Reputation" weiter.

Sind Sie ein Workaholic?

Kleiner Selbsttest

Arbeiten kann süchtig machen. Zu viel Arbeit behindert Sie in Ihrer Kreativität und Ihrer Effektivität. Mit einem kleinen Selbsttest erfahren Sie, ob Sie auf dem besten Weg zum Workaholic sind.

☐ Arbeiten Sie außerhalb Ihres Büros?

Hand aufs Herz: Wie viele Stunden arbeiten Sie noch nach Feierabend? Zählen Sie doch einmal die Stunden, die Sie außerhalb Ihrer Büroarbeitszeit arbeiten. Nehmen Sie sich nun vor, diese Stunden langsam abzubauen. Arbeiten Sie in einer Woche 30 Stunden nach Büroschluss, so versuchen Sie in der nächsten Woche nur 28 Stunden mehr zu arbeiten. Füllen Sie die restlichen Stunden mit einem Hobby.

☐ Können Sie abschalten?

Kreisen Ihre Gedanken auch außerhalb des Büros ständig um Projekte, Kunden und Mitarbeiter? Haben alle Mitarbeiter Ihre Handynummer und empfangen Sie Ihre Emails mit Notebook oder Smartphone immer und überall? Auch hier hilft Ihnen ein Hobby, das Sie so ausfüllt, dass Sie die Arbeit für ein paar Stunden komplett aus Ihrem Kopf streichen können.

☐ Delegieren Sie schon oder arbeiten Sie noch?

Sie sind der Beste. Ohne Sie würde hier gar nichts laufen. Klar. Wenn Sie jedoch keinem Ihrer Kollegen zutrauen, ein Projekt ordnungsgemäß durchzuführen, sollten Sie sich fragen, ob es wirklich an deren Inkompetenz liegt oder an Ihrer eigenen Einstellung.
Bauen Sie eine gesunde Vertrauensbasis auf und akzeptieren Sie, dass andere Menschen anders arbeiten als Sie selbst. Geben Sie erst kleinere, dann immer größere Aufgaben ab.

☐ Reden Sie nur über die Arbeit?

Egal ob Frau, Mann, Freund oder Freundin: Reden Sie permanent von Ihrer Arbeit? Von jedem beliebigen Thema aus finden Sie immer wieder den Dreh zu Ihrer Arbeit? Bedenken Sie bitte, dass Ihre Arbeit nicht jeden anderen interessiert. Hören Sie Ihrem Gegenüber zu und versetzen Sie sich in dessen Lage. Versuchen Sie ganz bewusst das Thema Arbeit nicht anzusprechen.

Die Arbeitssucht zu besiegen ist schwer, aber es ist machbar. Sie müssen sich selbst beherrschen und benötigen ein gehöriges Maß an Disziplin. Doch schon nach wenigen Monaten werden Sie spüren, wie gut es Ihnen tut, zu leben und nicht nur zu arbeiten.

Markus Hellhausen

Erfolg im Internet

Ihr guter Ruf im Netz

Online Reputation Management

Ist Ihnen eigentlich bewusst, wie die Meinungen Ihrer Kunden über Sie und Ihr Unternehmen sind? Welche Kundenansichten und -bewertungen die Runde machen? Wie können Sie sicher sein, dass nicht jemand aus Ihrem Umfeld, sei es die Konkurrenz oder ein ehemaliger Mitarbeiter, die scheinbare Anonymität des Internets nutzt, um negative Meldungen über Sie zu verbreiten? Um hier Herr der Lage zu bleiben, müssen Sie immerzu auf der Hut sein und stets ein Ohr am Markt haben. Sie kommen nicht drumherum, Ihre Online Reputation im World Wide Web täglich aufs Neue zu prüfen. Das virtuelle Erscheinungsbild hat großen Einfluss auf das Leben außerhalb des Internets. Egal ob Unternehmen oder Privatperson: Wer im Netz einen guten Ruf genießt, der ist seinen Konkurrenten einen, vielleicht den entscheidenden Schritt voraus. Denn auch im virtuellen Zeitalter werden Entscheidungen auf der Basis von Vertrauen, Glaubwürdigkeit und positiver Darstellung getroffen.

Kontrolle ist alles

Überwachen Sie! Was wird über Sie geschrieben? Analysieren Sie die Ergebnisse! Gefällt Ihnen die öffentliche Meinung oder nicht? Beeinflussen Sie! Wir werden nicht von Manipulation, sondern von gezielter Beeinflussung reden. Lenken Sie die öffentliche Meinung in Bahnen, die Ihrem Brand zuträglich sind. Treten Sie dabei aber offen auf. Nichts würde Ihrer Reputation mehr schaden, als wenn Sie als die besprochene Unternehmung „entlarvt" werden würden.

Überwachen Sie in Zukunft alles, was im Internet berichtet wird. Richten Sie sich Google-Alerts ein, die Ihnen gleich neue Treffer zu Ihren Brands, Ihrem Unternehmensnamen oder aber den Namen Ihres Upper Managements liefern. So können Sie gleich, wenn nötig, reagieren, ohne dem Ganzen die Möglichkeit zur Eigendynamik zu liefern.

Kommunikation ist alles. Nutzen Sie Ihre Firmenwebsite, Foren und Blogs, in welchen über Ihr Unternehmen gesprochen wird, um mit der Öffentlichkeit in Dialog zu treten. Äußern Sie sich zur Kritik, die Ihnen entgegenkommt. Ihre Auseinandersetzung mit Kundenmeinungen zeigt Ihre Gesprächsbereitschaft und signalisiert Ihren Kunden, dass Sie sie ernst nehmen. Ein Punkt, der Ihr Ansehen zugleich wieder steigen lässt. Wenn Sie sich mit Ihrem Unternehmen in besonderer Weise um gesellschaftliche Belange oder den

> **Darum zählt Ihr guter digitaler Ruf**
>
> - Sie gewinnen das Vertrauen Ihrer Kunden.
> - Sie verlieren Ihre Kunden nicht an Ihre Mitbewerber.
> - Sie können die Verbreitung negativer Meldungen über Sie, Ihre Produkte und Ihr Unternehmen rechtzeitig stoppen und Schlimmeres verhindern.

Umweltschutz verdient machen, dann machen Sie diese Leistungen auch bekannt! Reden Sie aber nicht zu viel über Ihre guten Taten, denn dann will Sie möglicherweise bald niemand mehr hören!

Es sollte nie so ankommen, dass Sie sich mit Ihren Taten brüsten – das würde Ihr Gegenüber nur als störend empfinden.

So gelingt Ihnen gutes Online Reputation Management

Unter dem Gesichtspunkt, Ihre Maßnahmen stets von Ihren Stakeholdern bewertet zu wissen, sollten Sie für ein gutes Online Reputation Management folgendermaßen vorgehen:

- Finden Sie heraus, was von Ihnen erwartet wird. Was müssten Sie tun, um von Ihren Stakeholdern im allgemeinen Marktgeschehen positiver bewertet zu werden?

- Bringen Sie in Erfahrung, wie Sie agieren müssen, um die gewünschten Reaktionen hervorzurufen.

- Machen Sie eine Bestandsaufnahme. Diese soll zeigen, wie Sie aktuell wahrgenommen werden und als Grundlage für Ihre neue Kommunikationsstrategie dienen.

- Machen Sie den besten Kommunikationsweg ausfindig, um einen Fit zwischen der subjektiven Wahrnehmung Ihrer Stakeholder und Ihres Unternehmens zu erreichen.

- Analysieren Sie die Ergebnisse aus dem Kundenfeedback in Ihrem Call-Center – nur so haben Sie auch die Möglichkeit, entsprechend nachzusteuern.

- Überwachen Sie die in den Medien über Sie vorherrschende Meinung.

- Führen Sie Umfragen mit repräsentativen Fokusgruppen durch, um deren Wahrnehmung Ihres Unternehmes zu erkennen.

Ruhen Sie sich nicht auf einer reinen Datenerfassung aus. Der wesentliche Schritt ist schließlich der, aus den gesammelten Informationen die richtigen Schlüsse zu ziehen und Ihre Unternehmenskommunikation passend danach auszurichten.

Kontrollieren Sie regelmäßig, ob Ihre neue Botschaft am Zielmarkt auch tatsächlich ankommt. Korrigieren Sie Ihre Vorgehensweise, wenn dies noch nicht der Fall ist.

Die richtige Strategie

Schritt 1

- Formulieren Sie ein klares Ziel – intern und extern. Für welche Werte möchten Sie einstehen? Wie sehen Sie Ihr Unternehmen? Ihre Mitarbeiter müssen sich bewusst sein, was Ihre Unternehmung verkörpern soll – anders sind sie nicht in der Lage, nach außen entsprechend aufzutreten.

Schritt 2

- Etablieren Sie diese Werte und kommunizieren Sie sie bei allen Gelegenheiten. Integrieren Sie sie zusätzlich in Ihren Marketingmix.

Schritt 3

- Sorgen Sie für ein angenehmes internes Arbeitsklima. Nur wenn Ihre Mitarbeiter gerne zur Arbeit gehen, sind sie auch in der Lage, die Leistung und den Service zu erbringen, den Ihre Kunden schätzen und auch bezahlen.

Schritt 4

- Setzen Sie auf Markenbildung. Marken schaffen langfristiges Vertrauen beim Kunden und bieten Ihnen die Möglichkeit, nachhaltig höhere Gewinne zu verbuchen.

Schritt 5

- Schenken Sie Ihren PR-Maßnahmen nach wie vor genügend Aufmerksamkeit. Arbeiten Sie unbedingt mit einer guten PR-Agentur zusammen, welche über entsprechende Beziehungen verfügt.

Schritt 6

- Versorgen Sie Ihre Stakeholder mit positiven Informationen über Ihr Engagement.

Schritt 7

- Stehen Sie zu Ihren Aussagen und halten Sie Wort. Sie sollten stets darauf achten, dass das, was Sie kommunizieren, wirklich Bestand hat. Seien Sie der zuverlässige Partner, den der Kunde sucht und bauen Sie langfristige Beziehungen auf. Halten Sie zudem stets Ihre Mitarbeiter auf dem Laufenden, denn sind diese nicht immerzu in Kenntnis über Ihre Produkte, Aktionen etc., führt das zu Unsicherheiten und lässt Kunden schnell einen Mitbewerber aufsuchen.

Trotz Krise den guten Ruf wahren

Um aus einer wirtschaftlichen Krise nicht mit einem beschädigten Ruf hervorzugehen, sollten Sie umgehend damit beginnen, Ihre Reputation zu schützen. Nicht zu Unrecht jedoch gilt eine Krise auch immer als Chance: Gelingt es Ihnen nämlich, das Vertrauen Ihrer Kunden und Lieferanten zu behalten, können Sie damit im direkten Vergleich mit Ihren Mitbewerbern unter Umständen Ihre Marktposition und Marktanteile ausbauen. Beachten Sie die folgenden Punkte, um in einer Krise keine Marktanteile zu verlieren:

- Erhöhen Sie zunächst Ihr Werbebudget. Sollten Sie zum gegenteiligen Handeln geneigt sein, machen Sie sich folgendes klar: Gerade bei einer sinkenden Kaufbereitschaft wäre es absolut falsch, Ihren Etat für Marketingmaßnahmen zu senken. Konzentrieren Sie sich eher darauf, bestehende Marken zu stärken und deren Vorteile zu kommunizieren.

Buchtipp

Zahlreiche Tipps für einen guten Ruf im Internet versammelt das Buch „Killerfaktor Online Reputation: Die besten Techniken, Konzepte und Maßnahmen für Ihren guten Ruf im Internet", GD-Verlag, 19,90 Euro, www.gdigest.com.

- Intensivieren Sie Ihre Monitoring-Aktivitäten, die Sie zur Überwachung Ihrer Online Reputation nutzen. So sind Sie bei etwaigen Problemen wie beispielsweise Schwierigkeiten mit Ihren Produkten oder Vorurteilen gegenüber Ihrem Unternehmen noch schneller im Bilde und können zeitnah reagieren.

- Gestalten Sie Ihr Auftreten und Handeln transparent. Kommunizieren Sie ruhig, wenn es sich bei Ihnen um das in der Kritik stehende Unternehmen handelt und schildern Sie offen Ihre Sicht der Dinge. Eine solche Haltung zahlt sich hier regelmäßig aus. Tipp: Professionelle Online Reputation Management-Lösungen finden Sie unter www.marketingshop.de.

Catherine Kimmle

Gentleys Tipp

Networking mit Sozialen Netzwerken

Das Internet gewinnt zunehmend an Bedeutung für die Karriere. Beruflicher Erfolg lässt sich mit aktivem und klugem Networking deutlich effektiver gestalten. Online Netzwerke boomen und immer mehr nutzen diese Kontaktmöglichkeiten. Waren einst Vetternwirtschaft und Vitamin B der optimale Weg zum beruflichen Erfolg, so sind es heute die sozialen Netzwerke des Internets. Doch Networking als Erfolgsstrategie im Beruf benötigt auch einiges Wissen. Einfach nur dabei zu sein, reicht nicht. Wer erfolgreich sein will, muss sich auch rühren und Kontakte aufbauen und pflegen. Internet-Networking bietet auch den Headhuntern die schnelle Möglichkeit, auf geeignete Kandidaten für vakante Stellen aufmerksam zu werden. Wer detaillierte Angaben über seinen Werdegang und seine besonderen Fähigkeiten online stellt, hat beste Chancen, von Headhuntern aufgestöbert zu werden.

Die besten Communities für beruflichen Erfolg

☞ **Xing**

Besonders Absolventen profitieren stark vom Internet-Boom in Sachen Networking und nutzen Networking als Karrieresprungbrett. Mitglieder aus über 190 Ländern treffen sich auf der virtuellen Plattform Xing. Deutsche User sind deutlich in der Mehrzahl. Wer auf Xing interessante Jobangebote findet, kommt schneller zu einem Vorstellungsgespräch als externe Bewerber (www.xing.com).

☞ **Linkedin**

Wer sich auf Linkedin präsentieren will, braucht eine Empfehlung, um in eines der größten Networks aufgenommen zu werden (www.linkedin.com).

☞ **PerformersCircle**

Um in das Top-Business-Network PerformersCircle einsteigen zu können, in dem sich weltweit Führungs- und Fachkräfte tummeln, können sich Bewerber durch Mitglieder empfehlen lassen oder sich um eine Mitgliedschaft bewerben. Voraussetzung für die Aufnahme ist ein sehr guter Studienabschluss oder eine Top-Position, vorwiegend im Bereich der Wirtschaft (www.performerscircle.de).

☞ **Successity**

Successity ist eine Karriereplattform für Freelancer und Selbständige, die auch Sonder-Serviceleistungen anbietet, wie zum Beispiel Karriere-Coaching oder die gegenseitige Unterstützung bei der Karriereplanung in einem Chatroom. Hier gibt es auch Charity-Möglichkeiten (www.successity.biz).

☞ **ManagersBC**

ManagersBC ist eine weitere Community, in der das Business-Matching im Mittelpunkt steht (www.managersbc.com).

wse

Selbstvermarktung auf Xing

Tricks für das perfekte Online-Profil

Ohne soziale Netzwerke geht es heute fast nicht mehr: private und berufliche Kontakte werden übers Internet geknüpft und gepflegt, im Business nimmt die Plattform Xing eine Vorreiterrolle ein. Der japanische Handschlag (=Austausch von Visitenkarten) ist längst abgelöst worden von dem Verweis auf das Online-Profil. Der Vorteil: Ein schneller Überblick über Tätigkeits-Schwerpunkte und Qualifikationen einer Person ist möglich. Dies funktioniert auch im Vorfeld eines Treffens oder ganz ohne persönliches Kennenlernen. Somit ist die Wirkungskraft und Zahl der Kontakte, die Sie machen können, riesig. Auch wenn Sie sich entscheiden, Xing eigentlich nur privat nutzen, um Kontakte aufzufrischen, werden Kollegen, Arbeitgeber und Headhunter Ihr Profil besuchen. Deshalb pflegen Sie es bewusst und regelmäßig, damit kein falsches Bild von Ihnen entsteht. Dabei sollten Sie alle von Xing angebotenen Rubriken mit Bedacht bearbeiten.

Das Foto

Der erste Eindruck zählt auch im Internet. Umso wichtiger ist ein professionelles Foto, auf dem Sie sympathisch wirken. Um Kompetenz auszustrahlen, sollten Sie eine seriöse Aufnahme im Stil eines Bewerbungsfotos wählen, keine Schnappschüsse oder Urlaubsfotos, sondern Business-Kleidung vor neutralem Hintergrund. Achten Sie beim Einstellen des Fotos auf den Aufbau der Seite: Ihre Augen sollten zum Text hin blicken – diese Blickrichtung transportiert Verbindlichkeit und Identifikation mit den Inhalten.

Die Bildunterschrift

Der kurze Text neben dem Foto dient vielen als erste Informationsquelle und sollte daher mit entsprechender Sorgfalt formuliert werden. Ein kurzer knackiger Slogan macht andere auf Sie neugierig.

Was suchen Sie?

Jetzt ist Kreativität gefragt! Seien Sie authentisch und überraschend und bieten Sie anderen einen Punkt einzuhaken. Besser als „nette Kontakte" ist es allemal, spannende Locations für ein außergewöhnliches Hobby zu suchen.

Was haben Sie zu bieten?

Hier wird es ernst, denn diese Rubrik ist das Herzstück für die Werbung in eigener Sache. Das ist der Platz für Ihre Stärken und für alles, was Sie bei einer Kooperation oder neuen Aufgabe in die Waagschale werfen können. Außerdem erscheinen die ersten Zeilen dieser Rubrik zusammen mit Ihrem Namen in der Ergebnisliste von Suchmaschinen. Präzise Formulierungen sind daher unerlässlich.

Was können Sie besonders gut?

Hier versorgen Sie Personaler und Headhunter mit den notwendigen Fakten Ihres Werdegangs. Betonen Sie detailliert die Highlights Ihrer bisherigen Karriere: Prestigeprojekte, große Erfolge wie Absatzverstärkung etc.

Zeigt her Eure Freunde

Qualität steht hier vor Quantität. Achtung: Attraktive Frauen können Sie auch auf Facebook oder Myspace sammeln, bei Xing geht es um den Job. Signalisieren Sie durch Ihre Kontakte mit Entscheidungsträgern und renommierten Mitgliedern Ihrer Branche, dass Sie ein kompetenter und verlässlicher Mitarbeiter sind.

Wem gehören Sie an?

Bei den Mitgliedschaften in Gruppen sollten Sie ähnlich wie bei den Kontakten darauf achten, seriös rüber zu kommen. Denn auch die Zugehörigkeit zu diversen Interessensgemeinschaften lässt Rückschlüsse auf Ihre Person zu.

Spuren im Netz

Verweisen Sie auf weitere Spuren von sich im Internet und beweisen Sie so Ihre Vielseitigkeit. Links setzen bedeutet außerdem Suchmaschinenoptimierung für Ihr Profil.

Wilhelm Seller

Zwitscher-Leitfaden

Twittern für den guten Ruf

Twitter ist eine Microbloggingplattform, die sich immer größerer Beliebtheit erfreut. Für Unternehmen und auch Privatpersonen bietet die Nutzung des Dienstes in Bezug auf eine gute Online Reputation, also einen guten Ruf im Internet, sowohl Chancen als auch Risiken. Wie twittern Sie aber richtig, um das Maximum für Ihren guten Ruf zu erreichen?

Eine eigene Profilseite

Gestalten Sie Ihre individuelle Profilseite am besten in Anlehnung an Ihre Corporate Identity. Nur so erreichen Sie die von Ihnen angestrebte Aufmerksamkeit und haben eher die Möglichkeit, zufällige Besucher Ihres Profils in Follower umzuwandeln, zu denen Sie eine Beziehung aufbauen können. Das originäre Twitter-Design zeigt nämlich nur, dass es Ihnen a) an Kreativität mangelt und Sie b) Ihren Followern wohl keine Wertschätzung zukommen lassen!

Nutzen Sie Statistiken

Twitter selbst stellt fast keine Informationen über Ihre Follower zur Verfügung. Nutzen Sie also andere externe Dienste, die Ihnen Aufschluss darüber geben, wer Ihnen überhaupt folgt. Nur so können Sie Ihre Twitter-Strategie auf Ihre Zielgruppen ausrichten.

Personalisierte Willkommensnachrichten

Sie können einem neuen Follower zwar eine automatisierte Nachricht zukommen lassen, in der Sie sich für sein Abonnement bedanken. Falls Sie die nötigen Kapazitäten besitzen, sollten Sie jedoch einen anderen Weg wählen. Schreiben Sie lieber eine personalisierte Nachricht, aus der auch zu sehen ist, dass Sie sich zumindest kurz mit seinem Profil befasst haben. So erreichen Sie wesentlich schneller Ihr primäres Ziel, nämlich das, eine Beziehung aufzubauen!

Twittern Sie häufig

Microblogging lebt von Frequenz. Fangen Sie nicht mit einer hohen Frequenz an und senken diese dann, weil Sie feststellen, dass das Absetzen häufiger Messages doch recht zeitintensiv ist. Seien Sie sich der Tatsache, dass Twitter ein Zeitfresser sein kann, von vornherein bewusst. Natürlich haben Sie auch die Möglichkeit, Teile Ihrer Twitter-Aktivitäten zu automatisieren. Sie können zum Beispiel für eine Woche Posts der Art „gehen gleich Mittag Essen, der Italiener/Chinese/Grieche um die Ecke (andere Formulierungen) hat einen guten Mittagstisch" vorformulieren und diese dann jeweils zur Mittagszeit posten lassen. Das kann eine Software für Sie übernehmen. Erstellen Sie hierfür auch andere triviale Mitteilungen. Ein Großteil der Aktivitäten auf Twitter besteht nämlich aus sozialem

Voyeurismus. Seien Sie sich dieses Fakts bewusst und richten Sie Ihre Anstrengungen darauf aus. Nur Posts, die Sie als Marketingbotschaft verstehen, sollten tatsächlich noch von Hand eingepflegt werden.

Followen Sie automatisiert

Sie könnten natürlich einen Mitarbeiter damit beauftragen, von Hand möglichst vielen anderen zu folgen. Das wird aber schnell nachlassen, da es einfach zu zeitaufwendig ist! Nutzen Sie auch hierfür Software, die Ihnen diese Arbeit erleichtert. Stellen Sie die Software, also den so genannten Harvester (Ernter) aber so ein, dass bei Twitter nicht der Eindruck entsteht, dass es sich um eine Software handelt. Natürlich wäre es schick, über Nacht 10.000 Follower zu haben, aber es sollten in der Tat nicht mehr als 500 neue Follower geaddet werden. Des Weiteren erlaubt es Ihnen Twitter nicht unbegrenzt, anderen Accounts zu folgen. Auch das hat den Grund, der Software einen Riegel vorzuschieben.

Branden Sie mit Twitter

Eine Marketingbotschaft muss in der Regel bis zu 27 x wiederholt werden, bevor Sie wahrgenommen wird. Twitter bietet Ihnen hierbei einen kostenlosen Kanal und auch die Opening Rates für Ihre Tweets dürften regelmäßig höher sein. Sie haben die Genehmigung Ihrer Follower, diese mit News zu versorgen.

Die Vorteile von Twitter

- Erschließen neuer Zielgruppen
- Neuer Kommunikationskanal für Produkte und Dienstleistungen
- Informationsquelle über Wünsche und Bedürfnisse Ihrer Zielgruppen
- Gewinn von Followern, also Abonnenten Ihrer Tweets
- Mit steigender Followerzahl wächst auch die Reichweite Ihrer Nachrichten

Positive Stimmung schaffen

Sie können die öffentliche Meinung zu Ihren Gunsten beeinflussen. Twitter ist relativ anonym. Sie brauchen nicht viele Daten preiszugeben, um dort einen Account zu starten. Es mag zwar wenig moralisch sein, aber Sie können sich auch problemlos mehrere Accounts bei Twitter anlegen. Nutzen Sie zum Beispiel einen offiziellen Account, den Sie mit Firmennews füttern und einen anderen, den eines fiktiven Nutzers und Evangelisten Ihrer Produkte. So haben Sie die Möglichkeit, über beide Kanäle positiv auf Ihr Unternehmen hinzuweisen. Der Fake-Account wird dabei regelmäßig eine höhere Kredibilität erhalten, da es sich ja scheinbar um eine Person handelt, die nicht in Verbindung mit Ihrem Unternehmen gebracht wird.

Wie kann man Twitter noch nutzen?

Es gibt diverse Anbieter, bei denen Sie sogenannte sponsored Tweets erwerben können. Hierbei wird von einem anderen Twitter-Nutzer eine von Ihnen bereitgestellte Message gezwitschert. So haben Sie die Möglichkeit, über die Limitierung Ihrer eigenen Follower-Basis, weitere Aufmerksamkeit zu generieren. Gerade wenn Sie ein neues Produkt einführen, können Sie davon nicht genug haben. Suchen Sie sich bei den Anbietern einfach Twitterer, die eine große Gruppe von Followern haben und sich primär mit den Bereichen, die Ihr bisheriges Markenportfolio abdecken, beschäftigen. Schreiben Sie dann einen Tweet, der als Empfehlung für Ihre Produkte verstanden werden kann. Wiederholen Sie dies, auch unter Verwendung anderer Twitterer.

Vorsicht Fallstricke

Wenn Sie keine Richtlinien aufsetzen, die die Nutzung des Microbloggingdienstes regeln, kann es schnell passieren, dass Ihre Mitarbeiter unbewusst Interna ausplaudern. Manche Ihrer Kunden schätzen zum Beispiel einen eher anonymen Umgang mit Ihrer Geschäftsbeziehung. Auch ist es schon vorgekommen, dass Mitarbeiter sowohl über Blogs als auch über Twitter zu viele Informationen über ein noch nicht veröffentlichtes Produkt preisgaben.

Buchtipp

Einen ausführlichen Überblick über das Thema „Guter Ruf im Internet" bietet das Buch „Killerfaktor Online Reputation: Die besten Techniken, Konzepte und Maßnahmen für Ihren guten Ruf im Internet", GD-Verlag, 19,90 Euro, www.gdigest.com.

Sowohl im privaten als auch geschäftlichen Bereich sollten Sie sich vor Augen halten, dass es Interessengruppen gibt, die an Ihren privaten Informationen interessiert sind. Hierbei trägt die Tatsache, dass man sich bei Twitter nicht mit einer richtigen E-Mail-Adresse anmelden muss, einen großen Teil dazu bei, dass sich auch viele „dunkle" Gestalten auf der Plattform herumtreiben.

Da die Anzahl der Zeichen stark limitiert ist, werden auch URL-Shortener verwendet, die eine lange URL in eine wesentlich kürzere Internetadresse umwandeln. Ihnen wird es aber somit erschwert, vorher zu wissen, auf welcher Seite Sie denn landen können. Seien Sie also eher skeptisch, was den Besuch von empfohlenen Seiten angeht. Es kostet Sie auch zusätzliche Zeit, die Sie sowohl privat als auch geschäftlich anders und sinnvoller nutzen können.

Catherine Kimmle

Erfolg durch Prestige und Renommee

Ein „Doktor" öffnet Türen

Wie Sie einen akademischen Grad bekommen

Ein Doktortitel ruft nach wie vor Respekt in der Bevölkerung hervor; man ist etwas Besonderes und wird auch als solches gesehen. Doch er ist mehr als nur das: Ein Doktortitel ist das i-Tüpfelchen Ihrer Karriere, sollten Sie bereits im Berufsleben stehen. Er verspricht Respekt und die nächste Sprosse Ihrer Karriereleiter. Er verspricht höheres Einkommen, verbesserte Karrierechancen. Und nicht zuletzt bringt Ihnen der Doktortitel gesellschaftliche Anerkennung. Viele suchen auch einfach nur eine neue Herausforderung und wollen sich selber sagen können: „Ich habe noch etwas Besonderes geleistet."

Akademische Grade werden an Personen verliehen, die ein ordentliches Studium an einer Fachhochschule oder Universität abgschlossen haben. Akademische Grade werden auch von Institutionen wie Berufsakademien verliehen, wobei hier auf die staatliche Anerkennung geachtet werden sollte, die bei vielen privaten Akademien und Business Schools nicht gegeben ist.

 Wo gibt es den Titel?

Einen Index mit über 6.500 Hochschulen in über 170 Ländern finden Sie unter http://classic.unister.de. Die Anabin-Liste unter www.anabin.de gibt Auskunft über die Universitäten, deren akademische Grade in Deutschland anerkannt sind.

Doktor (von lateinisch: docere, lehren und doctus, gelehrt), abgekürzt als „Dr.", bezeichnet den höchsten akademischen Grad. Der Doktorgrad wird durch die Promotion an einer wissenschaftlichen Hochschule (z.B. Universität) erworben. Für die Promotion muss eine wissenschaftliche Arbeit (Dissertation oder Doktorarbeit) angefertigt werden, die neue wissenschaftliche Erkenntnisse enthält. Je nach Fach, Land und Universität muss der Doktorand hierzu nicht zwangsläufig für ein Promotionsstudium immatrikuliert sein, sondern kann beispielsweise stattdessen als wissenschaftlicher Mitarbeiter berufstätig sein und die Ergebnisse eines oder mehrerer eigens durchgeführter Forschungsvorhaben als Grundlage der Dissertation verwenden. Auch externe Doktoranden werden akzeptiert. Die mündliche Promotionsleistung besteht je nach Universität und Fach entweder aus einer Disputation, in der die Dissertation verteidigt wird, oder einem Rigorosum, das heißt einer mündlichen Prüfung, die zusätzlich zum Dissertationsthema auch weitere Themen umfassen kann. Die genauen Vorschriften zur Promotion sind bei der jeweiligen Universität in der Promotionsordnung nachzulesen.

Aus „Doktor" wird „PhD"

Spätestens seit 2008 weicht der Doktortitel an deutschen Universitäten dem „PhD" (Doctor of Philosophy). Der Doctor of Philosophy beziehungsweise „Philosophiae Doctor" (latein) entspricht im anglo-amerikanischen Studiensystem dem deutschen „Doktor der Wissenschaften". Auf diese Weise wird aus einem „Dr. Hahnenkamp" der „Hahnenkamp, PhD".

Wann darf der „Dr." auf die Visitenkarte?

Die Verlockung ist häufig groß, den Titel vor Ausstellung der Promotionsurkunde auf Geschäftspapiere, Firmenschilder etc. zu drucken und in Umlauf zu bringen. Bedenken Sie jedoch bitte, dass Sie den Titel erst führen können, wenn Sie die Urkunde in den Händen halten und er – soweit in Ihrem Bundesland erforderlich – genehmigt wurde.

Für Hochschulgrade aus Mitgliedstaaten der Europäischen Union (EU) und des europäischen Wirtschaftsraumes (EWR) entfällt die Pflicht zur Führung einer Herkunftsbezeichnung und verleihenden Universität. Die Führung der deutschen Abkürzung „Dr." ist für Inhaber von in einem wissenschaftlichen Promotionsverfahren erworbenen Doktorgraden aus Mitgliedstaaten der EU bzw. des EWR ohne Herkunftszusatz und aus Australien, Israel, Kanada, Russland und den USA mit Herkunftszusatz möglich.

Leider kann keine Garantie dafür gegeben werden, dass gerade Ihr erworbener oder rechtmäßig aus dem Ausland erlangter Titel nostrifiziert bzw. als deutscher Doktortitel geführt werden kann. Das Einfachste ist, Sie erkundigen sich vorher beim zuständigen Kultusministerium, bevor Sie promovieren. Titelhändler werben auch oft mit der Aussage, dass Sie eine echte Promotionsurkunde einer deutschen Universität erwerben können und die Führung dieses Grades natürlich aufgrund der Länder-Hochschulgesetze nicht genehmigt werden muss. Das ist Betrug und fliegt schnell auf.

Ist Ihr Titel wasserdicht?

Ob Ihr akademischer Grad anerkannt und führbar ist oder nicht, erfahren Sie auch bei dem Informationsdienst Anabin unter http://www.anabin.de. Dort finden Sie alle Hochschulen in über 50 Ländern der Welt. Zuviel vor - von der Militärschule über die private Hochschule bis zur staatlich anerkannten Universität. Auch die Abschlusstypen und Studienrichtungen werden genannt. Ein unverzichtbares Instrument, wenn Sie Titelhändler oder Promotionsberater auf die Seriosität ihrer Angebote hin überprüfen wollen. Leider ist die Anabin-Liste nicht immer aktuell. Clevere Titelhändler wissen die Anabin-Liste auch gezielt zu mißbrauchen und verkaufen etwa gefälschte Urkunden von unter Anabin geführten Institutionen. Eine eingehende Prüfung des Angebots ist somit immer unabdingbar.

Persönliche Auskünfte

Sollten in der Datenbank Anabin die gewünschten Informationen nicht enthalten sein, können Sie eine Anfrage an die ZAB per Mail an zab@kmk.org oder per Telefon (0228 501 264) oder schriftlich (ZAB, Lennéstraße 6, 53113 Bonn) richten, um hierzu eine Auskunft zu erhalten. Die Zentralstelle für ausländisches Bildungswesen (ZAB) ist die zentrale Stelle für Angelegenheiten der Bewertung ausländischer Qualifikationen in Deutschland. Diese Auskunft beschränkt sich jedoch ausschließlich auf Angaben zur Existenz und zum Status der ausländischen Institution sowie auf die Feststellung, ob die erworbene Bezeichnung ein Hochschulgrad ist. Wegen vorrangig zu bearbeitender behördlicher Anfragen ist ggf. mit längeren Bearbeitungszeiten zu rechnen.

„Doktor" aus dem Ausland

Für Doktortitel, die im Ausland erworben wurden, gilt: Ein ausländischer Doktortitel darf nur eingetragen werden, wenn der Bewerber zur Führung der Abkürzung „Dr." ohne weiteren Zusatz berechtigt ist. Die Berechtigung ist – soweit landesrechtliche Vorschriften dies vorsehen – durch eine Genehmigungsurkunde der zuständigen obersten Landesbehörde nachzuweisen. Dies sind die angegebenen Ministerien.

Einige frisch gebackene „Doktoren" haben das Problem, dass ihr in Osteuropa erworbener Doktortitel in ihrem Bundesland nicht als „Dr." ohne Zusatz eingetragen wird und auch als solcher geführt werden kann. Was gilt es also in solch einem Fall zu tun? Es bleibt nichts anders übrig, als den Titel in der verliehenen Originalform zu führen, um nicht mit dem Gesetz in Konflikt zu kommen. Alternativ können Sie dauerhaft in ein Bundesland ziehen, wo die Eintragung und Führung Ihres Titels als „Dr." möglich ist. Man spricht hier von der sog. Allgemeingenehmigung. Ein kurzer Umzug in ein anderes Bundesland zur Eintragung des Grades in die Ausweispapiere ist zwar möglich, sobald Sie jedoch wieder in Ihr ursprüngliches Bundesland zurück ziehen, welches Ihnen die Führung Ihres ausländischen Doktortitels in der von Ihnen gewünschten Form verweigert, müssen Sie ihn wieder in der ursprünglich verliehenen Form, Bsp. „PhDr.", führen. Auch wenn Sie eine Führungsgenehmigung eines anderen Bundeslandes erhalten haben, wird diese durch die in Ihrem Wohnsitzland gültige Allgemeingenehmigung ersetzt. In diesem Fall hilft also nur ein dauerhafter Umzug.

Führen falscher Titel

Wegen zwei missbräuchlich getragenen Buchstaben nimmt so manche Karriere mittlerweile ein schnelles Ende. Immer wieder werden neue Fälle publik und in schweren Zeiten schauen auch neidische und konkurrierende Kollegen Doktortitel-Trägern immer häufiger genauer auf die Finger. Bis zur Anzeige ist es dann nicht mehr weit.

Häufig glaubt sich der Missetäter auf der sicheren Seite: Er bastelt sich eine glaubwürdige Story und tritt entsprechend selbstbewusst auf. Immer wieder stolpern Manager über gekaufte Doktortitel. Es folgt dann die Entlassung, verbunden mit großem Gelächter des Umfelds und der bitteren Erkenntnis, dass der weitere Aufstieg auf der Karriereleiter wohl für immer verbaut ist. Bei Missbrauch von Titeln und akademischen Graden drohen Ihnen zudem Strafen, die nicht zu unterschätzen sind.

Ghostwriter

Schreiben oder schreiben lassen – das ist zunächst die (Gewissens-)Frage. Ghostwriter schreiben in Deutschland nicht nur Reden oder Bücher für Politiker und Unternehmer – sie sind auch die Schattenmänner bei Promotionsvorhaben. Ihre Dienste sind weitreichend und umfassen von der Recherche bis zur kompletten Erstellung einer Dissertation sämtliche Leistungen. Sie können einen Ghostwriter natürlich auch nur für das Lektorat nutzen und die Dissertation selbst schreiben, wenn Sie ausreichend Zeit und Erfahrung mit wissenschaftlichem Arbeiten haben. Dann wird es natürlich erheblich günstiger. Es ist auch bekannt, dass teilweise bereits fertige Arbeiten angeboten werden. Diese kristallisieren sich häufig als Plagiate bereits veröffentlichter Dissertationen heraus, was bei Entdeckung (alle deutschen Universitäten setzen mittlerweile Plagiatssoftware zur Überprüfung der Dissertationen ein) eine Strafverfolgung und die Entziehung des Titels nach sich ziehen kann.

Man kann nur schätzen, wie viele Promotionsaspiranten sich einen Ghostwriter zu Nutze machen, um schnell einen Doktortitel zu erlangen. Ich gehe jedoch davon aus, dass es sehr viele sind. Nach einem Artikel des Spiegels werden jedes Jahr in Deutschland schätzungsweise 2.500 Doktortitel gekauft – unklar ist, ob dieser Vorgang über Titelhändler oder Promotionsberater erfolgt, oder über beide. Viele Titelerwerber nutzen mit hoher Wahrscheinlichkeit einen Ghostwriter und einen Promotionsberater, um ihr Ziel zu erreichen. Die Verlockung ist enorm, da die Gefahr einer Entdeckung bei professioneller Durchführung sehr gering ist.

Die Auswahl an Ghostwritern wächst mittlerweile aufgrund der hohen Nachfrage ständig. Im Internet finden Sie zahlreiche Anbieter unter dem Stichwort »Ghostwriter«. Für die Auswahl sollte man sich genügend Zeit lassen und die Anbieter vergleichen. Preise beginnen ab 2.000 Euro je nach Fachgebiet. Eine kommentierte Liste von Anbietern finden Sie in meinem Buch „Der Doktormacher", der im GD-Verlag erschienen ist (siehe Buchtipp).

Promotionsberater

Auch wenn die Promotionsberatung in den Medien häufig kritisch diskutiert wurde und nach wie vor wird, ist sie legal und zulässig. Die Beratung hat nichts mit einem Titelkauf über einen Händler gemein, wenn der Doktorand seine Dissertation selbst verfasst. Allerdings gibt es auch schwarze Schafe. So wurde 2008 ein Promotionsvermittler wegen Bestechung von Professoren zu einer Freiheitsstrafe von dreieinhalb Jahren und einer Geldstrafe von 75.000 Euro verurteilt. Die meisten deutschen Universitäten verlangen jedoch von den Doktoranden eine eidesstattliche Erklärung, in der sie versichern, dass sie keine Hilfe von Promotionsberatern in Anspruch genommen haben. Nur wer soll dem Kandidaten dies nachweisen?

Das macht Ihr Berater

- Allgemeine Beratung
- Beratung beim Dissertationsthema
- Suche nach einem geeigneten Doktorvater
- Unterstützung bei den Recherchen
- Beschaffung von Literatur

Macht ein Promotionsberater Sinn?

Das kommt darauf an, wie viel Sie ohne Unterstützung machen wollen. Wenn Ihnen wissenschaftliches Arbeiten liegt, reicht es vielleicht aus, wenn Sie den Promotionsberater nur für die Vermittlung eines geeigneten Doktorvaters in Ihr Projekt einbinden. Die Kosten sind dann natürlich niedriger. Der Deutsche Hochschulverband hat mittlerweile eine Empfehlung zum Promotionsverfahren beschlossen, in der die Inanspruchnahme von Promotionsberatern unvereinbar mit Promotionen an deutschen Hochschulen ist. Wenn Sie also einen Promotionsberater nutzen, ist äußerste Diskretion angesagt.

Lassen Sie sich niemals darauf ein, wenn Ihnen der Promotionsberater die Vermittlung und gleichzeitig das Verfassen oder Vermitteln einer Dissertation ohne eigenes Zutun anbietet. Dies Vorgehen ist illegal und macht Sie zudem erpressbar. Ganz zu schweigen von den Konsequenzen, die mögliche Hausdurchsuchungen der Staatsanwaltschaft beim Promotionsberater haben können. Wenn nämlich einmal bekannt wird, dass die Dissertation nicht von Ihnen verfasst wurde, wird Ihnen der Titel nachträglich aberkannt. Gegen eine reine Vermittlung eines Doktorvaters ist jedoch nichts einzuwenden und für die Zuhilfenahme eines Ghostwriters für Literaturrecherchen etc. spricht auch nichts. Allerdings sollte es möglichst nicht bekannt werden.

Buchtipp

York von Braunfels: Der Doktormacher, GD-Verlag, 250 Seiten, Auflage 2008, www.gdigest.com.

Doktor und Professor als Ehrentitel

Für Personen mit abgebrochenem Studium oder für Praktiker mit Berufs- und Lebenserfahrung gibt es eine Möglichkeit, einen Doktortitel ehrenhalber zu erlangen. Die Verleihung eines derartigen Ehrentitels ist a) möglich, wenn er von einer ausländischen Hochschule sein darf und b) fast unmöglich, wenn es ein deutscher Titel sein soll. Es sind fast ausschließlich Persönlichkeiten aus Politik und Wirtschaft, die zu der Ehre eines deutschen „Dr. h.c." gelangen. Unser Bundeskanzler Gerhard Schröder ist beispielsweise Ehrendoktor an der Tongji-Universität in Schanghai. Hasso Plattner, der Gründer von SAP, hat sowohl den Titel eines Dr. h.c. als auch den eines Honorarprofessors der Universität Saarbrücken.

Sie benötigen für die Erlangung eines ausländischen Dr. h.c.-Grades einige grundlegende Voraussetzungen. Zum einen müssen Sie bisher Besonderes in Ihrem Leben geleistet haben und über eine gewisse Reputation verfügen. Leider sind die Interessenten meist sehr naiv und denken mit ein paar hundert oder tausend Euro bekommt man diesen begehrten Titel. Dem ist jedoch nicht so. Die Genehmigung, einen ausländischen Ehrendoktortitel in der Bundesrepublik zu führen, bekommt nur, wer den Ehrendoktortitel aufgrund besonderer Verdienste verliehen bekommen hat. Dabei müssen diese Verdienste zum einen im Zusammenhang mit den an der ausländischen Uni vermittelten Fachrichtungen stehen. Zum anderen müssen sie auch an Intensität und Bedeutung auf einer Stufe mit Ehrendoktortiteln stehen, die aufgrund wissenschaftlicher Leistungen verliehen werden.

York von Braunfels

Diplomat werden

Wie Sie den besonderen Status erlangen

Viele träumen davon, einen besonderen Status zu erlangen, der einem die Türen zur Macht öffnet und einen vor der Willkür der Behörden schützt. Der beste und gängigste Weg ist die legale Erlangung eines Diplomatenpasses, was einem natürlich nicht von alleine in den Schoß fällt. Arbeit und Engagement sind damit verbunden. An dieser Stelle möchte ich Sie vor dubiosen Anbietern warnen, die im Internet oder in Anzeigen Diplomatenpässe anbieten. Häufig auch „echte" Diplomatenpässe, die jedoch meist nichts anderes sind als gefälschte oder wertlose „Camouflage-Pässe" nicht existenter Staaten. Zudem werden gestohlene oder gefälschte Dokumente über Angehörige diplomatischer Vertretungen verkauft. Einige Anbieter verbergen sich hinter Briefkastenfirmen in Steueroasen und wollen nur Ihr Bestes: Ihr Geld. Alle nachfolgenden Ausführungen dienen nur der Unterhaltung und stellen keine Aufforderung zu strafbaren Handlungen dar.

Der Diplomatenstatus

Die Beziehungen zwischen verschiedenen Staaten werden durch schriftliche Vereinbarungen und unausgesprochene Regeln bestimmt. Die diplomatischen Beziehungen und deren Regeln und Vorschriften wurden 1961 im »Wiener Abkommen« festgehalten. Verbindlich ist die Konvention allerdings nur für jene Staaten, deren Repräsentanten die Vereinbarung unterzeichnet haben. Das Errichten einer Botschaft bedingt eine so genannte „Akkreditierung", eine Erlaubnis seitens des jeweiligen Staates. Mit der offiziellen Akkreditierung wird dem Personal und den Gebäuden gleichzeitig der Diplomaten-Status verliehen: das Gebäude samt Grundstück werden zu einer Insel bzw. zu einem kleinen Staat im Staat.

Nach den Wiener Regeln unterteilt sich das Botschaftspersonal in drei Klassen. Zur ersten Klasse gehören Botschafter, Minister, Gesandte und Chargé d'affaires. Zur zweiten Klasse gehören die Mitglieder des Botschaftsstabes (Kofferträger, Referenten, Sekretäre o. ä.). Auch diesen wird die volle diplomatische Immunität gewährt. Die dritte Klasse ist das Personal (Bodyguards, Butler, Fahrer usw.). Hier gibt es eine begrenzte Immunität, die sich nur auf die Arbeitszeit beschränkt.

Der Diplomatenpass

Staaten mit einem ernst zu nehmenden, anerkannten Corps stellen in der Regel nur Diplomaten-Pässe an Botschaftsangehörige, die direkt zum Corps gehören, aus. Eine Sekretärin kann durchaus einen Diplomatenpass erhalten, während ein gewöhnlicher Fahrer nur einen Dienstausweis erhält. Benötigen die Botschaftsangehörigen und

 Es gibt drei Arten von Pässen

1. Der Diplomatenpass
2. Der Dienstausweis
3. Der normale Pass

-angestellten aufgrund einer politischen Situation einen besonderen Schutz, z.B. vor der Willkür des Behördenapparates im Empfängerland, kann natürlich auch dem Gärtner ein Diplomatenpass ausgestellt werden. Die Vorteile eines solchen Passes ergeben sich zum einen aus der Festlegung der Begrifflichkeit der Immunität, zum anderen aus der Exklusivität. Die Immunität wird jedoch erst durch den Protokollausweis bestätigt, der durch das Auswärtige Amt ausgestellt werden muss. Dieser ist befristet auf die Dauer des Arbeitsverhältnisses.

Immunität

- So kann es bei einer von der Polizei durchgeführten Kontrolle schon hilfreich sein, wenn man einen Diplomatenpass vorweisen kann, um behaupten zu können, dass das Auto – in dem Sie angetrunken sitzen – ein Hoheitsgebiet sei. Ferner sind Sie sicher vor Durchsuchungen Ihres Gepäcks am Flughafen, auch vor Hausdurchsuchungen.

Prestige

- Wenn Sie die Wahl zwischen einem Porsche und einem Diplomatenpass haben, nehmen Sie den Porsche. Wenn Sie den Porsche ohnehin schon fahren, ist ein Diplomatenpass die Krönung. Exotik verführt und man wird sich fragen, was sich hinter Ihnen wirklich verbirgt. Sie vermitteln den Eindruck des Weltmannes, der internationale Beziehungen besitzt. Wissen Sie es geschickt einzusetzen, können Sie Ihren neuen Pass auch geschäftlich nutzen.

Schutz

- Natürlich können Sie mit Ihrem Diplomatenpass genauso wie mit einem normalen Reisepass reisen. Besonders bezahlt macht sich das Dokument aber in Staaten, in denen entweder Geld (sprich: Korruption) oder Obrigkeitshörigkeit alles ist. Hier kann Sie das Dokument vor Willkür bewahren. Als Diplomat wird man in Ihnen einen „Übermenschen" sehen. Keiner wird sich mit Ihnen anlegen, denn Sie haben großen Einfluss.

Der offizielle Weg zum Diplomatenpass

Wenn Sie einen Diplomatenpass, den Diplomaten-Status, ein Konsulat oder den „Lettre de Chancellerie" erlangen wollen, sind Sie auf die Zusammenarbeit mit einem Repräsentanten eines fremden Staates angewiesen. Aber wie erhalten Sie einen Pass, ohne dem Botschafteralltag zu frönen, ohne sich offiziell beim Auswärtigen Amt zu bewerben?

Werden Sie „Diplomat ad hoc", ein „Situationsdiplomat". Nehmen wir an, dass irgendwo eine multinationale Konferenz abgehalten wird. Thema: Die Verschuldung der Dritten Welt und die allgemeine Wirtschaftslage. Alle beteiligten Staaten schicken Delegierte auf diese Konferenz. Einige davon sind sicher Diplomaten. Da es sich um ein Finanzprojekt handelt, ist es aber auch durchaus denkbar, dass ein Mitglied der Delegation ein Bankier ist. Dieser erhält für diese Zeit den „Diplomatenstatus ad hoc".

Alternative Wege

- Sie kaufen den Pass von einem Vermittler. Seriöse Vermittler haben es nicht nötig, in der Tagespresse zu inserieren, sie verkaufen durch Mundpropaganda. Die Preise liegen zwischen 25.000 und 100.000 Euro. Natürlich ist dieses Vorgehen illegal.

- Der Außenminister stellt Ihnen das Dokument aus. Vielleicht versuchen Sie es mit einem kleinen Geschenk (ein kleiner Porsche oder so) für den „Westerwelle von Nepal". Arme gemäßigte Diktaturen sind für diesen Zweck günstiger als Demokratien. Natürlich ist dieses Vorgehen ebenfalls illegal.

- Sie lassen sich von einem willigen Staat zum Konsul ernennen. Aufgrund dieses Verdienstes wird man Ihnen unter Umständen auch den Diplomatenpass einer europäischen Nation ausstellen. Fragen Sie bei den Botschaften an. Geld darf dabei natürlich keines fließen. Sie besorgen sich einen „Lettre de Chancellerie", die Bestätigung eines Konsulates oder einer Botschaft, die belegt, dass Sie im Auftrag der jeweiligen Regierung handeln. So könnte Ihnen z.B. die Botschaft von Myanmar die Bestätigung ausstellen, dass Sie den Auftrag haben, die deutsche Bevölkerung dazu zu bewegen, anstatt Currywurst mit Pommes nur noch Reis zu essen. Mit dem „Lettre de Chancellerie" beantragen Sie nun beim Auswärtigen Amt Ihren deutschen Diplomatenpass, der jedoch vermutlich abgelehnt wird.

In welchen Ländern können Sie Diplomat werden?

Dass nicht jedermann in jedem Staat Diplomat werden kann, ist klar. Ich nenne Ihnen im Folgenden nur diejenigen Staaten, bei denen Ihr Anliegen überhaupt eine Chance hat.

Für finanzkräftige Moslems

- Diese Staaten sind durchaus in der Lage, Ihnen den Diplomaten-Status, den Diplomatenpass oder ein Konsulat zu übertragen. Sie wären aber verrückt, diese zu beantragen, wenn Sie kein ergebener Moslem sind. Ferner sollte der Regierungschef des entsprechenden Staates zu Ihren persönlichen Freunden gehören. Nebenbei müssten Sie den Staat auch noch politisch und finanziell unterstützen. Wenn Sie all diese Punkte erfüllen können, dann sollten Sie die folgende Liste genauer betrachten: Bahrain, Gomores, Ägypten, Kuwait, Malediven, Oman, Katar, Saudi-Arabien, Syrien, VAE, Jemen.

Für einflussreiche Unternehmer

- Diese Staaten ernennen Sie gerne zum Diplomaten, allerdings nur, wenn Sie von einer einflussreichen Unternehmensgruppe unterstützt werden und dieses Geld natürlich im entsprechenden Staat verbleibt. Außerdem wäre es ratsam, einen ortsansässigen Rechtsanwalt zu konsultieren und ihn mit der Aufgabe zu betrauen, die nötigen Arrangements zu treffen. Zu diesen Staaten gehören: Argentinien, Bolivien, Brasilien, Chile, Kolumbien, Costa Rica, Dominikanische Republik, Ecuador, El Salvador, Guatemala, Haiti, Honduras, Mexiko, Panama, Paraguay, Peru, Uruguay, Venezuela und die Oststaaten.

Für verdiente Personen des öffentlichen Lebens

- Hier handelt es sich um "einwandfreie" Staaten. Traditionell vergibt der Außenminister Konsulate. Allerdings umsonst und nur an Personen, die sich bereits im öffentlichen Leben oder in der Wirtschaft sehr verdient gemacht haben. So z.B. an Unternehmer, die einen Großteil ihrer Geschäfte in dem entsprechenden Staat abwickeln. Wenn Sie glauben, dass Sie diese Voraussetzung erfüllen, empfiehlt sich ein Besuch bei dem akkreditierten Botschafter in Berlin oder in Wien. Wenn dann noch keine diplomatische Vertretung in Ihrer Umgebung zu finden ist, kann der Botschafter unter Umständen Interesse zeigen. Wenn Sie z.B. ein Privatbankier in Port Vila, der Hauptstadt von Vanuatu, sind, dürfte es leicht sein, diese Gespräche erfolgreich führen zu können. Sie könnten dann ein Konsulat des entsprechenden Landes auf Vanuatu übernehmen. Fast alle europäischen Staaten (auch Dänemark, Norwegen, Schweden, Island, Finnland, Österreich, Belgien und Griechenland) und alle größeren Hauptstädte in den USA sind mit Konsulaten ausgestattet. Dänemark bietet hierbei eine Besonderheit: So gestattet es auch Ausländern, eine dänische Vertretung an entsprechenden Orten zu übernehmen. Bleiben wir bei Vanuatu, was heißen würde, dass Sie als Konsul von Dänemark Ihr Konsulat auf Vanuatu eröffnen dürfen.

Für Spendenfreudige I

- Die hier angeführten Staaten sind bekannt dafür, dass sie für Geld alles verkaufen, auch Regierungsdokumente, Diplomaten-Pässe, Berufung zum Konsul usw. Sie können hier jede Art von Unterstützung anbringen. Vielleicht liefern Sie ja neue Autos für den Regierungspräsidenten, eine Computeranlage für das Rathaus oder Sie geben einfach nur Bargeld her. Es ist aber besser, wenn Sie einen ortsansässigen Rechtsanwalt kontaktieren, der für Sie ein „Bittschreiben" an den Regierungschef richtet. Zu dieser Gruppe zählen: Bangladesch, Kamerun, Ghana, Guinea, Malavi, Niger, Senegal, Sierra Leone, Sudan und Toro.

Für Spendenfreudige II

- Diese Staaten gehören zu den ärmsten der Welt. Das Bruttosozialprodukt pro Kopf liegt bei weniger als 300 Dollar. Alles was Sie tun müssen, ist, den Botschafter oder einen anderen Vertreter dieser Staaten zu konsultieren. Wenn es um größere Summen geht, sind diese Herren gerne bereit, mit Ihnen "Verkaufsgespräche" zu führen. Benin und Myanmar sind Beispiele dafür. Auch: Das jetzige Regime von Äquatorial Guinea wird sicher froh darüber sein, einen Europäer oder US-Amerikaner zum Diplomaten berufen zu dürfen. Besonders, wenn es dafür die obigen Dollar als „Kostenersatz" gibt.

Für Personen mit viel Einfluss

 Diese Staaten sind zwar sehr seriös, aber extrem arm, und sie haben eine Reihe von unlösbaren Schwierigkeiten. Die Repräsentanten dieser Staaten werden Ihnen kaum irgendein Dokument verkaufen. Aber wenn Sie ihnen klar machen, dass Sie versuchen, ein Problem zu lösen oder aus der Welt zu schaffen (vielleicht durch Ihren Einfluss, vielleicht durch Ihr Geld), steht Ihrem Diplomaten-Status nichts mehr im Wege. Vor allem, wenn Sie mit internationalen Waren handeln, die für diese Staaten einen sehr hohen Stellenwert haben, z.B. Landmaschinen, Autos, Computer. Laden Sie doch einfach den Minister oder einen anderen hochrangigen Repräsentanten zum Essen ein und erklären Sie ihm, dass Sie den Staat finanziell oder mit der Lieferung von Waren unterstützen wollen. Da diese Staaten nur eine begrenzte Repräsentation im Ausland haben und auch fernab von allen Wirtschaftszentren liegen, wird es Ihnen nicht schwer fallen, als Europäer einen Termin zu bekommen. Zu diesen Staaten gehören: Cap Verde, Djibouti, Nepal, Saotome e Principe (Inseln im Golf von Guinea, Hauptstadt: Saotome), Vanuatu.

Warnung

Der Erwerber eines Diplomatenpasses, der die entsprechende Bezeichnung (Botschafter, Honorarkonsul etc.) durch Vorzeigen des Diplomatenpasses, Berufen auf Immunität oder andere diplomatische oder konsularische Privilegien, Verwenden auf Briefpapier, Visitenkarten, Türschildern, CC- bzw. CD-Schildern an Kraftfahrzeugen oder im Internet nutzt, könnte sich zunächst nach § 132 a StGB strafbar machen. Nach § 132 a I Nr. 1 StGB macht sich u.a. strafbar, wer unbefugt inländische oder ausländische Amts- oder Dienstbezeichnungen führt. Den Interessenten solcher Titel dürfte klar sein, dass man diplomatische Titel gewöhnlich durch seine dem Entsendestaat gegenüber gezeigten Fähigkeiten und seine Loyalität erwirbt und nicht durch Zahlung einer „Gebühr". Dass diese Vorgehensweise illegal sein könnte, nimmt der Interessent häufig bedingt in Kauf, um an den begehrten Titel zu kommen. Wie das Beispiel Panamas zeigt, können Diplomatenpässe auch wieder annulliert werden, wie dies im Fall von Sean Connery durch die neue Regierung Panamas geschehen ist. Er war einer von 121 Personen, denen die diplomatische Immunität wieder aberkannt wurde.

York von Braunfels

So werden Sie zum Konsul

Wie Sie ein anderer Staat zu seinem Vertreter macht

Die konsularischen Beziehungen von Staaten unterscheiden sich sehr von den diplomatischen Verbindungen. Während ein Diplomat die ständige Vertretung eines Staates in einem anderen Staat übernimmt, nimmt der Konsul die wirtschaftlichen und persönlichen Interessen der Staatsbürger der Nation, deren Konsul er ist, wahr. Dabei muss der Konsul nicht Staatsbürger des "entsendenden" Staates sein. Oft werden inländische Kaufleute von ausländischen Nationen beauftragt, die nationalen Belange (Handelsbeziehungen) zu klären. Es ist möglich, dass zwei Staaten keine diplomatischen Beziehungen pflegen, trotzdem aber Konsulate etablieren. Geregelt wird das Ganze im »Wiener Übereinkommen über konsularische Beziehungen von 1961«. Wie beim Wiener Übereinkommen über diplomatische Beziehungen sind natürlich nur Staaten an die Vereinbarung gebunden, die diese unterzeichnet haben.

Die Vorteile eines Konsuls

Zunächst erhalten Sie erstklassige Handelsbeziehungen zu dem Land, das Sie zum Konsul ernennt. In der Praxis gibt es dann natürlich auch noch die gesellschaftlichen Vorteile.

- Sie gewinnen an Prestige.
- Sie werden in der Regel von der Einkommenssteuer befreit (Art. 49).
- Alle Güter, die dem Konsulat aus dem Ausland geschickt werden, unterliegen keiner Zollbesteuerung.

Wenn Sie Konsul werden wollen, sollten Sie zunächst einmal ein Land auswählen, das Ihnen politisch angenehm ist. Sie müssen schließlich auch die Interessen des Staates vertreten. Der zweite Schritt ist es, herauszufinden, welcher Staat noch keine Vertretung in Ihrer Stadt hat. Wenn z.B. ein Staat eine Vertretung in Berlin hat, wird es schwer sein, eine weitere in Köln zu etablieren. Natürlich ist es einfacher, wenn Sie in der Provinz wohnen, die wirtschaftlich einiges hergibt. Karlsruhe wäre nicht schlecht.

Doch es gibt noch eine Schwelle zu nehmen: das „Exequatur". Genau wie die Botschaft, muss ein Konsul von dem Staat (Empfängerstaat), in dem er "sitzt", eine Erlaubnis organisieren. Denn ohne Zustimmung ist Ihr Konsulat wertlos. Doch diese Exequatur wird Ihnen nicht geschenkt. Besonders in der Bundesrepublik sind die Behörden dazu übergegangen, die Bewerber genau zu prüfen. Der Kandidat muss einen Eid ablegen, dass er das Konsulat nicht gekauft hat. Dem Honorarkonsulat wird die Zulassung entzogen, wenn dem Auswärtigen Amt nachträglich bekannt wird, dass der Honorarkonsul oder eine dritte Person im Zusammenhang mit der Auswahl und/oder der Bestellung zum Honorarkonsul finanzielle oder Sachleistungen erbracht hat oder erbringt.

Stellen Sie den Antrag niemals selbst. Lassen Sie ihn vom ausstellenden Staat stellen. Zur Überprüfung:

- Sie dürfen keine Steuern hinterzogen haben.
- Ihre Geschäfte müssen absolut seriös sein.
- Denken Sie an alle Daten, die es über Sie geben könnte. Irgendwo ein Widerspruch oder ein schwarzer Fleck, vielleicht ein falscher Doktortitel. Vielleicht mal als Student auf einer Demo gewesen? Das ist schlecht.
- Wie sieht es mit Ihrem Beruf aus? Als Banker, Rechtsanwalt oder Unternehmer stehen Sie gut da, als Filmemacher eher weniger gut.

Nur wenn Sie in den obigen Punkten unangreifbar sind, haben Sie eine Chance, das Exequatur zu bekommen. Ansonsten lassen Sie lieber die Finger davon. Auch der kleinste Versuch kosten Sie Ihr Geld und Ihren guten Ruf.

York von Braunfels

Gentleys Tipp

Ein Wappen für Ihre Familie
Ein Markenzeichen mit Tradition und Stil

Der Begriff „Wappen" (= mittelhochdeutsch für „Waffen") meint ein unverändertes, farbig gestaltetes und dauerhaftes Kennzeichen einer Einzelperson, einer Familie, eines politischen Gemeinwesens oder einer Körperschaft. Die Bezeichnung macht damit den Zusammenhang mit der mittelalterlichen Kampfausrüstung (Schild, Helm, Rüstung) deutlich und weist somit auf die Ursprünge als ritterliches Symbol hin: Wer seinerzeit ein Wappen trug, war zugleich auch Waffenträger. Damit sich Freund und Feind besser erkennen konnten, benötigten sie weithin sichtbare Erkennungsmerkmale, die auf das Schild des Ritters angebracht wurden. Nach und nach entwickelten sich die Schildfarben und -figuren zu festen, dauerhaften Kennzeichen ihrer Träger. Im 13. Jahrhundert wurden sie erblich und wandelten sich dadurch von Persönlichkeitskennzeichen einzelner Träger zu Familienzeichen bzw. Familienwappen, die von einer Generation auf die andere übergingen und in der Folgezeit für Jahrhunderte Bestand hatten.

Heute haben Wappen nichts von ihrer Faszination und Anziehungskraft verloren. Familien und auch Unternehmen dokumentieren mit einem eigenen Wappen den Stolz auf ihre Vergangenheit und das Bewusstsein ihrer Einzigartigkeit.

So entsteht Ihr Wappen

Zunächst sammelt man mit Ihrer Hilfe so viele Informationen über die Geschichte Ihrer Familie bzw. Ihres Unternehmens wie möglich und komprimiert diese dann auf wenige, aussagekräftige grafische Elemente. Die einzelnen Symbole erzählen dann jeweils einen Teil der Geschichte und fügen sich im Wappen zu einem Gesamtbild zusammen, das die

Herkunft des Wappenträgers selbstbewusst dokumentiert und für die Ewigkeit festhält. Hat man schließlich alle notwendigen Informationen bekommen und sich auf die wesentlichen grafischen Elemente und Farben geeinigt, so fertigt man einen ersten Entwurf Ihres zukünftigen Wappens an. Dieser wird sodann mit Ihnen zusammen so lange weiterentwickelt, bis Sie sich voll und ganz mit dem Wappen identifizieren können.

In der Regel wird schließlich das Wappen in eine deutsche Wappenrolle eingetragen. Bei Firmenwappen sollte das Wappen (zusätzlich) beim Deutschen Marken- und Patentamt angemeldet werden, was bei Familienwappen nicht notwendig ist. Sie erhalten darauf einen repräsentativen Wappenbrief, der Sie und Ihre Familie als Wappenträger auszeichnet. Fortan sind Sie berechtigt, Ihr Wappen zu führen.

Leben Sie Ihre Familientradition

Ob als dekoratives Wandbild, als Abzeichen auf Ihrem Briefpapier, als edler Siegelring oder auch als Aufnäher auf Ihren Anzügen und Hemden. Stets zeigen Sie der Welt, was Sie "im Schilde führen", nämlich den Stolz auf Ihre Herkunft und den Ausdruck von Stil und Persönlichkeit. Ein Wappen wäre auch ein passendes Geschenk zum Geburtstag, zum Jubiläum, zur Hochzeit oder für eine denkwürdige Lebensleistung. Mit einem Wappen schenken Sie etwas für die Ewigkeit.

Surftipp

Ein eigenes Wappen erhalten Sie unter www.familienwappen.org.

Tobias Worzyk

Die Welt des Adels

Wer heute noch Edelmann werden kann

Die Welt des Adels übt nach wie vor eine große Faszination auf uns alle aus. Doch ist der Adel in Deutschland seit der Weimarer Verfassung abgeschafft. Alle Adelstitel wurden in bürgerliche Namen umgewandelt. „Graf August von Burghausen" verwandelte sich so in „August Graf von Burghausen".

Viele Menschen scheint die Welt der Ritter, Freiherren, Fürsten und Prinzen anzuziehen wie ein mächtiger Magnet. Eine gewisse gesellschaftliche und karrierefördernde Wirkung solcher Namenszusätze ist natürlich nicht gänzlich auszuschließen. Einige kommerzielle Anbieter stützen sich für ihre symbolischen Adelstitel auf das im BGB verankerte Recht auf freie Namenswahl sowie auf Künstlernamen. Adoption oder Heirat sind heute die einzigen rechtmäßigen Wege zum Titel. Wem der Adelstitel nicht in die Wiege gelegt wurde, wer aber über das erforderliche Bargeld verfügt, der kann auch (über das Internet) zum Baron, Grafen oder Prinzen aufsteigen. Adelsprädikate sind für Titelhändler im Internet ein lukratives Geschäftsfeld. Die Angebote beginnen in der Regel bei 1.000 Euro und enden bei mehreren hunderttausend Euro. Die Urkunden und Wappen zieren dann bei den frisch gebackenen Titelträgern Wände und sogar Kaffeebecher. Manche nehmen sich sogar selbst nicht ernst, sondern betrachten den Titel schlicht als Scherz. Manche Interessenten meinen jedoch, die angebotenen Titel seien echt und ermöglichen ihnen den Aufstieg in die Aristokratie.

Titelkauf im Internet

Sie werden sich einer verwirrenden Menge an britischen Adelstiteln gegenübersehen, die im Internet zum Kauf angeboten werden. Sie können beispielsweise den Titel eines Laird von Schottland erwerben, indem Sie für 67 Dollar 30 Quadratzentimeter Grund und Boden kaufen. Da auf einen Morgen Land von nicht ganz 4.000 Quadratmetern immerhin 43.560 solcher Fleckchen an Eigentum passen, ergibt sich daraus das gewaltige Einkommen von 2.918.520 Dollar pro Morgen, und vermutlich handelt es sich dabei um wenig wertvolle Flächen, die zuvor für 100 Dollar gekauft werden konnten – kein schlechtes Geschäft!

Weiterhin gibt es vorgebliche englische Feudaltitel, erbliche Rittertitel, es gibt pyramidale Strukturen, bei denen es um so genannte Feudale Adelstitel des Baron Marshalls, um nicht erbliche Titel, geht. Das Einzige, das man Sie zu tun veranlasst, ist, auf illegale Weise Ihren Namen zu ändern und ein Titel-Präfix zu verwenden, etwas, das nur der Landesfürst tragen kann.

Die Britische Botschaft in Washington war zeitweise so besorgt darüber, dass Amerikaner zum Kauf gefälschter Titel verführt werden könnten, dass sie sogar den folgenden Ratschlag für Unvorsichtige auf ihrer offiziellen Website veröffentlichte: „Der Verkauf britischer Titel ist durch den Honours Act von 1925 zur Verhinderung von Missbrauch verboten. Dennoch erscheinen manchmal irreführende Angebote über Lehnsherrschaften – ‚lordships of manors" – im Internet und in anderen Medien. Eine solche Lehnsherrschaft ist kein Adelstitel, sondern eine fast ausgestorbene Form des Grundbesitzes. In diesem Zusammenhang ist „Lordschaft" jedoch nur gleichbedeutend mit „Landeigner". Nach John Martin Robinson, Maltravers Herald Extraordinary und Mitautor des Oxford Guide to Heraldry [Oxford Ratgeber Wappenkunde], ist ‚Lordschaft zu diesem oder jenem Herrensitz' jedoch nicht mehr ein Adelstitel als ‚Wirt zur grünen Ente'. Er taucht in keinem Pass auf und berechtigt den Träger nicht zum Führen eines Wappens. Hüten Sie sich auch vor Websites, die komplett erfundene britische Adelstitel verkaufen!"

Adelig durch Adoption

Zsa Zsa Gabors Ehemann, der adoptierte Adelige Prinz Frederic von Westfalen, Anhalt und Sachsen, ist wohl der bekannteste unter den adoptierten Adeligen. Im früheren Leben war er unter dem Namen Robert Lichtenberg bekannt. Prinzipiell gilt: Wer sich gegen Geld adoptieren lässt, erwirbt den Namen, aber nie den Adel. Er kann sich dann zwar namensrechtlich legitim so oder so nennen, wird aber nur selten gesellschaftliche Anerkennung erreichen, da die „schwarzen Schafe" schnell bekannt werden. Der Zugang zu Adelsvereinigungen wird diesen Personen prinzipiell verweigert. Je bekannter der Titel, desto unangenehmer, wenn die wahre Herkunft bekannt wird. Kritisch ist auch, wenn das Erscheinungsbild, Wortschatz, Bildung und Manieren nicht so richtig zum Namen passen.

Deutsche Adelstitel

Für die historische Auseinandersetzung mit dem deutschen Adel empfiehlt sich ein Blick auf das Institut der Deutschen Adelsforschung unter www.edelleute.de. Dort finden sich über 500.000 Quellennachweise aus dem bibliographischen Zettelkasten betreffend Archivalien und Literatur zu Genealogien, Wappen, Stammtafeln, Sachakten, Herrensitzen und Biographien zur historischen Familienkunde des deutschen Niederadels, zu Freiherren- und Grafenfamilien vom Zeitraum 1200 bis zur Gegenwart aus dem deutschen Raum.

Man unterscheidet Uradel (Geschlechter vor 1350), Briefadel (in den Adelsstand erhobene Bürger), niederer Adel (Adelige ohne Titel), betitelter Adel (Freiherren, Grafen und Fürsten) und Hochadel (Häusern, die von uradligen, regierenden oder standesherrlichen Geschlechtern abstammen). Eine detaillierte Beschreibung dieser Kategorien finden Sie unter http://de.wikipedia.org/wiki/Adel.

Britische Adelstitel

Der britische Adel ist in zwei Klassen eingeteilt, die Gentry, den niederen Adel, und die Nobility oder Peerage, den Hochadel. In Großbritannien war der Monarch traditionell der Einzige, der Adelstitel verleihen konnte, obgleich dies zumindest in den letzten beiden Jahrhunderten verstärkt auf Betreiben der jeweils aktuellen Regierung geschah. Ein Adelstitel brachte noch bis 1999 das Recht mit sich (außer bei Baron und Knight, dem Ritter), dass sein Träger einen Sitz im Oberhaus beanspruchen und den Titel an seinen nächsten männlichen Erben weitergeben konnte.

Zweimal jährlich, am Geburtstag der Queen und am Neujahrstag, werden anlässlich der Honours List (Ehrenliste) durch die Regierung Titel und andere Ehrungen verliehen. Das Vorgehen hierzu ist zwar nicht vollständig zu ergründen, doch werden die Auszeichnungen vor allem für bedeutende Leistungen unterschiedlichster Art vergeben, sei es im Bereich von Wirtschaft, Politik, öffentlichem Dienst oder Wohltätigkeit, für sozialen Einsatz oder besonderes Engagement im Beruf.

Der höchste erbliche Adelstitel ist der des Duke, des Herzogs, gefolgt vom Marquess (von Schotten gelegentlich in der französischen Schreibweise Marquis verwendet), dann erscheint der Earl (Graf), der Viscount und zuletzt der Baron. Die vier Letztgenannten werden sowohl im Gespräch als auch im Schriftverkehr üblicherweise als Lord angesprochen; anders jedoch beim Duke, der weit erhabener ist! Der am weitesten verbreitete Titel ist der des Knight. Wer den Ritterschlag empfängt, kann sich zeitlebens mit Sir anreden lassen. Die weibliche Form des Ritters ist die Dame.

Der Laird-Titel

Einige Titelhändler versprechen die Gelegenheit, ein Laird des schottischen Hochlands zu werden. Das Einzige, was Sie tun müssen, sei, 30 Quadratzentimeter Land in Schottland zu kaufen, dann sind Sie ein Laird. Eine völlig lächerliche Vorstellung, wäre doch nach diesen Kriterien ein Großteil der schottischen Bevölkerung als Lairds zu betrachten. Genau wie in England wird dieser Begriff auch für Gutsherren und Landeigner verwendet, meist für solche, die beträchtlichen Grundbesitz und entsprechende Bedeutung in ihrer Region haben. Ihn als Adelstitel zu bezeichnen ist gänzlich falsch.

Aus meiner Sicht sind diejenigen, die kleine Landstücke kaufen, um sie aufzuteilen, nichts anderes als Betrüger. Der Hof des Lord Lyon, der sich mit Wappenkunde und Heraldik befasst, sagt, dass der Titel Glencairn – ebenso wie die vielen anderen, die angeboten werden – absolut ohne Bedeutung sei. Sie können einen echten britischen Adelstitel nicht kaufen, von einer Ausnahme abgesehen: dem Titel des schottischen Barons, und ganz gewiss können Sie keinen Titel des Hochadels kaufen. Schottische Barontitel werden hoch gehandelt, die Baronie MacDonald wurde für über eine Million britische Pfund verkauft.

Echte Vorzüge oder Spott und Hohn?

Die Internetseiten, auf denen Titel verkauft werden, werben mit erstaunlichen Behauptungen: dass Sie in Restaurants künftig die besten Tische zugewiesen bekommen oder bei Flügen bevorzugt behandelt werden. Diese angenehmen Überraschungen sind mir persönlich niemals begegnet, und so erscheint es mir noch weit unwahrscheinlicher, dass Sie den Käufern solcher gefälschten Angebote begegnen werden. Die Internetanbieter vergessen jedoch zu erwähnen, wie Sie von Ihren Freunden verspottet werden, die hinter Ihrem Rücken darüber lästern, was für ein Trottel Sie doch sind, weil Sie offensichtlich etwas völlig Wert- und Bedeutungsloses gekauft haben!

York von Braunfels

Erfolg mit Finanzen

Effektiv Geld vermehren

Finanzplanung leicht gemacht

Sie haben zwei Möglichkeiten das Thema „erfolgreiche Geldanlage" anzugehen. Erstens: Sie eignen sich viel Produkt- und Anlagewissen an. Bei Millionen Anlageprodukten, unübersehbar vielen Strategien und im Zeitalter von Internet und Wikipedia schüchtert dieser Ansatz etwas ein. Oder zweitens fragen Sie sich: „Was ist wichtig?" Eigentlich sehr wenig. Das ist die Vorgehensweise dieses Artikels.

Stephen Covey, ein vielleicht auch Ihnen bekannter Effektivitätstrainer, schlägt vor: „Beginne mit dem Ende im Sinn". Bei vielen Privatanlegern endet die Geldanlage im Desaster. Nicht nur, weil das Wissen fehlt. Drehen Sie an den folgenden drei Knöpfchen und Sie werden erfolgreich Geld anlegen:

- Anlagezeitraum
- Produktkosten
- Abwärtsschwankungen.

Der notwendige Anlagezeitraum

Um von „Geldanlage" zu sprechen, brauchen Sie einen Anlagezeitraum von mindestens zwei bis drei Wirtschaftszyklen. Das heißt, Sie wollen durch zwei, drei Börsen-Crashs gehen. Als Kaufmann benötigen Sie diese Preisstürze, um günstig einzukaufen. Später verkaufen Sie die Aktien wieder teurer. Zwei bis drei Wirtschaftszeiträume umfassen mindestens zehn bis zwanzig Jahre Anlagedauer. Wenn Sie also neben Ihrer erfolgreichen Geldanlage noch andere Ziele verfolgen – zum Beispiel liquide Rücklagen bilden, Eigenkapital für eine Immobilie aufbauen, Spaß mit wilden Börsentransaktionen haben, ein Unternehmen gründen –, dann sollten Sie solche Unternehmungen am besten mit solchen Budgets betreiben, die außerhalb Ihrer eigentlichen Geldanlagestrategie angesiedelt sind.

Die Produktkosten

Die meisten Privatanleger wählen für ihre langfristigen Geldanlagen Vermögensverwalter, aktiv verwaltete Fonds- und Dachfonds, Kapitallebens- und Rentenversicherungen. Das sind Komfortprodukte, bei denen sich jemand anderes um Ihre Geldanlage kümmert. Über die Kosten der Geldanlage hinaus bezahlen Sie für diese Dienstleistung. Eine Dienstleistung, die behördlich stark reguliert ist – also teuer. Diese Kosten müssen die Geldmanager zunächst einmal verdienen, bevor auch Sie mit Ihrer Anlage Geld verdienen. Ein Verwalter erwartet dann mehr Ertrag, wenn er das Verlustrisiko der Anlagen erhöht und auf höhere Renditen hofft. Womit wir bei den Desastern wären: Beim nächsten Crash bekommen es viele Anleger mit der Angst um ihr Vermögen zu tun, zweifeln an der Kompetenz des Beraters und steigen aus. Damit wird aus einer zeitweiligen Abwärtsschwankung ein endgültiger Verlust.

Erfolgreiche Anleger wählen für Ihre Geldanlagen eine Mischung aus Aktien-, Rentenindexfonds, offenen Immobilienfonds und verzinslichen Anlagen. Fonds sind Sondervermögen. Wird die Fondsgesellschaft insolvent, so wird das Anlagevermögen wieder an die Anleger zurückerstattet. Indexfonds bilden lediglich Indizes ab, den DAX zum Beispiel. Das ist so kostengünstig, dass es mittlerweile Indexfonds gibt, deren Anleger sehr geringe oder keine Verwaltungsvergütung bezahlen. Ein Index fasst immer verschiedene Einzeltitel zusammen. Diese sind öffentlich bekannt. Indexfonds werden günstig an Börsen gehandelt, sie sind sehr liquide und sie können bei Direktbanken in kostenfreien Depots gelagert werden. Vor allem aber: Indexfonds geben zu jedem Zeitpunkt die Meinung zu einem fairen Einkaufspreis von ca. 6,5 Milliarden Weltbürgern wieder.

Die möglichen Abwärtsschwankungen

Als Unternehmer arbeiten Sie laufend an höheren Umsätzen und niedrigeren Kosten. Damit erhöhen Sie aktiv die Rendite auf Ihr Eigenkapital. Als Anleger, Geldverwalter oder Fondsmanager wirken Sie niemals auf die Rendite. Sie verändern keine Zinsen, keine Aktien- und Wechselkurse, keine Rohstoffpreise etc. Sie können auch nie mehr wissen als alle Weltbürger, deren ständige Transaktionen die Börsenkurse ins Gleichgewicht bringen. Wenn Sie den Eindruck haben, dass einige mehr wissen als andere, dann hatten diese Wenigen wahrscheinlich Glück. Glück ist nicht wiederholbar. Auch wenn sich glückliche Ereignisse – wie etwa die Sechs im Würfelspiel – mehrmals wiederholen. Insofern macht es auch keinen Sinn, als Privatanleger Glücksrittern hohe Gebühren zu bezahlen.

100.000 Euro und mehr

Als erfolgreicher Privatanleger vermeiden Sie aktiv Abwärtsschwankungen Ihrer Geldanlage über das Maß hinaus, welches Sie beunruhigt. Das geht, vereinfacht gesagt, so: Sie möchten EUR 100.000 über einen Zeitraum von 10 Jahren anlegen. Die Zinsen für eine ausfallsichere Geldanlage über diesen Zeitraum, z. B. Sparbriefe im Rahmen der Einlagensicherung, liegen derzeit bei 4% p.a.. Sie unterstellen, dass die Aktienmärkte in den kommenden 12 Monaten maximal um 50 Prozent abstürzen werden. Auf Ihre Gesamtanlage von EUR 100.000 wollen Sie nicht mehr als 10% Abwärtsschwankung erleiden.

 Buchtipp

Einige Varianten dieser Grundstrategie und viele weitere Aspekte der Geldanlage finden Sie in dem Buch „Geldanlage für Dummies", Wiley-VCH Verlag, 19,95 Euro.

Sie sollten folglich EUR 67.556 verzinslich und sicher anlegen. EUR 67.556 verzinst zu 4% p.a. ergibt wieder EUR 100.000 in 10 Jahren (= EUR 100.000/1,04¹⁰), den Rest von EUR 32.444 legen Sie heute chancenorientiert in Aktienindexfonds an. Aber: Sackt der Aktienmarkt – auf den Sie keinen Einfluss haben – tatsächlich um 50% ein, dann verlieren Sie EUR 16.222. Also mehr, als Sie eigentlich verlieren wollten. Sie korrigieren Ihre Anlage auf EUR 80.000 zinsorientiert und EUR 20.000 chancenorientiert. Brechen die Aktienmärkte dramatisch um 50% ein, schwankt Ihre Gesamtanlage jetzt um maximal EUR 10.000 nach unten (50% von EUR 20.000). Sie unternehmen zunächst einmal gar nichts.

Nach einem Jahr stellen Sie alternativ fest, dass sich Ihr Aktienindexfonds im Wert auf EUR 40.000 verdoppelt hat. Im verzinslichen Teil stecken EUR 83.200 (EUR 80.000 plus 4% Zinsen). Das Gesamtvermögen beträgt EUR 123.200. Jetzt beginnt das Rechnen erneut, aber nur noch über einen Anlagezeitraum von 9 Jahren. Die Zinsen haben sich nicht verändert. Sie verkaufen von Ihrem Aktienindexfonds Anteile im Wert von EUR 15.360, sodass Ihr neues Portfolio wie folgt aussieht: EUR 24.640 werden in einen Aktienindexfonds angelegt. EUR 98.560 weiterhin verzinslicht.

Stimmt das wirklich so?

Dieser Artikel fasst meine Erfahrung aus über 1.200 privaten Finanzplanungen zusammen – alle protokolliert und von einem Anwalt haftungsrechtlich geprüft. Es ist keine weitere Anekdote. Erfolgreiche Privatanleger verhalten sich wie erfolgreiche Kaufleute. Sie kaufen günstig ein und verkaufen teurer. Dabei behalten Sie Ihre Kosten und Ihre Risiken jederzeit im Griff.

Gabriel Hopmeier

 Über den Autor

Gabriel Hopmeier ist Finanzberater und Diplom-Volkswirt. Seine reichen Erfahrungen und Erkenntnisse sammelte er in über 1.000 Beratungsgesprächen mit Privatanlegern, unter anderem bei dem Beratungsunternehmen StrateV GmbH, als dessen Geschäftsführer und Gesellschafter er seit 2001 tätig ist. Weitere Infos unter www.stratev.de.

# Die tickende Depotbeimischung

Nobeluhren als Kapitalanlage

Der ältere Herr aus Ungarn zog eine alte Patek Philippe-Armbanduhr aus seinem edlen Lederköfferchen und zeigte sie stolz dem Auktionator. Er habe keinen rechten Bezug zu solchen Preziosen und möchte das gute Stück bestmöglich verkaufen, um seinem Sohn beim geplanten Erwerb des Eigenheims finanziell unter die Arme greifen zu können. Der Auktionator nahm den goldenen Zeitmesser genau unter die Uhrmacherlupe und machte seinem Besucher ein Angebot, das dieser nicht ablehnen konnte: „Ein seltenes Stück. Ich biete die Uhr gern in meiner nächsten Auktion an. Mindestpreis 50.000 Euro". Der Ungar war erstaunt, hatte er doch allenfalls mit 20.000 Euro gerechnet. Doch der Geldsegen sollte noch sehr viel üppiger ausfallen. Während der Auktion im Sheraton-Hotel am Frankfurter Flughafen lieferten sich im Herbst 2005 mehrere solvente Patek Philippe-Freunde ein regelrechtes Bietergefecht – und trieben den Preis in atemberaubende Höhen. Der Hammer des Auktionators fiel erst bei sage und schreibe 1,2 Millionen Euro.

Fabelhafte Renditen

Derlei ist zwar selbst bei seltenen Uhren der Nobelmanufaktur Patek Philippe nicht die Regel, aber eben auch nicht unbedingt eine bizarre Ausnahme. Wer die richtigen Marken und Modelle besitzt, hat Chancen, Geld zu verdienen. Da mögen sich Aktien- und Bonds-Investoren höchst verwundert die Augen reiben: Zwischen 1961 und 2007 hat der Wert eines Chronographen von Patek Philippe (Referenz 1463) etwa um das 400-fache zugelegt. Zugegeben, der stolze Eigentümer einer solchen Armbanduhr musste fast 50 Jahre auf diese Wertsteigerung warten. Doch mitunter geht es wesentlich schneller: Die zum Jubiläum von Juwelier Wempe auf den Markt gekommene Platin-Armbanduhr mit Jahreskalender von Patek verdoppelte ihren Wert in nur drei Jahren.

Lange Zeit galten Armbanduhren der großen Marken aus der Schweiz und dem sächsischen Glashütte als Männerspielzeug. Mittlerweile werden sie auch als Kapitalanlage geschätzt. „Eine Uhr ist ein praktisches Instrument, was man von einem Aktienpaket oder einer fremd vermieteten Eigentumswohnung nicht behaupten kann. Außerdem kann man mit einer Armbanduhr am Handgelenk leichter unbehelligt eine Grenzkontrolle passieren als mit einem Ölgemälde im Gepäck", erklärt Osvaldo Patrizzi, Gründer und früherer Chef des Uhrenauktionshauses Antiquorum, der mittlerweile ein neues Unternehmen aus der Taufe gehoben hat und Edel-Uhren versteigert.

Nur jede fünfte Uhr hat Wertsteigerungspotenzial

Klar, als Auktionator muss er so reden. Dass rund 80 Prozent aller teuren Armbanduhren kein Wertsteigerungspotenzial bergen, dürfte vermutlich kein Verkäufer seinem Kunden erzählen. Aber da bleibt eben der Rest von 20 Prozent – und der hat es in sich. Beispiele für Atem beraubende Wertsteigerungen bei Armbanduhren gibt es zuhauf. Die Platin-Uhr mit Ewigem Kalender und Minutenrepetition – ebenfalls von Patek Philippe – kostete in den 1980er Jahren rund 185.000 Schweizer Franken, das sind etwa 122.000 Euro. Schon 15 Jahre später wurde sie von Antiquorum für umgerechnet 1,3 Millionen Euro versteigert. Das entspricht einer jährlichen Rendite von durchschnittlich 17 Prozent.

Geradezu legendär ist die Preissteigerung der Rolex Daytona mit Handaufzug, die Ende der 1980er Jahre etwa 1.500 D-Mark kostete und damals als Ladenhüter galt. Modelle mit dem begehrten Paul Newman-Zifferblatt bringen heute bis zu 50.000 Euro. Und für das Rolex Sondermodell „Comex Sea Dweller" zahlen solvente Rolex-Sammler teilweise sechsstellige Summen. Gleiches gilt für die A. Lange & Söhne Tourbillon „Pour le Mérite". Sogar vergleichsweise preiswerte Uhren wie die „Monaco Steve McQueen" von TAG Heuer haben ihren Wert in wenigen Jahren fast vervierfacht. Und einige limitierte Modelle der preisgünstigen Marke Nomos aus Glashütte verzeichneten ebenfalls Wertzuwächse.

Welche Uhren rentieren sich?

Mechanische Zeitmesser mit eigenem Manufakturwerk (statt einem Standardwerk „von der Stange")

Uhren mit Zusatzfunktionen (sogenannte Komplikationen, wie zum Beispiel Chronograph, Mondphase, Ewiger Kalender oder Schlagwerk)

Alte Modelle (Vintage-Uhren), zum Beispiel von Rolex, Patek, Omega und Panerai

Uhren, zu denen alle Papiere und die Original-Uhrenbox vorliegen.

Klingt gut, doch sollte sich der Uhrenliebhaber und Anleger einer Tatsache stets bewusst sein: Der Uhrenmarkt ist unberechenbar und unterliegt – wie die Kunst – schwer vorhersagbaren modischen Zyklen. Das Beispiel der Rolex Daytona zeigt, dass es vom Ladenhüter bis zum Superstar oft nur eine Frage der Zeit und der sich wandelnden Vorlieben der Sammler ist. Hinzu kommen natürlich die konjunkturellen Unwägbarkeiten. Die Finanzkrise ließ die Blütenträume so mancher Edel-Manufakturen platzen. Doch inzwischen stabilisierte sich die Nachfrage nach Nobeltickern wieder.

Patek und Rolex sind erste Adressen

Trotz aller Unwägbarkeiten gibt es – ähnlich wie bei Aktien – durchaus „Fundamentaldaten", die über die Werthaltigkeit oder sogar über das Wertsteigerungspotenzial einer Nobeluhr entscheiden. An erster Stelle steht die Magie der Marke. Am wertstabilsten sind in der Regel Uhren der Marken Rolex und Patek Philippe. Die Produkte dieser beiden Manufakturen könnten unterschiedlicher kaum sein: Hier die hochfeinen Patek-Ticker mit einer Vielzahl von Komplikationen, die nur in geringen Stückzahlen auf den Markt kommen. Dort die robusten Rolex-Uhren, die in großen Mengen produziert werden, deren Markenname aber weltweit synonym für teure Zeitmesser steht. Traditionell gilt das Genfer Unternehmen als äußerst verschwiegen.

Potenzial wird ferner der in ihrem Ursprung italienischen Kultmarke Panerai zugebilligt, die weltweit über ungemein aktive Fanclubs verfügt. Aus dem Haus der sächsischen Manufaktur A. Lange & Söhne sind unter Anlageaspekten vor allem die alten, komplizierten und aufwändig dekorierten Taschenuhren interessant, gleichwohl könnten sich in erster Linie die Design-Klassiker unter den Armbanduhren, wie zum Beispiel die „Lange 1", längerfristig als wertstabil erweisen. Die feinen Uhren aus der Manufaktur Vacheron Constantin lassen zwar Uhrensammler anerkennend mit der Zunge schnalzen, doch blieb die Wertsteigerung bei dieser Marke meist hinter der vergleichbarer Modelle von Patek zurück. Genau dies könnte Vacheron Constantin als „Underperformer" langfristig interessant machen, ebenso wie Uhren von IWC. Nicht zu vergessen schließlich die Meisterwerke aus der konzernunabhängigen Manufaktur Audemars Piguet.

Welche Zusatzfunktionen versprechen Rendite?

Einen weiteren wichtigen Werttreiber stellen eigene Uhrwerke dar, die in die Gehäuse eingeschalt werden. Uhren mit Werken von der Stange sind als Kapitalanlage wenig geeignet. Schließlich sollte der Anleger auf die uhrmacherischen Raffinessen des Zeitmessers achten. Bei diesen Komplikationen, wie sie im Fachjargon genannt werden, handelt es sich um Zusatzfunktionen, über deren praktischen Wert sich zwar trefflich streiten lässt, die aber aus Uhrwerken kleine mechanische Meisterwerke machen. Die begehrteste Komplikation ist nach wie vor der Chronograph, also die Stoppuhrfunktion, erkennbar an den beiden Drückern am Uhrengehäuse - über und unter der Krone.

Noch größere Herausforderungen an die uhrmacherischen Talente stellt der Schleppzeiger- oder Doppelzeiger-Chronograph, häufig „Rattrapante" genannt. Bei solchen Uhren starten auf Knopfdruck zwei Chronographen-Anzeiger, von denen einer gestoppt werden kann, während der andere weiterläuft. Dadurch lassen sich Zwischenzeiten ablesen.

Es liegt auf der Hand: Je schwieriger die Komplikation, desto wertvoller die Uhr. „Ewige Kalender", Armbanduhren mit Mondphase und Schlagwerk (Repetitionsuhren) und natürlich Uhren mit dem filigranen Tourbillon erreichen schnell Preise im fünf- und sechsstelligen Bereich. Und das, obgleich zum Beispiel das Tourbillon kaum eine praktische Bedeutung hat. Der kleine Käfig im Werk wurde eigentlich zur Erhöhung der Ganggenauigkeit von Taschenuhren entwickelt. In Armbanduhren bleibt er immerhin ein Augenschmaus.

Bei älteren Zeitmessern, den sogenannten Vintage-Uhren, entscheiden zusätzlich der Erhaltungszustand und im Idealfall eine lückenlose Dokumentation der regelmäßigen Wartungen über den Preis. Wer auf eine optimale Wertsteigerung seines Zeitmessers spekuliert, muss schließlich ebenso standfest bleiben wie ein Weinsammler, der sich nicht am Inhalt seiner Flaschen delektieren darf. Für eine bestmögliche Wertentwick-

Buchtipp

Der Autor unseres Beitrags hat mehrere Uhrenbücher verfasst. Sein jüngstes Werk „U(h)r-Typen" erschien im Mai 2010 im EWK-Verlag. Darin werden kleine, aber feine Uhrenateliers und -manufakturen und die dahinter stehenden Menschen porträtiert, unter anderem die Zürcher Koryphäe Paul Gerber, Rainer Brand, Christine Genesis, Marcell Kainz und Leonhard Müller von Askania.

lung sollte eine Uhr nie getragen werden. Schon kleinere Tragespuren können nämlich den Wert um bis zu 40 Prozent drücken. Luxus-Armbanduhren von großen Marken mit „inneren Werten" – also aufwändigen Werken – haben gute Chancen, langfristig an Wert zuzulegen. Dafür muss der Investor aber auf laufende Zinseinnahmen verzichten. Außerdem entstehen Folgekosten für Wartung, Reparaturen und die sichere Aufbewahrung der guten Stücke. Wer in Uhren investiert, sollte daher auch Interesse und Begeisterung für hochwertige Zeitmesser mitbringen.

Auktionshäuser für Uhren

Als renommierte Spezial-Auktionshäuser für Uhren gelten Antiquorum, Patrizzi & Co. Auctioneers (beide Genf), Dr. Crott (Mannheim) und für Uhren im mittleren Preissegment Henry's (Mutterstadt).

Michael Brückner

Über den Autor

Michael Brückner ist leidenschaftlicher Autor und Texter. Der frühere Tageszeitungsredakteur und Chefredakteur des Monatsmagazins „Europa" veröffentlichte seit 1986 fast 50 Sachbücher in deutschen, österreichischen und Schweizer Verlagen. Michael Brückner ist außerdem als Redenschreiber tätig und auf den Finanzdienstleistungssektor spezialisiert. Weitere Informationen unter www.redaktion-brueckner.de.

Flüssig durch jede Krise

Wein als Kapitalanlage

Der Kater währte nicht lange: Nach dem Absturz des Liv ex-100 („The London International Vintners Exchange") als Folge der globalen Finanz- und Wirtschaftskrise erholte sich der in London notierte Preisindex für Spitzenweine schon innerhalb von wenigen Monaten rasant und erzielte bereits im Frühjahr 2010 ein neues Allzeit-Hoch. Damit setzte der Liv ex-100 seine bemerkenswerte Performance fort: Seit 2005 ging es – von dem vorübergehenden Einbruch in den Jahren 2008/2009 abgesehen – immer nur nach oben.

Das beweist: Unter „flüssigen Werten" mag man gemeinhin etwas anderes verstehen, doch mitunter darf man diesen Begriff ganz wörtlich nehmen. Nun stellt der erwähnte Index allerdings nur einen Durchschnitt dar. Werden wir also konkret. Wer zum Beispiel im Jahr 1990 einen australischen Penfolds Grange Hermitage kaufte, musste für diesen Kult-Rotwein vom fünften Kontinent pro Flasche umgerechnet etwa 150 Euro zahlen. Inzwischen hat der Wert dieses begehrten Spitzengewächses um über 150 Prozent zugelegt. Der 2000er Mouton Rothschild 1er Grand Cru Classé war „en primeur" (also beim Kauf noch vor Abfüllung des Weins) ebenfalls für 150 Euro zu haben, im Jahr 2008 brachte er auf einer Auktion rund 500 Euro pro Flasche ein. Und auch deutsche Weine überzeugen mit ihren inneren Werten: Der Preis für den 2000er Riesling Trockenbeerenauslese von Robert Weil aus dem Rheingau stieg bis zum Jahr 2008 um über 50 Prozent.

Eignen sich Weine für's Portfolio?

„Kann Wein denn tatsächlich eine alternative Form der Kapitalanlage sein, oder ist die Aussicht auf Wertsteigerung nicht eher so etwas wie ein Placebo für untherapierbare Sammler?", fragte auf dem Höhepunkt der Finanzkrise ein Wirtschaftsjournalist einen anerkannten Experten. Der antwortete auf seine Weise: Noch nie – nicht einmal in schwierigsten Zeiten – habe zum Beispiel ein Chateau Pétrus, ein Mouton-Rothschild, ein Yquem oder ein Romanée-Conti soviel an Wert verloren wie der deutsche Aktienindex Dax allein im Jahr 2008. Das ist erstens zwar ein schwacher Trost für alle, die in Aktien investiert haben, und zweitens sicher auch nur die halbe Wahrheit. Denn natürlich gehen Rezessionen und Turbulenzen an den Börsen nicht spurlos am Weinmarkt vorbei. Wer etwa in den Jahren 2008 und 2009 sein Geschäft vor allem in den USA gemacht habe, sei besonders stark betroffen gewesen, berichten Wein-Auktionatoren rückblickend. Klarer Fall, in einer Krise muss sich mancher Sammler von seinen Schätzen trennen,

 Der „Wein-Dax":

Weine und ihr Anteil am Liv ex-100

Bordeaux rot: 94,62%

Bordeaux weiß: 0,85%

Burgunder rot: 1,02%

Champagne: 2,96%

Italien 0,55%

Weitere Infos: www.liv-ex.com

um liquide zu bleiben. Gleichzeitig sitzt das Geld nicht mehr so locker, um extrem hohe Preise für eine Flasche Kultwein zu zahlen. Als Konsequenz steigt das Angebot, während die Nachfrage stagniert oder zurückgeht.

Ausgesuchte Weine eignen sich dennoch durchaus als Kapitalanlage, wobei sie natürlich keine Alternative zu Aktien, Anleihen oder Festgeldkonten darstellen. Sie dienen vielmehr als Instrument zur Diversifizierung der Kapitalanlage. In dieser Hinsicht gleicht die Asset-Klasse „Wein" eher dem Investment in Kunst als einer Wertpapieranlage. Mehr als zehn Prozent des liquiden Vermögens sollten es freilich nicht sein.

Renditen von 300 Prozent

Denn davon können Anleger, die auf Aktien und Sparkonten setzen, nur träumen: Renditen von 300 Prozent und mehr erzielten ausgesuchte edle Rotweine französischer Provenienz in weniger als zehn Jahren. Solange die starke Nachfrage aus dem Fernen Osten anhält, dürften die Preise weiter steigen. Vorausgesetzt, der Investor entscheidet sich für Weine mit Wertsteigerungspotenzial. Man sollte niemals allein auf seine „Sweethearts" setzen.

Deshalb gilt: Wer in Wein investieren möchte, muss sich zunächst darüber im Klaren sein, ob es sich um eine reine Kapitalanlage handelt oder ob der Wein später getrunken werden soll. Je nachdem, mit welchem Ziel der genussvolle Anleger in Weine investieren möchte, können die Empfehlungen ganz unterschiedlich ausfallen. Schließlich muss der persönliche Lieblingswein nicht unbedingt ein Renditekracher sein.

Die wichtigsten Weinauktionshäuser

Koppe & Partner:
www.weinauktion.de

Munich Wine Company:
www.munichwinecompany.de

Hart Davis Hart:
www.johnhartfinewine.com

Steinfels:
www.steinfelsweine.ch

Sotheby´s: www.sothebys.com

Zachy´s: www.zachys.com

Acker Merrall & Condit:
www.ackerwines.com

Wenn der Wein-Papst die Nase kräuselt

Wem die Rendite wichtiger ist als der persönliche Genuss, solle sich folglich nicht auf den eigenen Geschmack verlassen, sondern auf den von Robert Parker, dem ohne Frage einflussreichsten Weinkritiker der Welt und Herausgeber von „The Wine Advocate" mit Sitz in Maryland (USA). Parkers Urteil bewegt die Märkte und entscheidet wesentlich über die Preisentwicklung. „Eine gerunzelte Nase von Robert Parker kann ausreichen, um einen Wein noch tiefer fallen zu lassen, als in die Bordeaux-Keller, in denen er getestet wird", brachte es einmal das Wirtschaftsmagazin „Economist" auf den Punkt.

Parkers Bewertungssystem ist ausgesprochen simpel – und vielleicht deshalb international so sehr geschätzt. Er beurteilt die von ihm und seinen Mitarbeitern getesteten Weine mit Punkten. Die Skala reicht dabei von 50 („inakzeptabel") bis 100 („außerordentlich"). Experten empfehlen Anlegern, niemals Weine mit weniger als 85 Punkten zu kaufen. Je weiter sich das Parker-Urteil der Top-Note 100 nähert, desto größer die Wahrscheinlichkeit, dass der betreffende Wein trotz seines schon hohen Preisniveaus in den kommenden Jahren deutlich zulegen wird. Und dann gibt es natürlich noch die Top-Gewächse, die sich mit 100 Parker-Punkten schmücken und zu den absoluten Blue-chips jedes Anlegerdepots gehören. Zum Beispiel die Bordeaux-Weine Latour á Pomerol aus dem Jahr 1961, Pétrus 1949, Cheval Blanc 1947 und Lafleur 1950.

Auf starke Marken setzen

Das Hauptgeschäft auch im Investment-Segment machen zweifellos Weine aus Bordeaux. Doch sollte man die Burgunder nicht aus den Augen verlieren, von denen es deutlich weniger gibt, die aber hochinteressant erscheinen – man denke nur an die erste Adresse Romanée Conti. Wer in Weine investieren möchte und einen langen Anlagehorizont hat, sollte jedenfalls nicht auf Schnäppchenjagd gehen, sondern sich für die „Superstars" entscheiden. Hierfür muss er dann aber einen hohen drei- oder gar vierstelligen Preis akzeptieren. Der Investor sollte zudem auf eine starke und wiedererkennbare Marke setzen. Dadurch lassen sich die Risiken minimieren. Denn: In guten Zeiten kaufen die Leute alles, in schlechteren Zeiten sind sie wählerischer und kaufen nur perfekte Weine.

Es gibt – wie erwähnt – Gewächse, die in den letzten sechs, sieben Jahren Wertsteigerungen von bis zu 300 Prozent erfahren haben. Mit einem 1959er Mouton Rothschild kann man bei korrekter Lagerung und sicherer Provenienz eigentlich Jahr für Jahr mit einer Wertsteigerung rechnen, sieht man von ausgesprochenen Krisenzeiten wie 2008 und 2009 einmal ab. Tatsächlich haben sogar die sogenannten Zweitweine von Lafite, die also nicht an der absoluten Spitze der Qualitätsskala stehen, um bis zu 300 Prozent zugelegt – zum Beispiel gesuchte Jahrgänge des Carruades de Lafite.

In oder out? Spanier, Italiener, Deutsche oder Franzosen

Doch längst nicht jeder Wein bringt die erhofften Renditen. Das hat weniger mit Qualität als vielmehr mit den Vorlieben der Kunden zu tun. Die Weinarten und Provenienzen unterliegen ebenso wie die Kunst und die Haute Couture modischen Zyklen. Spanischer Spitzenwein etwa scheint seit Jahren gleichsam megaout zu sein. Die Spanier haben ihre Top-Weine, zum Beispiel den Vega Sicilia Unico. Abgesehen von diesen absoluten Spitzen sind spanische Gewächse aber seit Jahren schwer zu verkaufen. Und wenn, dann selten zu wirklich guten Preisen. Es herrscht in dieser Hinsicht absolute Baisse.

Die Italiener wiederum haben sich ihre langjährige Krise selbst eingebrockt. Sowohl die Weingüter in der Toskana als auch im

 Buchtipp

Zum Weiterlesen empfiehlt sich das Buch „Champagner, Wein & Co. Flüssige Werte als Kapitalanlage" unseres Autoren Michael Brückner (Bibliothek der Financial Times Deutschland, Finanzbuchverlag, München 2009). Er betreibt außerdem das Online-Magazin www.luxus-momente.de.

Piemont erlagen in der Euphorie zur Jahrtausendwende der Versuchung, zu den Preisen von französischen Spitzenweinen aufzuschließen. Mittlerweile sind die Preise für edle Italiener gesunken – und damit auch für Investoren wieder interessant.

Verhalten optimistisch zeigen sich Experten schließlich bei der Beurteilung deutscher Weine. Bis zum Ersten Weltkrieg war der deutsche Wein der teuerste der Welt. Dann kam der Absturz. Mittlerweile sind wieder zahlreiche deutsche Weingüter mit hervorragenden Gewächsen auf dem Markt. Und der Kunde ist bereit, für hohe Qualität einen angemessenen Preis zu zahlen.

Michael Brückner

Gentleys Tipp

Die zehn goldenen Regeln des Weininvestments

1. Wer auf Nummer sicher gehen möchte, kauft Weine älterer Jahrgänge, deren Qualität bereits feststeht. Bei einem Kauf „en primeur", also zum ersten möglichen Kauftermin vor der Flaschenabfüllung, geht man gleichsam eine Wette auf die Zukunft ein.

2. Große Flaschen wie Magnum- oder Doppelmagnum-Flaschen (1,5 bzw. 3 Liter) bergen höheres Wertsteigerungspotenzial als die üblichen 0,75-Liter-Bouteillen.

3. Als wertsteigernd erweisen sich die üblichen Gebinde von 12 Flaschen.

4. Bordeaux dominiert. Eine unter Investment-Aspekten zusammengestellte Weinsammlung kommt an den großen Roten aus Frankreich nicht vorbei.

5. Weininvestoren sollten kompromisslos auf Qualität achten. Der Einsteiger sollte als Mindestbetrag zwischen 10.000 und 12.000 Euro investieren.

6. Wer sicher investieren möchte, muss nolens volens auf Parker-Punkte achten. Es macht keinen Sinn, Weine mit einer schlechten Parker-Bewertung zu kaufen, nur weil die Gewächse vielleicht an anderer Stelle positiver beurteilt wurden.

7. Ähnlich wie bei einer Kunstsammlung muss ein Weininvestment eine gewisse Streuung aufweisen. Anleger sollten aber nicht in Weine investieren, die auf der Qualitätsskala nicht in der Gruppe der oberen fünf Prozent angesiedelt sind.

8. Natürlich braucht ein Investor geeignete Lagermöglichkeiten für seine Schätze.

9. Die Marke macht´s. Die großen Namen aus dem Bordeaux, wie zum Beispiel Chateau Pétrus oder Chateau Latour, werden immer höhere Preise erzielen als Weine aus weniger bekannten Häusern.

10. Bei angeblichen Schnäppchen ist äußerste Vorsicht geboten: Die Fälscher werden immer dreister!

mbr

Luxus zu Wasser

Yachten als Kapitalanlage

Rentiert es sich, eine Yacht kaufen? Es kommt wie immer drauf an. Für den Einen stehen die Einkünfte durch Vermietung im Vordergrund, für den Anderen Freude oder Imagegewinn durch eine Privatyacht. Viele beschreiten einen Mittelweg: Auf eigenem Kiel die Meere befahren und in den Zeiten, in denen sie nicht selbst an Bord sind, die Yacht verchartern, um einen Teil der recht erheblichen Unterhaltskosten zu refinanzieren.

Yachten als Spekulationsobjekt

Die Lieferzeiten für eine neue Yacht sind beachtlich und steigen mit den Dimensionen der Schiffe. Wartezeiten von bis zu 5 Jahren sind keine Seltenheit. Dies hatte ein cleverer Geschäftsmann erkannt. Er ließ bei einer renommierten Werft gleich drei Megayachten bauen, und als sie fertiggestellt waren, bot er die brandneuen Schiffe als sofort verfügbar auf dem Markt an. Es hat sich gelohnt. Aber Vorsicht: Entspricht die Yacht dann nicht mehr dem Zeitgeist oder sitzt das Geld durch Finanzkrisen nicht mehr so locker, geht die Rechnung nicht auf.

 Leasing

Wie beim Autokauf auch stellt Leasing eine Alternative zum Kauf einer Yacht dar. So wird nur relativ wenig Kapital gebunden. Das „Italienische Leasingmodell" kann eine gute Alternative sein. Hierbei kauft eine in Italien ansässige Firma die Yacht und verleast diese an den Nutzer. So wird die fällige Mehrwertsteuer über den Leasing-Zeitraum verteilt.

Wo soll die Yacht liegen?

Ein entscheidender Faktor für die Rentabilität ist die Wahl des Standortes einer Yacht. Attraktive Standorte versprechen eine gute Auslastung, glänzen aber oft mit hohen Liegegebühren und umgekehrt. Zu beachten sind auch unterschiedliche Saisonzeiten der jeweiligen Reviere. Prekär wird es, wenn dank Überangebot an Yachten in der Region die erhofften Einnahmen ausbleiben. Vor allem größere Yachten fahren im Sommer im Mittelmeer und werden für die Wintersaison in die Karibik überführt. So ist die Yacht das ganze Jahr genutzt, aber die Überführung kostet Zeit und Geld. Megayachten kreuzen natürlich auch in den angesagten Revieren. Zu bestimmten Zeiten platzen die Häfen von Porto Cervo und St. Tropez aus allen Nähten, obwohl die Liegegebühren z.B. zum Grand Prix in Monaco für eine 25-Meter-Motoryacht pro Tag bei knapp 3.000 Euro liegen.

Finanzierung

Viele Banken finanzieren keine Yachten, denn eine Yacht ist keine Immobilie, das Boot liegt unerreichbar im Ausland und kann von einem Banker nicht leicht bewertet werden. So werden oft zusätzliche Sicherheiten oder Bürgschaften verlangt.

Auf Yacht-Finanzierung spezialisierte Firmen kommen mit einer Yacht-Hypothek und mit der persönlichen guten Bonität des Kunden aus. Spezielle Schiffs-Hypothekenbanken finanzieren Megayachten, Frachter oder Kreuzfahrtschiffe im Millionenbereich aber meist keine „kleinen" Yachten.

Ferner ist zu bedenken, dass die monatlichen Zahlungsverpflichtungen konstant, die Einnahmen aus Chartergebühren aber saisonabhängig sind.

Kaufchartermodelle

Ein großer Teil der weltweit stationierten Bareboat-Charteryachten wird durch so genannten Kaufcharter finanziert. Hierbei kauft ein Privatanleger eine Yacht und gibt sie einer Charterfirma zum Betrieb und zur Vermarktung.

Die Verteilung der Einkünfte wird vertraglich zwischen Eigner und Charterfirma geregelt. Der Eigner kann so genannte Eignerwochen buchen – zwischen 2 und 12 Wochen pro Jahr, die er selbst absegelt oder weiter verkauft.

Eine Charteryacht bleibt meist nicht länger als vier bis fünf Jahre im harten Einsatz – die meisten Kunden möchten neue Yachten chartern. In diesem relativ kurzen Betriebszeitraum sind alle Einkünfte zu erwirtschaften, die zusammen mit dem Verkaufserlös den Gewinn ausmachen sollen.

Laufende Kosten

10-15 % per annum sind für eine Yacht anzusetzen, die regelmäßig auf See betrieben wird. Unter anderem kosten Geld:

- Versicherungen: Haftpflicht- und Kaskoversicherung, Crew-Versicherungen
- Laufende Reparaturen und Rücklagen
- Anstrich über Wasser, Antifouling unter Wasser
- Crewgehälter
- Transportkosten
- Liegeplatz
- Treibstoffe
- Verbrauchsstoffe
- Schiffsdokumente, Visabeschaffung
- Yacht-Management

Eignergemeinschaft

Hier teilen sich mehrere Personen die Kosten und Einkünfte. Bei kleinen Einheiten gehört auch das gemeinschaftliche Reinigen und Reparieren mit zu den Pflichten. Eine Art Gesellschaftervertrag regelt die Pflichten und die Nutzungsdauer der Yacht für jeden Teileigner. Er kann seinen Anteil weiter veräußern oder zurückgeben.

Nutzungsdauer

Segelyachten und Katamarane, die als Bareboat vermietet werden, verbleiben etwa vier bis fünf Jahre in einer Charterflotte – in Überseerevieren auch länger. Motoryachten verbleiben länger im Charterdienst. Dies liegt an den höheren Kaufpreisen, die in nur wenigen Jahren nicht refinanziert werden können.

Bei Mega- und Superyachten ist die Nutzungsdauer viel höher. Ein Paradebeispiel hierfür ist die legendäre 99 Meter lange Onassis-Yacht „M/Y Christina O", die bereits im Jahre 1943 gebaut wurde. 2001 wurde sie generalüberholt und ist jetzt in einem Top-Zustand zu chartern.

 Ein Wort für Yacht-Besitzer

„Es gibt zwei herausragende Tage im Leben eines Yachteigners: Der Tag, an dem er sein Schiff kauft, und der Tag, an dem er es verkauft."

Restwert bei Verkauf

Die zu erwartenden Erlöse beim Verkauf fallen sehr unterschiedlich aus. Optik, Nutzungsdauer, Motorstunden, Wartungszustand u.v.m. beeinflussen den Preis. Die „kleinen Segelyachten" wechseln mit einem Verkaufspreis von etwa 60 bis 40 Prozent des Neuwertes den Besitzer. Bei Motoryachten und besonders bei den Megayachten nehmen noch viele weitere Faktoren auf den Verkaufspreis Einfluss, so etwa die Ausstattung, das Renommee der Bauwerft und weiteres. Daher sind dazu keine verlässlichen Aussagen möglich.

Steuerliche Aspekte

Der Besitz einer Yacht ist mit Geldfluss verbunden. Bei Einnahmen sind diese grundsätzlich zu versteuern, bei einem Minus wirken sie steuermindernd. Manche Yacht ist vom Finanzamt als gewerblich genutzt eingestuft, oder auch als Zweitwohnsitz. Jeder Eigner sollte sich hier von seinem Steuerberater beraten lassen.

Die oben genannten „Eignerwochen" wirken manchmal schädigend bei der steuerlichen Veranlagung. Manches Finanzamt betrachtet den Yachtbesitz als Liebhaberei und verweigert steuerliche Vorteile. Viele Eigner gründen daher rund um ihre Yacht eine Firma. Spätestens aber, wenn diese Firma über mehrere Jahre Verluste schreibt, wird das Finanzamt aktiv.

Mehrwertsteuer

Deutsche Mehrwertsteuer fällt nicht an, wenn die Yacht außerhalb der EU stationiert ist. Wird ein Schiff innerhalb der EU betrieben (auch nur für einen Tag) oder in die EU eingeführt, so ist die Mehrwertsteuer im ersten angelaufenen Hafen in voller Höhe zu begleichen. Das ist wichtig, wenn eine Chartercrew aus Unwissenheit über diese Rechtssituation mal kurz einen Abstecher von Kroatien nach Venedig unternimmt. Einige Länder haben besondere Regelungen bei Steuern und Zöllen, die es zu beachten gibt.

Flagge der Yacht

Besonders große Yachten werden nicht im Heimatland des Eigners gemeldet, sondern in Ländern wie Panama, Barbados, St. Vincent, Kanalinseln etc. registriert. Dieses „Ausflaggen" hat nicht nur steuerliche Auswirkungen: Auch die gesetzlichen Regelungen über Crew-Anzahl, Zusammensetzung und Qualifikation, Ausrüstungspflichten etc. weichen teilweise erheblich ab. Hier sind Einsparungen möglich.

Kauf und Verkauf

Wer eine Yacht kaufen oder verkaufen will, kann sich im Internet, in einschlägigen Magazinen und auf Bootsmessen umsehen. Spezialisierte Makler kümmern sich um Besichtigungstermine und die Abwicklung des Kaufes. Dafür bekommen sie ein Honorar von einigen Prozenten des erzielten Preises.

Wer seine Yacht „von Privat" kauft oder verkauft, spart die Courtage, hat dafür aber auch die ganze Arbeit zu leisten. Hier empfiehlt sich ein Gutachter.

Beim Abschluss des Kaufes kann ein einfacher Vertrag den Handel besiegeln. Bei der Schiffsübergabe hilft ein Übergabeprotokoll die letzten Unstimmigkeiten zu bereinigen.

Hans Mühlbauer

> **Buchtipp**
>
> Weitere Informationen zum Thema finden sich auch in den Ebooks „Yachten als Kapitalanlage" sowie „Yachtkauf – Gewusst was und wie!" von Hans Mühlbauer, die im GD-Verlag erschienen sind, www.gdigest.com.

 Über den Autor

Hans Mühlbauer arbeitet als Autor für Fachbücher, als Journalist für Zeitschriften und Magazine, und als Filmemacher für TV. Er ist Inhaber der Firma DMC-Reisen, die sich mit Yachtcharter, Mitsegeln, Flottillensegeln und speziell mit Maritimen Incentives und Events für Firmen und Gruppen in internationalen Revieren befasst. Weitere Informationen unter www.dmcreisen.de.

Autos in den besten Jahren

Youngtimer als Anlageobjekt und Steuersparmodell

Seit ungefähr Mitte der 90er-Jahre gibt es den Begriff „Youngtimer". Per Definition handelt es sich dabei um ein etwa 15 bis 30 Jahre altes Liebhaberfahrzeug, das noch kein Oldtimer ist. Youngtimer erfreuen sich gerade bei Jüngeren einer steigenden Beliebtheit – und sind in manchen Fällen ein renditestarkes Investment oder ein attraktives Steuersparmodell. Aber: Nicht jedes betagte Fahrzeug eignet sich für ein Leben als Youngtimer.

Ausstieg aus der Leistungsgesellschaft

Zuallererst: Youngtimer kauft man nicht – man adoptiert sie. Und bekommt für dieses Engagement ein Extra, was in keiner Aufpreisliste moderner Fahrzeugmodelle zu finden ist: Lebensgefühl. Dafür kombiniert man den Ausstieg aus der automobilen Leistungsgesellschaft mit individuellen Zutaten, die in Zeiten von aerodynamisch (gleich-)geformten Frontscheinwerfern und markenübergreifenden Plattformstrategien unterschiedlicher nicht sein können. Ob es die gediegene Spießigkeit der W123- oder W126-Baureihe von Mercedes-Benz, das „Hosenträger-Image" eines Ford Capri oder Opel Commodore oder die pseudo-sportlichen Ambitionen eines Fiat 131 Abarth oder VW Scirocco GTI sind: Der weitestgehende Verzicht auf heute gängige Komfortextras und elektronische Fahrhilfen wird mit der Erfahrung belohnt, jeden Tag und in fast jeder Verkehrssituation – von Tankstelle bis Stau – anerkennende Blicke oder spontane Äußerungen wie „Das war noch ein richtiges Auto" zu bekommen.

Doch es sind mittlerweile nicht mehr nur die Menschen mit einem Hang zum nonkonformen automobilen Hedonismus, die sich für Youngtimer interessieren; auch Händler, ja sogar Investoren, haben diesen attraktiven Markt entdeckt. Das hat einen Grund, der mit dem einfachen Gesetz von Angebot und Nachfrage erklärt werden kann: Viele in den späten 70er- bis frühen 90er-Jahren schon in großen Stückzahlen gebauten Autos sind nicht gepflegt worden, so dass nur wenige im Originalzustand überlebt haben. Auch die seit den 80er-Jahren von den Herstellern eingeführten „Verschrottungsprämien" bei Kauf eines Neufahrzeuges (von der „Umweltprämie" des Jahres 2009 ganz abgesehen) haben zu einer starken Dezimierung des Bestandes geführt. Wenn für die meisten der verbliebenen Originale vielleicht keine Preisexplosionen zu erwarten sind, wird ihr Wert aber sicher steigen.

Der Beste ist gut genug

Wer sich für einen bestimmten Youngtimer entschieden hat, sollte immer das beste Auto am Markt kaufen; unabhängig davon, ob der Wagen als selten bewegtes Renditeobjekt oder für die wertstabile Nutzung gekauft wurde.

Welches Modell bringt wie viel?

Grundsätzlich gilt: Was in den 70er- und 80er-Jahren teuer und begehrt war, ist es auch heute noch. Die allgemeinen Kriterien für den aktuellen Wert eines Youngtimers sind Marken- und Modellimage, Fahrzeugklasse, Leistung (mehr PS bedeuten fast immer mehr Euro; an der Spitze stehen Fahrzeuge mit Renngeschichte) und Stückzahlen (je weniger gebaut, desto teurer). Ein Mercedes-Benz der Baureihe W124 liegt preislich fast immer höher als ein vergleichbarer Opel Commodore aus den Achtzigern; ein klassischer Porsche hat eine bessere Wertprognose als ein Ford Capri III. Und noch weitere Aspekte lassen sich finden bei der Suche nach wertsteigernden Kriterien: Offene Autos und Sportwagen, die nicht im Alltag genutzt wurden, sind generell teurer als ihre geschlossenen oder viertürigen „Geschwister". Besonders gefragt sind Youngtimer, die – als Homologationsmodell oder als limitierte Sonderserie – bereits bei der Neuvorstellung ausverkauft waren oder sehr schnell zum Objekt für Spekulanten wurden. Dazu gehören beispielsweise die Clubsport-Modelle des Porsche 911 oder bestimmte Versionen des BMW M3.

Mit Sonderausstattung punkten

Unterschiede innerhalb eines Modells ergeben sich, neben individueller Historie und aktuellem Zustand, aus Details wie selten georderten Ausstattungs- oder Farbvarianten. Das treibt dann fast skurrile Blüten, wenn sich Fans der Marke Mercedes, ähnlich wie beim Autoquartett, gegenseitig die dreistelligen Ausstattungscodes ihres Modells um die Ohren werfen. Dabei kann eine Innenbeleuchtung, die separat beim Öffnen der hinteren Tür angeht, schon mal ein wichtiges Wertmerkmal sein. Überdurchschnittlich gut bezahlt werden auch häufig die Sondermodelle eines Typs, wie sie seit den 70er-Jahren – oft als Marketingaktion zum Abverkauf bei anstehendem Modellwechsel – verstärkt angeboten wurden. Dazu zählen Beispiele wie der Porsche 924 „Martini", der Opel Manta GT/E „Black Magic" oder der Ford Capri „John Player Special".

Gefragt sind auch so genannte Volumenmodelle, die als wichtige Meilensteine der Automobilgeschichte gelten, aber aus dem Straßenbild fast vollständig verschwunden sind. Wenn, wie vom ersten VW Golf GTI, bis heute weniger als zwei oder drei Prozent einer Gesamtproduktion von mehreren Hunderttausend überlebt haben, treibt das die Preise. Die „Ikone" der sportlichen Kompaktwagen, mit 110 PS für nur rund 850 Kilogramm Gewicht auch heute noch einer der Schnelleren auf der Landstraße, wird in perfekt restauriertem Zustand zu Preisen über 15.000 Euro gehandelt.

Autos in Bestform

Während sich eine technische Generalüberholung oder eine teure Restauration bei Oldtimern jenseits von 50.000 Euro lohnen kann, ist dies bei den meisten Youngtimern selten der Fall. Preislich verlockende Kompromisse beim (Original-)Zustand (Anzeigentext: „Noch kleinere Restarbeiten erforderlich...") haben fast regelmäßig zwei Dinge zur Folge: Man muss, in Relation zum Fahrzeugwert, unverhältnismäßig viel Geld in die Wiederherstellung eines technisch und optisch guten Zustands investieren oder bekommt, im Fall des Weiterverkaufs ohne eigene Investition, für ein nicht ganz originales, mäßig attraktives Auto keinen Käufer – oder keinen wirtschaftlich sinnvollen Preis.

Steuern sparen

Youngtimer sind für Firmeninhaber und Selbständige, die bei privater Nutzung eines Geschäftswagens monatlich ein Prozent des Neuwertes als zusätzliches Einkommen versteuern müssen, auch als Steuersparmodell interessant. Wenn der Neupreis, wie bei einem 77er Porsche Carrera 3.0, bei rund 48.000 DM lag, gilt der Betrag von umgerechnet rund 24.000 Euro auch heute noch als Basis für die Steuerpflicht – und liegt damit in einem Bereich, der einem schlecht ausgestatteten VW Golf entspricht. Selbst der Mercedes-Benz 560 SEC, immerhin eines der teuersten Luxuscoupés in den späten Achtzigern, wird mit einem damaligen Neupreis von rund 70.000 Euro deutlich günstiger versteuert als sein aktuelles Pendant.

Noch interessanter wird die Kalkulation, wenn der Youngtimer als Firmenfahrzeug geleast werden soll. Hier kauft die Leasinggesellschaft auf Basis eines Kurzgutachtens (Marktspiegel von Classic Data oder Olditax) den „Wunsch-Youngtimer" und vermietet ihn an die Firma. Die Berechnungen von Anzahlung, Leasingrate, Laufzeit und Restwert sind mit dem Leasing aktueller Fahrzeuge vergleichbar. Der Unterschied liegt in der Differenz von kalkuliertem und tatsächlichem Restwert: Wenn ein fast neuwertiger und perfekter Ferrari 308 GT4 für zum Beispiel 40.000 Euro nach einer Laufzeit von 48 Monaten noch einen rechnerischen Restwert von 16.000 Euro hat, so liegt sein tatsächlicher Marktwert oft immer noch bei den ursprünglichen 40.000 Euro – oder vielleicht sogar höher. Da lohnt es sich, einmal genauer hinzuschauen und nachzurechnen.

Ein Plädoyer für Youngtimer

Die prozentualen Preissteigerungen vieler Youngtimer (oder „ehemaliger" Youngtimer, die auf Grund ihres Alters heute den Oldtimern zuzurechnen sind, obwohl sie immer noch als Youngtimer wahrgenommen werden) lagen in den letzten zehn Jahren oft höher, als die Zuwächse bei etablierten Oldtimern. Insofern lohnt es sich, bei der Wahl eines klassischen Automobils auch einmal auf die jüngeren Autos zu schauen. Sie sind im Unterhalt oft günstiger als die älteren Fahrzeuge, meistens alltagstauglicher und bieten, auch angesichts ihres bevorstehenden H-Kennzeichens im Alter von 30 Jahren, manchmal die bessere Wertsteigerung.

Insofern kann man mit Youngtimern das anscheinend widersprüchliche doch miteinander kombinieren: Geld und Liebe.

Jörg Zimmermann

 Über den Autor

Wenn Sie sich für das Thema „Youngtimer als Geldanlage" interessieren, freut sich Dr. Jörg Zimmermann unter der Mailadresse j@zimmermann.com über Ihre Kontaktaufnahme.

Gentleys Tipp

Geld im Ausland
Die wichtigsten noch legalen Steueroasen

Des einen Freud, des anderen Leid: Steueroasen und Steuerparadiese sind für viele Länder – darunter auch Deutschland – eine Problemzone. Für Unternehmer und reiche Privatpersonen stellen die Steuerparadiese aber eine optimale Möglichkeit dar, den hohen Steuersätzen des eigenen Landes zu entkommen. Steueroasen sind solche Staaten oder Regionen, die auf Einkommen und Vermögen kaum oder sogar gar keine Steuern erheben. Das macht sie für Reiche oft geradezu unwiderstehlich.

Steuervorteile nutzen

Solange man sein Geld nicht in einem verschlossenen Köfferchen über die Grenze schmuggelt, um es im Ausland anzulegen, ist die Nutzung der so genannten Steuerparadiese durchaus legal. Gerade innerhalb der EU besteht die Möglichkeit, Steuervorteile zu nutzen. Die EU wurde als gemeinsamer Wirtschaftsraum geschaffen, um die Grenzen überschreitende wirtschaftliche Arbeit zu vereinfachen. Natürlich unterscheiden sich die Gesetzgebungen in Sachen Steuern in den verschiedenen Ländern der EU. Daraus entstehen Vorteile für bestimmte Personengruppen, die diese legal nutzen können.

☞ **Beispiel Zypern**

Zypern ist ein besonders eindrückliches Beispiel für ein europäisches Steuerparadies. Die Insel, die seit 2004 der EU angehört, hat ihre Steuergesetze voll in Einklang mit den Vorschriften der Europäischen Union sowie der OECD gebracht und dabei steuerliche Vorteile en masse gesichert. So herrscht hier etwa das Prinzip der Versteuerung des Welteinkommens, wie es auch in Deutschland der Fall ist. Ein Beispiel: Eine Tochtergesellschaft, die in Deutschland sitzt, kann ihre Dividenden an die Muttergesellschaft in Zypern abgeben und muss diese Abgaben nicht versteuern. Das in Zypern angelangte Geld genießt die Steuerfreiheit in vielen Bereichen.

Die OECD, die Wirtschaftskonferenz der führenden Industriestaaten, will Steueroasen reduzieren. Die Liste der übrig gebliebenen Steuerparadiese in Europa ist daher recht überschaubar geworden. Meist sind es kleine Länder, die Großverdiener und somit Kapital mit Steuervorteilen anlocken. Dazu gehören unter anderem Malta, Monaco, Andorra und Liechtenstein. Diese Länder stehen allerdings unter dem Druck der OECD. Auch die Schweiz bekommt diesen Druck zu spüren, weshalb neue Steueroasen aufgetan werden, die außerhalb der Staatengemeinschaft EU liegen.

☞ **Steuerparadiese außerhalb der EU**

Es gibt weltweit viele Staaten, die vermögende Firmen oder Privatpersonen und ihr Kapital anlocken. Steuerliche Vorteile werden geboten, die die meisten führenden Industriestaaten – wie Deutschland – nicht auf ihrer Agenda haben. Dubai, Singapur und Panama gehören zu den wichtigsten Steueroasen im außereuropäischen Raum.

☞ **Beispiel Dubai**

Einkommenssteuer, Unternehmenssteuer, Körperschaftssteuer und Mehrwertsteuer kennt Dubai nicht. Das Emirat verwöhnt Unternehmensgründer mit ungeahnter Steuerfreiheit. Allein solche Firmen, die mit Öl oder Gas handeln, und Banken werden besteuert.

Wer diese Vorteile voll genießen will und Konsequenzen der deutschen Steuergesetzgebung absolut vermeiden möchte, meldet am besten den Wohnsitz in Dubai an.

☞ Beispiel Singapur

Das asiatische Singapur ist nicht nur auf Grund seines tropischen Klimas paradiesisch, sondern gilt auch als heißer Tipp für alle, die nach Steueroasen suchen. Geldanleger verlegen in Scharen ihren Wohnsitz auf die Insel, die mit allerlei Attraktionen wie Formel-1 Rennen oder Spielkasinos Vermögenden aus dem Ausland ein schönes Leben auf der Insel bieten will. Dass Singapur das Bankgeheimnis lockert, ist recht unwahrscheinlich. Denn dann müsste die tropische Insel das Bankgeheimnis auch für Anleger aus dem nahe gelegenen Ausland wie China und Indien aufgeben. Singapur kann nicht riskieren, die vielen Anleger zu verlieren.

☞ Beispiel Karibik

Ebenfalls beliebt sind die Steueroasen in der Karibik. Dazu gehören Länder wie Panama oder die Seychellen. Auch diese Staaten locken mit unzähligen Steuervorteilen Anleger aus aller Welt an. Hier können etwa Offshore-Firmensitze gegründet werden, um Steuervorteile zu erlangen.

Ab ins Steuerparadies?

Die Verlegung eines Firmensitzes ins Ausland kann erhebliche steuerliche Vorteile bringen, die ganz legal erreicht werden können. Wer sich an Beschränkungen und grundsätzliche Richtlinien hält, kann auch ohne schlechtes Gewissen viel Geld sparen. Finanzberater können genauere Informationen geben und für jeden Anleger – ob Privatperson oder Unternehmer – eine passende Lösung finden, die legal ist und viel Geld spart.

tbo

 # Private Paradiese

Trauminseln mieten oder kaufen

Ein Stück vom Paradies, in dem wir unsere eigene kleine Welt nach unseren Regeln und Vorstellungen gestalten – das bedeuten Inseln für uns. Die meisten von uns träumen irgendwann einmal davon, eine Insel zu besitzen. Wohl kaum ein Mensch vermag sich der Sehnsucht nach einem eigenen Stück Land inmitten weiter Meere oder eines idyllischen Sees zu entziehen, weit entfernt von der Eile und den Reglementierungen der übrigen Welt. Obwohl beruhigend überschaubar, fühlt sich eine Insel zugleich unendlich an. Das Wasser als natürliche Grenze gibt dem Inselbewohner eine Freiheit, die kein Festlandgrundstück bieten kann.

Gerade jedoch das Festland macht die Besonderheit von Inseln erst möglich. Es ist die Freiheit, in die Abgeschiedenheit flüchten und aus ihr zurückkehren zu können, die den Luxus einer Privatinsel ausmacht – schon die kleinste Insel mit einem schlichten Blockhaus ist ihrem Eigentümer daher allergrößter Reichtum.

Wer kann sich eine Insel leisten?

Der griechische Reeder Aristoteles Onassis war zwar nicht der erste, der sich eine eigene Insel gönnte, doch verbindet die Öffentlichkeit besonders mit seiner Person die Vorstellung von der persönlichen Insel als ultimative Rückzugsmöglichkeit. Weitere berühmte Insel-Besitzer sind Marlon Brando, Richard Branson, Johnny Depp, Tony Curtis, Brooke Shields, Björn Borg, Nicolas Cage and Diana Ross. Und auch Charles Lindbergh, John Wayne, Rockefeller und Baron Rothschild hatten ihr eigenes Eiland – ein perfektes Mittel, um vor den Massen zu flüchten.

Wenn auch einige Milliardäre unter den Insel-Besitzern sind, rangierten doch die meisten der Insel-Verkäufe von Vladi Private Islands zwischen 200.000 und 800.000 US-Dollar. Der durchschnittliche Preis lag bei 300.000 US-Dollar. Nicht nur Hollywood-Größen können sich also heutzutage ihr eigenes Eiland leisten, sondern auch Menschen, die nicht zur milliardenschweren Klientel gehören. Die Mehrzahl der Inseln kosten weniger als 4-Zimmer-Eigentumswohnungen in den Großstädten dieser Erde.

Eine Welt für sich

Es ist ein großes und sehr berührendes Privileg, auf der eigenen Insel die Jahreszeiten kommen und gehen zu sehen. Schon mancher Inselbesitzer berichtete mir noch nach Jahren auf seinem Eiland, überwältigt von der Schönheit und Kraft der Natur und der Gelassenheit, die er von ihr lernte: Auf ei-

 Buchtipp

Der Band „Luxury Private Islands" (teNeues Verlag, herausgegeben von Farhad Vladi) erlaubt einen Blick auf die exklusivsten Privatinseln der Welt.

ner Insel geht alles nur im Schritttempo der Natur. Wer sie respektiert, wird in Fülle belohnt, denn er trägt zum Erhalt seiner Inselwelt bei.

Inseln haben mich schon als Kind in ihren Bann gezogen und seither festgehalten. Am 14. März 1971 verkaufte ich mit Cousine Island in den Seychellen meine erste Insel, mittlerweile sind es 2000 geworden. In drei Jahrzehnten habe ich charakterlich unterschiedlichste Inseleigentümer kennen lernen dürfen, die – unabhängig von ihrem Beruf oder gesellschaftlichen Stand – eines gemein haben: Sie alle sind ausgeprägte Individualisten mit einer großen Ausdauer, wenn es um die Erfüllung ihrer persönlichen Vorhaben geht.

Checkliste für Insel-Käufer

- Ist die Insel gut vom Festland oder anderen bewohnten Inseln aus zu erreichen?
- Sind die Eigentumsverhältnisse geklärt? Was verzeichnet das Grundbuch?
- Gibt es Trinkwasser?
- Ist die Vegetation ansprechend?
- Lässt die Insel Bebauung und andere Weiterentwicklungen zu?
- Ist das Land, zu dem die Insel gehört, politisch stabil?

Komfort vom Feinsten

Heutige Inseleigentümer müssen sich längst nicht mehr mit Infrastrukturproblemen plagen. Hochmoderne Stromgewinnungs- und Wasseraufbereitungsanlagen, komfortabelste Fertighäuser, gute technische Möglichkeiten zum Anlegen von Verkehrswegen und elektronische Kommunikation erleichtern die Erschließung des neuen Eilands. Ist diese zu einem glücklichen Ende gelangt, hat der Eigentümer meist eine starke emotionale Bindung zu seinem Land entwickelt.

Dies ist heute die eigentlich entscheidende verbliebene Hürde auf dem Wege zum Inselerwerb: Inseln sind rar, ganz gleich ob im See, Fluss oder Meer gelegen. Ein mit viel Liebe erschlossenes Eiland wird für viele Eigentümer zu einer Art Familienmitglied, dieses herzugeben fällt dementsprechend äußerst schwer. Man kann dieses Phänomen auch anders beschreiben: Eine Insel hat keine Hausnummer. Eine Insel hat eine Seele.

Farhad Vladi

Über den Autor

Farhad Vladi ist Experte für Inseln aller Art. Sein Unternehmen Vladi Private Islands ist der weltweit führende Makler für den Verkauf und die Vermietung privater Luxusinseln. Das aktuelle Angebot umfasst über 160 zum Verkauf stehende und über 140 zu mietende Inseln in allen Regionen der Erde. Auf der Internetseite www.vladi-private-islands.de sind die Inseln nach Regionen geordnet.

Kapitalanlage Kunst

Wie Sie zum Sammler werden

Kunst ist mehr als nur Dekoration. Sie kann Geldanlage sein. Einige Investoren nennen sie sogar an zweiter Stelle hinter den Immobilien als gut geeignete Geldanlage. Wer Kunst sammeln möchte, muss kein Millionär sein. Kunstwerke von jungen Künstlern gibt es bereits ab 100 Euro aufwärts, u.a. bei regionalen Künstlervereinen. Gut geeignet für den Einstieg ist die Auflagenkunst. Das sind Kunstwerke, die meist auf mehrere hundert Stück limitiert sind. Die Nummerierung und Künstlersignatur darf hierbei nicht fehlen. Da der Markt sehr unübersichtlich ist, stellt sich immer die Frage, wie man Objekte findet, die an Wert gewinnen. Wenn Sie an einem Einstieg in den Markt interessiert sind, nachfolgend die wichtigsten Fragestellungen und Tipps.

Zeitschriften und Zeitungen

Es gibt viele spezielle Kunstpublikationen. Fangen Sie damit an, das Feuilleton Ihrer Zeitung zu studieren, um sich allgemeines Hintergrundwissen zu verschaffen. Bei Galeriebesuchen sollten Sie Zeitschriften, die dort ausliegen, heran ziehen. Oder fragen Sie nach, ob über ein bestimmtes Werk eine Kritik in einer Zeitschrift erschienen ist. Eine erste Orientierung für den Kauf kann der Kunst-Kompass sein, den die Zeitschrift Capital einmal im Jahr erstellt. Hierbei werden Ausstellungen von Künstlern in renommierten Museen und die Reaktionen der Fachpresse darauf berücksichtigt. In einem künftigen „Kunstinvestorhaushalt" darf auch nicht das Kunstmagazin „Art" fehlen. Empfehlen möchte ich Ihnen auch die Zeitschrift kunst.investor (www.kunstinvestor.at), welche über den internationalen Kunstmarkt berichtet.

Suchen Sie sich einen verlässlichen Ratgeber

Es gibt eine Menge Leute, die davon leben, dass sie Hilfestellung beim Kauf der richtigen Objekte geben. Sollten Sie sich – wie ich einschränkend formuliere – zur Beratung durch einen Sachverständigen entschließen, dann versichern Sie sich, dass es auch jemand mit guten Referenzen ist. Die Einschränkung deshalb, weil Berater typischerweise nur herangezogen werden können, wenn Sie einige hunderttausend Euro investieren wollen. Mit der Heranziehung eines Kunstsachverständigen ist es außerdem so wie bei allen Profis – alles hängt davon ab, ob er in dem Ruf steht, erfolgreich und redlich zu sein. Eine Übersicht über Kunstsachverständige finden Sie u.a. unter www.artspiegel.de/ksv.

Was kostet die Kunst?

Die meisten Sammler werden Ihnen sagen, dass der Preis für ein Kunstwerk stärker durch den Künstler als durch das Objekt bestimmt ist, jedenfalls was die anfängliche Preisfestsetzung anbelangt. Aber dann stellt sich die Frage, ob es sich um ein typisches Werk dieses Künstlers handelt. Beide Male handelt es sich um Geschmacksfragen. Glücklicherweise kann man bei der Suche nach einem aktuellen Künstler den Markttrend zu Rate ziehen. Wenn Sie Kunstveranstaltungen und Auktionen besuchen und dabei feststellen, dass ein bestimmter Name immer häufiger erwähnt wird, ist anzunehmen, dass dieser im Trend liegt. Obwohl sich kein Zeitpunkt für den Verkauf festlegen lässt, ist Kunst nicht das Gebiet, auf dem Investoren schnelles Geld durch Handel machen können. Kunst kann Jahre oder Jahrzehnte hindurch in hohem Kurs stehen. Kurz gesagt, gibt es für den Verkauf keine brauchbaren Regeln.

Ist er berühmt oder im Kommen? Es handelt sich um Kunst, aber auch hier gilt die eindeutige Investitionsregel „billig einkaufen und teuer verkaufen". Die Wahrheit ist: Man

Eine gute Investition?

Ja und nein. Die Wahrheit ist, dass Sie gute Renditen mit Kunst erzielen können, sich aber nicht immer darauf verlassen können. Man weiß es niemals im Voraus. Das ist genau wie bei Aktien. Wenn Sie ein Zahlenmensch sind, der reihenweise Statistiken braucht, dann ist Kunst wahrscheinlich nicht das Richtige für Sie. Während es am Aktienmarkt rationale Erklärungen für schlechte Geschäftsentwicklungen gibt, ist es im Bereich der Kunst so, dass es nur heißt, der Geschmack hat sich geändert.

kann mit einem berühmten oder unbekannten Künstler genauso leicht viel Geld machen wie man dabei sein letztes Hemd verlieren kann. Allerdings sind Aufsteiger hier viel schwieriger ausfindig zu machen, insbesondere wenn man gerade erst anfängt. Sie sollten sich also am Anfang so weit wie möglich an bekannteren Künstlern orientieren. In der Hauptsache ist es so, dass die Meinung der Kunstwelt über einen Künstler dazu dienen kann, das Risiko zu verringern. Andererseits bedeutet dieses verringerte Risiko gleichzeitig, dass der Preis höher liegt, weil noch andere Leute an dem Künstler interessiert sind. Im Gegensatz dazu können Sie, wenn Sie in einen unbekannten Künstler investieren, entweder Gewinn erzielen oder gar keinen Gewinn. Also liegt die Entscheidung letztlich bei Ihnen.

Wie Sie gesehen haben, ist der Kunstmarkt nichts für schwache Herzen. Aber andererseits gilt das für das Investieren überhaupt. Nur ist es hier schwieriger als bei den Aktien oder Immobilien, die Käufe zu delegieren. In Kunst zu investieren, ist also ein Job, bei dem man selbst dabei sein muss und wissen muss, was man tut. Wenn Sie Ihren Geschäftssinn walten lassen wollen, leistet Ihnen Ihr Gespür für das, was Ihrem Geschmack entspricht und Ihre Leidenschaft für Kunst gute Dienste. Aber wie bei allen Investitionen, müssen Sie auch hier, wenn Sie Geld machen wollen, bereit sein, es zu verlieren.

Das kostet Ihre Kunstsammlung im Unterhalt

Versicherung

- Wenn Sie viel Geld für die Kunst ausgegeben haben, soll sie auch gegen Diebstahl und Beschädigung versichert sein. Möglicherweise sind in Ihrer Hausratsversicherung einige Kunstgegenstände mitversichert. Meist ist es aber ratsam, eine eigene Versicherung abzuschließen. Es gibt eine Reihe Spezialversicherer, u.a. AXA Art, die für den Bereich Kunst und private Vermögenswerte verschiedene Versicherungskonzepte entwickelt haben, die auf die Bedürfnisse der unterschiedlichen Zielgruppen Privatsammler, Institutionen und Professionals passgenau zugeschnitten sind.

 Informationsquellen

Zeitschriften und Zeitungen

Persönliche Ratgeber

Galeristen

Lagerung

Die vorschriftsmäßige Aufbewahrung richtet sich nach der Art des Kunstwerks, das Sie kaufen. Allgemein gilt, dass Sie einen Raum mit schwacher Beleuchtung (aber nicht zu schwach) benötigen, der konstante Temperatur (um 20 Grad Celsius) und geringe Luftfeuchtigkeit hat. Wenn Sie das Kunstwerk nicht an Ihre Wand hängen wollen, müssen Sie dafür einen Ort finden. Bei einem bekannten Kunstwerk könnte die Möglichkeit bestehen, es einem Museum als Leihgabe zu überlassen.

Kunstgutachten/Expertisen

Betrug und Fälschung stellt für die Kunstwelt ein großes Problem dar. Um sich davor zu schützen, versuchen sich Käufer und Verkäufer nur mit Werken zu beschäftigen, deren Authentizität verbürgt ist. Eine Echtheitsfeststellung sagt Ihnen, ob Ihre Kunstgegenstände „echt" sind, das heißt aus der entsprechenden Entstehungszeit stammen, ob es sich um Originale oder Kopien handelt, ob Übermalungen, Überarbeitungen, Ergänzungen oder Veränderungen von fremder Hand erfolgt sind. Ein Kurzgutachten verschafft Klarheit, aus welcher Zeit Ihre Kunstwerke stammen, welchem Stil sie angehören, welche kunsthistorische Bedeutung sie haben. Ob Ihre Gemälde oder Antiquitäten „museal" oder eher „dekorativ" zu bewerten sind, ob sie volkskundlich oder zeitgeschichtlich von Interesse sind. Aber auch, welchen Marktwert sie derzeit haben.

Diversifikation

Es gibt Kunstinvestoren, die ganz begeistert sind, dass sie sich mit Kunst gegen Verluste bei anderen Investitionen schützen können. Sie stellen Kunstfonds zusammen, um so weit wie möglich zu diversifizieren. Allerdings darf man schlichten Einkauf von Kunst nicht mit Diversifikation verwechseln, weil man hierbei nichts anderes täte als Eier in einen weiteren Korb zu legen. Wir können hierbei von den Kunstfonds lernen, wo nicht nur Kunst, sondern verschiedene Arten von Kunst gekauft werden.

Violetta Karasek

Die Kunst des Stiftens

Ein Denkmal schon zu Lebzeiten

Für jeden Sportler mit Weltklasse ist sie inzwischen fast eine Selbstverständlichkeit, für große Schauspieler, Modefürsten und Manager auch: Die eigene Stiftung. Ein Trend, an dem viele Männer überraschend leicht teilhaben können. Was in den USA seit vielen Jahrzehnten zum guten gesellschaftlichen Ruf gehört, fristete in Mitteleuropa lange ein Schattendasein. Wurden früher mit Stiftungen etwa „gefallene Mädchen" oder „alte Jungfern" unterstützt, gehört das Stiften heute fest zum Lifestyle. Rund 100.000 Stiftungen ganz unterschiedlicher Rechtsform gibt es in Deutschland heute. Die übliche Rechtsform, die „rechtsfähige Stiftung bürgerlichen Rechts", findet man 18.000 mal in Deutschland. Und die Hälfte dieser Stiftungen ist in den vergangenen zehn Jahren errichtet worden. Stiftungen boomen.

Bringt eine Stiftung Steuervorteile?

Warum sollte man als erfolgreicher Mann schon mit 40, 50 oder 60 eine eigene Stiftung haben? Immer mehr Stiftungen kommen nicht erst durch Testament zustande, sondern werden von Menschen errichtet, die mitten im Leben stehen. Lassen sich mit einer Stiftung vielleicht Steuern sparen?

Der Aspekt des Steuersparens ist ein mittelbarer: Bis zu eine Million Euro kann man steuerfrei alle zehn Jahre in eine neue oder schon bestehende gemeinnützige Stiftung geben, außerdem jährlich bis zu 20 Prozent des zu versteuernden Einkommens. Und – das gibt es fast nur in Deutschland – man kann auch bei einer gemeinnützigen Stiftung eine so genannte „Stifterrente" vorsehen und erhält bei Bedarf ein Drittel der Erträge für den Lebensunterhalt.

Engagiert wie Leonardo di Caprio und Matt Damon

Es gibt viele Motive, eine Stiftung zu errichten. Viele Stifter wollen einfach nur die Gesellschaft mitgestalten und in einem Bereich fördernd aktiv sein, der ihnen am Herzen liegt. Das kann eine Sportart sein, Gesundheit, der Musikbereich oder ein gutes Bildungsprojekt. Oder man engagiert sich für die Umwelt wie Leonardo di Caprio oder für die Menschen in ärmeren Regionen der Erde wie Matt Damon. 95 Prozent aller Stiftungen in Deutschland engagieren sich übrigens für die Gesellschaft.

Franz Beckenbauer hat 1982 seine Stiftung mit einer Million DM ausgestattet. Im Jahr 2008 hat in Hamburg die Herz-Stiftung aus dem Erbe des Tchibo-Gründers mit einem Vermögen von einer Milliarde Euro die Arbeit aufgenommen. Dazwischen ist alles möglich. Auch mit kleinerem Stiftungskapital kann man beginnen. Philipp Lahm hat anfangs nur 150.000 Euro in seine Stiftung gegeben. Die staatlichen Behörden, die für die formelle Anerkennung neuer Stiftungen zuständig sind, nennen 50.000 Euro als Mindestsumme.

Kapitalbeträge, die darunter liegen, dürften in der Tat keine ausreichenden Erträge abwerfen, um auch nur Porto und Verwaltungskosten zu bezahlen.

Als Philipp Lahm im Jahr 2008 seine neue Stiftung präsentierte, folgte er dem Beispiel von Christoph Metzelder, Per Mertesacker und Gerald Asamoah, die ihre Stiftungen schon vorher errichtet hatten. Oft gibt also eine schon aktive Stiftung den Anstoß, selbst Stifter zu werden. Wenn aber erst einmal der Entschluss zur Stiftung gereift ist, kann alles sehr schnell gehen.

Formalitäten

Stiftungsrecht ist Länderrecht. Die Voraussetzungen, eine Stiftung zu errichten, sind in den 16 Bundesländern unterschiedlich – daher sollte man sich gut überlegen, in welchem Land man seine Stiftung errichtet.

Die einzigen Dokumente, die man für eine neue Stiftung benötigt, sind das „Stiftungsgeschäft" (die Willenserklärung zur Errichtung einer Stiftung) und eine Satzung – abgesehen natürlich vom Stiftungskapital. Das Stiftungsgeschäft enthält Angaben zu Name, Sitz und Zweck der Stiftung, zu den ersten Vorstandsmitgliedern und dem genauen Stiftungskapital. Die Satzung fasst vieles dann konkreter: Stiftungszweck und wie er zu verwirklichen ist (etwa durch Stipendien, Preise, eigene Programme), Aufgaben der Gremien (Vorstand, Stiftungsrat/Kuratorium, vielleicht noch ein Fachbeirat) sowie die üblichen Bestandteile, die auch in einer Vereinssatzung vorkommen (Gerichtsstand, Inkrafttreten). Die Satzung sollte auch regeln, an welche – gemeinnützige – Institution das Stiftungsvermögen fallen soll, falls die Stiftung ihre Zwecke nicht mehr erfüllen kann.

Was ist eine Stiftung?

Eine Stiftung ist eine „auf Dauer einem Zweck gewidmete Vermögensmasse". Wesentliche Eigenschaften einer Stiftung sind:

Sie hat Kapital. Wenn es ideal läuft, kann die Stiftung ihre Projekte mit den Erträgen aus diesem Vermögen finanzieren.

Die inhaltliche Richtung der Projekte ist von Anfang an festgelegt. Der Stifter muss sich entscheiden, ob er eine Stiftung für Kultur, für Wissenschaft, Umwelt, Bildung, Soziales, Sport oder einen anderen Zweck möchte. Ist genügend Kapital vorhanden, können auch mehrere dieser Zwecke verwirklicht werden.

Die Stiftung ist auf Dauer angelegt. Wenn man einen Teil seines Vermögens in eine Stiftung gegeben hat, hat man sich für immer davon getrennt. Allerdings kann man natürlich in der Stiftung noch mitgestalten und darüber entscheiden, wofür die Stiftungsmittel eingesetzt werden.

Das sind die Vorteile

Ohne die Stiftung als alleinseligmachende Institution in den Himmel heben zu wollen: Die Errichtung einer Stiftung hat eigentlich nur Vorteile: Anders als Vereine kann sie Kapital ansammeln. Sie gehört sich selbst, hat also keinen Eigentümer und keine Mitglieder. Die leidigen Mitgliederversammlungen, in denen gerne mal alles zerredet wird, oder die plötzliche Übernahme der Vereinsgeschäfte durch unliebsame Mitglieder sind ausgeschlossen.

Dabei ist die Stiftung nicht der Willkür ihrer Vorstände ausgesetzt. Wer eine Stiftung errichtet, braucht nicht zu befürchten, dass sein Geld später einmal für Dinge eingesetzt wird, die er nicht wollte. Die doppelte Kontrolle, denen die Stiftungen unterliegen, dient dem Schutz des Stifterwillens: Die Stiftungsaufsichtsbehörde achtet auf den Erhalt des Kapitals, und das Finanzamt wacht darüber, dass die Aktivitäten der Stiftung auch wirklich gemeinnützig sind.

Mit gutem Beispiel voran: Berühmte Stifter

Für gemeinnützige Stiftungsaktivitäten gibt es viele gute Beispiele. Man muss nicht Jakob Fugger den Reichen bemühen, dessen Sozialsiedlung in Augsburg auch heute noch vorbildlich funktioniert. Auch die modernen Stiftungen zeigen, wie Menschen ihr schönes Leben durchs Stiften noch um eine Dimension erweitern.

Mit der Loriot-Stiftung zum Beispiel unterstützt der Komiker Vicco von Bülow den Denkmalschutz in seiner Geburtstadt Brandenburg. Michael Stich, der mit seiner Stiftung hin und wieder in die Schlagzeilen gerät, hat sogar den Deutschen Stifterpreis des Bundesverbandes Deutscher Stiftungen erhalten. Wie man sich mit einer Stiftung noch zu Lebzeiten ein Denkmal setzen kann, zeigte einer der größten französischen Modeschöpfer aller Zeiten mit seiner Fondation Pierre Bergé-Yves Saint Laurent. Nicht jeder nennt die Stiftung nach seinem eigenen Namen, sondern verweist auf den Stiftungszweck. Der Hamburger Ulrich Voswinckel förderte mit seiner AVIAT-Stiftung vor kurzem den Nachbau des Fluggefährts der Gebrüder Wright aus dem Jahr 1908. Dass es nicht unbedingt eine eigene Stiftung sein muss, zeigt der Schwimm-Olympiaheld Michael Groß, der seit 2001 im Vorstand der Stiftung Deutsche Sporthilfe sitzt. Uli Hoeneß engagiert sich in der neuen Dominik-Brunner-Stiftung in München. Der Namensgeber der Stiftung wurde 2009 von Halbstarken getötet; die Stiftung fördert nun Zivilcourage.

Der Fachmann hilft weiter

Leicht ist das Stiften und trotzdem eine Kunst. Die meisten Fehler werden bei der Satzungsgestaltung und in den ersten drei Jahren der neuen Stiftung gemacht. Auch wenn man schon genau weiß, was man mit der Stiftung erreichen will, sollte man mit einem Fachmann besprechen, wie die Stiftung ihre Zwecke am besten und am wirkungsvollsten verwirklichen kann.

Ulrich Brömmling

 Über den Autor

Ulrich Brömmling arbeitet als Stiftungsberater in Deutschland, Norwegen und der Schweiz. Er unterstützt private Stifter, Vereine und Unternehmen bei der Stiftungserrichtung und bestehende Stiftungen bei der Neuentwicklung von Projekten und Kommunikationsmaßnahmen. Weitere Infos unter www.broemmling.de.

Reich werden im Casino?

Beim Glücksspiel nichts dem Zufall überlassen

Mondän, glamourös und ein bisschen verrucht: Nicht erst seit dem James Bond Klassiker „Casino Royale" ist die Spielbank ein ganz besonderer Ort, mit dem wir viele existenzielle Erfahrungen verbinden. Das ganz große Glück – Geld, Macht und Luxus – und der absolute Ruin – Betrug und die Gefahr alles zu verlieren – sind sich im Casino so nahe wie nirgendwo sonst. Bombastische Räume, Männer in Smokings und Frauen in atemberaubenden Roben, edle Atmosphäre und erstklassige Drinks – die Spielbank entführt ihre Besucher immer ein bisschen in vergangene Zeiten. Deshalb gönnen sich heute immer mehr Menschen einen Ausflug in diese ganz eigene Welt. Damit Sie anstatt Haus und Hof zu verlieren das Casino mit einem ordentlichen Plus verlassen, hier ein paar Grundregeln für das „Große Spiel":

Stilechter Auftritt

Für die meisten Besucher gehört es zum Spielbank-Besuch dazu, sich angemessen in Schale zu werfen. Tatsächlich ist die Spielbank ein Hort von Stil und Tradition. Besonders in Europa gilt in den Casinos noch ein einigermaßen strenger Dresscode: Im so genannten „Kleinen Spiel", dem Bereich mit Glücksspiel-Automaten ist Freizeitkleidung zugelassen, wer jedoch das echte Casino-Flair an den Black Jack-, Roulette- und Poker-Tischen erleben möchte, braucht Hemd, Krawatte und Jackett. Genießen Sie es einfach und entdecken Sie als angenehmen Nebeneffekt – falls Sie es noch nicht wussten – welche großartige Wirkung Anzug oder Smoking auf Frauen machen, wenn man sie mit der Lässigkeit eines Bond oder Sinatra trägt. Doch auch wer unvorbereitet kommt, wird nicht abgewiesen: Spontane Besucher können sich meist am Einlass Jackett, Hemd und Krawatte ausleihen.

Wichtige Verhaltensregeln

Das Casino ist ein Ort für Männer, nicht für kleine Jungs. Das zeigen Sie mit Ihrem Outfit und es sollte sich auch in Ihrem sonstigen Verhalten widerspiegeln. Bevor Sie Ihre Weltläufigkeit am Spieltisch unter Beweis stellen können, müssen Sie sich jedoch ganz bürokratisch legitimieren: Adresse und persönliche Daten werden registriert und ohne Personalausweis gibt es keinen Zutritt in die Spielbank, der Führerschein reicht als Dokument nicht aus. Je nach Land liegt das Mindestalter bei 18 oder 21 Jahren. Übrigens besteht keine Spielpflicht!

Goldene Regeln

- Verfallen Sie nicht dem „Goldfieber"! Setzen Sie sich ein Limit, das Sie einsetzen möchten und überschreiten Sie es nicht. Am Besten lassen Sie Kredit- und EC-Karten zu Hause.

- Spielen Sie fair! Betrug lohnt sich nicht und wird schwer geahndet, die Sicherheitsvorkehrungen in Casinos sind sehr hoch.

- Geben Sie Trinkgeld! Überreichen Sie den Croupiers einige Jetons „für die Angestellten".

Sie müssen lediglich Eintritt bezahlen und können dann auch einfach die Stimmung im Casino genießen, einen Drink an der Bar nehmen oder die Spieler und Croupiers „bei der Arbeit" beobachten. Wahrscheinlich werden Sie sich dem Reiz des Risikos und dem Gewinnversprechen jedoch kaum entziehen können. Also tauschen Sie ein wenig Geld in Jetons um und versuchen Ihr Glück.

> **Online-Casinos**
>
> Wer lieber am heimischen PC sein Glück mit Black Jack, Slots und Poker versuchen will, kann aus zahlreichen Anbietern von Online-Casinos wählen. Einen guten Überblick bieten etwa die Seiten www.bestecasinosonline.com oder www.casinospielen.de.

Todsicheres Spiel?

Die Liste von Menschen, die sich mit Taktik und Erfolgschancen im Glücksspiel beschäftigt haben, ist unendlich lang. Immer wieder taucht jemand auch, der todsicher ist, ein unschlagbares System für den Gewinn entdeckt zu haben. Vergessen Sie das: Die Lizenz zum Gelddrucken gibt es nicht. Allerdings lohnt es sich, die Regeln, Grundsätze und Begrifflichkeiten der Spiele Roulette, Black Jack und Poker zu kennen. Die meisten Spielbanken bieten Einführungskurse in die verschiedenen Spiele an.

Signale des Gegners deuten

Wer im Casino punkten möchte, sollte auch auf die psychologischen Signale achten, die seine Mitspieler – meist unbewusst – aussenden. Das berühmte Pokerface bekommt ohnehin schon fast kein Anfänger hin. Aber noch verräterischer als plötzliche Freude in den Augen über ein perfektes Blatt auf der Hand sind mitunter winzige Bewegungen der Hände oder bestimmte Haltungswechsel. Das liegt ganz einfach daran, dass jeder Mensch über Instinkte und natürliche Reaktionen verfügt, mit denen er ganz allgemein auf Gefahr, Freude oder Enttäuschung reagiert. Und die kann vor allem ein Anfänger am Poker- oder Black Jacktisch kaum verbergen.

Wenn die Hände zittern

- Zittrige Hände sind ein sicheres Zeichen von Erregung. Achten Sie auch auf pulsierende Adern. Bei Pokerspielern zeigen sich diese Anzeichen meist bei einem außergewöhnlich guten Blatt. Vorausgesetzt, Sie haben den Gegner auch schon mit einer ruhigen Hand gesehen – denn ein Anfänger im Casino ist eventuell so aufgeregt, dass er die ganze Partie über zittert.

Zurücklehnen

- Instinktiv entfernt sich der Mensch von Gefahren. Auf den Spieltisch übertragen bedeutet also das Zurücklehnen, dass der Mitspieler ein eher schlechtes Blatt auf der Hand hält. Lehnt sich ein Spieler allerdings sehr weit in eine entspannte Lage zurück, etwa mit verschränkten Armen hinter dem Kopf, deutet dies wiederum auf seine große Zufriedenheit mit dem Spielverlauf und auf ein sehr gutes Blatt hin.

Vorbeugen

- Umgekehrt gilt: Bei Zufriedenheit mit dem eigenen Blatt wird sich der Spieler eher vorbeugen, in voller Bereitschaft für das laufende Spiel.

Übersprunghandlungen

- Scheinbar zweckfrei ausgeführte Handlungen wie der Griff ins Haar, Berührungen an der eigenen Nase oder das Fingern an den Lippen deuten darauf hin, dass der Gegner im inneren Zwiespalt über sein weiteres Vorgehen steckt. Meist hat er dann ein schwaches oder mittleres Blatt, von dem er nicht weiß, wie er damit spielen soll.

Alle diese Signale lassen sich natürlich auch umgekehrt einsetzen, um Ihren Gegner zu verwirren. Richten Sie sich etwa plötzlich auf, ohne dass Sie auch nur den kleinsten Spielzug planen. Oder mimen Sie Aufregung bei den neuen Karten, um den Gegner glauben zu lassen, Sie hätten den Sieg so gut wie sicher. Aber bitte nicht übertreiben: Die hier aufgeführten Signale sind höchst subtiler Natur.

 Surftipps

Deutsche Casinos

Überblick über zahlreiche nationale Casinos:
www.spielbankendeutschland.com
Spielbank Berlin: www.spielbank-berlin.de
Casino Baden-Baden: www.casino-baden-baden.de
Spielbank Hamburg: www.spielbank-hamburg.de

Casinos weltweit

„Luxor", Las Vegas: www.luxor.com
„Reef Hotel Casino", Cairns: www.reefcasino.com.au
„Wynn", Las Vegas: www.wynnlasvegas.com
„Mohegan Sun", Connecticut: www.mohegansun.com
Monte Carlo: www.montecarlocasinos.com
„Venetian", Macao: www.venetianmacao.com
„ Aspinalls", London (nur für Mitglieder): www.aspinalls-club.com
„Casino de Paris": www.casinodeparisjeuxenligne.fr
„Casinò di Campione", Tessin www.casinocampione.it

Tankred Boll

Das Fünf-Flaggen-Modell

Offshore-Finanzstrategie für mobile Zeitgenossen

Stressfrei ein steuerfreies Leben führen und sein Geld ständig weiter vermehren: Wer davon träumt, bekommt mit dem Fünf-Flaggen-Modell eventuell eine passende Lösung an die Hand. Der Grundgedanke: Wenn Sie eine geschäftliche Transaktion oder etwas anderes planen, das leider in Ihrem Heimatland verboten ist, gehen Sie einfach an einen anderen Ort, an dem das gewünschte Vorhaben erlaubt ist. Fast alles ist in irgendeinem Teil der Welt erlaubt. Anstatt dort, wo Sie leben, die Gesetze zu brechen, gehen Sie also einfach in ein Land, in dem Sie legal umsetzen können, was Sie vorhaben.

Das Prinzip ist, nicht so lange innerhalb eines Staates zu bleiben, dass man bei den Behörden steuerpflichtig wird. Sie nehmen beispielsweise eine neue Staatsbürgerschaft an (erstes Land) und verschaffen sich eine Adresse im Ausland (zweites Land). Dann legen Sie Ihr Geld in einem dritten Land an, während Sie in einem vierten Land leben und Ihre Ferien in einem fünften Land verbringen. Das funktioniert tatsächlich. Allerdings nur für Leute, die den Mut haben, ihre gewohnte Umgebung zu verlassen.

Das Fünf-Flaggen-Modell bedeutet nicht, dass nun Massen von Menschen überall gegen die Regierungen anrennen sollen. Die Idee ist, den Leuten die Augen zu öffnen für alle Möglichkeiten, die außerhalb unserer Landesgrenzen vorhanden sind. Möglichkeiten zu reisen, Erfolg zu haben, sich Neues einfallen zu lassen. Jeder sollte sich als internationaler Bürger fühlen, anstatt sich auf seine Heimatgemeinde zu begrenzen. Diese Theorie spricht all diejenigen an, die ein bisschen Talent dafür haben, ihre Gedanken zu befreien, einen Schritt aus der Spur zu machen und ihre Lebensroutine aus einer neuen Perspektive zu betrachten.

1. Flagge Staatsbürgerschaft

- Sie sollten sich eine zweite Staatsbürgerschaft (soweit in Ihrem Land erlaubt) zulegen. Im Idealfall wählen Sie ein Land aus, welches Ihnen ein Optimum an visumfreien Einreisemöglichkeiten in möglichst vielen anderen Staaten gestattet. Am besten geeignet sind Länder der Europäischen Union oder Südamerika.

2. Flagge Wohnsitz

- Dies ist Ihr offizieller Wohnsitz: ein Land, das Sie als echten Gebietsansässigen betrachtet, auch wenn Sie vielleicht tatsächlich gar nicht soviel Zeit dort zubringen mögen. Dabei sollte es sich um einen Staat handeln, der im Ausland erzieltes Einkommen nicht besteuert, was im Endeffekt bewirkt, dass Sie nirgendwo auf der Welt eine Steuererklärung abzugeben brauchen. Steuerparadiese wie Andorra, Turks & Caicos oder Panama sind gute, preiswerte Kandidaten. Wenn Sie es sich leisten können, sind aber auch die Schweiz oder Monaco zu empfehlen. England und Irland sind ebenfalls eine Überlegung wert, wozu sie ihre steuerliche Behandlung von Ausländern qualifiziert.

3. Flagge Spielwiesen

📌 Dies sind die Orte, wo Sie den Großteil Ihrer Zeit verbringen möchten. Ihre Auswahl richtet sich ganz nach dem persönlichen Geschmack. Vielleicht bevorzugen Sie den Lebensstil europäischer Metropolen, vielleicht fühlen Sie sich in einer Finca auf Mallorca, einer Farm in Südafrika oder auf einer Ranch in Neuseeland wohl. Hier haben Sie keinen offiziellen Status: Sie spielen nur „Tourist". Natürlich müssen Sie hier die maximale Aufenthaltsdauer des jeweiligen Landes berücksichtigen, um nicht steuerpflichtig zu werden.

Der Ideengeber

Das Fünf-Flaggenmodell stammt von W.G. Hill, der sich auf Ideen von Harry Shultz und Harry Browne stützte. Beide hatten ihr eigenes Rezept entwickelt, wie der Einzelne ein stressfreieres und vor allem steuerfreies Leben führen kann. In seinem Buch „Perpetual Traveller" (kurz PT, auf Deutsch „Der ständig Reisende") fasste Hill ihre Gedanken zusammen und mischte sie mit seinen eigenen prägnanten Ideen und seinem unnachahmlichen Humor. Seine Fünf-Flaggen-Theorie war ein Versuch, genau aufzuzeigen, wie man sein angehäuftes Vermögen oder das Vermögen, das man anzuhäufen beabsichtigt, behalten und dabei gut leben kann.

4. Flagge Geschäftssitz

📌 An diesem Ort verdienen Sie Ihr Geld. Wenn Sie bereits eine Firma besitzen sollten, ist Ihre Wahlfreiheit in diesem Punkt möglicherweise stark eingeschränkt. Dann werden Sie wohl in den sauren Apfel beißen und einiges an Steuern und Abgaben bezahlen müssen. Oder Sie verlegen Ihr Unternehmen ins steuergünstige Ausland, z.B. nach Osteuropa. Sollten Sie dagegen mit Ihren Fertigkeiten oder Ihrem Know-how Ihr Geld verdienen, können Sie ein Steuerparadies zum Geschäftssitz machen, wodurch Sie steuerfrei ausgehen, beispielsweise in Andorra.

5. Flagge Vermögensschutz

📌 In diesen Ländern halten Sie Ihre Ersparnisse und Investitionen – weitab und in Sicherheit von den Orten, wo das Geld tatsächlich verdient oder ausgegeben wird. Solche Staaten sollten sich auszeichnen durch ein hohes Maß an Respekt gegenüber der Privatsphäre des Einzelnen, über gut ausgebaute Kommunikationsnetze verfügen, professionelles Vermögensmanagement und politische sowie wirtschaftliche Stabilität bieten. Ihre Konten führen Sie über das Internet, Telefon oder per Fax. Länder wie die Schweiz oder Panama bieten sich hier an.

Die Grenzen der Fünf-Flaggen-Strategie

Das Problem bei der Einhaltung des Fünf-Flaggen-Entwurfes ist, dass Sie jederzeit mobil sein müssen. Sie müssen immer wieder von einem Ort zum nächsten weiterreisen und darauf achten, Ihre Aufenthaltsdauer mit Blick auf die Steuern nirgends überzustrapazieren. Folglich müssen Sie das Land verlassen, in dem Sie geboren wurden oder in dem Sie als gemeldeter Einwohner gelebt und gearbeitet haben. Dies ist nur dann angenehm, wenn es Ihnen dort ohnehin nicht mehr gefällt oder Sie darin neue Chancen, Herausforderungen und eine willkommene Abwechslung sehen. Wie viele von uns können wirklich aus dem Koffer leben, während sie von Land zu Land reisen, dabei oft in Hotels wohnen – und dauernd ängstlich über die Schulter schauen, ob der lange Arm des Gesetzes uns nicht doch am Kragen packt, wenn wir gerade nicht hinsehen?

Heutzutage kann man die finanziellen Vorteile des Fünf-Flaggen-Plans geschickt ausnutzen und gleichzeitig die Stabilität des Lebens in genau dem Kulturkreis genießen, dem man sich zugehörig fühlt. Wenn Sie also nur Teile der 5-Flaggen-Strategie umsetzen, kann dies bereits erhebliche wirtschaftliche und steuerliche Vorteile bringen. Diskutieren Sie diese Ansätze mit Ihrem Steuerberater.

 Surftipp

Weitere Infos zur Strategie finden Sie auf www.expatworld.net.

Steve M. Cornell

Erfolg durch gutes Benehmen

Vorstellen, Anrede und Titel

Perfekte Umgangsformen von der ersten Sekunde an

„Lerne den Ton der Gesellschaft anzunehmen, in der du dich befindest", formulierte einst Adolph Freiherr von Knigge. Und genau um diese Fähigkeit geht es noch heute im Umgang mit Menschen auf geschäftlichem wie privatem Parkett. Ob man den korrekten Umgangston trifft oder den stilgerechten Ton der Kleidung, beides spielt in den ersten Sekunden eine enorme Rolle und beeinflusst den Betrachter in der Entscheidung, ob er eine Person sympathisch findet. Auftreten, Erscheinungsbild und Souveränität sind für Erfolg und Karriere sehr wichtig. Da kann es schon entscheidend sein, die richtige Begrüßungsformel parat zu haben. Oder dass man nicht ins Stammeln gerät, wenn plötzlich ein Adeliger vor einem steht und man sich über die korrekte Anrede im Unklaren ist. Dieses Kapitel zeigt die wichtigsten Regeln.

Wer gibt wem zuerst die Hand?

Der gefühlte erste Eindruck wird vom Ranghöheren initiiert. Es gilt die Regel: Der Ranghöhere entscheidet, ob er seinem Gegenüber die Hand reicht. Ein Angestellter sollte also darauf warten, dass ihm nach seiner verbalen Begrüßung die Hand vom Vorgesetzten entgegen gestreckt wird. Im Privaten wartet man darauf, dass einem die ältere Person die Hand reicht. Ist das Alter nicht ganz einfach einzuschätzen, reicht die Frau dem Mann die Hand. Stehen sich zwei Gleichgeschlechtliche gegenüber und sind auch noch annähernd gleich alt, sollte einer die Initiative ergreifen. Als Gastgeber – egal ob im Büro oder privat, reicht man den Gästen als Zeichen der Gastfreundschaft und des Willkommens die Hand. Der Rang spielt hier keine Rolle.

Nehmen Sie die gereichte Hand

Wurden die Regeln oben übertreten und der ausgetreckte Arm zeigt bereits in Richtung des Vorgesetzten, bleibt man dabei. Es wäre unhöflich die Hand auszuschlagen.

Sinn und Zweck eines Händedrucks ist es, Vertrauen zu demonstrieren. Ein Händedruck sollte bestimmt sein. Nicht zu soft, aber auch nicht zu hart. Hände werden gereicht und nicht lange geschüttelt. Die Dauer beträgt ca. ein bis zwei Sekunden. Hände sollten also nach einer gewissen Zeit wieder losgelassen werden. Während des Händedrucks ist der Blickkontakt ein Muss. Alles andere wäre unhöflich.

„Mahlzeit" oder nicht?

Der Ausdruck „Mahlzeit" ist zu keiner Tageszeit ein angebrachter Tagesgruß. Mahlzeit ist eine Abkürzung für „Gesegnete Mahlzeit" und wird allerhöchstens in der Kantine oder auf den Weg dorthin gewünscht. Aber selbst dann ist eine Antwort nur schwer möglich. Ein „Danke" oder „Ihnen auch" wäre wohl die richtige Antwort. Ein "Mahlzeit" zu wünschen, wenn die gegrüßte Person gerade am Kopierer steht macht wenig Sinn.

Mit der korrekten Anrede punkten

Jeder hört seinen Namen gerne korrekt ausgesprochen. Personen sollten immer beim vollen Namen genannt werden, d. h. auch Doppelnamen werden ganz ausgesprochen. Adelstitel gehören zum Namen und müssen genannt werden, genauso wie die akademische Grade „Doktor" und „Professor". Bei den akademischen Graden wird nur der Höchste genannt. Wird also ein Professor Dr. Dr. h.c. Müller vorgestellt, wird er nur mit Herr Professor Müller angesprochen. Titel werden solange genannt, bis sie einem erlassen werden. Wie andere Menschen diesen Gesprächspartner ansprechen, ist egal. Mögliche Abmachungen anderer Personen untereinander kennt man im Zweifel nicht.

Adelstitel

Zu Adelstiteln gehört nicht nur das bekannte „von", sondern auch Bezeichnungen wie Baron, Graf oder Freifrau, um nur einige zu nennen. Bei Adelstiteln sollte in direkter Ansprache beachtet werden, dass man z. B. einen Grafen nicht mit „Herr Graf" anspricht. Man sagt:

 „Guten Tag, Herr von Münchenhausen" - oder
„Guten Tag, Graf Münchenhausen"

Sobald ein Baron oder Graf angesprochen wird, entfällt das Frau/Herr sowie das „von". „Herr Baron" sagten früher nur die Angestellten und drückten damit ihre Untertänigkeit aus.

Bei einer Selbstvorstellung werden alle Titel vom Träger weggelassen. Also Baron Münchhausen würde sich nur als: „Guten Tag, meine Name ist Münchhausen" vorstellen. Genauso wird ein Doktor oder Professor auf seine Titel bei der Eigenvorstellung verzichten. Umso wichtiger ist es, eine Visitenkarte genauestens zu studieren. Denn sobald man weiß, dass der Gegenüber einen Titel hat, muss dieser mit genannt werden. Auch für den Umgang mit Visitenkarten gibt es wichtige Regeln, die Sie weiter unten in diesem Beitrag finden.

Wenn Personen vorgestellt werden, sollte man möglichst versuchen, sich den Namen zu merken. Fällt einem der Name aber dennoch nicht ein, kann man gerne einmal nachfragen. Die Nachfrage nach dem Namen kann durchaus direkt ausgesprochen werden, etwa durch „Jetzt habe ich doch Ihren Namen vergessen. Verraten Sie mir noch mal wie Sie heißen?"

 Unter Diplomaten

Botschafter sind die hochrangigsten Vertreter ihrer Länder im Ausland und werden als „Exzellenz" angesprochen. Kommt ein deutscher Botschafter allerdings nach Deutschland, gilt diese Anrede nicht mehr, sondern nur im Ausland. Andere Mitarbeiter von Botschaften bekommen den Titel der Exzellenz nicht, sondern werden mit ihrem Namen angesprochen.

Andere Anreden außer Exzellenz sind z. B. Herr Botschafter, Herr Konsul oder auch Frau Gesandte.

Vorstellen oder Bekanntmachen?

Vorstellen und Bekanntmachen gehört zu den Bereichen moderner Umgangsformen, bei denen es grundlegende Unterschiede zwischen den privaten und den geschäftlichen Gepflogenheiten gibt.

Die wichtigste Person sollte zuerst erfahren, wer ihr gegenüber steht. Wer ist die wichtigere Person? Im Berufsleben ist es der Ranghöhere, der Kunde, der Gast etc. (im Privatleben zählen der Ältere und die Dame zu den wichtigeren Personen.) Eine einzelne, neu hinzu kommende Person wird immer einer Gruppe bekannt gemacht, das gilt für Privat- und Berufsleben gleichermaßen.

Beim Vorstellen vor einer Gruppe sollte man jeder einzelnen Person seinen Namen nennen. Die Annahme, dass alle den Namen verstanden haben als er der ersten Person genannt wurde, ist nicht situationsgerecht. Eine Selbstvorstellung dagegen ist oft eine Gesprächseröffnung. Wie oben erwähnt, werden bei der Selbstvorstellung keine akademischen Grade oder Adelstitel genannt. Den Zusatz von Herr oder Frau kann man auch weglassen. Es ist nicht mehr zeitgemäß und jeder sollte sehen, ob es sich um einen Herren oder eine Frau handelt. Die korrekte Selbstvorstellung lautet:

Für internationale Kontakte

Ist man viel auf internationalem Geschäftsparkett unterwegs, ist es sinnvoll, die Visitenkarten zweisprachig in Deutsch und Englisch bedrucken zu lassen.

- „Ich bin Vorname Name"
- „Ich heiße Vorname Name"
- „Mein Name ist Vorname Name"

Verstaubte Floskeln wie

- „Gestatten Sie, dass ich mich vorstelle. Meier mein Name."
- „Erlauben Sie mir, mich Ihnen bekannt zu machen...."
- „Mein werter Name ist...."

können getrost weggelassen werden. Erwiderungen auf eine Selbstvorstellung sollten auch nicht mit „Angenehm" oder „Sehr erfreut", sondern einfach mit einer Gegenvorstellung und dem Tagesgruß erfolgen.

Im beruflichen Umfeld macht es durchaus Sinn, seiner Selbstvorstellung auch einen Zusatz wie Position und Unternehmen anzufügen. Damit eröffnet sich dem Gesprächspartner eine erste Möglichkeit, in ein Small Talk-Thema einzusteigen.

Sich nur mit dem Nachnamen vorzustellen, ist zwar nicht verkehrt, aber nicht mehr zeitgemäß. Man hat bis zu zehn Sekunden Zeit, seinem Gegenüber einen ersten Eindruck von seiner Stimme zu präsentieren. Nur mit der Nennung des Nachnamens bekommt der Gesprächspartner wenig Einblick in die Sprachmelodie und kann sich nur schwer ein Bild machen, das zu einem sympathischen Puzzle zusammengesetzt werden soll.

Buchtipp

Christina Tabernig und Anke Quittschau: „Business-Knigge. Die 100 wichtigsten Benimmregeln". Haufe Lexware, 2007, 6,95 Euro.

Visitenkarten überreichen

Die Visitenkarte ist ein wichtiges Mittel, sich selbst vorzustellen. Gerade im geschäftlichen Umfeld macht es Sinn, bei einem Erstbesuch des Geschäftspartners am Empfang die Visitenkarte abzugeben. Der Empfangsmitarbeiter hat somit die Möglichkeit, den Gast formvollendet anzumelden. Es kommt keine Nachfrage zum Firmennamen und der Gast wird korrekt in Besuchsbücher eingetragen. Nach der Anmeldung erhält man die Karte zurück.

Der Gast überreicht die Visitenkarte dem Gastgeber. Man kommt an, begrüßt seinen Gastgeber und startet einen Small Talk. Nachdem die Unterlagen herausgeholt worden sind, überreicht man am Anfang des Gesprächs die Visitenkarte.

Erhält man eine Visitenkarte, ist deren genaue Lektüre zu empfehlen, denn sie verrät mögliche Titel und akademische Grade, die bei der Anrede genannt werden sollten. Eine erhaltene Karte steckt man nicht einfach in die Hosentasche, sondern legt sie zu den Unterlagen oder in das Etui, in dem man auch die eigenen Karten transportiert. Eine empfangene Visitenkarte wird nicht in Anwesenheit des Überreichenden beschrieben. Es macht zwar Sinn, sich eine Gedankenstütze auf die Rückseite zu schreiben, aber bitte erst, wenn die andere Person nicht mehr anwesend ist.

Visitenkarten können auch als Grußkarte oder Kurzbrief eingesetzt werden. Einfach die Karte den versprochenen Unterlagen beilegen und auf der Rückseite der Visitenkarte ein paar nette Worte ergänzen.

Christina Tabernig und Anke Quittschau

Über die Autorinnen

Die Trainerinnen und Buchautorinnen Christina Tabernig und Anke Quittschau haben sich mit ihrem Unternehmen „korrekt!" die berufliche Profilentwicklung von Fach- und Führungskräften auf die Fahnen geschrieben. Sie begleiten ihre Kunden dabei, die entscheidenden Kriterien für die berufliche Zukunft zu optimieren. „korrekt!" hat Büros am Starnberger See und im Großraum Frankfurt in Königstein. Weitere Infos unter www.korrekt.de.

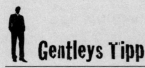

Ohne Kollisionen
So funktioniert die professionelle Umarmung von Mann zu Mann

Auch wenn in verschiedenen Kulturen Umarmungen unter Männern völlig normal sind, so bedeutet dies jedoch nicht, dass sich Männer mit Umarmungen unter ihresgleichen wirklich wohl fühlen. Doch keine Angst: Auch wenn sich Männer umarmen, entstehen keinerlei Zweifel an ihrer Männlichkeit. Umarmungen sind Ausdruck der Freundschaft und Zuneigung. In welchen Situationen dürfen Männer nun Männer umarmen?

Erlaubt sind Umarmungen unter Freunden, unter Familienmitgliedern und zu ganz besonderen Anlässen. Wer Familienmitglieder oder gute Freunde lange nicht getroffen hat, darf sie mit einer Umarmung begrüßen. Auch wenn der beste Freund einen neuen Job bekommen hat oder Vater geworden ist, sind Umarmungen erlaubt. Und auch nach Sportserfolgen gehören Umarmungen dazu.

Bevor ein Mann einen Mann umarmt, sollte er sich darüber klar werden, wie er das machen möchte. Überraschungsumarmungen, die rücklings erfolgen, sind nicht erlaubt. Eine frontale Umarmung sollte auch nicht den Eindruck erwecken, als wolle man sein Gegenüber angreifen. Eine leicht zurückgelehnte Haltung und geöffnete Arme vermitteln Sicherheit. Die linke Hand sollte 20 Zentimeter unterhalb der Höhe der rechten Hand liegen und der Kopf leicht nach links geneigt werden. Dann kann umarmt werden, ohne dass Kollisionen zu befürchten sind.

Die Länge der Umarmung soll so gewählt werden, dass sich beide wohl fühlen. Wer bei der Umarmung mit leichtem Schlag der rechten Hand auf den Rücken des Gegenübers klopft, kann sicher sein, dass es sich eindeutig um eine Umarmung unter Männern handelt. Aufgelöst wird die Umarmung, indem die Hände sofort vom Körper des Gegenübers gelöst werden und sich die Körper voneinander entfernen. Auflösen, indem die Hände über den Körper des Gegenübers streifen, ist nicht erlaubt.

Bei der Auflösung kann auch noch ein Griff an die Schultern des Gegenübers erfolgen, der mit einer erneuten Gratulation oder ein paar Worten zum Anlass bekräftigt werden kann. Das klärt nochmals den Anlass der Umarmung und schließt sie ab. Wer möchte, darf auch noch ein kleines spielerisches Match mit den Fäusten nachlegen. Natürlich nur, wenn das Gegenüber eine solche Ausdruckssprache versteht.

wvö

Geschäftskorrespondenz mit Stil

Der richtige Ton für Briefe, Mahnungen und E-Mails

Der richtige Stil in der Korrespondenz gehört heute ebenso zu den modernen Umgangsformen, wie das persönliche Auftreten beim Kunden. Sie kommen bei anderen einfach besser an, wenn Sie bestimmte Regeln beachten. Ungeschickte Formulierungen oder Nachlässigkeiten können das Verhältnis zum Empfänger empfindlich stören.

Der perfekte Geschäftsbrief

In der Praxis schreibt man meist eine E-Mail, hin und wieder kommt man aber um die Printversion der Geschäftskorrespondenz nicht herum, z. B. bei Rechnungen oder Mahnungen. Generell sollte man geschäftliche Korrespondenz auf folgende Punkte checken: Namen des Empfängers richtig geschrieben? Ergänzen Sie immer „Herrn" oder „Frau" zum Namen, denn ohne diesen Zusatz bedeutet es, dass es sich um ein Kind oder Teenager handelt.

- Sympathische Anrede gefunden? Statt „Sehr geehrte Damen und Herren" sagen Sie ruhig mal „Guten Tag, Herr Meier" oder in Bayern auch „Grüß Gott, Herr Becker".
- Keine Belehrungen („...sollten Sie beachten...") oder Befehlston („...müssen Sie bis zum...")?
- Übersichtliche Textaufteilung gegeben?
- Beim Brief: Blatt nicht zu voll? (Leser ermüdet sonst sehr schnell)
- Individuelle Schlussformel genutzt? Die meisten Briefe enden mit „Mit freundlichen Grüßen". Differenzieren Sie sich mit Formulierungen wie „Herzliche..., beste..., sonnige Grüße zum Bodensee,..." oder beziehen Sie sich auf aktuelle Anlässe wie „Mit sommerlichen Grüßen".
- Nicht zu viele Fachausdrücke oder Fremdwörter benutzt? Sprechen Sie nicht von „maßgeschneiderten Solutions" oder einem „erwarteten Statement", auch wenn es schon fast Umgangssprache geworden ist.
- Beim Brief: Eigener Name unter der Unterschrift wiederholt? Anlagen explizit benannt? (Erleichtert das Zuordnen)

Regeln für den E-Mail-Verkehr

Die Anzahl der Geschäftsbriefe hat durch den Einsatz von E-Mails erheblich abgenommen. Dies ist aber kein Grund dafür, dem Inhalt und dem Stil einer E-Mail weniger Aufmerksamkeit zu schenken. Wenn Sie nachfolgende Regeln beachten, wird auch Ihre E-Mail-Korrespondenz die gewünschte Wirkung erzielen. Für die E-Mail-Korrespondenz gelten besondere Regeln:

- Schreiben Sie einen Zwischenbescheid, wenn Sie die E-Mail nicht sofort beantworten können. Nennen Sie einen Termin für die ausführliche Antwort.
- Bearbeiten Sie Ihre Mails täglich. Die Nutzer eines schnellen Mediums erwarten auch eine schnelle Antwort.
- Benutzen Sie keine Abkürzungen wie „mfG", „fyi", „thx" oder „asap" – sie sind nicht jedem bekannt.
- Füllen Sie immer den „Betreff" mit einer aussagekräftigen Beschreibung des Inhaltes der E-Mail aus.
- Verzichten Sie niemals auf eine korrekte Anrede und Verabschiedung. So viel Zeit muss sein.
- Nennen Sie immer die kompletten Absenderdaten (Anschrift, Telefon, Fax) am Ende einer E-Mail, damit der Empfänger den Antwortweg frei wählen kann.

Der richtige Ton für Mahnungen

Sind Sie auch noch der Meinung, dass Mahnungen und Erinnerungen nur mit juristischen Phrasen wirksam sind? Nein! Denn die Rechtskräftigkeit einer Erinnerung hängt nicht von einem unfreundlichen Ton ab. Aus unserer Sicht gehört zu einem professionellen Auftreten auch ein fairer, kooperativer Schreibstil. Und das geht auch bei unangenehmen Themen. Setzen Sie auf eine persönliche, emotionale Ansprache schon im Betreff. „Haben Sie unsere Vereinbarung vergessen?" klingt freundlicher als „Mahnung". Formulieren Sie deutlich Ihre Forderung, bleiben Sie aber freundlich im Ton: „... bestimmt hat sich Ihre Zahlung mit unserem Brief gekreuzt. Bitte überprüfen Sie zur Sicherheit noch mal Ihre Verbindlichkeiten." Oder „Sicherlich haben Sie Verständnis dafür, dass auch wir auf pünktlichen Zahlungseingang angewiesen sind."

Machen Sie ein Kontakt- und Kooperationsangebot: „Falls es besondere Probleme geben sollte, rufen Sie mich bitte an, damit wir gemeinsam eine Lösung finden." Und aktivieren Sie für die Zukunft, denn Sie möchten ja weiterhin Geschäfte mit diesem Kunden machen. Beispiel: „Bitte erweisen Sie sich weiterhin als zuverlässiger Partner."

Einen besonders schlechten Eindruck hinterlässt übrigens, wer auf einen Brief oder eine E-Mail nicht zeitnah oder überhaupt nicht antwortet. Die erwartete Antwortzeit bei einer E-Mail beträgt zwei Geschäftstage, bei einem Brief eine Woche. Wer innerhalb dieser Zeit keine endgültige Antwort geben kann, sollte unbedingt einen Zwischenbescheid versenden.

Christina Tabernig und Anke Quittschau

Als Gast glänzen

Wie Sie bei Einladungen eine gute Figur abgeben

Antrittsbesuch bei den Schwiegereltern, Dinnerparty beim Chef oder Sektempfang bei einem Kunden – ab einem gewissen Alter und Lebensabschnitt ist man aus der lockeren Studentenparty, auf der es nur wichtig war Bier und Chips mitzubringen, herausgewachsen. Bei offiziellen Anlässen und formellen Einladungen gibt es einige Fauxpas zu umschiffen. Mit unseren Tipps sind Sie auf der sicheren Seite.

Auf Einladungen antworten

- Der Gastgeber braucht ein wenig Planungssicherheit, er muss für genügend Stühle, Essen und Getränke sorgen. Sagen Sie ihm deshalb rechtzeitig Bescheid, ob Sie kommen können oder nicht. Richten Sie sich mit der Form der Antwort nach der Einladung. Wurden Sie locker telefonisch eingeladen, können Sie ebenso antworten. Auf schriftliche Einladungen mit der Bitte um Antwort wählen Sie auch die Briefform. Bei formellen Anlässen gilt es als höflich, spätestens bis eine Woche vor dem Termin zu antworten. Je formeller der Anlass, desto umfangreicher fallen schließlich die Vorbereitungen für den Gastgeber aus. Da braucht er Planungssicherheit.

Ankunft und Pünktlichkeit

- Geben Sie dem Gastgeber die Gelegenheit, alles perfekt vorzubereiten, kommen Sie deshalb nicht überpünktlich oder genau zur angegebenen Zeit, sondern lassen Sie ihm noch ein paar Minuten. Eine Verspätung von mehr als einer halben Stunde ohne vorherige Entschuldigung ist allerdings ein No-Go.

Mitbringsel

- Es ist eine schöne Sitte, dem Gastgeber als Dank für seine Bemühungen ein kleines Geschenk mitzubringen. Allerdings sollten Sie ihn damit weder in Verlegenheit bringen noch belasten. Immer angemessen ist eine Flasche Wein oder Champagner. Blumen sind immer vorher vom Papier zu befreien, außerdem sollten Sie überlegen, dass Sie den Gastgeber dann mit der Suche nach einer Vase von seinen Gastgeberpflichten abhalten.

Integrieren Sie sich

- Als Gast sind Sie mitverantwortlich für das Gelingen der Feier. Bemühen Sie sich um gute Stimmung, beteiligen Sie sich an Gesprächen und lernen Sie die anderen Ihnen bisher unbekannten Gäste kennen. Auch wenn Spiele und Aktionen geplant sind, die Sie nicht mögen, verderben Sie den anderen nicht den Spaß und erweisen Sie dem Gastgeber die Höflichkeit, seine Vorbereitung zu würdigen.

Verantwortliches Trinken

📌 Alkohol ist bei Partys immer im Spiel und sorgt in Maßen genossen für gute Stimmung. Bewahren Sie sich und andere jedoch vor der Peinlichkeit, zu viel zu trinken. Drosseln Sie die Geschwindigkeit und trinken Sie immer wieder ein Glas Wasser zwischendurch.

Bleiben Sie nicht zu lang

📌 Wenn Ihr Gastgeber beginnt zu gähnen oder die Spülmaschine einzuräumen, haben Sie den Zeitpunkt für den rechtzeitigen Abschied verpasst. Niemals sollte man die Gastfreundschaft eines Menschen überstrapazieren.

Bedanken Sie sich

📌 Jeder Gastgeber freut sich über ein paar Worte des Dankes am Tag nach der Party. Rufen Sie an oder schreiben Sie eine Karte und danken Sie für seine Mühe.

Winfried Völler

 Gentleys Tipp

Erfolgreiche Geschäftsessen

☛ Prüfen Sie (eventuell über die Sekretärin), in welchem Umfeld Ihr Gast sich wohl fühlt. Lassen Sie sich auch über die Lieblingsspeisen informieren. Ist Ihr Kunde eventuell Vegetarier oder Diabetiker?

☛ Besuchen Sie mit wichtigen Kunden nur Lokalitäten, die Sie kennen und auf die Sie sich hundertprozentig verlassen können.

☛ Wählen Sie einen für beide zentral gelegenen Ort und eine für den Gast günstige Zeit.

☛ Stellen Sie eindeutig klar, dass Sie der Gastgeber sind und bezahlen.

☛ Erscheinen Sie 10 Minuten vor dem vereinbarten Termin und prüfen Sie die Tischreservierung.

☛ Machen Sie sich bei einer größeren Runde im Vorfeld Gedanken über die Sitzordnung. Ihr Ehrengast sitzt rechts von Ihnen oder Ihnen gegenüber. Die Mitarbeiter beider Seiten sollten so platziert werden, dass fachbezogene Gespräche möglich sind – also nicht den Buchhalter zum Programmierer setzen.

☛ Denken Sie daran: als Gastgeber sind Sie Regisseur. Bei einer Gruppe von mehr als sechs Personen bestellen Sie das Essen vor, im kleineren Kreis geben Sie Ihren Gästen Empfehlungen für die Menüwahl.

aqu / cta

Zu Tisch bitte

Die wichtigsten Etikette-Regeln

Wer sich beim Business-Dinner nicht den Kopf über die richtigen Tischsitten zerbrechen muss, kann sich viel besser auf den eigentlichen Inhalt des Geschäftstermins konzentrieren. Und je öfter Sie die folgenden Regeln trainieren, desto leichter fallen sie Ihnen beim nächsten offiziellen Essen. Also fangen Sie am besten heute mit dem Üben an – auch zu Hause.

- Legen Sie die Serviette auf den Schoß, bevor Sie die Speisekarte zur Hand nehmen. Bei einem vorbestellten Menü in größerer Runde legen Sie die Serviette spätestens auf den Schoß, wenn der erste Gang serviert wird.

- Auch wenn der Hunger noch so groß ist: der Brotkorb sollte nicht schon vor der Weinbestellung leer gegessen sein. Grundsätzlich sind Brot und Butter Beilagen zur Vorspeise. Nach dem ersten Schluck Wein kann man aber schon mal zugreifen.

- Ganz wichtig: Brot wird gebrochen, nicht geschnitten. Brechen Sie mundgerechte Stücke ab und bestreichen Sie diese dann mit der Butter. Das kleine Buttermesser bleibt übrigens immer auf dem Brotteller.

- Das bekannte „Guten Appetit!" ist out.

- Ob Sie bestimmte Speisen mit den Fingern essen dürfen erkennen Sie daran, dass eine Fingerschale zur Verfügung steht. Wenn nicht, müssen Sie Messer und Gabel einsetzen.

- Haben Sie das Besteck erst mal benutzt, darf es den Tisch nicht mehr berühren – auch nicht auf dem Tellerrand abgestützt.

- Wird Ihnen z.B. ein Krabbencocktail oder ein Eis auf einem Unterteller serviert, legen Sie später das benutzte Besteck auf dem Teller ab. Bitte lassen Sie auch den Suppen-, Kaffee- oder Teelöffel nicht in der Tasse.

- Probieren Sie erst die Speisen, bevor Sie würzen. Ob es sich beim Würzen um Salz, Pfeffer oder anderes handelt, ist gleichermaßen stillos.

- Kommt es trotz größter Vorsicht zu einem Malheur, bleibt man souverän und macht keinen großen Wirbel darum. Bei einer runter gefallenen Gabel lässt man sich vom Kellner einfach eine Neue bringen und sollte ein umgestoßenes Glas den Anzug des Tischnachbarn treffen, entschuldigt man sich und bietet natürlich eine Reinigung an.

Anke Quittschau und Christina Tabernig

# Tipps vom Starkoch von A bis Z

Ralf Zacherls kleiner Restaurant-Knigge

Wie Sie sich im Restaurant richtig verhalten, verrät Ihnen hier Starkoch Ralf Zacherl mit seinen persönlichen Tipps.

Artischocken

Genießbar sind nur Blattwurzeln und Boden. Blätter mit der Hand abzupfen, in die servierte Vinaigrette eintauchen und mit den Zähnen das Fleisch herausziehen. Der Boden wird mit Messer und Gabel gegessen.

Austern

Mit der linken Hand vom Teller nehmen, mit etwas Zitrone beträufeln (das frische Austernfleisch muss sich leicht zusammenziehen). Mit der Gabel auslösen, dann mit dem Austernwasser möglichst geräuschlos schlürfen.

Aperitif

Trinken Sie, worauf Sie Lust haben. Ein Glas Champagner, ein eisgekühlter Sherry Fino sind gewohnte Klassiker. Aber auch ein kühles Pils zum Einstieg ist mittlerweile in fast allen großen Häusern üblich.

Bestellen

Der Gastgeber bestellt zuerst. Orientieren Sie sich bei der Auswahl des Essens am Gastgeber. Im Zweifel wählen Sie ein mittleres Preisniveau.

Bestellung

Die Herren vom Service werden mit „Herr Ober" angesprochen. Bei den Damen ist es etwas schwieriger. „Fräulein" ist uncharmant, „Frau Oberin" klingt komisch, „Hallo" ist verpönt. Was bleibt: Suchen Sie Augenkontakt, und bitten Sie die Dame mit einer freundlichen Geste an den Tisch. Bei einem Paar bestellt der Herr zuerst für die Dame. in größerer Runde bestellt der Gastgeber, doch niemand ist irritiert, wenn eine Dame selbst sagt, was sie will.

Brot

Brötchen und Baguette werden nie mit dem Messer geschnitten! Man bricht das Brot in mundgerechte Stücke, bestreicht sie mit Butter.

 Alles über Austern

Tipp zum richtigen Öffnen von Austern und weiteres Wissenswertes finden Sie im Kapitel „Delikatessen" dieses Buches.

Champagner

Bestehen Sie auf leicht bauchige Gläser, nur so kann er sein Aroma entfalten. Schlanke Sektflöten sind für den König der Weine ungeeignet. Halten Sie das Glas am Stiel, nur Pseudo-Connaisseure halten das Glas am Boden.

Eier

Frühstücksei mit dem Löffel leicht anschlagen, Kuppe mit dem Löffel abheben und auslöffeln. Restliches Ei nach bekannter Art genießen. Auch erlaubt: Eispitze mit dem Messer anschlagen und absägen, Rest wie gehabt. Spiegeleier erfordern Messer und Gabel. Rührei mit der Gabel teilen und verzehren.

Essen

Fangen Sie mit dem Essen erst an, wenn alle am Tisch ihr Gericht bekommen haben. Es sei denn, sie werden vorher dazu aufgefordert.

Gänseleber

Wird immer mit Messer und Gabel gegessen. Streichen Sie Leber nie auf das gereichte Brot.

Garnelen

Werden mit der Hand gebrochen. Garnele am Kopf halten, Schwanz herausdrehen, Panzer entfernen, Fleisch herauslösen, mit Messer und Gabel essen.

Gedeck

Nennt man das Besteck neben dem Platzteller, Löffel liegen oberhalb des Tellers. Man beginnt in der Reihenfolge von außen nach innen.

Geschäfte

Über das Geschäft spricht man vor, besser aber nach dem Essen. Während des Essens reden Sie am besten über „harmlose" Themen wie Kultur oder was immer als Tischgespräch sich eignet. Schlau ist, wenn Sie nicht laut mit Erfolgen oder Besitztümern prahlen...Sie wissen schon....

Gläser

Gläser mit Stiel werden am oberen Teil des Stiels angefasst, Schnaps-und Biergläser am Fuss.

Handy

Lieber nicht! Lassen Sie es beim Essen ausgeschaltet.

Hummer

Wird normalerweise in zwei Hälften serviert. Schale mit dem Messer festhalten, mit der Gabel ins Schwanzende einstechen und aus dem Panzer lösen. Mundgerechte Bissen mit Messer und Gabel schneiden. Beinchen an den Gelenken brechen, Fleisch auslutschen oder mit der Hummergabel auslösen. Hummerscheren mit der Hummerzange knacken, Fleisch mit Hand oder Gabel herausziehen.

Käse

Außenhaut oder Schale wird nicht mitgegessen. Ausnahme: Camembert. Sehr weiche Käse wie Vacherin oder jungen Münster kann man auch löffeln. Tipp: Probieren Sie auch Weißwein oder Süßwein zum Käse.

Kaviar

Isst man am besten pur mit einem Perlmutt- oder Elfenbeinlöffel. Das passende Getränk: Champagner.

Knödel und Kroketten

Immer mit der Gabel zerteilen. Wo ein Messer erforderlich ist, am besten fluchtartig das Restaurant verlassen.

Lammkoteletts

Werden mit Messer und Gabel gegessen, den Knochen darf man zum Abnagen in die Hand nehmen.

Languste

Es gilt das gleiche wie beim Hummer, das Fleisch ist feiner und subtiler.

Muscheln

Venus- oder Miesmuscheln werden mit der Hand gegessen. Eine leere Muschel als Zange verwenden und damit das Fleisch einer anderen Muschel auslösen. Jakobsmuscheln isst man mit dem Fischbesteck.

Oliven

Werden mit einer Gabel oder einem Zahnstocher aufgepiekst. Kern diskret mit der Hand (Daumen, Zeigefinger) auf ein Tellerchen legen.

Omelett

Wird nur mit der Gabel zerteilt und gegessen.

Papaya

Frucht der Länge nach aufschneiden, Fruchtfleisch auslöffeln.

Parfum

Damen in Duftwolken überlagern bei großen Menüs und Weinproben oft die Aromen der Speisen und Getränke. Weniger ist mehr.

Rauchen

Auch hier wieder: Höflichkeit ist Trumph! Fragen Sie nach dem Essen, ob es stören würde, wenn Sie rauchen, sofern das überhaupt vor Ort erlaubt ist

Reservierung

Bestellen Sie nicht einfach einen schönen Tisch. sagen Sie konkret, ob Sie einen Platz für ein zärtliches Tête-à-tête oder für ein Geschäftsessen brauchen.

Salat

Wird mit der Gabel gegessen. Mit dem Messer wird höchstens eine Tomatenscheibe zerteilt, ein Blatt Kopfsalat zurechtgefaltet, aber nicht geschnitten.

Saucen

Werden mit dem Saucenlöffel gelöffelt oder mit einem Stückchen Brot gestippt (der Küchenchef freut sich).

Serviette

Die Serviette liegt während des Essens auf dem Schoß und nach dem Essen locker gefaltet links vom Teller, mit der sauberen Seite nach unten.

Spaghetti

Dürfen auch mit Löffel und Gabel gegessen werden. Könner verzichten auf den Löffel und drehen die Langen Nudeln mit der Gabel auf. Die Serviette darf bei diesem Gericht auch mal in den Kragen gesteckt werden. Schließlich drohen bei langer Pasta schon mal eher kleine Kleckereien als bei so manch anderem Essen. Da darf schon mal ein Schutz sein.

Weinbestellung

Fragen Sie ruhig den Sommelier (Weinkellner) um Rat. Schließlich ist er für Sie da. Ein guter Sommelier öffnet, riecht sensorisch und probiert den Wein am Tisch. Ist der Wein fehlerhaft, wird er durch eine neue Flasche ersetzt. Bei alten Weinen, die schon Raritätswert haben, trägt der Gast das Risiko.

Zigarre

Der wahre Genießer sucht nach dem Essen den „Raucherraum" auf oder die Zigarrenlounge, sofern so etwas vor Ort angeboten wird.

Ralf Zacherl

 Über den Autor

Ralf Zacherl ist nicht nur durch seine gute Küche bekannt, sondern auch durch zahlreiche Auftritte im Fernsehen und durch diverse Auszeichnungen. 1997 bekam Zacherl bereits in seinem ersten Jahr als Küchenchef im Alter von 26 Jahren 16 Punkte vom Gault-Millau und einen Michelin-Stern verliehen und wurde somit zum damals jüngsten mit einem Stern ausgezeichneten Koch Deutschlands. Mehr Infos unter www.ralf-zacherl.de.

 Gentleys Tipp

Wieviel Trinkgeld geben?

War das Essen und der Service gut? Dann geben Sie ruhig reichlich – also etwa 10 bis 20 Prozent des Rechnungsbetrages, wie es etwa in Deutschland üblich ist. Wenn der Service oder das Angebot jedoch schlecht war, überlegen Sie gut, wieviel Sie geben wollen. Manchmal ist es besser, dezent und freundlich Kritik anzubringen. Schließlich sollen Gastronomieinhaber auch erfahren, wenn ihre Kunden nicht zufrieden sind. Damit Sie immer das passende Trinkgeld geben, sollten Sie sich in jedem Fall auch in fremden Ländern über die jeweiligen länderspezifischen Trinkgelder informieren. Es gibt Länder, in denen Trinkgeld sogar eine regelrechte Beleidigung darstellt. Hier einige Tipps aus dem Alltag:

- 10 bis 20 Prozent des Rechnungsbetrages sind in Deutschland üblich. Sonderserviceleistungen dürfen Sie ruhig großzügig honorieren.

- In einigen Ländern ist das Trinkgeld bereits im Preis beinhaltet. Andere Länder werten Trinkgeld ganz anders. Im Internet finden Sie zu jedem Land ausreichend Informationen.

- Nehmen Sie besonders in Deutschland zur Kenntnis, dass viele Angestellte schlecht bezahlt sind und von Ihrem Trinkgeld ihr mageres Grundgehalt aufbessern müssen. In vielen anderen Ländern gilt Trinkgeld ebenfalls als Aufstockung des Gehalts.

- Kellner von Anfang an mit Trinkgeld zu bestechen. Wenn er sich darum bemüht, trotz mangelnder Reservierung, einen guten Platz für Sie zu suchen, dann können Sie ihn beim Herausgehen natürlich gerne noch belohnen, indem Sie ihm etwas zustecken.

- In einer Bar können Sie dem Barkeeper je Drink einen 1 Euro überlassen oder Sie geben am Ende 15 bis 20 Prozent auf den Rechnungsbetrag. Besonders in einer Bar können Sie den Barkeeper für besondere Einsätze großzügig belohnen.

gke

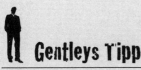
Gentleys Tipp

Ihr Freund, der Sommelier
Wie Sie einen Weinkenner mimen

Wussten Sie schon, dass der Sommelier Ihr bester Freund sein kann, wenn Sie über der Weinkarte ins Schwitzen kommen? Wer einen wichtigen Geschäftstermin wahrnimmt, einen Kunden gewinnen will oder eine Frau beeindrucken will, muss sich spätestens bei der Wahl des richtigen Weins bewähren. Endlose Weinlisten lassen auch einen geübten Feinschmeckergast schnell recht unbeholfen dastehen. Doch keine Bange, es gibt den Sommelier, der Ihnen fachkundig zur Seite steht. Trauen Sie sich und nutzen Sie sein Expertenwissen.

Setzen Sie sich richtig gut in Szene, indem Sie sich Zuhause auf einen netten Plausch über Weine ein wenig vorbereiten. Lernen Sie die Hauptweinanbaugebiete kennen und die unterschiedlichen Weinsorten. Mit solchen Grundkenntnissen können Sie sich viel besser in die locker erscheinende Plauderei mit dem Sommelier einlassen.

Machen Sie sich vorher klar, welchen Preis Sie für einen Wein bezahlen wollen und geben Sie dies dem Sommelier diskret bekannt, in dem Sie einige Weine auf der Liste in die nähere Wahl ziehen, die Ihren Preisvorstellungen entsprechen. Dem Sommelier ist diese Vorgehensweise vertraut. Er wird Ihren diskreten Hinweis verstehen und in seine Vorschläge mit einbeziehen.

Nutzen Sie ruhig mehr von dem Fachwissen Ihres Helfers. Beziehen Sie ihn in die Vorlieben Ihrer Menuüberlegungen mit ein. Teilen Sie ihm auch mit, was gar nicht in Frage kommt. Der Sommelier kann Ihnen auch bei der Zusammenstellung des Essens und dem dazu passenden Wein optimal zur Seite stehen. Selbst der Chefkoch kennt nicht die Feinheiten der geschmacklichen Komposition von Essen und Weinen so gut wie der Sommelier. Erzählen Sie ihm ruhig von Weinen, die Ihnen gut geschmeckt haben, offenbaren Sie ihre Prioritäten und teilen Sie ihm Ihre Vorlieben mit. Bevorzugen Sie weißen oder roten, süßen oder herben Wein usw.. Je detaillierter, umso besser. Und lassen Sie sich ruhig auf ein Abenteuer ein. Damit können Sie Ihr Weinrepertoire erweitern.

Trauen Sie sich und fragen Sie nach besonderen Wein-Empfehlungen außerhalb der Weinkarte. Jedes gute Restaurant hat besondere Weine im Keller, die nicht auf der Karte zu finden sind. Wenn Sie einen solchen Wein ordern, können Sie sicher sein, dass Sie beim nächsten Besuch wieder erkannt werden. Denn es sind die besonderen Gäste, die ihren Plausch mit dem Sommelier auf diese Art führen. Seien Sie sich sicher, dass der Sommelier und sein fachkundiges Wissen Ihr Helfer ist. Er ist begierig darauf, Ihnen sein Wissen zu offenbaren und Sie bestens zu beraten. So machen Sie sich und ihn glücklich und Ihr Gast profitiert von einem unvergesslichen Gaumenschmaus.

wvö

Der perfekte Gastgeber

Tipps für die ultimative Party mit Stil

Eine gelungene Party zu geben, auf der sich alle Gäste wohl fühlen und amüsieren, ist eine hohe Kunst. Wenn Sie ein guter Gastgeber sind, dessen Einladungen man immer wieder mit Vergnügen folgt, nehmen Sie nicht nur einen wichtigen und beliebten Platz in Ihrem Freundes- und Bekanntenkreis ein, Sie machen sich auch im Kollegen- und Kundenkreis einen guten Namen. Denn gesellschaftliche Anlässe sind auch für Entstehung und Pflege beruflicher Netzwerke unentbehrlich.

Mit Einladung und Kleidung Signale geben

Edles Dinner oder ungezwungene Grillparty – was auch immer Sie planen, lassen Sie es Ihre Gäste wissen, damit Sie vorbereitet sind. Je nachdem wie formell die Einladung gestaltet ist und was über den Veranstaltungsort bekannt ist, können Ihre Gäste sich darauf einstellen, was auf sie zukommt, sich eine Jacke mitbringen, falls es in der Nacht draußen kühler wird oder die Krawatte umbinden, um nicht underdressed zu sein.

Begrüßen Sie Ihre Gäste persönlich

Öffnen Sie Ihren Besuchern die Tür persönlich, begrüßen Sie sie und lassen Sie sie spüren, dass Sie sich über Ihr Kommen freuen. Nehmen Sie den Gästen die Mäntel ab und schicken Sie sie in den Raum, in dem die Party stattfindet, während Sie sich um die Garderobe kümmern.

Getränke

Als Gastgeber sind Sie dafür verantwortlich, dass jeder etwas zu trinken hat. Merken Sie sich auch, wer was trinkt und schenken Sie gegebenenfalls nach. Hier haben Sie die Gelegenheit, ein wenig auf den Alkoholkonsum einzuwirken, wenn Sie bemerken, dass jemand ein wenig zu schnell trinkt, füllen Sie sein Glas nur zur Hälfte und versorgen Sie ihn mit Wasser. Achten Sie darauf, dass jeder versorgt ist und keiner sich selbst bedienen muss.

Gäste mischen und bekannt machen

Wenn Gäste anwesend sind, die sich noch nicht kennen, machen Sie diese bekannt und geben Sie ihnen Stichwörter, die Sie in eine gemeinsame Konversation verwickeln können.

Entspannen und Spaß haben

Natürlich ist es auch anstrengend, Gastgeber zu sein und sich um alle zu kümmern, lassen Sie sich jedoch nichts anmerken. Nur wenn Sie entspannt sind und sich amüsieren, wird sich diese Stimmung auch auf Ihre Gäste übertragen.

Winfried Völler

 *Gäste wieder loswerden*

Fünf elegante Rausschmeißer

Der Abend mit Freunden oder Geschäftspartnern war ein voller Erfolg? Kein Wunder, dass es so manchem Teilnehmer schwer fällt, den Abend zu ziviler Zeit zu beenden. Doch wie verhält sich ein ermüdeter Gastgeber, dessen liebe Gäste partout noch bleiben wollen? Mit den folgenden Maßnahmen lassen sich auch Zeitgenossen mit viel Sitzfleisch elegant zum baldigen Aufbrechen bewegen.

1. Einen zweiten Espresso anbieten.

   Diese eleganteste Art und Weise, einen Gast zum Gehen aufzufordern, wird in der gehobenen Gesellschaft praktiziert. Denn üblicherweise gibt es immer nur einen einzigen Mokka/Espresso. Das Problem dabei: Kaum jemand versteht den zarten Wink.

2. „Es war schön, dass Sie sich heute die Zeit genommen haben, hier zu sein."

   Ein höfliches Kompliment mit der Betonung auf der Vergangenheit. Wer stattdessen die Gegenwart akzentuiert – etwa mit „Ist das schön, dass Ihr alle da seid" – muss mit einer weiteren Verlängerung des Abends rechen.

3. „Es war ja schön, dass es heute mit dem Treffen geklappt hat."

   Auch hier bitte in der Vergangenheit sprechen. Vielleicht hilft es auch, über einen nächsten Termin nachzudenken? Haben erst einmal alle ihre Kalender gezückt, ertasten die Gäste eventuell auch ihren Auto- und Haustürschlüssel.

4. „Es war richtig gemütlich mit Euch heute."

   Etwas familiärere Variation von Punkt 2 und 3. Auch hier gilt Vorsicht vor Aussagen, die den Ist-Zustand loben: „Es ist so gemütlich mit Euch!" bedeutet: „Bleibt doch noch!"

5. „Hast Du heute noch etwas vor? Ich möchte Dich nicht länger aufhalten."

   Schon etwas deutlicher in der Aussage. Ein freundliches Lächeln nimmt dem Satz seine gewisse Schärfe. Wer seinem Gast mit diesen Worten nämlich allzu ernst und auffordernd in die Augen schaut, sieht ihn womöglich gar nicht mehr wieder.

Anke Quittschau und Christina Tabernig

Verhalten in einer Ausstellung

Ihr überzeugender Auftritt in der Kunstszene

Die Anzahl von Museen und Galerien in kleinen und größeren Städten des Landes ist in den letzten Jahrzehnten sprunghaft angestiegen. Wohlstand, Freizeit und flexible Arbeitszeiten ermöglichen immer mehr Menschen, Kunst im Original zu betrachten und zu genießen. So ist es inzwischen „in" geworden, sich mit Freunden zu einem Galeriebesuch zu verabreden, und auch als Ort für ein Date eignet sich eine Kunstausstellung hervorragend, denn man hat gleich einen Gegenstand, über den man sich unterhalten kann. Wie die Umstände und die Begleitung auch sein mögen, versuchen Sie sich der Umgebung entsprechend zu verhalten und benehmen Sie sich nicht wie ein Rowdy. Mit unserer kleinen Galerien-Etikette wird der Besuch sicher ein gelungener Zeitvertreib und Sie machen auf jeden Fall eine gute Figur.

Die meisten Menschen möchten die Kunst ungestört und in Ruhe genießen, deshalb ist es eine Frage der Höflichkeit, andere nicht mit aufdringlichem Handy-Klingeln zu belästigen. Schalten sie das Telefon einfach auf stumm oder Vibrationsalarm. Vermeiden Sie ebenfalls lautes Rufen quer durch den Raum. Erklären Sie Kindern, die mit von der Partie sind, dass man nichts anfassen darf.

Versuchen Sie außerdem, nicht im Weg zu stehen oder den Publikumsverkehr aufzustauen. Gegen den Strom schwimmen ist oft eine gute Sache, in kleinen aber gut besuchten Galerie-Räumen ist es aber keine sinnvolle Idee. Achten Sie darauf, sich so zu bewegen, dass auch andere Besucher zu ihrem Recht kommen, die Bilder sehen und sich frei bewegen können. Schauen Sie auch auf den Boden: Auf Ausstellungsexponate zu treten, könnte teuer werden.

Souverän und cool

Kunstliebhaber und speziell Mitglieder der Subkultur sehen manchmal etwas extravagant aus. Starren Sie sie dennoch nicht zu auffällig an und weisen sie ihre Freunde auch nicht mit auffälligen Gesten auf solche Paradiesvögel hin. Oftmals – besonders bei Vernissagen – ist der Künstler, der die Exponate geschaffen hat, anwesend. Vermeiden Sie deshalb rüde und laut geäußerte Kritik. Sagen Sie auch auf keinen Fall: „Das könnte ich auch". Erstens beweist dieser Ausspruch Ihren mangelnden Kunstsinn und zweitens besteht die Gefahr, dass Sie es eben nicht könnten. Wenn Sie jedoch Fragen haben, nutzen Sie die Anwesenheit des Künstlers und des Galeristen, um diese zu stellen und bedanken Sie sich anschließend für die Ausstellung und die Informationen.

Gerd Kerzfelder

Gentleys Tipp

Promis in Sicht
So feiern Sie Partys in illustren Kreisen

Sie haben im Partygetümmel ein bekanntes Gesicht entdeckt? Eines, das zu einem berühmten Zeitgenossen gehört? Nun zeigt sich, ob Sie das Zeug haben, dazu zu gehören. Üben Sie sich in Selbstbeherrschung und Gelassenheit, anstatt in hektisches Nesteln am Manschettenknopf oder ins Anstarren zu verfallen. Schließlich sind Sie souverän, und Promis sind schließlich auch nur Menschen. Vermeiden Sie Aufdringlichkeiten und plumpe Sprüche.

- Bleiben Sie cool. Auch wenn Sie sich unter die Prominenten wagen, die mit Bekanntheit, Schönheit, Macht sowie Reichtum trumpfen können, sie sind und bleiben Menschen, genau wie Sie einer sind.

- Halten Sie sich zurück mit unangebrachten Verhaltensweisen wie Anstarren, Flüstern oder Zwinkern. Zeigen Sie nicht mit dem Finger auf die Promis und versuchen Sie in keinem Fall, sie mit irgendwelchen vermeintlich coolen Sprüchen anzureden.

- Verkneifen Sie sich Ihre Fotoaufnahmen mit dem Handy. Niemand möchte unvorbereitet mit einem Handy fotografiert werden oder mit einem Blitzlicht überrascht werden.

- Unterlassen Sie es, sich auf Freundescliquen unter den VIPs zu stürzen.

- Verschonen Sie die prominenten Gäste mit Sprüchen wie „Ich liebe Ihre Filme!" oder „Ich bin Ihr größter Fan!". Prominente Leute hören dies täglich mehrfach und freuen sich garantiert nicht über solche wenig originellen Jubelarien.

- Lassen Sie das Geschäftliche im Small Talk beiseite. Sie müssen auch nicht Ihre beruflichen Fähigkeiten beweisen. Schließlich sind Sie ebenso wie die VIPs auf einer Feier. Wenn Sie Ihre beruflichen Fähigkeiten unter Beweis stellen wollen, wählen Sie einen professionellen Ort und Zeitpunkt dafür.

- Betrinken Sie sich auf gar keinen Fall! Nichts könnte peinlicher sein als ein betrunkener Nobody, der die Aufmerksamkeit nur durch seine Trunkenheit auf sich zu ziehen vermag.

- Sagen Sie Nein zu weiteren Partyeinladungen, die anschließend stattfinden und nur in weiteren Trinkgelagen enden würden. Bevor Sie sich betrinken, gehen Sie lieber nach Hause.

gke

Perfektes Verhalten in der Oper

Die Tücken des Parketts meistern

Große Arien und bombastische Gefühle sind eigentlich nicht Ihr Thema, aber nun sind Sie im Rahmen eines Tagungsprogramms zum Opernbesuch verpflichtet? Sie haben gerade Ihre Liebe zu Mozart entdeckt und möchten die Zauberflöte live erleben, haben aber bisher keine Erfahrung mit Opernbesuchen? So bewahren Sie sich vor peinlichen Fettnäpfchen und erleben garantiert einen gelungenen Kunstgenuss und schönen Opernabend.

An der Garderobe

- Geben Sie grundsätzlich die Mäntel und auch größere Taschen an der Garderobe ab, so können Sie und Ihre Sitznachbarn die Oper unbeschwert genießen und die Reihen bleiben frei von „Gepäck". Hier ist außerdem noch Platz für traditionelles Rollenverhalten: Zunächst helfen Sie der Dame aus dem Mantel, dann legen Sie selbst ab. Nach der Vorstellung schlüpfen Sie zuerst in den Mantel, um die Hände frei zu haben und der Dame behilflich zu sein.

Der Sitzplatz

- Platzanweiser wissen am besten, wie Sie zu Ihrem Sitz gelangen, lassen Sie sich also helfen. Haben Sie einen Platz in der Mitte, warten Sie möglichst nicht bis zur letzten Minute, denn dann müssen Sie an allen anderen vorbei, die Ihren Platz bereits eingenommen haben. Höflichkeit und Vorsicht sind oberste Gebote. Selbstverständlich stehen Sie auf, um anderen das Gehen durch die Reihen zu erleichtern. Und wenn Sie selbst sich durch die Reihen schlängeln, wenden Sie den Sitzenden niemals das Gesäß zu!

Unpünktlichkeit

- Wer zu spät kommt, sollte dem Publikum nicht die Oper verderben und die Konzentration stören. In den meisten Häusern erfolgt der Späteinlass nur zu bestimmten Situationen. Entschuldigen Sie sich bei den bereits platzierten Zuschauern, wenn diese für Sie aufstehen müssen. Manchmal dürfen unpünktliche Zuschauer erst nach der Pause eintreten. Das ist nur fair, machen Sie also keine Szene.

Während der Vorstellung

- Auch hier gilt absolute Rücksicht gegenüber Künstlern und Publikum. Bleiben Sie ruhig, auch wenn es Ihnen nicht gefällt. Die Oper ist kein Kino, deshalb haben Speisen und Getränke im Zuschauerraum nichts zu suchen. Einzige Ausnahme: ein Hustenbonbon, das ein Kratzen im Hals lindert. Husten lässt sich letztendlich nicht vermeiden – wenn Sie es versuchen, wird es nur noch schlimmer. Wer krank ist, sollte den Opernbesuch einfach absagen, um andere Zuschauer nicht zu stören.

- Applaudiert wird grundsätzlich, wenn der Dirigent ans Pult tritt und wenn er sich zum Publikum umdreht beziehungsweise sich der Vorhang senkt. Szenenapplaus ist in der Oper nicht angebracht. Verleihen Sie Ihrer Begeisterung am Ende der Vorstellung Ausdruck. Wenn es Ihnen nicht gefallen hat, sind Buhen und Pfiffe nicht angebracht, Ihren Unmut können Sie schriftlich gegenüber der Intendanz äußern. Bleiben Sie ruhig sitzen und verlassen Sie nicht die Räume, während die Künstler noch den Applaus entgegennehmen.

Störenfriede

- Wenn sich andere Zuschauer nicht an die genannten Regeln halten und Sie sich gestört fühlen, dürfen Sie sie leise darauf aufmerksam machen. Im Zweifelsfall wenden Sie sich an das Ordnungspersonal.

Pause

- Rauchen Sie nur dort, wo es erlaubt ist, stehen Sie geduldig an der Toilette an und geben Sie Trinkgeld. Es lohnt sich Snacks und Getränke vorzubestellen, das ist bei den meisten Opernhäusern möglich, so ersparen Sie sich längere Wartezeiten.

Die schlimmsten Fauxpas

- Handyklingeln und jegliche andere Geräuschbelästigung sollten Sie dringend vermeiden, wenn Sie erhobenen Hauptes aus der Oper gehen möchten. Auch Fotografieren, besonders mit Blitz ist absolut unangebracht, denn es kann die Künstler erschrecken.

Gerd Kerzfelder

Erfolg bei Frauen

Frauen um den Finger wickeln

Die Kunst des Verführens

Die meisten Männer legen nur eine Charaktereigenschaft an den Tag, wenn sie versuchen, eine Frau näher kennen zu lernen und zu verführen. Für extrovertierte Typen wird dies ein lustiger, sozialer Charakter sein. Für die meisten Männer, die unter dem Irrtum leiden, dass nett und still zu sein, ihre Chancen erhöht, wird dieser Charakter Mr. Komfort sein – er ist ruhig, aber nicht besonders lustig oder sexy. Andere Männer werden einen starken sexuellen Vibe benutzen. Alle diese Methoden tragen zum Erfolg bei, aber wer nur eine verwendet, verbaut sich unnütz Chancen.

Nichts ist so wirksam, wie die Fähigkeit, je nach Situation zwischen den Charakteren hin und her zu wechseln. Wenn Männer wirklich erfolgreich mit Frauen werden wollen, müssen sie lernen, jeden dieser Charaktere zum richtigen Zeitpunkt einzusetzen.

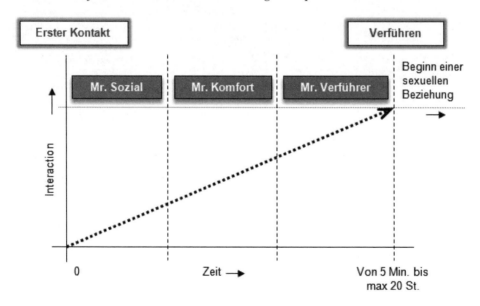

Mr. Sozial

Das ist der Typ von Mann, der Sie beim Ansprechen sein sollten. Er ist lebhaft und hinterlässt einen guten ersten Eindruck. Er weiß, wie er eine Gruppe von Leute dazu bringt, sich wohl zu fühlen. Er zeigt in den ersten Minuten einen enorm hohen sozialen Wert. Für ihn ist es aber schwer, eine emotionale Verbindung mit Leuten aufzubauen, weil er einfach zu viel Energie hat.

Buchtipp

Milan Bachraty: „Vom Ansprechen zum Date", Re Di Roma-Verlag, 12,97 Euro.

Mr. Komfort

Nachdem Ihnen Mr. Sozial einen Platz in der Gruppe und ein Gespräch mit der begehrten Frau gesichert hat, kommt nun idealerweise Mr. Komfort hervor. Er versucht Frauen zu verstehen, gemeinsame Interessen zu finden und baut ein harmonisches Verhältnis auf. Sie sollten Mr. Komfort sein, bis Sie mit der Frau Ihres Verlangens gemeinsame Interessen gefunden und angefangen haben, eine Verbindung zu ihr aufzubauen. Die Zeit für Mr. Komfort ist nach diesem Punkt beendet. Er ist nicht sehr verführerisch und unbeholfen, wenn es ums Küssen geht. Würden Sie jetzt bei Mr. Komfort bleiben, würden Sie direkt in die Freundschaftszone hinein steuern.

Mr. Verführer

Der Verführer setzt die gute Arbeit von Mr. Sozial und Mr. Komfort fort und macht Nägel mit Köpfen. Er tritt sehr sexuell auf. Er spricht langsamer mit einer tieferen Stimme, er berührt sie zunehmend in einer sexuellen Weise. Er hält einen intensiven Augenkontakt. Der Verführer kann reibungslos aus Mr. Komfort hervorkommen, da Sie mehr über die Frau erfahren und Sie sich so mehr zu ihr hingezogen fühlen. Wenn Sie den Verführer von Anfang an zeigen würden, sähe es so aus, als wenn Sie nur wegen ihres Aussehens Interesse an ihr hätten.

Wer müssen Sie sein	Mr. Sozial	Mr. Komfort	Mr. Verführer
Was müssen Sie machen	Ansprechen, Interesse wecken	Vertrauen aufbauen, interessante Gespräche führen	Verführen, Date-Logistik
Wo müssen Sie das machen	Öffentlicher Ort: Straße, Bar, Club	Öffentlicher Ort: Date, ruhiger Platz für ein Gespräch	Privater Ort: Möglichkeit um Sex zu haben

Gutes Aussehen

Gut auszusehen hilft Ihnen beim Ansprechen einer Frau, weil es Ihnen etwas mehr Zeit gibt, die Frau für sich zu begeistern. Je interessanter Sie sind (nicht unbedingt hübscher), desto mehr Zeit gibt man Ihnen. Der beste und einfachste Weg, um als gut aussehend angenommen zu werden, ist:

- Gute Frisur: Investieren Sie in einen guten Friseursalon
- Interessante Accessoires: Ketten, Gürtelschnallen usw.
- Saubere und hochwertige Schuhe
- Saubere Kleidung, besonders Unterwäsche
- Gepflegtes Aussehen: Rasur, Fingernägel, gepflegte Zähne, Deo usw.

Diese Sachen kontrollieren Frauen an Ihnen schneller, als Sie denken. Jede Frau, die einen Mann trifft, stellt sich immer emotional die gleiche Frage: Könnte dieser Mann der Vater meiner Kinder werden? Wie werden wir als ein Paar zusammen aussehen? Am Anfang hat Sauberkeit bei Frauen oberste Priorität! Später in der Beziehung ist das egal. Vor allem beim Parfum sollten Sie nicht sparen. Frauen merken es, ob Sie ein billiges oder einen Markenparfüm tragen.

Erfolgreich ansprechen

Beim Ansprechen einer Frau ist es sehr wichtig, Zeit zu gewinnen, um Vertrauen aufbauen zu können. Je länger eine Frau mit Ihnen zusammen ist, desto lockerer

Was sind Pickup Artists?

Die Mitglieder der Pickup-Szene nennen sich Pickup Artist, kurz: PUA, was soviel bedeutet wie Verführungskünstler. Sie sind etwa über Foren und Blogs in vielen Ländern und Städten in organisierten Gruppen, sogenannten Lairs, miteinander verbunden. Es gibt zahlreiche Seminare, Workshops, Bücher und DVDs.

wird Sie sich an Ihrer Seite fühlen. Es gibt zwei Wege, die helfen in Gesprächen Zeit zu gewinnen.

Viele Männer denken, sie müssen ihre ersten Sätze, die sie an eine Frau richten, sehr schnell vorbringen, damit sie nicht unterbrochen werden oder ihnen die Frau wegläuft. Das machen Frauen aber nicht – ganz im Gegensatz zu uns Männern. Frauen hören sich höflich bis zum Ende an, was Sie ihr zu sagen haben. Frauen sind bei vielen Sachen richtig unhöflich, aber nicht beim ersten Ansprechen. Wenn Sie mit Männern sprechen oder auf einem Meeting sind, müssen Sie so schnell wie möglich sagen, was Ihnen vorschwebt, weil Sie immer irgendein Kollege unterbrechen will oder Ihr Boss absolut andere Pläne hat. Sie werden von Männern ständig unterbrochen, weil Männer von Natur aus versuchen, ein Alphatier zu sein. Sie müssen immer zeigen, dass Sie alles besser drauf haben. Bei Frauen ist das nicht so. Sie können also getrost langsam sprechen.

Surftipps

Forum: www.puatraining.de/pick-up-artist-forum

PUA Videos: www.masterpickupartist.de

Webseite zum Workshopanbieter: www.PUATraining.de

Leidenschaften teilen

Wenn Sie eine Frau während des ersten Ansprechens unterbricht, hören Sie auf zu reden und hören Sie ihr einfach zu. Vergessen Sie einfach, welche Worte Sie sich für diesen ersten Kontakt zurecht gelegt hatten. Schließlich haben Sie nun das, was Sie wollten: Ein erstes wirkliches Gespräch, auf dem Sie aufbauen können. Einfach nur gute Konversation zu führen, wird nicht dazu führen, dass Sie die Frau wieder sehen. Dafür müssen Sie ihre Motivation kennen lernen, ihre Leidenschaften und Interessen. Und Sie müssen die Initiative für den weiteren Kontakt ergreifen. Sie können bereits nach zwei Minuten ein Date bekommen, wenn Sie die emotionale Motivation in der Frau wecken, ihre Leidenschaft für etwas finden und dieses Interesse teilen, seien es nun Reisen, Kunst, Psychologie, Kino oder Cocktails. Von Vorteil für eine positive Wirkung auf Frauen ist eine kontrollierte Körpersprache und Sprechweise. Bleiben Sie sich aber treu, denn Frauen merken es sehr schnell, wenn etwas nicht echt ist und wenn Sie versuchen, jemand anderen zu kopieren.

Eine gute Idee, wie Sie die Kontrolle über Ihren Körper trainieren können, ist Tanzen oder Kampfkunst. Wenn Sie diese Tipps beherzigen, werden Sie Ihren Erfolg bei der Damenwelt bereits erheblich steigern können.

Milan Bachraty

 Über den Autor

Nach seinem Studium an der Technischen Universität Berlin im Jahr 2005 arbeitete Milan Bachraty als Ingenieur in der Nähe von Frankfurt. Nach seinem Umzug nach London kam er mit der Szene der Pickup Artists in Berührung und änderte sein Leben. Innerhalb von zwei Jahren schaffte Milan Bachraty die Wandlung vom introvertierten Akademiker zu einem der besten Verführer der Welt.

Geheimsprache der Verführer

Kleines Glossar für Pickup Artists

Frauen zu verführen ist eine Kunst, ja, eine Wissenschaft. Und wie in jeder Wissenschaft gibt es auch in der Pic-Up-Community ein paar eigene Fachbegriffe und Abkürzungen. Wer sie kennt, kann sich mit anderen Pick-Up Artists leichter austauschen. Und wer sie einfach nur liest, versteht die Denkweise von Pick-Up Artists ein bisschen besser.

PUA	(Pick-Up Artist) Verführungskünstler
MPUA	Master Pick-Up Artist: Meister-Verführungskünstler
PUG	(Pick Up Guru) sehr bekannter und erfahrener Pick-Up Artist, der sein Wissen und Know-How weitergibt.
Natural	Mann, der natürlich gut mit Frauen umgehen kann
AFC	(Average Frustrated Chump) der typische Mann mit wenig bis keinem Erfolg bei Frauen
HB	(Hot Babe) heiße Frau (beziffert von 0-10, wobei 10 für die hübschesten Frauen steht)
SHB	super hot babe (9s & 10s) / Superheiße Frau (HB9 & HB10)
UG	(Ugly Girl) unattraktive Frau
Opener	Ansprechen einer Frau. Das Erste, was du zu ihr sagst.
Killen	(Killen einer Bar) Ansprechen aller Frauen in der Bar, damit ist dieser Ort vom Aufreiss-Potential her tot.
Set	Gruppe von Mädchen (z.B. 2Set, 3Set etc.)
Mixed Set	Gruppe, in der auch Männer sind
Cold Approach	Das Ansprechen einer Frau, die man nicht kennt (z.B. auf der Straße, in der Bar, im Club usw.)
Warm Approach	Die Kontaktaufnahme mit einer Frau in Komfortumgebung (wie z.B. im Freundeskreis, Arbeit, Tanzkurse usw.)
AMOG	Alpha Male Of Group / Alphamann der Gruppe

> ### ⓘ Kleines Warm-up
>
> Wenden Sie sich zum Aufwärmen erst an eine Gruppe von Frauen, in der sich keine befindet, die Sie verführen wollen. Die tollen Frauen in der Umgebung können so schon sehen, dass Sie sehr unterhaltsam sind. Und Sie verlieren Ihre Scheu und machen sich bereit für die wirklich heißen Flirts.

Kino	(Berührung) erzeugt emotionale Verbindung
DHV	(Demonstration of High Value): Demonstration von Mehrwert. Durch selbstbewusstes Auftreten, durch Geschichten, die du erzählst und die dich als jemanden mit hohem sozialem Wert präsentieren. Verlangt Übung, um nicht arrogant und eingebildet zu erscheinen.
Target	Das Mädchen, das du willst
Obstacle	(Hindernis) andere Mädchen im Set, die du nicht willst (UG - HB6)
Direct	Der Frau direkt Interesse signalisieren
Indirect	Kein Interesse an der Frau zeigen und die Situation erst langsam vorantreiben, nachdem die Gruppe entwaffnet ist und das Target anfängt, IOIs zu geben
IOI	(Indicator of Interest) Frau zeigt Interesse am Mann
Sargen	Ausgehen mit der konkreten Absicht Frauen anzusprechen
Wing / Wingman	Freund, mit dem du sargen gehst und der in bestimmten Situationen hilft
N-Close	(Number Close) die Telefonnummer der Frau bekommen
E-Close	(E-Mail-Close) die E-Mail Adresse der Frau bekommen
K-Close	(Kiss Close) das Küssen der Frau
F-Close	(Fuck-, oder Full-Close) Sex mit der Frau
Day 2	Das erste Date
Game	(Das Spiel) Das Vorgehen bei der Verführung einer Frau wird in der Community als Game (Spiel) bezeichnet. Es beinhaltet die komplette Kunst der Verführung.
LJBF	(Let's Just Be Friends) „Lass uns einfach Freunde sein!" Häufige weibliche Aussage, die zeigt, dass sie dem Mann Sympathie entgegenbringt, aber kein sexuelles Interesse hat.
LTR	(Long Term Relationship) feste längere Beziehung
NLP	(Neuro-Linguistisches Programmieren) Hypnose in Verführung. Viele Newbies und AFC's glauben daran und versuchen mit NLP Frauen zu verführen. NLP ist ausschließlich fürs Innergame. Alles andere ist nur Marketing. Kein „Natural" benutzt NLP im Field.
Peacocking	(durch sein Äußeres Aufmerksamkeit erregen) Dies geschieht mit Hilfe von besonderen Kleidungsstücken, Schmuck oder anderen Modegimmicks. Verlangt großes Selbstbewusstsein.

Milan Bachraty

Herzensbrecher

Wie Sie Frauen im Sturm erobern

Lieben, sich verlieben und sexuelle Anziehungskraft entstehen nie aus heiterem Himmel. Ein Augenaufschlag, eine zweideutige Bemerkung oder beiläufige Berührung, und die Gefühle geraten in Wallung. Wer die Kunst der NLP-Verführung (siehe Kasten) und ihre Techniken beherrscht, ruft sinnliche Gefühle spielend leicht hervor. NLP-Verführung hat nichts mit dem üblichen Flirten und guten Ratschlägen aus Großmutters Nähkästchen zu tun.

Mit NLP erlernen Sie die Rezepte für die unbewussten Gefühlsschalter Ihrer Angebeteten. Die Verführungsmethode besteht aus gezielten Techniken, die die Wahrnehmung Ihres Gegenübers durch Hypnose und besondere Kommunikationsstrategien verändern. Wer diese Techniken beherrscht, muss nicht den üblichen Weg gehen – den teuren und langwierigen Weg von Verabredungen und des Ausführens – sondern kann sich ganz auf das konzentrieren, was die wirkliche Absicht hinter dem koketten Spiel zu zweit ist: Tiefe Gefühle empfinden und in anderen hervorzurufen. Wir benutzen keine Krücken, wie Geld und Blumen, um uns in einem begehrenswerten Licht erscheinen zu lassen. Solche Hilfsmittel haben wir gar nicht nötig. Stattdessen rufen wir das Begehren direkt in der Person hervor, nur durch das, was wir ausstrahlen mittels Worten, Tonalität und Körpersprache.

 Was ist NLP-Verführung?

Die Methode des „Neurolinguistischen Programmierens" (NLP) wurde 1975 von Dr. Richard Bandler und Prof. John Grinder gegründet. Der Schwerpunkt von NLP liegt bei Kommunikationstechniken und Mustern zur Analyse der Wahrnehmung. Das Ziel ist eine erfolgsorientierte Kommunikation. NLP ist die Basis der „NLP-Verführung", einer Methode psychologischer Verführungskunst, die darauf setzt, die Anziehungskraft zu steigern. Nach NLP-Definition verläuft das menschliche Verhalten nach Programmen oder auch „Rezepturen".

Zum Gewinner werden

Der Unterschied zwischen einem Gewinner und einem Verlierer in Bezug auf den Erfolg bei Frauen lässt sich in den meisten Fällen in nur vier Worte fassen: „Tun Sie das Gegenteil". Verlierer tun immer das Gleiche, wie Gewinner – nur in einer genau um 180 Grad gedrehten Weise. Hier einige Beispiele.

Respekt vor sich selbst

Sie haben eine Verabredung und die Dame kommt bewusst ohne triftigen Grund zu spät. Oder Sie befinden sich zu einem verabredeten Besuch bei Ihrer Angebeteten, und diese telefoniert eine halbe Stunde mit ihrer Freundin über Maniküre, während Sie auf dem Sofa warten. Wie reagieren nun Gewinner und Verlierer?

Der Verlierer wird das hinnehmen, sich nicht beschweren und sogar auf Nachfragen, ob das o.k. sei, nie mitteilen, wie er sich dabei gefühlt hat. Er respektiert seine Gefühle und Grenzen nicht, indem er sie aus Angst vor Konfrontation zurückstellt. Der Gewinner jedoch respektiert sich selbst und macht freundlich, aber bestimmt deutlich, wenn Grenzen überschritten werden. Er zeigt Bereitschaft zu gehen, wenn Regeln nicht beachtet werden. Sie geraten nicht in die „Mit-dem-kann-ich-alles-machen"-Schublade. Wenn Sie nicht Respekt vor sich selbst haben, wie kann dann jemand annehmen, dass Sie Respekt vor jemand anderem haben?

Aktiv werden

Oder was, wenn ein hübsches Mädchen Ihnen auf der Straße entgegenkommt? Was tun Verlierer? Sie brauchen eine Einladung, bleiben passiv und benötigen ein Lächeln oder ein Wort bevor sie aktiv werden. Gewinner dagegen lächeln, sagen „Hallo!", werden aktiv, einfach weil sie Lust dazu haben, brauchen keine Einladung, um nett zu sein und erwarten nichts dafür im Gegenzug.

Eine weitere unbedingt auszumerzende Eigenschaft von Verlierern ist es, nicht das auf nette Weise zu sagen, was sie denken – besonders im sexuellen Sinne. Was tut ein Verlierer, wenn er einen hübschen Hintern sieht oder Lippen, die zum Küssen einladen? Wird er dies der Frau sagen? Wird er sagen „Es ist wirklich sehr anregend, dass eine so intelligente Frau wie Du auch einen so hübschen Hintern hat!" Wohl nicht, denn Verlierer verstecken gern ihre Sexualität. Deshalb wird Sexualität auch nie Thema in ihrem Leben werden, da sie es nie zum Thema machen. Woher sollen denn Frauen wissen, dass Sie sie für begehrenswert halten und irgendwo hinter der Hornbrille ein grunzender Stier steckt. Sparen Sie nicht mit Komplimenten, die eine Mann-Frau-Ebene durchscheinen lassen und eliminieren Sie den Großteil bisheriger Kumpelhaftigkeit! Verpacken Sie Ihr Testosteron in eloquente Worte, dann wirken Sie wie ein Kompliment an ihre Weiblichkeit – Sie werden schon sehen, was Sie davon haben.

Charisma-Übungen

Ausstrahlung kommt von innen. Sie strahlen das aus, was Sie zuvor an Informationen in sich hinein gelassen haben. Also kann man etwas für mehr Ausstrahlung tun! Jeder hat schon einmal seine Wirkung auf andere erlebt, wenn man einen großartigen Tag hatte. Damit dies kein Zufall mehr bleibt, erzeugen wir jetzt die notwendigen Filter für die richtigen – positiven – Informationen, die Sie von diesem Augenblick an in Ihr Bewusstsein hinein lassen sollen. Ihr Fokus und die Interpretation des Wahrgenommenen bestimmen Ihr komplettes Sein! Zwei sehr einfache und doch wirkungsvolle Techniken sind die „Ego-Liste" und die „Power-Fragen".

Die Ego-Liste

Nehmen Sie sich jetzt ein Blatt Papier und einen Stift. Lesen Sie nicht weiter, bevor Sie dies getan haben. Halten Sie schon einen Stift in der Hand? O.k. Wir erstellen jetzt Ihre persönliche „Ego-Liste". Dies ist eine Liste von Triggern, die die für Charisma richtigen Hormone in Ihnen aktivieren, aber meistens von uns viel zu selten bewusst angewendet werden. Schreiben Sie jetzt das auf, was Sie wirklich gerne tun. Wobei fühlen Sie sich ausgezeichnet? Welche Musik hören Sie gerne? Womit würden Sie am liebsten Ihre gesamte Freizeit verbringen? Was sind Ihre intensivsten und zutiefst befriedigenden Erinnerungen? Ihre lustigsten Erlebnisse? Die motivierendsten Aussichten? Was sind Ihre Stärken? Was erfüllt Sie? Wofür würden Sie bezahlen, um es tun zu dürfen? Schreiben Sie alles auf, was Ihnen zu Ihren großartigsten Gefühlen einfällt. Aber beim Schreiben sollen Sie es nicht belassen, Sie sollen nämlich noch aktiv werden und das Geschriebene direkt in die Tat umsetzen.

Dann stehen Sie auf und tun Sie es! Stellen Sie sich bequem aufrecht hin und schwelgen Sie in positiven Erinnerungen. Dann tun Sie im Anschluss das, was Ihnen gut tut: Legen Sie Ihre Lieblingsmusik ein, tanzen Sie dazu, singen Sie! Viele werden jetzt ein großes Lächeln auf dem Gesicht haben. Ja, weil Sie bereits wissen, wie gut Sie sich damit fühlen werden, auch wenn man sich am Anfang etwas beobachtet fühlt. Aber trauen Sie sich wirklich, so viel Freude zu erleben? Haben Sie jetzt wirklich den Mut, aufzustehen und sich selbst die besten Gefühle zu geben? Herzlichen Glückwunsch, wenn Sie zu den wenigen gehören! Ihnen gehört die Zukunft. Ihnen gehört das größte Glück, denn Sie wissen, niemand anderes außer Ihnen selbst kann Ihnen das geben. Trainieren Sie ausgiebig, sich gut zu fühlen, ohne einen Grund dafür zu haben. So einfach ist es – und jetzt stellen Sie sich vor, wie Sie mit dieser Ausstrahlung eine wunderschöne Frau ansprechen.

Power-Fragen

Abends kurz vor dem Schlafengehen befindet sich das Gehirn auf natürliche Weise im Programmiermodus. Dies nutzen wir, indem Sie sich, während Sie schon im Bett liegen und in den nächsten Augenblicken das Licht löschen wollen, einen zuvor bereitgelegten Block und einen Stift nehmen und all das aufschreiben, was Sie heute Positives erlebt haben.

- Welche schönen Augenblicke hatten Sie?
- Worüber sind Sie heute besonders zufrieden?
- Was haben Sie heute Neues gelernt?
- Wie hat der heutige Tag Ihr Leben bereichert?

Sie können sich gerne eigene Fragen ausdenken und Ereignisse aufschreiben, die Ihnen am heutigen Tag ein gutes Gefühl gegeben haben. Denn auf die genauen Fragen kommt es nicht an, sondern darauf, dass Sie Ihrem Gehirn beibringen, gezielt bestimmte positive Ereignisse mehr zu beachten, als Sie es bisher getan haben. Damit machen Sie Ihren geistigen Filter durchlässiger für das, was auf natürliche Weise Glückshormone erzeugt.

Es ist erstaunlich zu beobachten, wie Menschen sich durch diese kleine Übung verändern können, von einem gesünderen Schlaf, zu einer zufriedeneren Grundstimmung bis hin zu einer neuen Sinnfindung fürs Leben! Und wirkt nicht die positive Ausstrahlung von Menschen ansteckend und ist auch anziehender auf das andere Geschlecht?

Die Technik des Spiegelns

Das Wichtigste, worauf Sie sich am Anfang der Kennenlernphase konzentrieren müssen, ist, dass man Ihnen Vertrauen schenkt. Sie werden gleich erfahren, wie Ihnen dies immer auf unbewusster Ebene gelingen wird, doch seien Sie auch immer das Vertrauen wert, das man in Sie setzt. Sie wollen schließlich auch nur vertrauenswürdige Personen in Ihrem näheren Umfeld haben, nicht? Geben Sie, was Sie bekommen wollen!

Wie lernt man Freunde kennen? Durch Gemeinsamkeiten! Indem man im selben Verein ist, sich am selben Ort befindet oder sonstige Interessen teilt. Um auf die geheimnisvolle „selbe Wellenlänge" oder gar einer „Seelenverwandtschaft" zu kommen, müssen Gemeinsamkeiten vorhanden sein, und je tiefer diese Gemeinsamkeiten gehen, um so stärker wird das Band zwischen Ihnen und dem noch unbekannten Menschen sein. Dasselbe Essen zu mögen wird Sie weniger stark verbinden, als dasselbe Lebensziel zu haben!

Wie sitzt zum Beispiel ein frisch verliebtes Pärchen an einem Tisch? Sie werden feststellen, sehr ähnlich, manchmal sogar identisch! Dieselbe Körperhaltung zu haben, gibt dem Unterbewusstsein das Signal „Da ist so jemand wie ich!". Genau über dieses Signal arbeitet die NLP-Verführung und erzeugt es bewusst, indem wir unser Gegenüber „spiegeln": Wir nehmen eine ähnliche Körperhaltung ein, ohne nachzuäffen, denn dies kann so wirken, als wollten Sie sich über die Person lustig machen. Beobachten Sie Ihr Gegenüber: Hat sie die Beine übereinander geschlagen? Dann kreuzen Sie ebenso Ihre Beine. Spielt sie mit einem Gegenstand, zum Beispiel der Tischserviette? Dann tun Sie etwas Ähnliches, zum Beispiel legen Sie die Finger an Ihr Weinglas. Die Kunst des Spiegelns lässt sich beinah endlos weitertreiben, so können Sie im fortgeschrittenen Stadium auch ihre Worte, bestimmte Schlüsselbegriffe, ja sogar ihre Atmung für einen bestimmten hypnotischen Effekt spiegeln. Doch nur durch die Kopie der Körperhaltung werden Sie feststellen, dass sich Ihre Angebetete Ihnen gegenüber schneller öffnen wird, da sie Ihnen mehr Vertrauen durch diese unterbewusste Gemeinsamkeit schenkt!

Die Technik der inneren Verbindung

Die "Innere Verbindung" ist der Klassiker der NLP-Verführung, eine Strategie, die sich der einfachen, doch ungemein wirkungsvollen Tatsache bedient, dass unser Bauchgefühl entscheidend den Prozess des "Sich Verliebens" bestimmt. Und so funktioniert es:

Gehen Sie von eventuell anfänglichem Smalltalk zu einem interessanten Gespräch über, um das erste Eis zu brechen. Vergessen Sie das Spiegeln nicht!

Für den Anfang wiederholen Sie die nachfolgenden Worte. Nach einiger Beschäftigung mit der NLP-Verführung werden Sie das System dahinter feststellen und auf den genauen Wortlaut verzichten können und flexibler werden. Wenn Sie dies zum ersten Mal tun, lernen Sie es am besten auswendig!

> *„Ist es nicht merkwürdig [Ambiguität], dass man für manche Menschen, denen man begegnet, eine sofortige tiefe Leidenschaft spüren kann? Eine Freundin hat mir das einmal*

berichtet, sie meinte, manchmal kann eine Person eine andere einfach ansehen [dem Gegenüber in die Augen sehen!]... und auf einmal, aus einem mysteriösen Grund, eine so kraftvolle Verbindung spüren, die da stattfindet, eine Verbindung, die Dich einfach wissen lässt, dass diese Person [deuten Sie auf sich] etwas wirklich Besonderes in Deinem Leben sein wird, es war für Sie wie ein Feuer in der Brust [zeigen Sie auf den Solarplexus Ihres Gegenübers], während man sich dabei ertappt, dass es einem so einfach fällt, sich mit dieser Person zusammen vorzustellen... vielleicht auf eine sinnliche Weise... [Mit einem Lächeln:] Sie ist in so etwas sehr schnell. Mit mir ist das so, dass ich denke, wenn man auf die wundervoll erfüllenden Höhepunkte einer solchen Begegnung zurücksieht, die stattgefunden haben, und sich schlagartig bewusst wird, wie beschwingt man sich in diesem mmmmmh-Gefühl wiederfinden wird, dann ist es so, als ob man einem Zauber unterliegen würde, denn vor wirklicher Bestimmung ist man machtlos, findest Du nicht? [Rhetorische Frage, die Zustimmung unterstellt, dabei nicken, nicht auf eine Antwort warten.]

Jetzt ist das Interessante daran, wenn Du diese Empfindung für einen neuen Menschen hast [deuten Sie auf sich], dann wird es vielleicht so sein, dass Du Dich in der Nacht, nachdem Du ihn kennen gelernt hast, Dich in Deine Kissen kuschelst und auf einmal poppt dieses Bild von ihm vor Deinem inneren Auge auf, an einem besonderen Platz in Deinem Innern, der nur für bestimmte Menschen reserviert ist... und eventuell sogar irgendwann am darauf folgenden Tag, wenn Du unter dem rauschend warmen Wasser Deiner Dusche stehst oder verträumt aus dem Fenster blickst, dann ertappst Du Dich dabei, Dir sein Gesicht ganz klar vor Augen zu führen, während ein schönes Bauchgefühl sich auszubreiten beginnt, Du kannst fast seine Stimme in Dir erklingen spüren. Ist das nicht spannend? ... Möchtest Du eigentlich noch etwas trinken? [Oder ein anderer deutlicher Themenwechsel]"

Dies sind nur wenige Beispiele aus der reichen Welt der NLP-Verführung. Zurzeit existieren über 70 Verführungsstrategien, davon sind gerade einmal die Hälfte veröffentlicht. Sie zu erlernen, ist wie in eine einzigartige Sprache einzutauchen, die Ihnen ein neues aufregendes Land eröffnet! Wer NLP für sich entdeckt, wird nicht nur viele Frauen verführen, sondern macht sich auch auf den Weg zu einem neuen Ich. Doch Vorsicht: NLP-Verführung erzeugt spontanes Selbstbewusstsein im Umgang mit Frauen! Und wozu das am Ende führen kann, können Sie sich vielleicht sogar vorstellen.

Stefan C. Strecker

 Über den Autor

Wer sich für NLP-Verführung interessiert und auf der Suche nach authentischem Charisma ist, kann diese angewandte Psychologie in den Büchern und Seminaren des Top-Trainers Stefan Strecker erleben. Teilnehmer lernen dort, ihre Schüchternheit zu überwinden, Selbstbewusstsein zu entwickeln, andere zu begeistern und positive Emotionen hervorzurufen. Infos unter www.seros.de.

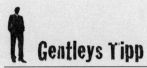
Gentleys Tipp

Mit einem Flirt Grenzen sprengen
Wie Sie sich mit einer Frau verabreden, die eine fremde Sprache spricht

Kommunikation zwischen Männern und Frauen ist oft von Missverständnissen geprägt – kein Wunder, dass es oft so schwierig ist, ein Date zu bekommen. Wenn die Frau des Begehrens dann auch noch eine andere Sprache spricht, scheint die Verführung beinahe ausgeschlossen. Dennoch sollten Sie sich nicht von der Sprachbarriere abhalten lassen. So können Sie vom Dating mit einer Frau, die eine fremde Sprache spricht, durchaus profitieren: Sie lernen eine andere Kultur und Sprache kennen! Fremdsprachenkenntnisse kann man bekanntlich nie genug haben und Lerneffekte sind am besten, wenn sie mit emotionale Erlebnissen verbunden sind. Mit Neugier und Einfühlungsvermögen wird es sicher spannend und lustig sein, herauszufinden, was die Frau Ihnen sagen möchte.

Tipps für den kulturübergreifenden Flirt

- Recherchieren Sie über die Kultur Ihrer Angebeteten. Gesten wie Kopfschütteln können in verschiedenen Ländern unterschiedliche Bedeutungen haben.

- Prägen Sie sich ein paar Schlüsselsätze ein, um die wichtigsten Situationen meistern zu können. Aufgrund dieser Basis kann die Dame Sie dann in der Aussprache und bei der Ausweitung des Wortschatzes unterstützen.

- Haben Sie sich in eine Brasilianerin verliebt? Gehen Sie Caipirinhas trinken! Ist es eine Frau aus Mumbai? Dann essen Sie beim Inder! Mit einer Spanierin besuchen Sie Tapas-Bars etc. Der Weg über die kulinarischen Spezialitäten ist eine sehr plastische und leichte Möglichkeit für Sie, das Wissen über die Kultur der Frau aufzubessern und jede Menge Vokabeln zu lernen. Außerdem wird sie sich in gewohnter Umgebung entspannt fühlen. So schaffen Sie eine hervorragende Atmosphäre für Ihr Date.

- Schauen Sie Filme mit Untertiteln. So verstehen Sie beide, worum es geht, genießen gemeinsam und schnappen nebenbei noch Wörter der anderen Fassung auf.

- Wenn Sie gar keine Vorkenntnisse in der Sprache der Frau haben, müssen Sie beim ersten Date unter Umständen ein wenig Intimität einbüßen und stattdessen ein Doppeldate mit Freunden arrangieren, die als Übersetzer einspringen könnten. Dann sind Sie zwar nicht alleine mit der Frau, verstehen aber immerhin etwas.

- Entdecken Sie Freizeitaktivitäten, bei denen Sie gemeinsam Zeit verbringen können, ohne viel reden zu müssen. Erlebnisse wie Radtouren, ein Badminton-Spiel oder ein Puzzle können genauso verbindend sein wie ein Gespräch.

- Spielen Sie gegenseitig den Nachhilfelehrer. Bringen Sie sich bei, wie die Gegenstände in Ihrer Sprache heißen. Sie können auch Lehrbücher besorgen. Wenn alles nichts mehr hilft, können Sie immer noch Hände und Füße nutzen, um sich verständlich zu machen.

Und wenn Sie sich dann noch näher kommen, werden Sie entdecken, dass physische Anziehung keine Grenzen kennt und die Sprache ihre Bedeutung verliert! Und das Vokabular der Liebe ist nun wirklich allgemein verständlich. Das werden Sie beide sicherlich fließend beherrschen.

mhe

Pillen für die Potenz

Über die Lustpillen Viagra & Co.

Nach Studien plagen jede dritte Frau und jeden dritten Mann Lust- und Erektionsstörungen. Auslöser sind Stress, Angst, Zigaretten, Alkohol, mangelnde Bewegung, ungesunde Ernährung und Leistungsdruck im Alltag. Abhilfe können Potenzpillen schaffen. Millionen lendenschwacher Männer haben nun dank Viagra und Co. ein tolles Stehvermögen. Nur die wenigsten trauen sich jedoch, sich diese Lusthelfer in Deutschland verschreiben zu lassen. Vielmehr greifen die meisten Nachfrager in die Tasten und bestellen über das Internet. Meist kann dies jedoch ein teures Vergnügen oder ein Reinfall werden, da sich im Markt viele Betrüger tummeln.

Die Potenzpillen entwickeln sich auch bei problemfreien Menschen immer mehr zu einem Lifestyle Produkt, da sie großen Lustgewinn und Spaß versprechen. Die Lust am Ausprobieren der Produkte und an vergleichenden Praxistests ist weit verbreitet. Sexuelle Aktivität ist rund um die Uhr möglich und dies ist trotz Alkoholgenusses kein Problem. Die Nachfrage ist insbesondere im düsteren Winter und vor der Urlaubszeit hoch.

Seit einiger Zeit gibt es auch gute Alternativen wie Cialis, Levitra und günstige Generika, die die gleichen Inhaltsstoffe wie die Originale beinhalten, aber nur einen Bruchteil dieser kosten.

Nach einem Bericht der Zeitschrift Focus (8/2004) wird im Internet bereits die achtfache Menge an Potenzpräparaten gehandelt wie in der Apotheke. Ein Bombengeschäft für die Anbieter. Leider gibt es im Internet auch angeblich neutrale Seiten auf denen verschiedene Anbieter nach Qualität, Preis und Lieferzeit bewertet werden. Man hat auf den ersten Blick den Eindruck, dass es sich hier um seriöse Bewertungen handelt, häufig steckt hinter all den dargestellten Firmen jedoch ein einziges Unternehmen, welches über ein Netzwerk von Internetshops mit verschiedenen Namen die Pillen über die USA oder eine Steueroase vertreibt. Wenn Sie Pech haben, was leider immer häufiger passiert, verlieren Sie Ihr Geld auf Nimmerwiedersehen.

Viagra

»Viagra« mit dem Wirkstoff Sildenafil war das erste Medikament gegen erektile Dysfunktion und hat ein neues Zeitalter der Therapie für Männer mit sexuellen Störungen eingeleitet. Das Mittel wurde 1998 durch den Pharmakonzern »Pfizer« in den Markt eingeführt und hat sich weltweit zu einem absoluten Renner entwickelt. Bei einer Therapie mit 100 mg Sildenafil verbessert sich die Erektionsfähigkeit im Mittel bei 82% der behandelten Männer.

Vor der Erfindung von Viagra wurden Männer mit Erektionsstörungen eher psychotherapeutisch behandelt – wenn überhaupt. Erst durch die Entwicklung von Viagra wurde deutlich, dass das Problem in der Verengung der kleinsten Gefäße im Penis lag, die man mit

Medikamenten erweitern konnte. Streng genommen verdanken wir die Entwicklung des Medikaments einem puren Zufall. Eigentlich hatten Wissenschaftler nämlich nach einem neuen Mittel gegen Bluthochdruck gesucht. Und einem der Ärzte, die an dem Feldversuch teilnahm, um die Auswirkung auf den Blutdruck zu testen, fiel dann die bemerkenswerte Nebenwirkung auf – Viagra beruht also eigentlich auf einer fehlgeschlagenen Neuentwicklung.

Sildenafil gibt es in den Dosierungen 25, 50 und 100 mg. Die Vorlaufhase beträgt im Gegensatz zu den neuen Medikamenten noch 30 bis 60 Minuten und führt teilweise zu Hautrötungen. Daran erkennt die Frau den Viagra-Typ. Die Erektion hält bei sexueller Stimulation mehrere Stunden an. Die Krankenkasse erstattet nur in seltenen Fällen. Nach einem Bericht der Ärztezeitung haben Mitglieder von gesetzlichen Krankenkassen jedoch einen Anspruch darauf, Viagra auf Krankenschein zu bekommen, wenn sie aufgrund einer körperlichen Erkrankung an einer Erektionsschwäche leiden. Das hat das Landessozialgericht Niedersachsen-Bremen in Celle entschieden.

Cialis

»Cialis« (Wirkstoff Tadalafil) vom Pharmaunternehmen »Lilly« ist mittlerweile zur ernsthaften Konkurrenz für Viagra geworden. Insbesondere weil eine Tablette genauso viel kostet, aber 24 bis 36 Stunden wirkt. Man spricht bei Cialis auch von der Wochenendpille, da der Sex aufgrund der längeren Wirkung viel spontaner erfolgen kann.

Cialis taucht wie viele andere Arzneimittel immer wieder in gefälschten Versionen auf. Davor warnt auch der Hersteller Lilly. So gab es nach Zahlen der Weltgesundheitsorganisation (WHO) allein im ersten Halbjahr 2007 insgesamt 377 Beschlagnahmungen von gefälschten Medikamenten an Deutschlands Grenzen. Lilly hat daher für Cialis Sicherheitspackungen eingeführt. Diese orientieren sich an Sicherheitsmerkmalen von Banknoten und sollen gegen kriminelle Nachahmungen schützen. Die originale Verpackung erkennen Sie an einem Hologramm, zwei Siegeln als Originalitätsverschluss sowie an einem speziellen Tintenlogo auf der Folie des Blisters, das bei flachem Liegen dunkelrot leuchtet und beim Wenden in Grün übergeht. Angeboten wird es in den Dosierungen 10 und 20 Milligramm, wobei 10 Milligramm bei normalen Störungen ausreichen soll. Die Erektion kann auch früher als bei Viagra eintreten.

In einem Vergleichstest schnitt das Mittel Cialis am besten ab, Viagra landete dagegen abgeschlagen auf Rang drei. An der Studie hatten 150 Männer teilgenommen, die alle drei Medikamente testeten. 45 Prozent von ihnen hätten Cialis bevorzugt, 30 Prozent Levitra. Nur 16 Prozent hätten Viagra für das überlegene Präparat gehalten.

Levitra

Levitra mit dem Wirkstoff Vardenafil von GlaxoSmithKline ist vergleichbar mit Viagra. Vardenafil ist der Freiname des Mittels, das unter den Levitra und Vivanza auf den Markt gebracht wurde. Vardenafil wurde von Bayer HealthCare erforscht und entwickelt. 2003 erhielt der Wirkstoff die Zulassung durch die Europäische Arzneimittelagentur. Ab 2005 übernahm Bayer HealthCare die Rechte für die meisten Märkte außerhalb der USA. Eine Studie von 2005 zeigte, dass die mit Vardenafil behandelten Männer eine Erektion erreichten, die bei 87% der Männer für den Geschlechtsverkehr ausreichte und in 83% der Fälle bis zum Orgasmus führte. Es hält mehrere Stunden an und wirkt bereits binnen 25 bis 60 Minuten. Erhältlich ist es in den Dosierungen 5, 10 und 20 Milligramm.

Auf die Darstellung anderer Medikamente verzichte ich bewusst, da sie keine vergleichbare Wirkung wie die angeführten haben.

So erkennen Sie dubiose Händler

Dubiose Händler erkennen Sie meist daran, dass sich auf der Website nirgends eine Adresse des Unternehmens findet. Es werden nur Email-Adressen zur Kontaktaufnahme angezeigt. Im Betrugsfall, bei mangelhafter oder gar ausbleibender Lieferung wird es dann äußerst schwer, Ihr Geld von der Kreditkartengesellschaft zurückzuerhalten. Von Versendern aus Asien raten wir generell ab.

 Surftipps

Unter www.impotenz-selbsthilfe.de finden Sie interessante Informationen zum Thema Potenzstörungen.

Richard M. Faber

Der perfekte Seitensprung

So verschaffen Sie sich ein hieb- und stichfestes Alibi

Sie brauchen dringend mal Abwechslung? Sie haben das Gefühl, ausbrechen zu müssen? Sie brauchen eine verständnisvolle Person, die Ihnen zuhört? Eine leidenschaftliche Geliebte? Und das soll nicht Ihre Ehefrau sein? Dann ist ein Seitensprung genau das Richtige für Sie. Sie haben hohe moralische Vorstellungen und schwören auf die Treue? Dann blättern Sie am besten zum nächsten Kapitel weiter. Wenn Sie jedoch nichts gegen eine kleine Affäre einzuwenden haben, dann lesen Sie weiter. Denn ein Seitensprung erfordert viel Geschicklichkeit und Talent. Mit professionellen Anbietern können Sie sich sogar ein wasserdichtes Alibi verschaffen.

Fingierte Einladungsschreiben

Sie möchten vorgeben, bei einem wichtigen Kongress zu sein, obwohl Sie ein Tête-à-Tête planen? Dann lassen Sie einfach eine schriftliche Einladung des Veranstalters offen herum liegen. Verhalten Sie sich ganz normal und weisen Sie nicht noch einmal demonstrativ auf das Schreiben hin. Ein solches Schreiben verschafft Ihnen der Alibi-Service.

Ansichtskarten und Briefe aus aller Welt

Offiziell weilen Sie gerade in Moskau – obwohl Sie sich gerade in Wahrheit mit der Liebsten an einem karibischen Strand vergnügen? Die Zweifel einer jeden Ehefrau werden flugs zerstreut, wenn sie tatsächlich eine Postkarte aus der russischen Hauptstadt von Ihnen erhält. Wie das geht? Der Alibi-Service stellt dem Kunden dafür originale Postkarten aus allen möglichen Winkeln der Erde zur Verfügung.

Immer der richtige Teint

Wenn Sie im Januar offiziell in Moskau waren, dürfen Sie natürlich nicht braun gebrannt zurückkommen. Vergessen Sie daher nicht, während des Südsee-Trips vor der Sonne zu hüten oder ausreichend mit Sun-Blockern einzureiben. Im umgekehrten Fall gilt: Nach einem fingierten Aufenthalt auf einem Kongress in Florida benötigen Sie bei der Rückkehr eine frische Bräune, die Sie sich auch per Selbstbräuner zulegen können. Wenn Sie genau so kreidebleich wie vor der Abreise auftauchen, säht das nur unnötige Zweifel in Ihrer Umgebung.

In eine andere Rolle schlüpfen

Auch ein kompletter Rollenwechsel ist möglich. Sie wollten immer schon einmal Geschäftsführer sein, ein Fotomodel oder Profigolfer? Der Alibi-Service verschafft dafür alle nötigen Informationen, Visitenkarten, einen Internet-Auftritt und was sonst noch so dazu gehört.

Tipps für den Seitensprung

- Verhalten Sie sich zu Hause so normal wie möglich.
- Verzichten Sie auf neue Sexpraktiken mit der Gattin.
- Treffen Sie die Geliebte besser nicht zu Hause. Nur zu leicht hinterlassen Sie dabei Spuren, und sicherlich sind Ihre Nachbarn neugieriger als Sie denken.
- Verwenden Sie den gleichen Kosenamen für Geliebte und Ehefrau, damit Sie sich nicht in einer leidenschaftlichen Minute versprechen.
- Bezahlen Sie Hotelrechnungen, Restaurants und Geschenke in Bar.
- Werfen Sie Quittungen und Bons sofort weg – aber nicht in den heimischen Mülleimer.
- Vertrauen Sie sich niemandem an. Verwenden Sie für den Seitensprung keine Räumlichkeiten von Freunden.
- Buchen Sie Hotels unter falschem Namen. Sonst werden Ihnen eventuell liegen gelassene Utensilien noch nach Hause geschickt.
- Meiden Sie mit der Geliebten Ihre Stammlokale, wo Sie erkannt werden könnten.
- Verwenden Sie lieber Kondome – und lernen Sie aus dem Besenkammer-Unfall Boris Beckers.
- Wenn schon Liebesbriefe, dann bitte nicht handschriftlich!
- Obacht beim Liebesspiel: Vermeiden Sie Knutschflecke, Lippenstift am Kragen und Kratzer auf dem Rücken!
- Vergessen Sie nie, dass Ihr Telefon eine Wahlwiederholung hat.
- Lassen Sie die Finger vom Einzelverbindungsnachweis Ihres Telefonanschlusses.

 Surftipps

www.alibi-profi.de
Bereits seit zehn Jahren verschafft die Alibi-Agentur „Alibi-Profi" ihren Kunden Alibis für alle möglichen Gelegenheiten.

www.alibi-beton.com
Schweizer Portal mit Service auf Französisch, Englisch und Deutsch.

Max Mehrich

Eine Barkeeperin verführen

In zehn Schritten zum Abenteuer

Sich verführen zu lassen zählt sicher zu den schönen und aufregenden Momenten des Lebens. Wie sieht es aber damit aus, das Schicksal selbst in die Hand zu nehmen und als Verführer aufzutreten? Ihnen fehlt der Mut, die Zeit oder die Gelegenheit dazu? Alles Ausreden. Auch Sie können als erfolgreicher Eroberer auftreten! Sie brauchen nur die richtigen Strategien, um die Frau Ihrer Träume zu verblüffen und zu verführen. Versuchen Sie Ihr Glück doch einmal bei einer Barkeeperin.

Stellen Sie sich darauf ein: Die Angestellten hinter dem Tresen zu verführen, ist zumeist keine Sache von ein paar Stunden, sondern eher die Hartnäckigkeit von einigen Wochen. Wappnen Sie sich also mit Geduld – und einem Lächeln.

Schritt 1

Lächeln, sehen Sie ihr direkt in die Augen, und fragen Sie nach ihrem Namen, bevor Sie Ihren ersten Drink bestellen. Geben Sie ihr kein großes, stattdessen ein reguläres Trinkgeld und spendieren Sie ihr einen Drink. Widmen Sie sich dann wieder Ihren anderen Gesprächspartnern oder gehen Sie tanzen.

Schritt 2

Nun da Sie ihren Namen wissen, benutzen Sie ihn immer, und lächeln Sie, wenn Sie Drinks bestellen. Benutzen sie keine Wörter wie „Süße", „Kleine", „Baby" oder „Hey". Diese plumpen Sprüche verfehlen immer ihre Wirkung. Vor allem hat sie diese Wörter einfach schon zu oft gehört. Im besten Falle gehen solche Sprüche ins eine Ohr rein und zum anderen hinaus. Im schlechtesten Falle haben Sie damit verloren.

 Buchtipp

In dem Ratgeber „Verführung nach Gentleman-Art" schildert einer der bekanntesten Modefotografen Deutschlands unter dem Pseudonym „Robert Sander" seine persönlichen Erfahrungen bei der Verführung von Frauen.

Robert Sander: „Verführung nach Gentleman-Art", 167 Seiten, GD-Verlag, eBook: 5,95 Euro, www.gdigest.com.

Schritt 3

Zu Beginn sollten Sie nie während einer hektischen Zeit, in der sie alle Hände voll zu tun hat, versuchen, ein Gespräch zu beginnen. Sie müssen daran denken, dass sie sehr beschäftigt ist, und sich konzentrieren muss. Das Letzte, was sie braucht, ist eine Nervensäge, die sie die Bestellungen durcheinander bringen lässt. Respektieren Sie das. Das Beste ist, Sie finden sich früh ein, bevor die Bar belebter wird. Dies gibt Ihnen mehr Zeit, sie in ein Gespräch zu verwickeln.

Schritt 4

Treten Sie sehr zurückhaltend auf, stellen Sie sich nicht mit Namen vor, sondern warten Sie darauf, dass Sie danach gefragt werden. Wenn Sie das erreicht haben, sind Sie schon einen entscheidenden Schritt weitergekommen: Ihre „Bedienung" interessiert sich für Sie.

Schritt 5

Keine Komplimente – jeder andere hat sie schon gesagt. Sagen Sie ihr stattdessen etwas Ungewöhnliches. Fordern Sie eine Reaktion von ihr heraus, aber bleiben Sie nett dabei, und rutschen Sie nicht in Peinlichkeiten ab.

Schritt 6

Freunden Sie sich mit ihr an, lenken Sie die Gesprächsthemen weg von Allgemeinheiten, werden Sie persönlicher. Aber wahren Sie immer die Tresengrenze, respektieren Sie ihre Arbeit und werden Sie nicht aufdringlich.

Schritt 7

Nehmen Sie Kurs auf die Angelegenheiten, die Sie wirklich interessieren: Erkundigen Sie sich „nebenbei" über Ihre Freizeitinteressen, und mit wem sie diese ausübt – und schon wissen Sie, ob sie einen Freund hat.

Schritt 8

Missinterpretieren Sie keine falschen Signale. Denken Sie daran, sie kann auch nur wegen eines üppigeren Trinkgeldes mit Ihnen flirten. Suchen Sie nach anderen Hinweisen, die zeigen können, dass sie nicht an Ihrem Geld interessiert ist.

Schritt 9

Fragen Sie sie nie nach ihrer Telefonnummer, denn damit verraten Sie eindeutig, dass Sie nur darauf aus sind, sie zu erobern.

Schritt 10

Nachdem Sie eine gute Freundschaft entwickelt haben (das braucht für gewöhnlich ein paar Wochen), fragen Sie, was sie nach der Arbeit macht (wenn sie keinen Freund hat). Dann fragen Sie, ob sie gerne noch auf einen Kaffee mitkommt. Wenn sie müde ist, fragen Sie, ob sie sich an einem Sonntagnachmittag mit Ihnen treffen möchte. Wenn sie „Nein" sagt, dann haben Sie es zumindest versucht und werden es nicht bedauern. Wenn sie „Ja" sagt, dann ist jetzt der richtige Moment, um die Telefonnummern auszutauschen.

Rober Sander

Werden Sie zum Überflieger...

...und verführen Sie eine Stewardess

Ein richtiger Verführer hört nie auf, seine Eroberungsfähigkeiten zu verbessern. Das heißt nicht, dass es für ihn nichts anderes im Leben gibt, sondern, dass er jede günstige Situation für einen Flirt nutzt, wenn er dazu Lust hat. Ihr Ziel sollte auch nicht immer darin bestehen, mit der Angeflirteten Sex zu haben – Sie können auch einfach nur das Knistern bei einem entspannten Gespräch genießen oder in zwangloser Runde Ihre Fähigkeiten nebenbei verbessern. Charme, Höflichkeit und Offenheit können auch ganz andere positive Konsequenzen nach sich ziehen, vielleicht sind Sie einmal in einer Notlage, aus der Sie dann mit Hilfe einer solchen Vertrauensperson wieder herausfinden. Sie sehen, alles kann geschehen – Sie haben es in der Hand.

Zu den aufregenden Berufen zählen nach wie vor die Flugbegleiterinnen, die schon aufgrund ihres guten Aussehens und ihrer professionellen Freundlichkeit sehr begehrt sind. Haben Sie schon einmal daran gedacht, eine dieser Frauen für sich zu gewinnen, nicht in einer Bar, nein, während ihrer Arbeit, also auf einem Flug? An eins sollten Sie dabei denken: Weibliche Bedienungen (Barkeeperinnen, Kellnerinnen, Flugbegleiterinnen usw.) bekommen viel Aufmerksamkeit von Männern. Als Verführer sollten Sie das akzeptieren und sich noch charmanter verhalten, um eine Chance auf einen Flirt zu erhalten.

Lesen Sie die Geschichte meines amourösen Abenteuers mit einer Flugbegleiterin, vielleicht finden Sie ein paar Tipps und Tricks, um Ihren nächsten Transatlantikflug nicht mit Flugangst, sondern mit Flirten zu verbringen.

Auf einem Flug von München nach New York letztes Jahr wurde ich an Bord von einer wirklich tollen Frau mit dem Standardsatz begrüßt: „Hallo, wie geht es Ihnen? Ihre Boardingcard bitte." Statt ihr die Boardingcard auszuhändigen, antwortete ich mit einem selbstsicheren „Hallo", wobei ich ihr direkt in die Augen sah. Dann, „Ich finde wahrscheinlich meinen Platz selber, aber ich bin sicher, dass ich später Ihre Hilfe benötige."

Als Sie den Leuten half, ihre Plätze zu finden, lächelte ich sie an, wenn sie vorbeikam. „Sie hatten Recht, Sie haben Ihren Sitz gefunden", scherzte sie. „Ja, ich denke, ich habe das Sitzsystem geknackt, Jasmin", sagte ich, als ich ihr Namensschild las. Ich stellte mich dann vor, und wir gaben uns die Hand. „Sie sagten, Sie würden meine Hilfe benötigen", sagte sie ernst. „Ich denke, ich komme später noch mal darauf zurück – Sie haben anderen Leuten zu helfen. Aber ich freue mich auf Ihren nächsten Besuch", sagte ich mit einem Lächeln.

Nach dem Start kam Jasmin mit dem Getränkewagen durch den Gang. Als sie zu mir kam, fragte sie, „Und, für meinen Sitze-Spürhund?" „Was ist denn gut hier? Sagen Sie, was Sie mir empfehlen können?" „Ja, ich kann bei der Arbeit nicht so viel trinken wie ich manchmal gerne möchte", sagte sie mit einem Lächeln. „Und dies ist eines dieser Male", sagte ich, „Nun ich glaube, es lässt einen jedes Mal darauf zurückkommen. Egal, ich nehme einen

Scotch mit Eis, danke." Als Jasmin später vorbeikam und fragte, ob alles in Ordnung sei, fragte ich, ob sie etwas hätte, das mich bequemer sitzen lassen würde. „Ein Kissen?", fragte sie. „Nun, da Sie sehr beschäftigt scheinen, glaube ich ein Kissen wird es tun... fürs Erste." Ihr Lächeln verriet mir, dass ich gut vorankam.

Während des Films hatten die Flugbegleiterinnen ein wenig Zeit, das war mein Zeichen zum Aufstehen. Ich schlenderte nach hinten, wo Jasmin sich mit ihrer Kollegin unterhielt. Sie grüßte mich und stellte mich der Mitarbeiterin vor. Wir schwatzen alle ein wenig über den Flug und ihre Flugpläne, wo sie alle leben, wenn sie nicht über den Wolken sind, was ich mache usw. Aus diesem kurzen Austausch erfuhr ich, dass sie weder in München noch in New York lebte und dass sie ein paar Stunden zwischen diesem und ihrem nächsten Flug hatte, bevor es weiterging nach L.A.

„Ich hasse es, wenn man zwischen den Flügen mehr als genug Zeit hat zum Umsteigen, aber nicht genügend, irgendwohin zu gehen, oder etwas Sinnvolles zu tun", sagte sie zu mir, nachdem ihre Freundin kurz weg war, um eine Anfrage zu beantworten. „Ich bin sicher, dass eine Frau wie Sie alle möglichen Arten findet, etwas Sinnvolles zu tun", sagte ich. Sie lächelte und errötete ein wenig, was es mir ermöglichte, die momentane Stille zu durchbrechen mit: „Sicher, ich kann mir bessere Orte als die Flughäfen der Welt vorstellen, um die Zeit zu verbringen. Aber ich fand es immer genauso wichtig was man tut, wie wo man es tut." „Genau", stimmte sie zu. Sie fuhr fort damit, wie sehr sie Reisen liebt, aber findet, dass Orte keine Aktivitäten sind – sie seien nur Orte. Ich gab ihr ein Kompliment über diesen Standpunkt. Dann, sicher, dass der Austausch seinem Zweck gedient hat – wussten wir beide, dass der andere interessant und interessiert war – entschuldigte ich mich, um zur Toilette zu gehen, bevor sich eine Stille einschleichen könnte, um den Moment zu töten.

Nachdem ich ihr ein wenig Zeit gab, über mich nachzudenken, sah ich sie allein in der Küche und ging zu ihr. Nach ein paar Sekunden Small Talk sagte ich, „Da wir beide nur noch ein paar Stunden bis zum nächsten Start haben, sollten wir zusammen einen Drink nehmen." „Klingt nach einer guten Idee. Ich werde später darauf zurückkommen." Wir vereinbarten einen Ort im Flughafen, an dem wir uns treffen würden, nachdem ich meine Tasche bekommen und sie ihre Pflichten nach dem Flug erfüllt hatte. Nach ihren Antworten und ihrer Körpersprache zu urteilen, wusste ich, dass mehr zwischen uns möglich war, als sich nur zu betrinken. Durch die gegebenen Umstände – wir haben uns gerade getroffen, und werden uns wahrscheinlich nicht wieder sehen – mussten wir sozusagen jetzt zur Sache kommen. Und durch ihre Vertrautheit mit dem Flughafen sah ich es als ihre Aufgabe an, sich um die Logistik zu kümmern.

Wir trafen uns in einer Bar, wo wir redeten und ein bisschen herumalberten, während sie ihren Drink viel schneller austrank als ich meinen. Nun, da sie frei hatte, war sie ungezwungen und ohne Beschränkungen. Die sexuelle Energie entwickelte sich zwischen uns mehr und mehr, was mich nach etwa 15 Minuten dazu veranlasste zu sagen, „Hör mal, ich bin nicht so für Flughafen-Bars. Ich wette, du kennst einen Ort, der nicht so sehr nach Flughafen aussieht." Wenn sie keinen gewusst hätte, hätte ich ein Flughafen-Hotel vorgeschlagen.

Sie schlug die First-Class-Lounge ihrer Airline vor und führte mich dann dort hin. Als wir den prächtigen leeren Raum betraten, sagte sie, „Genau wie ich vermutet habe, es ist hier immer wie ausgestorben, besonders spätabends. Und ... Ich habe einen Schlüssel", sagte sie mit einem scheuen Lächeln. Sie verschloss die Tür, und wir waren in unserem eigenen, wunderbaren Raum. Die Ledercouch leistete uns gute Dienste und hätte es weiter getan, wenn sie sich nicht für den nächsten Flug hätte fertig machen müssen. Sie sah großartig in der Uniform aus, aber ich wusste nun, dass sie ohne sie noch besser aussah.

Diese Episode macht deutlich, was Sie aus einem Flug alles herausholen können. Denken Sie daran: Je länger der Flug, desto größer sind Ihre Chancen. Sie sollten alle Möglichkeiten, die sich in 10.000 Meter Höhe ergeben, ausschöpfen, Ihrer Kreativität sind also keine Grenzen gesetzt. Wenn alles andere scheitert, sichern Sie sich ein Date, wenn Sie das nächste Mal in derselben Stadt sind.

Verführungstipps für Ihren nächsten Flug

Stellen Sie Augenkontakt her

- Tun Sie das, sobald Sie an Bord kommen. Wenn sie die Passagiere an der Tür begrüßt, grüßen Sie sie als Person und weniger als jemand, der seinen Job macht, um Ihnen Ihren Platz zuzuweisen. Ein offenes „Hallo" mit einem überzeugten Lächeln wird in dieser Situation das Beste sein.

Benutzen Sie ihren Namen

- Wenn sie kein Namensschild trägt, stellen Sie sich vor und fragen Sie nach ihrem Namen.

Stellen Sie eine Frage

- Wenn Sie kein Gesprächsthema haben, stellen Sie ihr eine Frage – im Flugzeug gibt es genug Unklarheiten, über die man sich höflich informieren lassen kann.

Seien Sie schnell

- Dies könnte erfolgen, wenn Sie an Bord gehen, oder während Sie Ihren Platz einnehmen und sie herumläuft, um Passagieren zu helfen. Aber halten Sie es zuerst nur kurz. Denken Sie daran, dass Flugbegleiter während des Boardings der Passagiere sehr beschäftigt sind, also stören Sie nicht.

- Wenn möglich, reservieren Sie einen Platz in der letzten Reihe des Flugzeuges, neben dem Aufenthaltsbereich der Angestellten. Dies ermöglicht es, leichter mit den Flugbegleiterinnen in Kontakt zu treten. Bei Easyjet benötigen Sie beispielsweise nicht einmal eine Reservierung, um sich einfach nach hinten zu setzen. Oder, wenn Sie es sich leisten können, fliegen Sie erster Klasse oder Business Class, wo Sie natürlich mehr Aufmerksamkeit bekommen.

Fragen Sie nach ihrer Hilfe

- Werden Sie nicht zu einer Plage, wenn Serviceanfragen Ihre einzige Möglichkeit sind, mit ihr in Kontakt zu treten. Gehen Sie nur sicher, diese originell herüberzubringen – sie ist bei der Arbeit, also sind Sie wie alle anderen Passagiere, Teil ihres Jobs. Humor wird immer gut funktionieren.

- Sie können sie nach einem der folgenden Dinge fragen: Ein Drink, ein Kissen, ob das Wetter am Zielort schön ist, oder ob sie diese Gegend kennt. Es könnte alles sein, solange sie fühlt, dass Sie Ihnen damit geholfen hat.

Machen Sie Small Talk

- Wenn Sie bemerken, dass sie gerade nicht beschäftigt ist, sprechen Sie sie an, und stellen Sie ihr mehr persönliche Fragen. Wie in jeder Eroberungssituation lässt Sie das interessiert erscheinen und gibt Ihnen die Informationen, die Sie brauchen, um Ihre Pläne zu schmieden. Mögliche Themen und Fragen könnten sein:

- Wo kommen Sie her? In wie vielen Städten der Welt waren Sie schon? Welche waren die interessantesten? Sie könnten einen Scherz über ihre Umgebung machen – vielleicht die Enge des Flugzeugs, wie, „Wenn Sie später nichts zu tun haben, würde ich gerne mit Ihnen spazieren gehen, sagen wir, zum nächsten Massenauflauf. Da kann man eine Menge Leute sehen, und wie ich gehört habe, soll die Aussicht großartig sein." Wenn Sie besonders mutig sind, könnten Sie fragen, ob sie schon mal gehört hat, dass Leute Teil des Miles High Club wurden, auf einem der Flüge, auf denen sie gearbeitet hat. Diese Frage dient dazu, die Tür zu mehr sexuelleren Anspielungen zu öffnen. Sie müssen das allerdings schon ziemlich gut machen, da dies nicht das Originellste ist. Und Sie müssen wissen, dass sie immer professionell bleiben muss, also seien Sie diskret mit Ihren Kommentaren.

Robert Sander

 Gentleys Tipp

Was Sie einer Frau nie sagen sollten
Top 10 der unerwünschten Sprüche

Tipps dazu, was man Frauen unbedingt sagen sollte, gibt es wie Sand am Meer. Drehen wir den Spieß doch einmal um und beachten stattdessen, welche Sätze einer Frau gegenüber in die Kategorie Tabu fallen.

☞ **Top 10: Ihre männlichen Freunde beleidigen**

Auch wenn sie stören und als potentielle Konkurrenten fungieren, Sie sollten niemals ein schlechtes Wort über die männlichen Freunde einer Frau verlieren. Sie wird das als Eifersucht und Einengung empfinden.

☞ **Top 9: Zukunftsvisionen**

Auch Frauen lieben die Eroberung – mehr, als sich die meisten Männer vorstellen können. Geben Sie deshalb nicht gleich Aussichten auf weitere Treffen.

☞ **Top 8: „Ich rufe dich am Samstag an"**

Mit einer Frau sollten Sie nicht wie mit einem Geschäftspartner kommunizieren. Lassen Sie das Spiel offen. Geben Sie ihr die Möglichkeit, selbst zum Hörer zu greifen oder sehnsüchtig auf Ihren Anruf zu warten, indem sie nicht weiß, wann Sie sich wieder melden.

☞ **Top 7: „Warum hast du nicht auf meine Nachricht geantwortet?"**

Ein großer Fehler, denn er signalisiert wieder einmal, dass Sie unsicher sind oder verursacht Schuldgefühle.

☞ **Top 6: „Wie viele Sexpartner hattest du?"**

Erstens wollen Sie das gar nicht wirklich wissen und zweitens lässt dies ebenfalls Ihre Unsicherheit durchblicken.

☞ **Top 5: „Magst du mich?"**

Eine Frage, die das Gegenteil von Selbstsicherheit signalisiert. Gehen Sie einfach davon aus, dass sie es tut, anderenfalls zeigt sie Ihnen sowieso die kalte Schulter.

☞ **Top 4: „Was möchtest du heute unternehmen?"**

Frauen lieben Männer mit einem Plan. Haben Sie einen parat und zeigen Sie ihr, dass man mit Ihnen eine tolle Zeit haben kann.

☞ **Top 3: „Meinst du, wir könnten irgendwann einmal ausgehen?"**

Fragen Sie nicht, ob Sie nach einem Date fragen können – fragen Sie einfach nach dem Date! Schlagen Sie am besten gleich eine konkrete Unternehmung vor.

☞ **Top 2: „Mein Haus, mein Auto, mein Job"**

Angeber sind out und die interessanten Frauen sind mit materiellen Dingen ohnehin nicht vordergründig zu beeindrucken.

☞ **Top 1: „Darf ich dich küssen?"**

Das ist die Nummer Eins der No-Go-Sprüche. Was soll die Frage und wie soll die Antwort lauten? Ergreifen Sie einfach die Initiative, nachdem Sie die Signale sorgfältig gelesen haben, das ist deutlich attraktiver.

mhe

Leben und Genießen

Der Mann und sein Inneres

Gefühle sind Luxus

Warum Männer zu ihren Emotionen stehen sollten

In einer Welt, in der wir Männer von frühester Kindheit an darauf trainiert werden, Leistung zu erbringen, möglichst immer Erster, Bester, Größter, Schnellster zu sein, ist es da nicht ein herausragender Erfolg, wenn man sich aus dieser ewigen Mühle aus Konkurrenz und Leistungsdruck Schritt für Schritt befreien kann? In einer Gesellschaft, in der Jungen und Männern fast sämtliche emotionalen Regungen abgesprochen werden, ist es da nicht der allergrößte Luxus, sich einmal in Ruhe zurückzuziehen und mit der eigenen Gefühlswelt intensiv auseinander zu setzen? Und ist es nicht letztlich der befriedigendste „Lifestyle", ein Leben zu führen, welches sich in Übereinstimmung mit den eigenen Wünschen und Bedürfnissen und nicht so sehr den von außen an einen herangetragenen Erwartungen befindet?

Luxusgut Gefühle

Gönnen wir uns also auf den nächsten Seiten den Luxus, einen Blick in die männliche Gefühlswelt zu werfen. Aber ist es nicht genau das, was uns Männern oft so schwer fällt: nach innen zu horchen, die eigenen Gefühle überhaupt wahrzunehmen und dann eventuell noch in Worte zu fassen? Hören nicht die meisten Männer früher oder später von ihren Partnerinnen Sätze wie „Ich weiß gar nicht, was in Dir vorgeht! Du lässt mich überhaupt nicht teilhaben an Deinem Leben!"? Ich würde daher so weit gehen zu behaupten, dass diese Schwierigkeit, Kontakt zur eigenen Gefühlswelt herzustellen, die zentrale männliche Problematik darstellt. Ich betone dabei: Es ist der Kontakt zur eigenen Gefühlswelt, der uns Männern schwer fällt. Das bedeutet keineswegs, dass wir gefühlsärmer oder gefühlskälter wären als die Frauen – so wie es in der öffentlichen Geschlechterdebatte und in den Boulevard-Medien gerne kolportiert wird. Natürlich haben wir Männer nicht weniger Gefühle als die Frauen! Wer dies behauptet, bewegt sich tief in den Gefilden des psychologischen Unsinns. Gefühle sind ein psychologischer Grundmechanismus des Menschen, vergleichbar mit Reflexen oder auch dem Blutkreislauf. Die Gefühle können somit nicht abhanden kommen oder von vorne herein fehlen. Was aber passieren kann ist, dass der Zugang zu diesen Gefühlen blockiert wird – und genau dies geschieht nur all zu oft im Verlaufe des männlichen Aufwachsens.

Auch im 21. Jahrhundert sind die Männlichkeitsbilder, die von der Gesellschaft, also den Medien, der Kultur, der Politik oder der Wirtschaft vermittelt werden, weitgehend gefühlsfern. Männer sind hier weiterhin meist sachlich-rationale Wesen ohne großen Gefühlsbezug. Hinzu kommt, dass viele Gefühle, insbesondere so genannte „schwache Gefühle" wie Trauer, Angst oder Hilflosigkeit Jungen immer noch nicht wirklich zugestanden werden. Der alte Spruch „Ein Indianer kennt keinen Schmerz" geht zwar nicht mehr vielen Eltern leicht über die Lippen, doch hat er sich in den Hinterköpfen festgesetzt. Vor allem aber besteht im direkten Lebensumfeld von Jungen ein eklatanter Mangel an männlichen Vorbildern, die den Jungen gefühlsbetontes Verhalten vorleben.

Zusätzlich gibt es noch eine Reihe unbewusster Abwehrmechanismen, die wir Männer im Verlaufe unseres Aufwachsens mehr oder weniger stark verinnerlicht haben. Das „Schweigen der Männer" ist ja bereits seit längerem als feststehender Begriff in den allgemeinen Sprachgebrauch eingegangen - und an die meisten Männer wurde dieses Thema vermutlich auch schon von der eigenen Partnerin ganz persönlich herangetragen: Viele Männer nämlich gehen intimen, emotionalen Gesprächen aus dem Weg und ziehen sich mit ihren eigenen Sorgen und Nöten, wenn sie ihnen denn bewusst werden, eher zurück. Gespräche aber verschaffen einem oft Klarheit über die eigene Gefühlswelt – darauf basiert ja auch das Prinzip von Psychotherapie. Wer nun persönliche Gespräche mit der Partnerin, vor allem aber auch mit anderen Männern meidet, entfernt sich immer mehr von seiner inneren Welt. Von daher ist es meines Erachtens auch ein großes Problem, dass viele Männer keinen echten Freund haben.

Manche Männer können allerdings stundenlang reden, sogar von sich selbst – oftmals aber ohne eine einzige persönliche Information preiszugeben. Sie monologisieren, sie theoretisieren, alles bleibt abstrakt, floskelhaft. Emotionale Regungen werden verneint, lächerlich gemacht oder wegtheoretisiert. Manchmal distanzieren sich die Männer von den Gefühlen, indem sie alles mit Ironie versehen. Achten Sie im Kino mal auf die Kommentare von Männern bei sehr berührenden und traurigen Szenen! Der wohl bekannteste männliche Abwehrmechanismus aber ist sicherlich das Leistungsdenken, das Erfolgsstreben. Ganz klar: Wer erfolgreich sein will im Beruf - aber Männer übertragen das „Erfolgsprinzip" auch häufig aufs Privatleben, sogar auf die Sexualität -, der hat keine Zeit und keinen Platz für Gefühle, der muss machen, handeln, Stärke demonstrieren.

Was wollen uns Gefühle sagen?

Gefühle sind unsere Handlungsrichtlinien. Sie geben uns sozusagen die Richtung vor, sie sagen uns, wo es lang geht. Das ist ihre psychologische Funktion – und zwar eine sehr wichtige.

Angst

- Die Angst signalisiert uns, dass Gefahr in Verzug ist, dass wir besser aufpassen, vorsichtig sein sollten. Dass wir bei etwas, was wir gerade vorhaben, noch einmal genau hinschauen und die Fakten abwägen sollten. Wenn jemand überhaupt keine Angst empfinden würde (ein zugegebenermaßen theoretischer Fall), könnte er wahrscheinlich keine Woche lang überleben, da er mit überhöhter Geschwindigkeit an einem Alleebaum landen, beim Klettern abstürzen oder beim Überqueren der Straße überfahren würde.

Ärger

- Auch „Ärger", als Gefühl ja oft verschrien, kann durchaus ein überlebensnotwendiger, zumindest aber sehr gesundheitsfördernder Impuls sein. Der „Ärger" zeigt uns an, dass jemand (immer wieder) meine persönlichen Grenzen überschreitet: physisch, verbal, emotional, in sexualisierter Form oder durch Beschneidung meiner

Rechte. Wenn ich keinen Kontakt zu meinem Ärger habe, werde ich sehr, sehr viele Verletzungen im Leben nicht nur erleiden, sondern auch langfristig erdulden – auf Kosten meiner körperlichen und psychischen Gesundheit.

Trauer

 Die „Trauer" schließlich hat eine wesentliche Funktion für die generelle Ausrichtung meines Lebens: Daran, worüber ich trauere, kann ich erkennen, was mir persönlich – jenseits aller äußeren Vorgaben – wichtig ist. Ich verstehe durch die Trauer, woran ich wirklich hänge; was mir fehlt, sobald es mir genommen wird; wie ich auf keinen Fall behandelt werden möchte; wer eine wichtige Rolle in meinem Leben spielt und/oder spielen sollte. Die Trauer sagt mir, wer ich im Grunde meines Herzens tatsächlich bin. Wer niemals Trauer spüren kann und konnte, der kennt sich nicht.

Gefühle üben

Aber wie kommt man besser in Kontakt mit seinen Gefühlen? Das Entscheidende ist sicherlich, dass man den unbewussten Prozessen der Gefühlsabwehr überhaupt Einhalt gebieten will, selbst wenn dies an der einen oder anderen Stelle auch einmal schmerzlich sein könnte. Denn letztlich kann man auch die Wahrnehmung von Gefühlen und das Sprechen über Gefühle – wie die meisten Dinge im Leben – schlichtweg üben. Mit der Partnerin, mit einem guten Freund oder eben auch mit professioneller Hilfe durch einen Psychotherapeuten.

Auf diese Signale aber müssten wir Männer zu achten beginnen. Wir müssten, vielmehr: wir dürfen uns Zeit und Raum dafür nehmen, in der Therapie, alleine zuhause, mit anderen Menschen.

Im Handeln, das ist sicher, sind wir Männer einfach spitze. Diese Handlungsfähigkeit ist sicherlich eine wesentliche Komponente unseres Erfolgs – und auch Teil eines „männlichen Lifestyles". Das darf ja auch gerne so bleiben. Wenn dann noch ein guter Kontakt zu den Gefühlen dazu kommt: Was für ein Luxusleben!

Björn Süfke

 Über den Autor

Björn Süfke ist Diplom-Psychologe und Männertherapeut. Er hat das Buch „Männerseelen – ein psychologischer Reiseführer" veröffentlicht, welches sowohl Männern als auch Frauen dabei helfen soll, die männliche Innenwelt besser zu verstehen. Im Herbst 2010 erscheint sein neues Buch „Die Ritter des Möhrenbreis – Geschichten von Vater und Sohn". Näheres zu seinen Büchern und Veranstaltungen sowie seiner Arbeit als Männertherapeut auf seiner Internetseite: www.maenner-therapie.de.

Ziel erkannt, Glück gebannt

Wie Sie Burnouts verhindern und glücklicher werden

Wissen Sie, wie viel Zeit Ehepaare nach vier Jahren Ehe noch pro Tag mit gemeinsamen Gesprächen verbringen? Ich meine nicht die Gespräche, die sich rund um Job, Haushalt und Kinderorganisation drehen. Ich meine echte Gespräche. Was schätzen Sie? Es sind genau vier Minuten. Das ist die Realität im deutschen Beziehungsalltag. Immer mehr leisten, immer effizienter werden, Vollgas den ganzen Tag. Da bleibt wenig Inspiration für abendliche Gespräche mit dem Partner.

Dabei ist erwiesen, dass der Austausch mit anderen, d.h. die Fähigkeit, tiefe, befriedigende Beziehungen zu anderen Menschen aufzubauen und zu pflegen, eine wesentliche Voraussetzung für das eigene Glücksempfinden darstellt.

„Zwei von drei deutschen Managern fühlen sich im Job ausgebrannt": So lautet die erschreckende Schlagzeile einer Untersuchung der Bertelsmann Stiftung aus dem Herbst 2009. 70 Prozent der befragten Manager geben an, unter dauernder psychischer und physischer Erschöpfung zu leiden. Die Hälfte von ihnen findet am Arbeitsplatz kein Zeitfenster mehr für eine Pause. Dabei befindet sich, wer 14 Stunden am Tag arbeitet, im Zustand tätiger Besinnungslosigkeit. Erholung und Regeneration zwischendurch sind unmöglich geworden. Kein Wunder, dass überlastete Powerarbeiter völlig erschöpft nach Hause kommen und die Beziehungen auf der Strecke bleiben. Ja früher, da war der Hormonspiegel noch anders in seiner Zusammensetzung, da haben Sie für Ihren Job gebrannt. Heute riechen Sie nur noch die Asche.

Machtlose Mittelchen

Depressionen, Alkohol- und Medikamentenmissbrauch, Burnout sind die weit verbreiteten Folgen dieser Lebensweise. Und es kommen immer neue Stimulanzien hinzu, mit denen das Elend des maximal gestressten Workaholics gelindert werden soll. Viele schlucken Antidepressiva: Citalopram, Mirtazapin, Amitriptylin. So schummeln sie sich durch den Tag, im Austausch gegen Kopfschmerzen, Zittern, Nervosität, Schlaf- und Libidostörungen, Müdigkeit, Alpträume, Halluzinationen, Krampfanfälle, Verwirrtheit, Magen-Darm-Probleme, Schwindel, Gewichtszunahme oder Hautausschlag. Siehe Beipackzettel.

Die ersten Anzeichen

Die erste Hochphase, in der beruflich noch alles blendend läuft, hält meistens fünf, sechs Jahre an. Sie sind auf der Karriereleiter nach oben geklettert, haben vielleicht eine Familie gegründet, ein Haus gekauft, ein schickes Auto. Alles läuft doch gut, keine Zeit, irgendwas zu hinterfragen. Und es gibt ja auch keinen triftigen Grund, oder? Der Job ist stressig, aber der Verdienst ist geil. Nur, so langsam schwinden die Energien. Erste Signale des Körpers melden: „Körper an Großhirn! Körper an Großhirn! Das halten wir auf die Dauer nicht durch! Lass uns doch bitte mal eine Pause machen! Ich schicke mal eine saftige Erkältung mitten im Urlaub!" Doch die Termine stehen, die Businessziele sind stramm, die Konkurrenz sitzt Ihnen im Nacken. Weiter geht's. Es wird schon gehen. Kaffee hält wach, Alkohol betäubt die schlechten Gedanken, die Zigarette hält am Laufen. Keine Zeit für Pausen, keine Zeit für Sport, Essen egal, abends Glotze.

Hilferufe des Körpers

Plötzliche, heftige Erkältungen
Kopfschmerzen
Magenschmerzen
Tinnitus
Herz-Rhythmus-Störungen
Burnout

Kaputte Beziehungen, Genussmittel, eine sinnentleerte Freizeit, psychische Erkrankungen – all das sind Phänomene, die in der schnelllebigen Welt unserer Leistungsträger immer mehr zunehmen. Dabei wollten die Menschen doch eigentlich ein Meisterwerk aus ihrem Leben machen... Den richtigen Weg zum Glück einschlagen... Eine Ausgeglichenheit zwischen beruflicher Leistungskraft und privatem Lebensglück finden... Am Ende soll doch nicht auf dem Grabstein stehen: „Er gab alles für die Arbeit und nichts für den Rest."

Einen Burnout überwinden

Es gibt keine Patentrezepte für ein erfülltes Leben, aber spätestens wenn Sie merken, dass Sie dauerhaft unzufrieden, ausgepowert, genervt und isoliert sind, sollten Sie die Reißleine ziehen und einen Check-up machen. Oft ist es gar nicht nötig, das eigene Leben komplett umzukrempeln. Oft helfen schon kleine Korrekturen im Denken und Handeln, um den Balanceakt zwischen Höchstleistung und Lebensfreude zu meistern.

Glück hat man nicht, Glück macht man sich: Ein erfülltes Leben in Balance fällt nicht einfach vom Himmel. Die wesentliche Basis für Lebensglück und Erfüllung ist ein sinnhaftes Handeln nach den eigenen Werten. Das eigene Wertesystem, so man es kennt und beachtet, lenkt unsere Aufmerksamkeit auf die wesentlichen Dinge, auf das, was uns wirklich wichtig ist. Das Verfolgen der eigenen Werte gibt innere Sicherheit, verschafft eine Ausstrahlung von Gewissheit und Bestimmtheit und führt zu deutlich mehr innerer Ruhe und Gelassenheit. Ein Nichtentsprechen des Wertesystems hingegen führt zu Unruhe, Schmerz und Spannung.

Werte definieren

Um Ihr Wertesystem kennen zu lernen, müssen Sie zunächst Klarheit darüber gewinnen, was Ihnen wichtig ist. Und damit ist nicht gemeint, dass Sie gewisse Dinge schätzen, sondern dass Sie für sich klären, welche Dingen Ihnen wirklich wichtig sind. Was Ihnen sehr am Herzen liegt. In der folgenden Liste finden Sie häufig genannte Werte, mit denen Sie wahrscheinlich unterschiedliche Hoffnungen, Erfahrungen oder Wünsche verbinden. Kreuzen Sie in der Liste die Werte an, die für Sie eine besondere Rolle spielen und ergänzen Sie ruhig eigene Begriffe, die Ihnen fehlen.

ⓘ Werteliste

Häufig von Menschen genannte Werte

- ☐ Liebe
- ☐ Behaglichkeit
- ☐ Heirat / Ehe
- ☐ Gesundheit
- ☐ Anerkennung
- ☐ Treue
- ☐ Alleinsein
- ☐ Zugehörigkeit
- ☐ Freundschaft
- ☐ Kinder
- ☐ Freiheit
- ☐ Macht
- ☐ Nähe
- ☐ Religion
- ☐ Kritikfähigkeit
- ☐ Abenteuer
- ☐ Leidenschaft
- ☐ Erholung
- ☐ Flow
- ☐ Vertrauen
- ☐ Solidarität
- ☐ Frieden
- ☐ Mobilität
- ☐ Ein Zuhause
- ☐ Ökologie
- ☐ Ehrlichkeit
- ☐ Abhängigkeit
- ☐ Ruhe
- ☐ Charisma
- ☐ Miteinander teilen
- ☐ Popularität
- ☐ Aussehen
- ☐ Sicherheit
- ☐ Gelassenheit
- ☐ Muße
- ☐ Weisheit
- ☐ Klugheit
- ☐ Erfolg
- ☐ Persönlichkeit
- ☐ Reichtum
- ☐ Spaß
- ☐ Sich um andere kümmern
- ☐ Ordnung
- ☐ Nachhaltigkeit (ökolog.)
- ☐ Kreativität
- ☐ Bequemlichkeit
- ☐ Pünktlichkeit
- ☐ Selbstausdruck
- ☐ Vergnügen
- ☐ Sportlichkeit
- ☐ Individualität
- ☐ Unabhängigkeit
- ☐ Gerechtigkeit
- ☐ Kompetenz
- ☐ Einfluss
- ☐ Glaube
- ☐ Spiritualität
- ☐ Wissen
- ☐ Familie
- ☐ Herausforderung
- ☐ Prestige
- ☐ Loyalität

Wählen Sie nun aus den angekreuzten Werten Ihre Top 6. Dabei spielt es keine Rolle, ob Sie die Werte bereits hinreichend in Ihr Leben integriert haben. Lassen Sie sich von dem Gefühl leiten, was Ihnen wichtig erscheint. Im nächsten Schritt bringen Sie Ihre Top 6-Werte in eine Rangfolge. An Nummer Eins steht, worauf Sie keinesfalls verzichten möchten – sozusagen das Wichtigste in Ihrem Leben. Auf den Wert auf Platz 6 könnten Sie möglicherweise noch verzichten.

Buchtipp

Ralph Goldschmidt: Shake your Life. Der richtige Mix aus Karriere, Liebe, Lebensart. Gabal Verlag, 29,90 Euro.

Versuchen Sie, zwischen Mittel- und Endwerten zu unterscheiden. „Liebe" ist beispielsweise ein emotionaler Endzustand, den wir erreichen wollen. „Familie" und „Geld" hingegen sind eher die Mittel, die wir zur Erreichung eines emotionalen Zustandes, eines Endwertes einsetzen. „Familie" kann Sicherheit, Geborgenheit, Liebe oder Freude als Endwert vermitteln. Bei „Geld" kann es um Unabhängigkeit, Sicherheit oder Prestige gehen.

Nun geht es daran, zu schauen, inwieweit Sie welchen Wert bereits in Ihr Leben integriert haben und er so an Ihrem persönlichen Glücksempfinden mitwirkt. In dem folgenden Wertekreis können Sie Ihre Einschätzung eintragen.

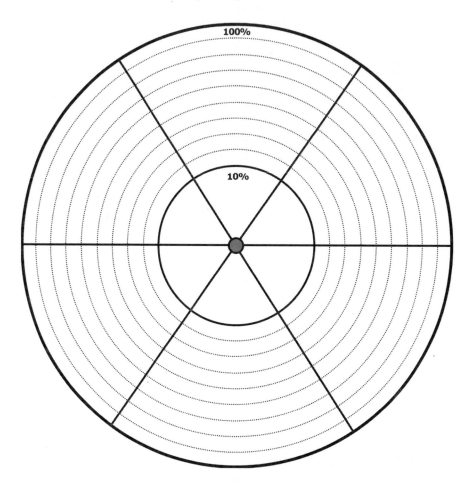

Wenn Sie alle Sektoren ausgefüllt haben, erhalten Sie ein Bild über Ihre Wertestruktur und den Erfüllungsgrad. Erschrecken Sie nicht, wenn Sie nicht überall die 100 Prozent aufweisen. Es geht hier nicht um Perfektionismus, sondern darum, die Bereiche zu identifizieren, die Sie für ein werte- und sinnerfülltes Leben weiter entwickeln möchten. Sehen Sie die Defizite als Kraftquellen für Ihr persönliches Wachstum. Wenn Sie hieran arbeiten, kommen Sie einem „Leben als Meisterwerk" ein gutes Stück näher.

Überfordern Sie sich nicht im nächsten Schritt

Es macht wenig Sinn, in Panik zu verfallen und alle Werte, die nicht bei 100 Prozent liegen, in Angriff zu nehmen. Konzentrieren Sie sich auf das Wesentlichste und fassen Sie einen hinreichend großen Zeitrahmen dafür ins Auge. Greifen Sie zwei bis drei Werte heraus, denen Sie sich in den nächsten 12 bis 15 Monaten widmen möchten und markieren Sie diese Werte in Ihrem Wertekreis. Sobald Sie eine gewisse Erfahrung im Umgang mit Ihrer Werteermittlung gesammelt haben, empfiehlt es sich, den ganzen Prozess in regelmäßigen Abständen und auch auf einer langfristigen Basis zu wiederholen. Legen Sie doch einfach feste Stunden pro Monat fest, in denen Sie sich mit Ihrem Wertekreis und der Umsetzung beschäftigen.

Werte als Wegweiser

Stehen Ihre Handlungen im Einklang mit Ihren Top-Werten?

Wie können Sie Anforderungen erfüllen, ohne dass sie mit Ihrem Wertesystem kollidieren?

Welche Situationen und Menschen sind nicht mit Ihrem System vereinbar?

Erleichtert Ihnen unter Umständen eine Trennung Ihr Lebensglück?

Damit ein dauerhaftes Glücksgefühl in Ihrem Leben erwachsen kann, muss das, womit Sie sich beschäftigen, einen Sinn machen. Den Sinn des Lebens gibt sich jeder Mensch selbst. Indem Sie sich Ihrer persönlichen Werte bewusst werden und sie nach und nach verstärkt in Ihr Leben integrieren, kommen Sie Ihrem eigenen Sinn des Lebens näher.

Fügen Sie Ihrem „Leben als Meisterwerk" entscheidende Pinselstriche hinzu. Je mehr es Ihnen gelingt, Ihre ureigenen Werte zu identifizieren und zu entwickeln, um so freudvoller, stressfreier, charismatischer und autarker werden Sie sich fühlen. Die Aufgabe der Werte ist es, Ihre Aufmerksamkeit auf die bedeutsamen, wesentlichen Dinge zu lenken und Ihr Verhalten entsprechend zu steuern und zu beeinflussen.

Ralph Goldschmidt

Über den Autor

Ralph Goldschmidt zählt zu den Top 100 Trainern im deutschsprachigen Raum. Der Diplom-Volkswirt und Diplom-Sportwissenschaftler ist Geschäftsführer der Goldschmidt & Friends GmbH und als Redner, Trainer, Coach und Dozent für die meisten DAX-30-Unternehmen, namhafte Mittelständler und renommierte Global Player tätig. Die Presse sagt über ihn: „Ralph Goldschmidt überzeugt, weil er ausstrahlt, was er verspricht: Leistungskraft und Lebensglück" (stern, März 2010). Weitere Informationen unter www.ralph-goldschmidt.de.

Jobverlust als Chance

So bringen Sie Ihr persönliches GPS auf neuen Kurs

So mancher eingesessene Bürostuhl wird irgendwann zum Schleudersitz. Doch bei allem Bedauern, gewohnte Pfade, liebe Gewohnheiten und vertraute scheinbare Sicherheit zu verlieren: Ein Jobverlust bedeutet auch eine neue Chance für Sie. Einen solchen Punkt der Entscheidungsfreiheit hatten Sie wahrscheinlich das letzte Mal im Altern von fünf Jahren. Wann haben Sie das letzte Mal wirklich gefragt: Was will ich? Viele taumeln von der Schule ins Studium, in den Job oder ins Familienunternehmen. Nicht dass das falsch sein muss, doch wirklich reflektiert oft eben nicht.

Nehmen Sie sich wirklich Zeit, über ihr Leben, Ihre Träume und Ihre Ziele nachzudenken. Dabei haben Sätze wie „ich muss aber doch", „was denken die anderen", „das geht nicht" oder „ich kann doch nicht" absolutes Zutrittverbot. Bevor Sie Ihr persönliches GPS strategisch planen, ist einmal Träumen angesagt, um Ihre Ausrichtung ohne Grenzen zu bestimmen und genau das Ziel zu erreichen, was Sie wirklich erreichen wollen.

Ziel

 Bergsteiger beschreiben den „point of no return". An dieser Stelle gibt es kein Zurück mehr, sondern nur vorwärts und weiter. Das Bewusstsein, das Ziel unverrückbar vor Augen zu haben, sich kein Hintertürchen mehr offen zu halten, gibt einen echten Motivationsschub, Energie und Leistungsfähigkeit. Diesen Punkt auch beim Jobverlust bewusst zu erleben, kann der erste Schritt zum Traumjob sein. Ohne Eingabe des Ziels ins GPS führt Ihre Route ins Nirgendwo.

Route

 Landstraße, Autobahn oder Überholspur – wie sieht meine individuelle Route aus? Wie komme ich zu meinem Ziel, welche Wege kann ich beschreiten, welche Risiken gibt es? Wie bei einer klassischen Unternehmensunterscheidung sollte man auch hier eine SWOT-Analyse (Strength, Weaknes-

> **Daten für Ihr GPS**
>
> Feststellung: Wo stehe ich jetzt?
>
> Zieleingabe: Wo will ich hin?
>
> Mögliche Abzweigungen und Umwege akzeptieren
>
> Zeit für mögliche Umwege einplanen (Widerstände „durchfahren")
>
> Zwischenstops einlegen und kontrollieren: Bin ich noch auf meinem Weg
>
> Leistungsstarker Motor (Gesundheit, Fitness)
>
> Nettes Interieur (Lebensumwelt)
>
> Technisch auf neuestem Stand (Fachwissen)
>
> Starkes Profil (eigene Expertise – erkennbar anders/besser sein)

ses, Options, Threats) anstellen, um zum Beispiel zu entscheiden, in welchem Zeitraum ich das Ziel erreichen möchte, was Ballast ist und was mit in den Kofferraum muss. Oder auch die Überlegung: Will ich die Reise im Porsche antreten oder tut es auch der Cinquecento?

Reisestimmung

- Sie haben die Wahl: Reisestimmung ist nicht einfach da, sondern wir machen sie. Wenn Sie nur sagen: „Doofer Regen" wird sie nicht besser. Positiv denken: „Die Straßen sind erfreulich leer"! Erst wir geben mit unserer Sichtweise den Dingen ihre Bedeutung und Ereignissen einen Wert. Reisen werden Sie sowieso – die Frage, die sich stellt, lautet: „Wie will ich reisen?"

Reisetagebuch

- Eine Möglichkeit, um die gute Stimmung zu halten, ist ein optimistisches Reisetagebuch. Jeden Tag sollten dort drei Dinge verewigt werden, die besonders gut geklappt haben, um sich auf diese Dinge zu konzentrieren, zu konditionieren und den Reisefortschritt wahr zu nehmen. Experten wissen, dass wir unser Gehirn entsprechend schulen können!

Reiseleiter

- Sie sind Ihr eigener Reiseleiter. Bleiben Sie sie selbst und versuchen Sie nicht den Kollegen mit dem gelben Schirmchen zu kopieren. Nur authentische Persönlichkeiten sind perfekte Reiseleiter und haben Erfolg im Job!

Wiebke Anton

 Über die Autorin

Wiebke Anton arbeitet als Coach für den Mittelstand. Darauf hat sie ihr persönliches GPS programmiert. Sie hat das eigene Familienunternehmen erfolgreich durch den Generationenwechsel gecoacht, mit Managern und Unternehmern sowie mit Abiturienten und Arbeitslosen individuelle Lösungen entwickelt, Strategien erarbeitet und Prozesse begleitet. Weiter Infos unter www.wiebkeanton.de.

Endlich mehr Charisma

Eine Kurzanleitung für mehr Erfolg

Wer ist das? Er betritt den Raum und jeder wendet den Kopf. Er geht zu einer Gruppe von Leuten und alle hören ihm zu. Er schaut sich die Welt von oben an, sieht dabei richtig gut aus und alle blicken zu ihm auf. Kennen wir ihn? Er ist ein Mensch mit Charisma, jenem Zustand großer innerer Überlegenheit, die Menschen zu fast allem befähigt, auch dazu, andere zu beeinflussen oder gar zu beherrschen. Mit einer Ausstrahlung, so verführerisch, dass wir von der Person und ihrem sympathischen Lächeln ganz und gar eingenommen werden. Geheimnisvoll, betörend und gewinnend. Menschen mit Charisma verfügen über eine Aura des Besonderen, so dass wir uns unwillkürlich zu ihnen hingezogen fühlen, ob wir wollen oder nicht.

Wer heute im Beruf und im Privatleben erfolgreich sein will, wer seine Karriere und sein Lebensglück selbst in die Hand nehmen will, braucht eine positive Ausstrahlung, braucht Charisma. Früher als Gottesgabe oder Gnadengabe ins Reich des Nebulösen verbannt, kann Charisma jetzt mittels „Status-Intelligenz" erlernt werden. Es gibt drei Arten von Menschen: Leute, die sich ständig im Hochstatus befinden und anderen sagen, wo es langgeht. Andere, die immer im Tiefstatus sind und andere untertänig nach dem Weg fragen. Und letztlich die Charismatiker, die erfolgreich zwischen beiden Zuständen wechseln.

Höherer Status

Hochstatus-Menschen werden oft respektiert und geachtet, man erlebt sie als machtvoll und durchsetzungsfähig. Allerdings werden sie eher bewundert als geliebt und gelegentlich auch aus vollem Herzen gehasst. Sie verfügen über einen gestählten Körper, mit dem sie ihre Härte, auch sich selbst gegenüber ausdrücken. Andere wiederum neigen zu Stresskrankheiten und zu Gewichtsproblemen, sie lieben das Golfspiel und die Fernreise und sie erwärmen ihre innere Kälte sommers an Weißwein und winters an gutem Roten, während sie im Kreise ihrer Zuhörer hingerissen ihren eigenen Worten lauschen. Sie sind lange mit ihrer robusten Gesundheit hinter dem Geld her gelaufen. In der zweiten Lebenshälfte müssen sie nun einen großen Teil dieses Geldes aufwenden, um ihre Gesundheit auf mittlerem Niveau zu stabilisieren. Hochstatus-Menschen haben große Angst vor dem Tod, dem sie als einzigem einen noch höheren Status als den eigenen zutrauen.

Tieferer Status

Tiefstatus-Menschen dagegen müssen fast niemals die Last der Verantwortung tragen, laufen dafür aber Gefahr, in den Staub getreten zu werden. Von anderen werden sie innig geliebt und wegen ihrer hohen Qualitäten im Dienstleistungsbereich oft auch bitternötig gebraucht. Sie sind vertrauenswürdig, ohne Hintergedanken, glaubwürdig, hilfsbereit und verlässlich. Von ihrer Gegenwart scheint keinerlei Gefahr auszugehen, sie sind keine Konkurrenten, weder im Beruf, noch in der Liebe.

Sie selbst hingegen haben das Talent, sich immer wieder als Opfer zu stilisieren, denen ein Unglück widerfahren ist, für das sie nichts können und für dessen Überwindung ihnen schlichtweg die Möglichkeiten fehlen. In der Liebe neigen sie dazu, sich tief und auswegslos in komplizierte und unglückliche Beziehungen zu verstricken. Sie leiden häufig unter Alpträumen und fahren gern in die Berge oder an die See, wo sie einen Spiegel für ihre Einsamkeit zu finden hoffen. Sie neigen zur Selbstzerstörung, zögern lange und neigen zu Hautproblemen.

Souverän wechseln zwischen Hoch und Tief

Klingt ja beides nicht so überzeugend. Aber es gibt eine Lösung: Die liegt im Aufbrechen der verkrusteten Hochstatus- und Tiefstatusgewohnheiten. Glück und Erfolg nämlich winken letztlich nur demjenigen, der locker zwischen beiden Zuständen wechseln kann, täglich oder gar minütlich, ganz wie es die Gegebenheiten erfordern. Diese Fähigkeit zum Wechsel ist jedem Menschen angeboren. Es bedarf lediglich der Wiedererweckung dieses Talentes. Denn es gewinnt nur derjenige, der einen spielerischen Umgang mit dem Hochstatus und dem Tiefstatus pflegen kann. Nur wer seinen Hochstatus willentlich verlassen kann, wird geliebt. Nur wer sich blitzschnell aus dem Tiefstatus erheben kann, wenn die Ereignisse es erfordern, wird ein erfolgreiches und glückliches Leben führen. Und das kann man lernen.

Gute Schauspieler wissen, wie sie sich im höheren Status positionieren können, um sich als durchsetzungsfähig, selbstbewusst und willensstark zu zeigen. Sie können sich aber auch im nächsten Moment im tieferen Status sympathisch, vertrauensvoll und verbindlich präsentieren. Sie wissen genau, wie sie ihre Körpersprache, ihre Haltung, ihre Stimme und ihre Tonfärbung gestalten müssen, um mal als Alpha-Mann oder -Frau, mal als Freund, mal als Held, mal als Verführer zu beeindrucken. Wie aber machen Schauspieler das eigentlich?

Der Schlüssel zu dieser kalkulierten Wirkung heißt Status-Intelligenz. Status-Intelligenz ist eine Fähigkeit, mit der wir ähnlich wie Schauspieler unsere Wirkung auf andere bewusst kontrollieren und gestalten können. Das Ziel ist eine charismatische Ausstrahlung mit hoher Präsenz und Authentizität. Die Voraussetzung dazu ist die Übereinstimmung von innerer Haltung, dem Denken und Fühlen – mit der äußeren Haltung – dem Körper mit seiner Körpersprache und seiner Stimme.

Charismatiker sind sich so ihrer Wirkung auf andere bewusst. Sie sind in der Lage, mit der Kraft ihres Willens ihre Gedanken und Gefühle so zu lenken, dass sich ihre mentale Stärke über ihren Körperausdruck kommuniziert. Sie nutzen ihre Status-Intelligenz, um situativ zu entscheiden, ob sie für den einen Moment sympathisch und gewinnend wahrgenommen werden wollen und im nächsten Moment kraftvoll und durchsetzungsstark.

 Buchtipp

Tom Schmitt: „Status-Spiele. Wie ich in jeder Situation die Oberhand behalte", Scherz-Verlag, 8,95 Euro.

Mit ihrer Fähigkeit, situativ den Status zu wechseln, erschaffen Charismatiker jene kaum greifbare Mischung aus emotionaler Nähe und respektvoller Distanz, die sie auf andere so geheimnisvoll, überzeugend und unwiderstehlich wirken lässt.

Der Weg zu mehr Charisma ist mit Arbeit und beständigem Üben verbunden. Wer bereit ist, mit den richtigen Methoden und Übungen seine Status-Intelligenz zu nutzen, der wird mit der Zeit mit einem immer höheren Charisma belohnt werden. Mit einer Präsenz und einer Ausstrahlung, dass sich andere unwillkürlich umdrehen, wenn er den Raum betritt und sich fragen: Wer ist das?

Welcher Typ sind Sie?

Hochstatus-Signale	Tiefstatus-Signale
Sich nicht am Kopf, im Gesicht berühren	Sich am Kopf, im Gesicht berühren
Entspannt sein	Sich hektisch bewegen
Sich geschmeidig bewegen	Schiefe Körperhaltung
Reduzierte, aber präzise Körpersprache	Gebeugte Körperhaltung
Aufrechter Stand	Anderen bei allem zustimmen
Ruhig sprechen	Unsichere Sprache mit vielen kurzen „Ähhs"
Ruhige, deutliche Aussprache	Undeutlich sprechen
Tiefe Stimme	Zu hohe Stimme
Blickkontakt halten, Nicht blinzeln	Blicken ausweichen, schnellen Blick zurückwerfen.
Offene Körperhaltung	Mit den Augen zwinkern
Viel Raum einnehmen	Wenig Raum einnehmen
Sich beim Sitzen zurück lehnen, Offene Körperhaltung	Den Blick niederschlagen, auf den Boden schauen
Menschen beim Namen nennen	Unsicheres Lachen
Andere berühren (nicht gekünstelt)	Die Arme nahe am Körper halten
(nicht zu lange) Kunstpausen machen	Mit den Händen spielen
Andere unterbrechen	An der Kleidung herum nesteln
Das Verhalten anderer kommentieren, bewerten	Das eigene Verhalten kommentieren, bewerten

So üben Sie Status-Intelligenz im Alltag

Bei diesen Übungen ist die Art und Weise der Ausführung entscheidend für den Erfolg. Wenn Sie eine Tief-Status-Übung durchführen, sollten Sie im Sinne der inneren Haltung z.B. die ganze Zeit denken: „Bitte, mag mich, bitte mag mich...". Umgekehrt ist bei einer Hoch-Status-Übung z.B. ein „Ich weiß, was ich kann, ich weiß, was ich kann..." angebracht.

Übungen für den Hochstatus	Übungen für den Tiefstatus
Sich vor drängeln an der Supermarktkasse. Text: „Hab ja nur ein Teil".	An der Theke (Bäcker, Wursttheke etc.) anderen den Vortritt lassen: „Sie waren bestimmt vor mir da..."
An der Schnellkasse (bis zu 3 Teile) mit 4 Teilen bezahlen wollen	In U-/ S-Bahn, Bus Gleichaltrigen den Sitzplatz anbieten.
Im Restaurant die kleinste Kleinigkeit reklamieren, z.B. dass das Messer schmutzig wäre. (so macht man sich beliebt)	Die Augen niederschlagen, wenn jemand anderes zu einem spricht
Andere beim Reden unterbrechen	Mit sich selber sprechen, das eigene Tun laut kommentieren
Sich mit etwas anderem beschäftigen, während jemand anderes zu einem spricht, z.B. Handy ...	Schiefe Haltung einnehmen, Schultern hängen lassen
Andere zurechtweisen, z.B. das spricht man so aus, die Gabel wird so gehalten...	Mit einer hohen Stimme sprechen
Sich bei einem Vortrag o.ä. zu Wort melden und eine Frage stellen.	Sich selbst immer wieder im Gesicht berühren, am Kopf kratzen etc.
Den anderen eindringlich anschauen. Vorsicht: Kann Provokation sein!	Wenn der andere guckt, sofort weg schauen

Tom Schmitt

 Über den Autor

Tom Schmitt ist Managementtrainer, Schauspieler und Regisseur. 2004 erhielt er den „Deutschen Trainingspreis in Gold" und den „Internationalen Deutschen Trainingspreis" (Trainings-Oskar). Seit 1994 arbeitet er als selbständiger Trainer und Coach für Firmen wie Karstadt, Kaufhof und Air Berlin. "Status-Intelligenz" ist eine eingetragene Marke und urheberrechtlich geschützt. Weitere Information unter www.committ-training.de.

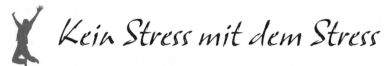
Kein Stress mit dem Stress

Vom Urmenschen lernen

Den Meisten ist nicht bewusst, dass wir Manager, Projektleiter, Ärzte usw. in unserer individuellen Tätigkeit Hochleistungssportler sind. Nur leben wir wie Hochleistungssportler? Ernähren wir uns wie Profis? Trainieren wir angemessen? Ist unser Wettkampfverhalten entsprechend? Der Sportprofi hat einen vernünftigen individuell abgestimmten Trainingsplan, der zu einer sinnvollen progressiven Belastungs- und Leistungssteigerung führt, ohne dabei zu übertrainieren und Verletzungen zu vermeiden. Unsere "Sportverletzungen" sind kleine Grippen, Magenverstimmungen, Hautirritationen oder Kreislauf-Störungen. Auch diese Wehwehchen gilt es auszukurieren, um danach erst wieder vernünftig langsam in die Belastung einzusteigen. Und ganz wichtig: So ein Profi macht zu ca. 50% Grundlagenarbeit und geht nur ca. 5% seiner Vorbereitung in wettkampfspezifische Belastung. Und vor allem besteht der Trainings- und Wettkampfplan aus einem ausgewogenen Verhältnis zwischen Be- und Entlastung. Ein Burnout ist nichts anderes als ein Übertraining.

Was ist Stress überhaupt?

Stress ist eine Schutzfunktion, die unsere Vorfahren in kurzfristige Kampf- und Fluchtbereitschaft versetzen sollte. Stress wurde ausgelöst durch längere Hungerzeiten, gefährliche Tiere oder Kämpfe mit Gegnern um Land, Nahrung oder ähnliches. Durch einen hormonellen Prozess steigen Blutdruck, Herzschlag, Atemfrequenz und körperliche Anspannung sowie Aufmerksamkeit. Dadurch wird die Leistungsfähigkeit deutlich erhöht. Stille Reserven werden aktiviert und der Mensch ist vorübergehend in der Lage, übernormale Leistungen zu erbringen. Es geht schließlich um Leben und Tod. Parallel werden ebenfalls durch hormonelle Prozesse "störende" Körperfunktionen wie Organtätigkeiten auf ein Minimum heruntergefahren.
Stellen wir uns einmal einen Urmenschen vor, der kurzzeitig unter Stress geraten ist. Vielleicht hat er gerade eine Antilope erlegt. Er kann sich nun für längere Zeit ausruhen, sich satt essen und abends am Kamin sitzen. Es folgt also die notwendige Erholungsphase. In dieser Zeit werden alle Systeme wieder auf ein normales Niveau reguliert, der Körper beruhigt sich und wird sogar leistungsfähiger. Der Sportler nennt diesen Prozess Superkompensation und baut sein gesamtes Training auf diese Theorie auf.

Im Berufsalltag kommt es ständig zu Stresssituationen, die genau diesen Prozess in unserem Körper auslösen. Ungesund wird es dann, wenn die Zeit zur Erholung nicht ausreicht, die Superkompensation nicht umgesetzt werden kann, weil noch vor Erreichen des bisherigen Leistungsniveaus die neue Stresssituation eintritt. Der Körper ist dann ständig ohne ausreichende Pause neuen Belastungen ausgesetzt, die seine Fähigkeiten überschreiten. Durch die "stillgelegte" Organtätigkeit kommt es zu Störungen in Verdauung, Schlaf, Kreislauf usw., was der Betroffene leider oft auf Grund des Adrenalin-Überschusses nicht mehr wahrnimmt. Es beginnt die Spirale in die Entleerung der Energiespeicher.

Lächeln statt hecheln

Wir wissen nun, dass der Urmensch durch hormonelle Prozesse zu mehr Leistungsfähigkeit kommen konnte. Also können wir uns der gleichen hormonellen Prozesse bedienen, um Stress wieder abzubauen. Durch sanfte Ausdauerbelastung werden Stresshormone ab- und Glückshormone aufgebaut. So konnte unser Urmensch über längere Zeit, seiner "Nahrung" hinterher laufen, bis sie vor Ermüdung aufgab. Nur ist der Mensch damals nicht im Sprint, sondern langsam hinter den Tieren hergelaufen. Im Sprint verliert der Mensch fast gegen jedes andere Lebewesen, aber seine Ausdauerfähigkeit ist höher. Weniger ist also mehr.

Der stressgefährdete Mensch kann durch langsames Laufen, Rad fahren oder Schwimmen diesen Prozess nutzen und neue Energie tanken. Die Idee "viel hilft viel" ist dabei jedoch der falsche Weg. Zu lange oder zu schnelle Läufe sind kontraproduktiv, weil sie für den Körper erneuten Stress darstellen und nur durch neuerliche Adrenalinausschüttung möglich sind und somit ihr Ziel verfehlen und zusätzlichen Energieverlust bedeuten. "Laufen ohne zu schnaufen" bzw. "Lächeln statt hecheln" sind hier die richtigen Begleiter. Der Sport sollte aerob und entspannend ablaufen, auch wenn man glaubt, dass Kickboxen oder Intervalltraining gefühlt das Richtige sind. Weniger ist mehr!

Viel Energie aus richtiger Nahrung

Ein wesentlicher Energielieferant ist die Nahrung. Während Eiweiße eher Baustoffe für unseren Körper darstellen, stehen hier die Fette und Kohlenhydrate als wesentliche Energieträger für die erfolgreiche Arbeit an erster Stelle. Hierbei sind jedoch Qualität und Quantität von großer Bedeutung. Während Zucker, Backwaren und andere süße Lebensmittelzubereitungen sehr schnell Energie liefern, geht das meiste in abgespeichertem Fett verloren und führt zu kurzfristig neuem Energiebedarf und Hungergefühl. Da aber gerade das Gehirn als Arbeitsinstrument geistiger Tätigkeit in erster Linie Kohlenhydrate verstoffwechselt, benötigen wir insbesondere bereits morgens diese "Zucker". Besser sind jedoch die langkettigen, also ballaststoffreichen Kohlenhydrate wie Vollkornmüsli oder Vollkornbrot. Sie liefern sehr lange Energie, sind gesünder und helfen nebenbei auch noch bei einer reinigenden Verdauung.

Auch die Fette sollten gewissen Ansprüchen genügen. Idealerweise sind sie mehrfach ungesättigt, wie wir sie in Pflanzenölen oder Hochseefischen finden. Da wir abends weniger Energie, jedoch Baustoffe zur Regeneration benötigen, sind bei den Abendmahlzeiten eher die mageren Eiweiße (Fisch, Fleisch) gefragt. Dann kann sich der Körper über Nacht erholen und auf die neuen Belastungen vorbereiten. Abends ist weniger mehr!

Dies sind nur ein paar ausgewählte Aspekte, die uns neben vielen anderen Maßnahmen helfen, den Stress zu verstehen, mit ihm umzugehen und mit ihm ins Reine zu kommen. Dann hat man auch keinen Stress mit dem Stress.

Carsten Kupferberg

Über den Autor

Carsten Kupferberg arbeitet einerseits als Dozent und Referent beim Sparkassenverband Niedersachsen. Andererseits ist er als selbständiger Personaltrainer und Gesundheitsberater tätig. Seine Schwerpunkte sind Personaltraining, Gesundheitsmanagement, Seminare zu Stressmanagement und Burnout-Prophylaxe. Weitere Informationen unter www.kupferberg-training.de.

Gentleys Tipp

So haben Sie Ihre Wut im Griff

Schäumen Sie häufig vor Wut? Verlieren Sie dabei die Kontrolle? Mit cholerischem Verhalten oder übersteigerten Wutausbrüchen schaden Sie sich selbst am meisten, aber auch Ihrer Beziehung und Ihren Freundschaften. Wie Sie richtig mit Ihrer Wut umgehen, erfahren Sie hier.

- Vermeiden Sie Situationen, die Sie wütend machen. Wenn Sie fest stellen, dass Sie sich jeden Samstag Abend beim Bowling über Ihre eigene Unfähigkeit ärgern und diesem Ärger dann Luft machen, dann hören Sie auf zu Bowlen.

- Ändern Sie Ihre Einstellung. Situationen, die Sie sowieso nicht ändern können, müssen von Ihnen nicht mit Wutausbrüchen kommentiert werden. In einem Stau stehen Sie solange, bis er sich aufgelöst hat. Permanentes Meckern, Hupen und aggressives Verhalten ändern rein gar nichts an dem Stau.

- Lachen Sie über Kleinigkeiten. Versuchen Sie in absolut jeder Situation irgendwas zu finden, was Sie zum Lachen anregt. Und wenn Sie auch nur darüber lachen, dass Sie schon wieder in eine solche Situation geraten sind, obwohl der Morgen doch so gut anfing.

- Tief einatmen und bis Zehn zählen. Praktizieren Sie Bauchatmung und keine Brustatmung. Oftmals reagiert man im Affekt. Wenn Sie erst einmal ein paar Sekunden oder Minuten Zeit gewinnen, wird Ihre Wut schnell in rationales Denken umschlagen.

- Treiben Sie Sport. Sport tut dem Körper gut. Suchen Sie sich eine Sportart, mit der Sie Ihre Aggressivität abbauen können. Dies sollte dann jedoch kein Teamsport sein.

- Lernen Sie, zu vergeben. Nur wenn Sie Ihrem Gegenüber vergeben können, geraten Sie weniger in Situationen, die Ihre Wut stimulieren.

uka

Fit bis ins hohe Alter

Wie Sie sich Gesundheit und Manneskraft erhalten

Männer leben heute so lange wie nie zuvor. Wer gegen Ende des 20. Jahrhunderts geboren wurde und innerhalb der Europäischen Union lebt, hat die besten Aussichten, die durchschnittliche Lebenserwartung von 74 Jahren zu übertreffen. Frauen schaffen es übrigens sogar auf 80,5 Jahre. Damit haben wir mehr Zeit auf unserem Lebenskonto als unsere Väter und Großväter. Und während Opa im Alter oft ausgepowert im Lehnstuhl döste und über allerlei Wehwehchen klagte, können wir heute damit rechnen, dass wir uns auch mit 70 noch fit und aktiv fühlen werden.

Ein Grund dafür sind die Entwicklungen in der Medizin. Dank neuer Technologien weiß man heute viel mehr darüber, welche Prozesse im Körper ablaufen und wie sie zu beeinflussen sind. Gute ärztliche Behandlung kann uns deshalb nicht nur von ernsthaften Krankheiten heilen, sondern hilft uns auch beim Kampf gegen das Altern. Wenn Sie ein paar einfache Tipps beachten, haben Sie gute Chancen, sich auch in zwanzig oder dreißig Jahren noch so fit wie heute zu fühlen, Sex zu genießen und Spaß an den kleinen und großen Freuden des Lebens zu haben.

Den richtigen Arzt finden

Sobald der Schraubenschlüssel im Armaturenbrett Ihres Autos leuchtet, machen Sie einen Termin mit der Werkstatt aus? Sie werden unruhig, wenn der Motor komische Geräusche macht? An unserem Körper fehlt dummerweise die Signallampe für den regelmäßigen Werkstattbesuch. Deshalb sollten Sie jetzt Ihren Timer zücken und „Body-Checkup" in Ihre Taskliste eintragen. Achten Sie künftig auch mal genauer darauf, wenn sich etwas komisch anfühlt. Ob das nur ein Wehwehchen ist oder ob Sie sich schon mal um einen Platz auf dem Friedhof kümmern sollten, kann vielfach nur ein Profi entscheiden. Frauen überleben uns Männer unter anderem auch deshalb, weil sie sich nicht erst halbtot zum Arzt schleppen, sondern regelmäßig zum Doc gehen.

Woran erkennen Sie einen guten Arzt? Er kann wie ein Coach zuhören und geht auf Sie ein. Er lässt Sie an seinem Wissen teilhaben und erklärt Ihnen Befunde so, dass Sie sie wirklich verstehen. Er ist ihr Partner und diskutiert mit Ihnen verschiedene Behandlungsoptionen. Auch als Profi ist er nicht allwissend und kann damit leben, wenn Sie lieber zu einem Spezialisten gehen oder eine Zweitmeinung hören wollen.

Medizinische Checkups

Viele medizinische Probleme lassen sich, wenn sie rechtzeitig erkannt werden, beseitigen oder positiv beeinflussen. Bluthochdruck oder zu viel Cholesterin tun nicht weh, können aber auf Dauer großen Schaden im Körper anrichten. Männer über 35 sollten darum nicht nur ihr Auto alle zwei Jahre zum TÜV bringen, sondern auch sich selbst vom Arzt durchchecken lassen. Die Untersuchung wird von Allgemeinmedizinern oder Fachärzten für innere Medizin durchgeführt.

Zu einem Checkup gehören:

- Anamnese: Der Arzt fragt Sie nach Größe und Gewicht, will wissen, wie Sie sich fühlen, welche Lebensgewohnheiten Sie haben oder welche Krankheiten es in Ihrer Familie gibt. Daraus erstellt er ein individuelles Risikoprofil.

- Körperliche Untersuchung: Dabei prüft der Arzt die Funktion einzelner Reflexe, misst den Blutdruck, schaut sich den Zustand von Haut und Gelenken an, tastet innere Organe ab und hört mit dem Stethoskop ab, wie Lunge und Herz arbeiten.

- Blut: Nur ein kleiner Pieks, der dem Arzt verrät, wie Ihre Glukose-und Cholesterinwerte sind. So können zum Beispiel Zuckerkrankheit (Diabetes mellitus) oder das Risiko für Veränderungen an Blutgefäßen frühzeitig festgestellt werden.

- Urin: Damit sind Aussagen über den Gehalt von Eiweiß, Glukose, Blutkörperchen und Nitrit möglich. Das sagt viel darüber aus, wie gut Ihre inneren Organe arbeiten.

Ab 45 ist die jährliche Krebsvorsorge für Männer eine sinnvolle Ergänzung, denn das Risiko, an Krebs zu erkranken, verdoppelt sich nach dem 25. Lebensjahr alle fünf Jahre. Viele Krebsarten lassen sich heute heilen – wenn sie früh genug erkannt werden. Checkups geben Sicherheit und können manchmal lebensrettend sein. Diese Zeit sollten Sie, auch mit Blick auf Ihre Familie und Ihre Firma, aufwenden. Sie ist eine gute Investition.

Flaute zwischen den Beinen?

Ein weiteres typisches Männerleiden sind Erektionsprobleme. Seien Sie misstrauisch, wenn Ihnen andere Männer erzählen, was für Hengste sie im Bett sind. Fachärzte der Kölner Uniklinik befragten 8.000 Männer nach ihrem Liebesleben und fanden heraus, dass jeder Fünfte nicht so kann, wie er will. Viele von ihnen waren zwischen 30 und 40 Jahre alt. Bei sieben Prozent diagnostizierten die Ärzte eine „erektile Dysfunktion" (Potenzstörung), die behandelt werden sollte. Die Flaute zwischen den Beinen kann viele Ursachen haben. Typische Lustkiller sind Stress im Büro oder seelische Belastungen. Manchmal vergessen wir Männer auch, dass Sex kein Sport ist, bei dem der Penis auf Kommando mit Standhaftigkeit glänzt. Von wirklicher Impotenz spricht man erst, wenn Männer drei bis sechs Monate keine stramme Erektion mehr hatten.

Auch schon vor Viagra gab es effektive Möglichkeiten, etwas gegen Potenzstörungen zu tun. Hat der Arzt körperliche Ursachen ausgeschlossen, kann er in eine ganze Schatzkiste von Hilfsmitteln greifen. Dazu gehören Vakuumpumpen, mit denen durch Unterdruck der Blutfluss in die Schwellkörper erhöht wird. Ein Penisring verhindert dann, dass dieses Blut wieder abfließt. Bei der Skat-Methode (Schwellkörper-Autoinjektions-Therapie) wird mit einer kleinen Nadel eine Substanz direkt in die Blutgefäße des Penis gespritzt, die dann für die Erektion sorgt. Eine andere Möglichkeit sind Penisprothesen, die es in zwei Varianten gibt. Entweder werden die Schwellkörper durch Kunststoffstäbe ersetzt, die sich bei Bedarf hoch klappen lassen, oder es wird eine hydraulische Prothese implantiert. Beim Sex drückt der Mann auf ein

 Tipp

Lesen Sie zum Thema auch unser Kapitel „Pillen für die Potenz".

kleines Ventil im Hodensack und aktiviert damit eine Pumpe, die aus einem Reservoir in der Bauchhöhle eine Flüssigkeit in einen Zylinder im Penis pumpt. Bei anderen Stehhilfen wie Salben und Pillen, die es zum Beispiel im Internet zu bestellen gibt, sollten Sie eher misstrauisch sein.

Risiken für Herzinfarkt vermindern

Männer haben fünfmal häufiger einen Herzinfarkt als Frauen. Und glauben Sie nicht, dass es nur den gestressten Manager mit grauen Schläfen oder die übergewichtige Couchpotato erwischt. Ab 35 steigt Ihr Risiko unerbittlich. Darum sollten Sie neun Risikofaktoren beachten, die nach einer aktuellen Studie für 90 Prozent der Herzinfarkte verantwortlich sind.

- Nikotin: Es ist hart – aber schmeißen Sie noch heute Ihre Kippen weg. Wenn Sie das Rauchen aufgeben, tun Sie nicht nur Ihrem Herzen einen großen Gefallen. Eine bessere Durchblutung wirkt sich auch förderlich auf Ihr Liebesleben aus und minimiert das tödliche Risiko, an Lungenkrebs zu sterben.

- Hypertonie: Kontrollieren Sie Ihren Blutdruck, zum Beispiel in einer Apotheke.

- Diabetes: Zu hohe Blutzuckerwerte vervierfachen das Infarktrisiko und können auch an Potenzstörungen Schuld sein.

- Stress: Achten Sie auf ausreichend Schlaf und gönnen Sie sich einen erholsamen Ausgleich für ihren stressigen Job.

- Bewegungsarmut: Treiben Sie regelmäßig Sport. Ideal sind Ausdauersportarten, die zwar den Kreislauf fordern, ihm aber keine Höchstleistungen abverlangen (z.B. Schwimmen, Radfahren, Jogging).

- Bierbauch: Wenn Sie übergewichtig sind, heißt es abspecken! Rettungsringe sehen nicht nur unschön aus – sie belasten auch das Herz.

- Ernährung: Achten Sie auf ausgewogenes, fettarmes Essen mit viel frischem Obst und Gemüse.

- Alkohol: Etwa dreimal in der Woche können Sie sich gerne ein Glas Wein oder die vergleichbare Alkoholmenge gönnen. Mehr ist allerdings ungesund.

By the way: Viele Männer mit Herzproblemen haben Angst, dass es sie beim Sex erwischt. Aber kein Grund zur Panik. Sex ist für das Herz nicht anstrengender als ein flotter Spaziergang oder Treppensteigen.

Surftipps

Die International Society for Men's Health and Gender in Wien gibt Infos zu Kampagnen und Aktionstagen rund um die Männermedizin: www.ismh.org.

Peergroup-Beratung und Adressen von spezialisierten Behandlungszentren in ganz Deutschland bietet die Selbsthilfegruppe Erektile Dysfunktion: www.impotenz-selbsthilfe.de.

Adressen und Leistungen von Herzspezialisten finden Sie im Verzeichnis der Deutschen Gesellschaft für Kardiologie: www.dgk-herzfuehrer.de.

Allgemeine Infos bei der Deutschen Herzstiftung: www.herzstiftung.de.

Ernährungstipps, auch speziell für Berufstätige, finden Sie bei der Deutschen Gesellschaft für Ernährung e.V.: www.dge.de.

Martin Franke

Gentleys Tipp

Gesundheit für die Vorsteherdrüse

Haben Sie auch schon mal am Urinal gestanden und sich gefragt, was Ihr Nebenmann da eigentlich macht? Wenn Männer beim Wasserlassen ihr Gesicht verziehen, als ob sie gerade eine 20 Kilohantel stemmen, ist oft die Prostata Schuld. Eigentlich hat sie mit dem kleinen Geschäft relativ wenig zu tun, sondern gehört zu den Organen, die beim Sex einen wichtigen Job machen. Wenn es beim Pinkeln nicht mehr so richtig läuft oder auch der Orgasmus eher Schmerz als Lust bereitet, sollten Sie zu einem Facharzt gehen. Er kennt sich mit diesem häufigen Problem von Männern aus.

Jeder dritte Mann über 65 hat Wucherungen an der Prostata, die behandelt werden sollten. Die Prostata ist neben der Lunge das am häufigsten von Krebs befallene Organ des Mannes. Deshalb gehört die Prostatauntersuchung ab 45 zum jährlichen Gesundheitscheck.

mfa

Gentleys Tipp

So kurieren Sie einen Kater aus
Wie Sie nach zu viel Alkoholgenuss wieder auf die Beine kommen

„Ein intelligenter Mann ist manchmal gezwungen, sich zu betrinken, um Zeit mit Narren zu verbringen", sagte einst Ernest Hemingway und liefert uns damit die Einleitung für das Thema „Der Morgen danach". Ein Kater ist eine gemeine Angelegenheit. Am besten, man wird ihn so schnell wir möglich wieder los.

☞ Eier
Sie enthalten Cystein. Diese Aminosäure regt die Leberfunktion an und sorgt somit für eine schnellere Entgiftung des Körpers. Ein oder zwei Eier direkt nach dem Trinken und vor dem Schlafen können Wunder bewirken.

☞ Isotonische Sportgetränke
Isotonische Sportgetränke helfen vielen ausgelaugten Sportlern, warum also nicht auch dem ausgelaugten Trinker? Mineralien, Kalium und Kohlenhydrate geben dem Körper das zurück, was durch den Alkohol verloren gegangen ist.

☞ Fruchtsäfte
Fruchtsäfte enthalten Vitamine und Zucker – genau das, was der Körper braucht. Aber aufpassen: Trinken Sie frische Fruchtsäfte ohne künstliche Zusätze!

☞ Wasser
Das beste Mittel ist Wasser: Es enthält ebenfalls alles, was der dehydrierte Körper benötigt. Sie sollten jedoch darauf achten, bei Magenbeschwerden kein allzu sprudelndes Mineralwasser zu trinken.

☞ Ginseng
Das pflanzliche Wundermittel hilft Ihnen, das lethargische Gefühl am Tag danach zu kompensieren. So fühlen Sie sich nicht den ganzen Tag ausgelaugt, sondern bald wieder fit. Nehmen Sie Ginseng schon vor dem Trinken ein, so helfen Sie Ihrem Körper, den Alkohol schneller abzubauen.

☞ Vitamine
Vitamin B hilft, die Blutgefäße zu erweitern und den Blutfluss anzuregen. Vitamin C unterstützt die Leber beim Alkoholabbau. Doch Vorsicht: Zu viel Vitamin C verursacht Durchfall. Auch sollten Sie die Vitamine bereits vor dem Genuss von Alkohol einnehmen, danach helfen sie nur noch bedingt.

☞ Kein Kaffee
Koffein hilft Ihnen zwar möglicherweise, wach zu werden, doch sobald die Wirkung nachgelassen hat, war es das auch schon wieder. Sie werden sich nur noch schlechter fühlen. Besser: Kein Koffein.

uka

Der Mann und sein Äußeres

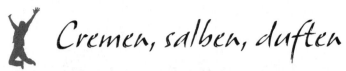
Cremen, salben, duften

Männer-Make-up liegt im Trend

Mal ehrlich: Welcher Mann hat nicht schon mal neidisch auf seine Frau geschielt, wenn sie als graues Entlein im Bad verschwand und nach wenigen Minuten als strahlend schöner Schwan mit ebenmäßigem Teint und strahlenden Augen wieder erschien?

Vollblutkerle wie David Beckham haben es längst vorgemacht – man(n) kann männlich bis in den kleinen Zeh und trotzdem dezent geschminkt sein. Metrosexuell ist „in". Der neue Mann ist gepflegt, gestylt von den Socken bis zur Designerbrille, liebt schicke Anzüge, Label-Jeans und sein neues schwarzes Cabrio. Nichts wird mehr dem Zufall überlassen: Sein Kleiderschrank ist auf dem neuesten Laufsteg-Stand, er kennt die angesagten Designer und weiß, welche Farben ihm stehen. Er hat keine Pickel, keine spröden Lippen, keinen Wildwuchs bei den Augenbrauen, evtl. auch gefärbte und verdichtete Wimpern, keine Schatten unter den Augen. Er ist leicht gebräunt, wie nach einem Golf-Wochenende auf Mallorca. Und – ja! – er benutzt seine eigenen Kosmetik- und Make-up-Artikel, ohne dabei jemals geschminkt zu wirken.

Nicht nur Frauen schminken sich

Natürlich ist auch Männer-Make-up ein Trend, der von außen gepusht wird: durch Werbung, Schauspieler, Models und Sportler. Prominente Männer zeigen sich gestylt, sportlich, gepflegt. Sie sind modeorientiert und achten darauf, dass sowohl das Outfit als auch die Frisur typgerecht sind. Das färbt ab auf den „normalen" Mann. Schönheit und Pflege sind kein weibliches Privileg mehr, „er" steht zu sich und seinem Äußeren. Damit hat sich natürlich auch das Selbstbild verändert. Er liebt sein Styling, achtet auf Perfektion, richtet auf einer Restauranttoilette auch schon mal die Haare nach, trägt selbstbewusst Gel und scheut auch nicht die Möglichkeiten der Anti-Aging-Industrie – von der Botoxspritze bis zum Augenlifting.

Männerhaut ist bis zu 30 % öliger als Frauenhaut – warum sollte sich der moderne Mann also mit Pickeln und Hautunreinheiten abfinden, wenn es sinnvolle und effektive Gegenmittel gibt? Fanden sich früher in einem Männerbad im Idealfall Zahnbürste, Rasierer, Deo und ein After-Shave, stehen dort heute spezielle, auf ihn abgestimmte Produkte wie Shampoos, verschiedene Cremes, Lippenbalsam, Nagelpolitur, gleich mehrere Parfums. Ich kriege täglich Dutzende Anfragen von Männern, wie sie sich besser und effektiver pflegen können. Und die Industrie gibt uns recht – noch nie gaben Männer so gerne und so viel Geld aus für ihre eigene Pflege und Attraktivität. Konkret wächst zurzeit

 Das gehört ins Beautycase

- Feuchtigkeitscreme
- Sonnenpuder gegen ölige Haut
- Lippgloss
- Concealer zum Abdecken von roten Stellen und Äderchen

kein Markt in der Kosmetik so rasant wie der der Männerkosmetik – Firmenimperien wie „Dove" haben das längst erkannt und reagiert. Natürlich sind noch nicht alle Herren so weit: Manche trauen sich nicht, nach Puder, Make-up oder anderer dekorativer Kosmetik zu fragen – sie könnten ja für verweichlicht oder „schwul" gehalten werden. Aber es werden immer mehr, die die Wonnen der Kosmetik für sich entdecken.

Zaubermittel gegen Problemzonen

Und noch etwas ändert sich gerade: Während früher die Frauen für ihre „bessere Hälfte" einkauften, geht der emanzipierte Mann selber shoppen, lässt sich lange und intensiv beraten und möchte vielleicht auch nicht mehr, dass seine Herzdame alle seine Beautygeheimnisse kennt. Die Erfahrung zeigt: Ist erst mal der Bann gebrochen und die erste Creme, das erste Puder gekauft, kommen immer mehr Produkte dazu. Denn ein gepflegtes Äußeres öffnet mehr und schneller Türen – sowohl beim Flirt als auch im Business. Jeder Geschäftsmann, der schon mal vor Aufregung glänzend eine Rede gehalten hat, ärgert sich hinterher, dass sein Publikum evtl. diese kurzen Momente der Schwäche durchaus wahrgenommen hat – nur weil ein bisschen Puder fehlte.

Wenn ich einen Mann berate, ist natürlich Fingerspitzengefühl gefragt, gerade bei „Anfängern". Ich empfehle zunächst eine kosmetische Behandlung, um dann Schritt für Schritt weiter zu gehen. Hat er Couperose, Pickel, trockene Haut, rote Stellen usw. wird er sehr glücklich sein, wenn es ein Zaubermittel dagegen gibt. Ich kenne auch kaum noch einen Mann, der nicht selbstbewusst und souverän zum Lippenpflegestift greift – auf der Skipiste genauso wie an einem karibischen Strand. Trotz aller Euphorie gibt es natürlich Bereiche, die den Frauen bzw. Transvestiten vorbehalten sind: Von Lidschatten, Rouge, Wimperntusche und zu viel Kajal sollten Sie meiner Meinung nach eher die Finger lassen.

Die perfekte Grundausstattung

Und was gehört nun zur Grundausstattung des männlichen Badezimmerschranks? Das zeige ich anhand einzelner Produkte aus meiner Kosmetikserie, die ich exklusiv für Männer entwickelt habe. Bei der Verpackung habe ich übrigens darauf geachtet, dass die kleinen Businessdosen in jede Jackentasche passen.

Puder als Foundation

- Puder ist die ideale Make-up Foundation. Zu meiner Serie gehört das Matting Men Powder (28 Euro) speziell für normale bis ölige Männerhaut, ein sehr deckendes Make-up-Puder, das die Haut mattiert und somit das Hautbild verfeinert. Der seidenweiche, hydrophobe Puderfilm liegt fest haftend auf der Haut, sodass kein weiterer Puder mehr verwendet werden muss. Der gewählte Farbton sollte übrigens stets dem Hautton entsprechen.

Make-up gegen Rötungen

- Gegen Rötungen, Hautunreinheiten und sichtbare Äderchen hilft das Abdecken mit

Make-up. Cover Base (30 Euro) ist ein sehr deckendes Make-up. Cover Base ist wasser- und schweißfest. Diese Wirkung wird noch verstärkt, wenn das Produkt mit losem Cover Puder fixiert wird. Cover Base ist speziell geeignet für empfindliche oder allergische Haut, da es antiseptisch (entzündungshemmend) wirkt.

Hautgel für mehr Frische

- Dieses Produkt lüftet das Geheimnis der Stars. Denn ein frischer Teint kommt bei Vielen eben nicht von ungefähr, sondern aus der Tube. Skin Control (25 Euro), ein samtweiches Gel, lässt die Haut gepflegt, frisch und ebenmäßig aussehen. Es verfeinert das Hautbild und ist auch eine ideale Make-up-Grundlage. Es verfeinert die Poren, reduziert Fältchen und wirkt feuchtigkeitsbildend.

Puder für den Teint

- Einen sonnenbraunen Teint ganz ohne Sonne oder Sonnenstudio bekommen Sie mit speziellen Pudern hin. Sun Bronzing Powder ist ein farbstarker und kompakter Puder, geeignet für jede Hautfarbe und jeden Hauttyp. Verwenden Sie einen großen Pinsel zum Auftragen. Das garantiert gleichmäßige Deckkraft und leichte bzw. natürliche Bräune. Je öfter mit dem Pinsel hintereinander aufgetragen wird, umso intensiver wird die Bräune. Bei hellem Hauttyp sollten Sie also eher weniger auftragen.

Wimperngel

- Die Wirkung eines ausdrucksstarken Blicks sollten Männer nicht unterschätzen. Und dabei hilft Mascara. Das durchsichtige und leichte Eyelash and Brow Forming Gel (19 Euro) gibt Wimpern einen seidigen Glanz und eine schöne lange Form. Es wird einfach mit einer Spiralbürste aufgetragen, die jede einzelne Wimper umhüllt und muss nicht entfernt werden. Aufgetragen auf die Augenbrauen gibt es ihnen Form und Glanz.

Zum Schluss noch ein dezenter Hinweis für alle Zögerer und Zauderer: Keine Panik, trotz der kleinen Tricks verweichlichen Männer nicht. Eher das Gegenteil ist der Fall. Wer sich pflegt und stylt, entwickelt mehr Selbstbewusstsein, weil er sich attraktiv, sicher, sexy und gelassen fühlt. Und das alles ist doch sehr männlich...

Dieter Bonnstädter

 Über den Autor

Dieter Bonnstädter ist Friseur und Visagist und arbeitet in Berlin. Seit 1990 ist er ebenfalls als Maskenbildner für Film und Fernsehen tätig, außerdem als Stylist für zahlreiche Moderedaktionen. Auch Tom Cruise, Will Smith und Sean Connery saßen bereits in seinem Studio. Mehr Infos unter www.maenner-make-up.de.

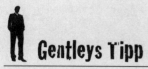
Gentleys Tipp

Bärte sind wieder da
Revival der Gesichtsbehaarung

Bart oder nicht Bart? Das ist die Frage. Zwar ist die gekonnte Nassrasur das Beauty-Ritual des Mannes schlechthin, doch nach langer Abwesenheit erfährt nun auch der gekonnt getragene Vollbart ein Revival. Nicht länger nur ein Markenzeichen von Waldschraten und verrückten Professoren ziert der Bart nun wieder die Gesichter von anerkannten Sexsymbolen wie George Clooney, Brad Pitt und Scott Matthew. Ob Sie Ihr Gesicht nun glatt rasiert, mit Dreitagebart oder mit „vollem Haar" präsentieren – das A und O sind die typgerechte Auswahl und die richtige Pflege.

Welcher Bart passt zu welchem Typ?

Der Bart ist das männlichste Accessoire – im besten Fall wirkt er markant und authentisch, wenn es schief geht, lächerlich und verschroben. Nicht jeder ist der Typ für einen gezwirbelten Schnäuzer oder ein Ziegenbärtchen. Und ein Bart allein macht auch noch keine Persönlichkeit, in 99% aller Fälle aber älter.

- **Dreitagebart: Der Klassiker**
  Natürlich und für fast jeden geeignet, wirkt dieser Bart ausgleichend auf eckige Gesichtsformen. Die Pflege ist einfach: Nach einigen Tage alle Haare mit dem Barttrimmer auf die gleiche Länge bringen (1-3mm). Wer die Konturen am Hals rasiert, erhält einen gepflegteren und bürotauglichen Look.

- **Schnurrbart: Für Ironiker**
  Achtung! Der Schnäuzer wird zwar in letzter Zeit häufiger gesichtet, ist jedoch selten ernst gemeint und nur etwas für Modemutige.

- **Vollbart: Holzfällerlook für echte Kerle**
  Hierzu benötigt Mann einen guten gleichmäßigen Bartwuchs und ein bisschen Geduld. Am besten nutzt man den Urlaub, um ein ansehnliches Endergebnis zu präsentieren. Vorsicht: Lange Gesichter werden durch Vollbärte optisch noch mehr verlängert.

Richtig rasieren

Und was tun, wenn der Bart doch wieder ab soll? Dann hilft nur eine gute Rasur. Und die will gekonnt sein. Hier ein paar Tricks.

- Zur Vorbereitung die Poren öffnen und Haare einweichen. Das erleichtert die Rasur und verbessert das Ergebnis. Am besten rasieren Sie sich nach dem Duschen, feucht-warme Kompressen funktionieren aber auch.

- Ein guter Rasierschaum ist die halbe Rasur, denn er lässt die Klinge über die Haut gleiten und ermöglicht eine geschmeidige Haarentfernung. Traditionalisten setzen auf Seife, Seifenschale und hochwertige Pinsel. Wer es morgens eilig hat, kann auch auf Schaum aus der Dose zurückgreifen, Hauptsache die Inhaltsstoffe sind hochwertig und vermeiden Hautreizungen.

gkl

Unter's Messer für die Schönheit

Das kann die Plastische Chirurgie

Die Männer holen auf, eindeutig. Was früher fest in weiblicher Hand war, wird mehr und mehr Männerdomäne: die Plastische Chirurgie. Im Schnitt ist inzwischen jeder fünfte Patient männlich. Und warum? Weil auch Männer gesellschaftliche Normen, Druck, berufliche Zwänge und den vermeintlichen Wettbewerb am Arbeitsplatz, in der Diskothek oder auf dem Golfplatz spüren. Männer mit schlanken Hüften, vollem Haupthaar, straffen Augenlidern haben mehr Chancen – sowohl im Job als auch bei der Partnerwahl.

Das eigene Ego und die Gesellschaft, so das Ergebnis einer repräsentativen Umfrage der Gesellschaft für Konsumforschung (GfK) im Auftrag der Vereinigung der Deutschen Ästhetisch-Plastischen Chirurgen (VDÄPC) sind auch bei Männern die treibenden Kräfte für den Gang zum Chirurgen. Unter den rein ästhetischen Gründen steht bei Männern an erster Stelle die Vermeidung von Hänseleien. Auf Platz zwei und drei befinden sich eine höhere Zufriedenheit im Leben (fünf Prozent) und ein gesteigertes Selbstwertgefühl (vier Prozent).

Der Natur auf die Sprünge helfen

Beim „Schritt zum Schnitt" geht es Männern weniger um klassische Schönheit – es geht um Dynamik, Professionalität und Zuverlässigkeit. Diese Attribute sind es, die vermittelt werden sollen. Kein Mann wünscht sich eine niedliche Stupsnase, sondern ein Gesicht wie ein ganzer Kerl. Gerne auch wie aus dem Katalog, ein bisschen George Clooney, ein Hauch von Brad Pitt und die Bauchmuskeln von „Mr. Metrosexuell" David Beckham. Kleiner Tipp schon mal an dieser Stelle: Ein guter Chirurg kann ein „Sixpack" auch durch geschicktes Fettabsaugen formen.

Wichtig ist auf jeden Fall eine intensive, ehrliche und individuelle Beratung. Legen Sie Ihre intimsten Vorstellungen offen – nur dann ist der Arzt in der Lage, Ihren Wunsch tatsächlich Wirklichkeit werden zu lassen. Achten Sie bei der Wahl Ihres Arztes darauf, dass Sie an einen Profi geraten, der auch technisch in der Lage ist, die Zielsetzung zu realisieren. Außerdem beachten Sie den Infokasten rechts („So finden Sie einen guten Chirurgen").

 ### So finden Sie einen guten Chirurgen

Sie haben nur ein Gesicht und Korrekturen sind in der Regel bedeutend komplizierter als Erstoperationen – deshalb ist Qualitätssicherung entscheidend. Achten Sie bei der Wahl des Arztes auf diese Aspekte:

- Fachärzte sollten Mitglied in einem seriösen Berufsverband sein (z. B. VDÄPC; DGPRAEC).
- Fragen Sie Ihren Arzt nach seinen Erfahrungen; lassen Sie sich auch Bilder zeigen.
- Zwischen Beratungsgespräch und Operation sollten mindestens acht Tage liegen, damit Sie alles genau bedenken können.

Männerhaut ist anders! Schon allein der Bartwuchs macht es schwieriger, Haut bei einem Facelift rund ums Ohr unsichtbar zu vernähen. Sichtbare Narben sind für Frauen unschön, für Männer schlichtweg eine Katastrophe, ein Stigma. Das gesellschaftliche Standing, für das so hart gekämpft wird, droht ins Lächerliche zu kippen, wenn ein Lifting bemerkt wird. Die soziale Isolation nach einem Eingriff macht ihnen zu schaffen, genauso wie die Angst vor den eventuellen Schmerzen und vor „Entdeckung". Deshalb ist es mehr als unwahrscheinlich, dass ein Mann wenige Tage nach einer Lidkorrektur mit riesiger Sonnenbrille und seinen Kumpels in der Kneipe sitzt – für die meisten Frauen ist das weder eine Frage noch ein Problem. Sie gehen bummeln, essen, tanzen, obwohl die Augen noch geschwollen und blau gefärbt sind. Die Freundinnen wissen ja sowieso Bescheid und alle anderen sind ihnen egal. Für Männer wäre ein solches Verhalten ganz einfach undenkbar.

Mut zur Veränderung

Männer sind ganz einfach andere Patienten als Frauen: Sie sind erstens ängstlicher; zweitens interessierter an Details und drittens unsicher, weil sie keine „Tradition der Veränderung" haben. Mädchen lernen früh, sich zu verkleiden, zu schminken und zu frisieren, Jungs setzen höchstens mal einen Cowboyhut auf. Trotz der männlichen Ängste sprechen die Zahlen eine deutliche Sprache: Bei Lid- und Stirnlifting ist in meiner Praxis inzwischen schon jeder dritte Patient ein Mann. Dicht gefolgt von Korrekturen an Nase und Hals, Faltenbehandlungen mit Botox, weggelaserten Altersflecken und Haarwurzeltransplantationen. Das berühmte Fettabsaugen spielt gar keine so große Rolle – denn die meisten Männer, die sich so für sich und ihre Außenwirkung interessieren, schaffen es durch Sport und richtige Ernährung, Bauch und Hüften in Form zu halten.

Kommt ein Patient in meine Sprechstunde und erzählt, dass er „nicht zufrieden" ist, bin ich grundsätzlich vorsichtig: Ist es wirklich ein körperlicher Mangel, der ihn stört oder ist es eher eine allgemeine Krise, die in die Hände eines erfahrenen Psychologen gehört? Fingerspitzengefühl und Einfühlungsvermögen sind hier gefragt. Formulieren Sie deshalb klipp und klar, was Sie wollen – damit Sie später auch genau das bekommen. Sonst sind die Kosten hoch und die Enttäuschung groß. Grundsätzlich sind Körper- und Fitnesskult eine gute Entwicklung, damit auch Männer lernen, ihren Körper zu schätzen, zu pflegen und liebevoller mit ihm umzugehen.

Johannes C. Bruck

 Über den Autor

Dr. Dr. h. c. Johannes C. Bruck arbeitet seit 1999 als Plastischer Chirurg und Chefarzt an der Klinik für Plastische und Ästhetische Chirurgie am Berliner Martin-Luther-Krankenhaus. Von Faltenbehandlungen und Nasenkorrekturen über Bauchstraffungen bis hin zum Fettabsaugen bietet er ein breites Spektrum an Maßnahmen der kosmetisch-plastischen Chirurgie an. Weitere Infos unter www.dr-bruck.de.

Wenn sich das Haar lichtet

Was hilft gegen Haarausfall?

Fast einen halben Millimeter wachsen Ihre Haare jeden Tag. Sie sollten davon etwa 100.000 auf dem Kopf haben. Für viele Männer ist dieser haarige Traum allerdings früher oder später ausgeträumt. Oft haben sie damit ein größeres Problem als ihre Partnerinnen, die das zuweilen durchaus sexy finden. Ein kleiner Trost: Jeder dritte Mann über 30 und jeder zweite über 50 hat Haarausfall. Es fängt mit den Geheimratsecken an, dann lichtet sich der Hinterkopf und irgendwann ist Kahlschlag. Wenn Sie täglich mehr als hundert Haare verlieren, sollten Sie zu einem Hautarzt gehen. Er geht mit Blickdiagnose und einem so genannten Trichogramm dem Haarausfall auf den Grund. Haarverlust kann viele Ursachen haben, zum Beispiel überstandene Krankheiten, Stress, falsche Ernährung oder Nebenwirkungen von Medikamenten und muss nicht immer endgültig sein. In den allermeisten Fällen, rund 80 Prozent, ist die Glatzenbildung aber erblich bedingt („Androgenetische Alopezie") und von Dauer.

Zwar gibt es inzwischen Wirkstoffe wie Finasterid oder Minoxidil (Handelsnamen: Propecia, Proscar, Regaine), die über einen Eingriff in den Hormonhaushalt die Haare wieder zum Sprießen bringen können. Wunder sollte man davon aber nicht erwarten. Außerdem haben die nicht ganz billigen Mittel Nebenwirkungen (unter anderem Impotenz) und müssen dauerhaft eingenommen werden. Eine Alternative kann eine Haartransplantation sein. Dabei werden in mehreren Sitzungen gesunde Haare, meistens vom Hinterkopf, an die kahlen Stellen verpflanzt. Diese aufwändige Präzisionsarbeit sollte man nur von wirklichen Könnern machen lassen. Von der Implantation künstlicher Haare raten die meisten Ärzte ab. Viele Männer, die sich mit ihrer Glatze nicht zeigen wollen, greifen auch zu Perücke oder Toupet. Dank effektiver (Klebe-)Befestigungen braucht man heute keine Angst mehr vor peinlichen Slapstick-Einlagen zu haben. Beim Hairweaving werden Ersatzstücke mit dem eigenen Resthaar verbunden. Regelmäßige Pflege durch einen Fachmann ist hierbei Pflicht, weil das echte Haar weiter wächst. Bei allzu vollmundigen Versprechungen sollten Sie skeptisch sein und einen Fachmann fragen. Ominöse Tinkturen, Pillen und Salben sind fast immer reine Geldverschwendung.

Das A und O ist das richtige Styling

Mit dem Haarausfall ist es wie beim Sex: Sie können Ihre Jungfräulichkeit verlieren, aber genauso auch tollen Sex gewinnen. Ähnlich die Sache mit Ihrem Kopf: Sie verlieren Haare, gewinnen aber einen optimalen Haarschnitt, der Sie besser aussehen lassen wird denn je. Suchen Sie sich dafür den besten Friseur der Welt. Bei schwindendem Haar können Sie auch selbst beim Styling nachhelfen. Optimal wirken etwas Föhnen und das Anwenden von Conditioner. Wer das nicht mag, trägt sein Haar kürzer und nutzt Gel, um es etwas wild aussehen zu lassen. Überhaupt sind kurze Haare eher vorteilhaft. Längere Haare haben nämlich den Nachteil, dass sie am Scheitel schnell erkennen lassen, wie viel Haar wirklich vorhanden ist. Ein kürzerer Haarschnitt sorgt dafür, dass die einzelnen Haarpartien andere überdecken und der Ansatz der Haare auf der Kopfhaut nicht mehr zu erkennen ist. Dadurch wirken sie voller. Das Wichtigste bei Haarverlust ist aber Folgendes: Akzeptieren Sie, dass Sie sich verändern – genau wie das Leben.

 Surftipps

Informative Expertenseite: www.haarerkrankungen.de.

Im Forum www.alopezie.de finden Sie Austausch mit Betroffenen.

Kontakte zu Transplantationsexperten vermittelt www.vdhc.de.

Bundesverband der Zweithaar-Einzelhändler: www.bvz-info.de

Martin Franke

 Gentleys Tipp

Pflegetipps für Haut und Haar

Mit diesen Produkten setzt Mann sein Äußeres gekonnt in Szene:

☞ **Bier für die Haare**

Pils, Weizen, Export oder Dunkel – so facettenreich wie das Bier selbst sind auch seine Anwendungsgebiete. Bier ist die optimale Pflege für sprödes und ungesund wirkendes Haar und beugt außerdem Schuppen vor. Das Resultat ist seidiges Haar, das sich optimal stylen lässt.

☞ **Kartoffeln auf der Haut**

Die gelbe Knolle schmeckt nicht nur gut, sie ist auch noch gesund – im Körper und auf dem Körper. Der hohe Stärkeanteil vernichtet Mitesser und sorgt für reine und weiche Haut. So geht's: Einfach das Gesicht regelmäßig mit einer rohen, aufgeschnittenen Kartoffel abreiben.

☞ **Essen: Alles ist erlaubt**

Vitamine, Mineralstoffe und viele weitere Nahrungsinhalte sind für die Reinheit von Haut und Haar essentiell wichtig. Durch spezielle Diäten nimmt man zwar möglicherweise weniger Kalorien auf, aber auch weniger gesunde Inhaltsstoffe, die nur in bestimmten Nahrungsmitteln vorhanden sind. Es ist also alles erlaubt – wenn auch in Maßen.

☞ **Ein saftiges Steak im Gesicht**

Die saftigen Steaks entfalten ihre unwiderstehliche Kraft nicht erst auf dem Grill oder in der Pfanne. Auch roh und auf der nackten Haut wirken sie wahre Wunder. Rohe Steaks helfen bei Veilchen oder Schwellungen – ganz natürlich, ganz schnell, ganz einfach. Und wirkt so viel männlicher als sanfte Cremes.

glk

Essen wie die Urmenschen

Was Sie wann essen müssen, um topfit zu bleiben

Gute Ernährung und regelmäßiges Workout – brauchen echte Kerle so etwas? Die Antwort lautet selbstverständlich: Ja! Unsere stetig steigende Lebenserwartung haben wir, neben hervorragenden hygienischen Bedingungen in unseren Breiten, fast ausschließlich den Fortschritten der Medizin zu verdanken. Wir Männer hingegen tun leider oft nicht gerade viel für unsere Gesundheit. Im Gegenteil: Unser immer hektischer werdender Lifestyle mit dem Streben nach Erfolg, Geld und Glück, gepaart mit reichlich Druck und Stress, nachlassender Ernährungsqualität und mangelnder Bewegung raubt uns zunehmend unsere Lebenskraft. Und trotzdem leben wir länger als früher? Eigentlich ein Paradox, aber: Wie werden wir denn größtenteils als Siebzig- oder Achtzigjährige leben? Wären wir überhaupt noch am Leben ohne die „segensreichen" bunten Pillen, die uns unser Pflegepersonal täglich bringt? Wie viel Lebensqualität bietet uns unser Leben dann noch? Letztendlich geht es eben nicht darum, dem Leben mehr Jahre zu geben, sondern den Jahren mehr Leben.

Warum also nutzen wir nicht unser erfolgreiches Standing im Leben und geben uns wieder öfter die Gelegenheit, etwas mehr für uns zu tun? Gute Ernährung und regelmäßige Bewegung sind die beiden einzigen Möglichkeiten, wie wir unsere gesunde Lebensqualität aktiv und selbstbestimmt positiv beeinflussen können.

Unser Stoffwechsel tickt steinzeitlich

Werfen wir doch einmal einen Blick auf unsere Ernährung: Wir werden immer dicker. Stoffwechselerkrankungen oder ernährungsbedingte Herz-/Kreislauferkrankungen nehmen drastisch zu. Um festzustellen, was hier in den letzten fünfzig Jahren schief gelaufen ist, müssen wir einen Blick auf die Evolutionsgeschichte des Menschen werfen. Wir können auf ca. 120.000 Generationen à 25 Jahre Menschheitsgeschichte zurückblicken, also rund 3 Mio. Jahre. Von diesen 120.000 Generationen war der Mensch 119.500 Generationen lang als Jäger und Sammler unterwegs und seine Ernährung bestand daher in der Hauptsache aus Fleisch, Beeren, Wurzeln und Gräsern. Anders ausgedrückt: Aus Proteinen (Eiweiß), vielen Mineralien, Vitaminen, bioaktiven Pflanzenstoffen und sehr wenigen, aber hochwertigen Kohlenhydraten. Erst seit etwa 500 Generationen betreibt der Mensch Ackerbau und Viehzucht, was verstärkt komplexe Vollkorn-Kohlenhydrate aus Getreide in unsere Ernährung brachte. Diese komplexen Kohlenhydrate lieferten dem Menschen die Langzeit-Energie, die ihm durch die mühsame Arbeit auf dem Feld wieder entzogen wurde.

Die industrielle Verarbeitung dieser komplexen Kohlenhydrate zu einfachen Kohlenhydraten wurde im vergangenen Jahrhundert unser eigentliches Hauptproblem, denn raffinierte Zucker, modifizierte Stärken und stark verarbeitete Weißmehle, die wir heutzutage leider zu oft und zu viel konsumieren, machen unserem Körper nur Ärger. Sie liefern nach dem Verzehr sehr schnell eine riesige Menge Energie, die der Körper unmöglich so schnell verarbeiten kann. Blutzucker- und Insulinspiegel steigen sehr schnell und sehr hoch an und diese Konstellation bewirkt erstens immer Fettspeicherung in die Depots an Bauch und Hüfte und sorgt zweitens langfristig für die Begünstigung diverser Krankeitsfaktoren, wie beispielsweise Diabetes Typ 2, Arteriosklerose oder, besonders häufig bei Männern, Fettstoffwechsel- und Organschäden durch viszerales Bauchfett.

Energie für schlechte Zeiten einzuspeichern machte früher durchaus Sinn, aber heute? Im Klartext bedeutet dies, dass, evolutionsgeschichtlich betrachtet, erst seit einem relativ kurzen Zeitraum stark verarbeitete, einfache Kohlenhydrate in großen Mengen in unsere Körper eindringen, während unser Stoffwechsel eigentlich noch „steinzeitlich" tickt. Und genau dieses Missverhältnis raubt dem Körper Vitalstoffe, macht uns krank, dick, träge und schwächt somit unsere Lebenspower.

Neandertaler als Vorbild

Diese Erklärung lässt eigentlich nur einen logischen Schluss als Lösungsvorschlag zu: Essen wie ein Neandertaler. Also: Keule schnitzen, Lendenschurz basteln und ab in den Wald? Nein, wir wählen natürlich die zivilisierte, alltagstaugliche und zeitgemäße Variante. Wir verändern unseren Ernährungsstandard in Richtung proteinreich, vitalstoffreich und kohlenhydratarm.

Steinzeit-Essen für moderne Männer

- Viele Proteine
- Viele Vitalstoffe
- Wenige Kohlenhydrate

Proteine versorgen alle unsere Körperzellen mit wichtigem Baumaterial für optimale Zellregeneration und -neubildung, Vitalstoffe regeln unsere Körperfunktionen und halten unser Immunsystem in Schuss und wenige, aber dafür hochwertige und komplexe Kohlenhydrate liefern uns Ballaststoffe für optimale Verdauungsfunktionen und Energie für den Tag. Ein beispielhafter Ernährungsplan könnte dann in etwa so aussehen:

Morgens

- Zum Frühstück eignet sich Vollkornbrot, das Ballaststoffe, komplexe Kohlenhydrate und somit gute Langzeitenergie liefert. Als Proteinkomponenten eignen sich Schinken, Hühnchenbrust, fettarme Käsesorten, Naturjoghurt oder würzig-lecker angemachter Magerquark. Und für die Vitalstoffbilanz ergänzend ein bisschen Obst oder rohes Gemüse und Tee als Getränk.

- Die schnelle Kompaktvariante wäre ein selbst gemischtes Müsli (Fertigmischungen enthalten oft viel Zucker und gehärtete Pflanzenfette) aus Hafer- und/oder Dinkelflocken mit etwas Milch und Magerjoghurt, ein paar Nüssen oder Samenkörnern und frischem oder getrocknetem Obst.

- Generell sollte unbedingt gefrühstückt werden, da sich unser Körper morgens in einem katabolen (abbauenden) Zustand befindet. Alle Speicher sind leer und haben Nachfüllbedarf, außerdem braucht der Stoffwechsel einen morgendlichen Schubs, damit er erst gar nicht auf die Idee kommt, dass eine gar schreckliche Hungersnot ausgebrochen sein könnte und auf Sparflamme zurückschaltet. Ein Stoffwechsel auf Sparflamme, der zwangsläufige Nebeneffekt vieler Diäten und Hauptverantwortlicher für den berüchtigten Jojo-Effekt, muss unbedingt vermieden werden.

Zwischendurch

- Als Zwischenmahlzeiten eignen sich, sowohl vormittags als auch nachmittags, rohe Obst- und Gemüsesticks, die sich, morgens mundgerecht vorbereitet, in einer Plastikbox leicht mitführen lassen. Diese bunten Knabbereien versorgen mit zahlreichen Vitalstoffen, ohne das Kalorienkonto zu belasten. Außerdem sorgen sie für einen stabilen Energiespiegel im Blut, der Heißhungerattacken auf Junkfood verhindert.

Mittags

- Das Mittagessen sollte aus einer möglichst kompletten, ausgewogenen Mahlzeit bestehen, die noch einmal alle Nährstoffe liefert und somit die Akkus für den Rest des Tages füllt. Mageres Fleisch von Rind, Lamm oder Geflügel, bzw. gerne auch öfter mal Fisch, liefert hochwertiges Baumaterial. Dazu eine ordentliche Portion Gemüse und/oder Salat mit gutem, kalt gepresstem Oliven- oder Rapsöl, sowie ergänzend eine nicht zu große Sättigungsbeilage, Vollkornnudeln, Wildreis, Bulgur oder einer Folienkartoffel.

Abends

- Das Abendessen sollte nur ganz wenige, bei Wunsch nach Gewichtsreduktion möglichst gar keine Kohlenhydrate mehr enthalten. Alle Kohlenhydrate, die nach 18 Uhr gegessen werden, landen aufgrund nachlassender Stoffwechselaktivität am Abend zu einem Großteil in den ungeliebten Fettdepots an Bauch und Hüfte. Leider bedeutet dies auch: Abends „sündigen" wird doppelt und dreifach so hart bestraft wie während des Tages!

- Kohlenhydratarme und dafür proteinreiche Speisen, die Ihr Kalorienkonto kaum belasten und trotzdem satt machen, wären beispielsweise ein mit Salz, Pfeffer, Paprika und Zwiebeln würzig angemachter Magerquark oder Hüttenkäse mit ein paar Gemüsesticks zum Dippen, gebratenes Geflügel- oder Fischfilet mit etwas gemischtem Salat, eine Dose Thunfisch (im eigenen Saft - nicht in Öl!) mit ein paar Salaten oder einfach auch mal nur ein hochwertiger Proteinshake, der sich übrigens auch für andere Tageszeiten als Mahlzeitenersatz bestens eignet.

Trinken

- Bedauerlicherweise gewöhnen sich viele Menschen regelmäßige Flüssigkeitsaufnahme regelrecht ab, so dass nur noch zu den Mahlzeiten getrunken wird. Der tägliche Bedarf liegt aber bei einem dreiviertel Liter je 20kg Körpergewicht. Geeignete Durstlöscher sind Wasser, Tees oder dünne Saftschorle. Nicht geeignet sind dagegen Limonaden, Colagetränke, Säfte und alkoholische Getränke.

Wer sich um seine Ernährung kümmert, für den ist es kein Problem, zwischendurch mal ein bisschen zu „sündigen". Völlig egal, ob es sich dabei um ein Bierchen, ein Gläschen Wein, ein Stück Schokolade, einen Burger, einen Döner oder eine Pizza handelt – es bleibt immer eine Ausnahme, die Sie ohne schlechtes Gewissen genießen sollten, die an Ihrem guten Standard nichts ändern wird und deshalb von Ihrem Körper problemlos verkraftet wird. „Die Dosis macht das Gift", erkannte schon Paracelsus.

Proteine als Fettkiller

Clever eingesetzt kann Nahrungseiweiß als echter Fettburner fungieren. Immer wenn wir essen, geht ein Teil der aufgenommenen Energie gleich wieder für die zu leistende Verdauungsarbeit drauf. Im Vergleich zu Fetten und Kohlenhydraten kostet die Verdauung von Proteinen am meisten Energie. Im Klartext: Protein zu verdauen, bedeutet für den Körper viel Arbeit und fordert somit den größten Energiebedarf.

Die bevorzugte Energiequelle des Körpers sind bekanntlich Blutzuckermoleküle aus Kohlenhydraten, und immer wenn davon keine da sind, werden langkettige Fettsäuren aus den ungeliebten Depots herausgelöst und zur Energiegewinnung herangezogen. Wenn wir nun ab 18 Uhr keine Kohlenhydrate mehr essen, dürfte unser Blutzuckerspiegel gegen 22 Uhr relativ weit unten sein. Wer jetzt dem Körper noch einen kräftigen Proteinschub in Form eines hochwertigen Shakes (0,3l Wasser, 0,1l Milch und 2EL ungesüßtes Mehrkomponentenprotein) zuführt, erzielt damit mehrere positive Effekte:

- Kein Hungergefühl im Bett
- Gute Zellversorgung und Regeneration über Nacht
- Ausschüttung des Hormons Glukagon, welches die Fettverbrennung fördert
- Gewinnung der benötigten Verdauungsenergie vorwiegend aus Depotfett, da keine Kohlenhydrate mehr im Blut sind

Verstärkt wird dieser Effekt durch das regelmäßige Absolvieren eines Trainingsprogramms, da dies die Proteinsynthese und den gesamten Stoffwechsel optimiert, womit wir auch schon bei der zweiten Möglichkeit wären, mit der wir unsere Gesundheit aktiv beeinflussen können. Lesen Sie dazu meinen Beitrag „Die perfekte Trainingswoche".

Jürgen Scharnagl

 Über den Autor

Jürgen Scharnagl arbeitet als ganzheitlicher Ernährungsberater, Fitness- und Personaltrainer sowie als Dozent und Autor. Seine Leidenschaft für eine gesunde, sportgerechte Ernährung war die logische Konsequenz aus seinem Beruf als Koch und seinem Hobby Sport. Mehr Informationen unter www.eatright-feelgood.de.

Auf den Leib geschneidert

Welchen Anzug Sie wann tragen sollten

Genau wie alle anderen Kleidungsstücke hat sich auch der Anzug immer wieder der jeweiligen Mode angepasst. Vor allem in den 60er, 70er und 80er Jahren wurde viel an ihm gebastelt. Zuerst bekam er sehr schmale, dann übergroße Revers verpasst, im Schnitt wurde von sehr stark tailliert bis oversized alles ausprobiert. Jeder Designer wollte den Anderen übertreffen. Doch gibt es eine klassische Form, welche sich bis in die Neuzeit gerettet hat.

Der klassische Anzug

Heute tragen wir wieder den klassischen Anzugsschnitt, der nie aus der Mode kam und wohl auch nie kommen wird. Ein zeitloser Schnitt passt zu jeder Gelegenheit und weist folgende Merkmale auf:

- Ein langes, schmal geschnittenes Jackett.
- Flache und leicht gepolsterte Schultern.
- Die Breite des Revers entspricht weniger als der Hälfte der halben Brustpartie, es ist also rund sechs bis sieben Zentimeter breit.
- Die Taschen des klassischen Jacketts sind paspeliert.
- Legerer wirkt das Jackett, wenn es mit Taschenklappen ausgestattet ist.
- Die klassische Anzughose ist nicht zu weit geschnitten und ist an jeder Seite ohne oder mit einer Bundfalte versehen.
- Scharfe Bügelfalten ohne Aufschläge an den Hosenbeinen sorgen für den richtigen Fall.

Ein guter klassischer Anzug zeigt sich nach wie vor in gedeckten Farben: Mit schwarz, grau oder dunkelblau liegen Sie immer richtig. Es muss aber nicht immer uni sein: Mit Fischgrätmustern oder feinen Nadelstreifen bringen Sie Abwechslung in Ihren Kleiderschrank. Genauso entscheidend wie die Farbe ist auch die Wahl des passenden Stoffes: Je offizieller der Anlass, desto feiner sollte der Wollstoff sein. So ist ein Gentleman auf Business-Terminen in einem Flanellanzug korrekt gekleidet, bei legeren Einladungen oder auf dem Land ist ein Anzug aus robusterem Tweedstoff die richtige Wahl.

Einreihig oder zweireihig?

An der Frage, ob der Einreiher oder der Zweireiher eleganter ist, scheiden sich die Geister. Es ist eine Frage der Überzeugung. Fest steht aber, dass jeder Gentleman mindestens jeweils ein Exemplar der beiden in seinem Schrank haben sollte. Damit ist er für alle Eventualitäten und Anlässe gut gerüstet.

Der Einreiher

- Vor allem tagsüber im Büro fühlen sich die meisten Männer im einreihigen Anzug am wohlsten. Wie leger man darin wirkt, hängt auch davon ab, über wie viele Knöpfe das gute Stück verfügt. Ein klassischer Einreiher kann mit einem oder mit drei Knöpfen ausgestattet sein. Je weniger Knöpfe, desto lässiger wirkt der Anzug. Sind zu viele Knöpfe vorhanden, wirkt das schnell altbacken. Bei einem wichtigen Business-Termin sollten Sie also lieber zu einem drei-knöpfigen Jackett greifen.

Der Zweireiher

- Wenn Sie lange nicht mehr beim Sport waren und ihr Bauch das beweist, dann können Sie ruhig öfter zum Zweireiher greifen. Die doppelte Knopfleiste lenkt optisch ab und macht den Zweireiher zum perfekten Bauchverstecker. Wegen seiner doppelten Reihe wirkt der zweite Anzugsklassiker etwas strenger und förmlicher als sein einreihiger Kollege. Wichtig beim Zweireiher: Er muss im Stehen und Gehen immer geschlossen werden, da die Revers ansonsten übereinander flattern. Auch sollten Sie unter Zweireihern keine Weste anziehen, die passen besser zu einreihigen Anzügen.

Der Smoking: Klassiker am Abend

Nur in deutschsprachigen Ländern wird er Smoking genannt und deshalb fälschlicherweise auch als „Raucheranzug" bezeichnet. Tuxedo heißt er in den USA, Dinner Jacket in England. Nicht zu verwechseln mit White Dinner Jacket, einer weißen Smokingjacke, die bei uns nur Dinner Jacket genannt wird. Der Raucheranzug dagegen ist meist andersfarbig, etwa in Bordeaux, und wurde von den Gentlemen nur im Rauchersalon getragen. Die ausschließlich den Männern vorbehaltenen Raucherzimmer sind allerdings mit der Zeit aus der Mode gekommen, und auch den Raucheranzug gibt es so gut wie nicht mehr.

Der Smoking dagegen ist präsent wie eh und je. Im Theater allerdings für gewöhnlich nur bei Premieren. Für einen normalen Theaterbesuch ist heute ein dunkelblauer oder grauer Anzug das korrekte Kleidungsstück. Wenn heute auf einer Einladung zum Dinner von „black tie" die Rede ist, wissen Sie genau, dass Sie den Smoking aus dem Schrank holen müssen. Bei allen Veranstaltungen, die noch festlicher oder offizieller sind, ist der Frack gefragt. Die Grenzen zwischen Smoking-Anlass und Frack-Anlass sind allerdings fließend. Auf die folgenden Merkmale sollten Sie beim Smoking achten:

- Der klassische Smoking ist in der Regel nicht schwarz, sondern mitternachtsblau.
- Die Hose hat keinen Umschlag und an der Seite einen Satinstreifen.
- Zum „black tie" trägt man einen Kentkragen, der „Vatermörderkragen" wird klassischerweise nur zum Frack getragen.
- Schwarze Fliege und ein schwarzer Kummerbund gehören dazu.
- Optional zum Kummerbund bietet Wilvorst oder McGentleman Smokings sogar eine Weste an – obwohl dies sicherlich etwas extravagant wirken kann.

- Schuhe: Schwarze Oxford aus Lackleder
- Schmuck: Flache silberne Manschettenknöpfe, flache silberne Uhr mit schwarzem Lederarmband

Der Frack: Für Feste

Bei einer offiziellen Einladung wird „white tie", der Frack vorgeschrieben. Andere Anlässe mit „Frack-Pflicht" sind Premieren, Festaufführungen und Abendbälle. Das alles gehört zu einem klassischen Frack:

- Ein weißes Hemd mit gestärktem Brustteil, eingesetzten Zierknöpfen, Doppelmanschette und „Vatermörderkragen"
- Eine weiße Fliege
- Eine Weste aus steifem Pikee, die einen tiefen Reversausschnitt zeigt. Der unterste Knopf muss immer geschlossen werden
- Eine Hose ohne Umschlag und doppeltem Satinstreifen an der Seite
- Accessoires: Ein weißes Einstecktuch
- Besonders elegant: Anstatt einer Armbanduhr eine goldene Taschenuhr auf der linken Seite
- Schuhe: Schwarz, glatt, aus Lackleder

 Drei Frack-Gesetze

1. Tragen Sie die zweireihige Jacke nicht geschlossen.

2. Setzen Sie sich nie auf die „Schwalbenschwänze".

3. Der Festanzug darf nicht das Tageslicht sehen. Bei einer Einladung am Morgen oder am Nachmittag lassen Sie ihn daher besser im Schrank.

Wie finden Sie den perfekten Anzug?

Einen perfekt geschnittenen Anzug zu finden, der Ihnen auch gut steht, ist leider nicht die einfachste Sache der Welt. Viele Faktoren müssen stimmen, bis der Anzug richtig sitzt, von der Länge der Hosenbeine über die Breite der Schulterpolster bis hin zur Form des Kragens. Beachten Sie beim nächsten Einkauf unsere Checklisten. Wenn Sie die folgenden Punkte mit „Ja" beantworten können, dann haben Sie das passende Jackett gefunden.

Checkliste Jackett

☐ Das Jackett bedeckt die Hälfte des Körpers.

☐ Die Revers liegen an der Brust an.

☐ Der Taillenknopf sitzt auf der Höhe des Bauchnabels.

☐ Die Ärmel reichen bis zum Handgelenk, die Manschetten schauen etwa einen Zentimeter unter dem Saum hervor.

- ☐ Der Kragen liegt am Nacken an, aber schneidet Ihnen nicht die Luft ab.
- ☐ Etwa ein Zentimeter des Hemdkragens ist im Nacken oberhalb des Jacketts sichtbar.
- ☐ Am Rücken bilden sich weder Quer- noch Längsfalten.
- ☐ Die Knöpfe des Jacketts lassen sich leicht schließen, auch wenn Sie nicht den Bauch einziehen.

Checkliste Hose

- ☐ Der Bund ist so weit, dass die Hose weder kneift noch rutscht.
- ☐ Das Hosenbein liegt vorne leicht auf dem Schuh auf, so dass sich ein Knick bildet.
- ☐ Hinten schließt der Hosensaum mit dem Absatz ab.
- ☐ Die Bügelfalte der Hose fällt gerade über das Knie auf die Schuhe. Wenn Sie zur Seite zieht, weist das auf einen fehlerhaften Schnitt hin.

Claudius Osthoff

 Über den Autor

Claudius Osthoff betreibt mit „McGentleman" eine Anzugmanufaktur, die ganz ohne Ladenlokal auskommt. Via Internet bietet er seinen Kunden aus der Schweiz, Liechtenstein, Österreich und Deutschland Maßkonfektion an. Qualität, persönliche Beratung sowie tadellose Passgenauigkeit sind die wichtigsten Säulen seines Unternehmens. Weitere Infos unter www.mcgentleman.com.

Das richtige Outfit für den Job
Mit dieser Business-Kleidung liegen Sie richtig

Kleidung ist ein Teil unserer Kommunikation. In diesem Kontext sollte sie auch betrachtet werden, wenn es um berufliche Belange geht. Da es keine Regel ohne Ausnahme gibt, erkennt man den Profi daran, dass er die Regel interpretieren kann und gegebenenfalls dieser sogar zuwider handelt. Gemäß dem Motto: Die beste Kleidung kann die schlechteste Aussage haben.

Bei der täglichen Kleiderwahl sollte man daran denken, dass man sein Unternehmen nach außen repräsentiert. Die Gedanken sollten darum kreisen: Wer kommt heute zu mir? Wo gehe ich heute hin? Auf wen treffe ich? Das Business-Outfit ist eine Mitteilung an die Gesprächspartner. Man kleidet sich also im Berufsleben gemäß dem Image, welches man gestalten möchte. Verkauft man beispielsweise Investitionsgüter auf Vorstandsebene, muss die Kleidung Professionalität und Glaubwürdigkeit ausstrahlen. Aber auch dem Dresscode des Kunden sollte man Beachtung schenken. In einem mittelständischen Betrieb in ländlicher Gegend im schwarzen Armani-Anzug aufzutreten wäre unpassend. Die Devise heißt: Treffsicher kleiden.

Knittertest für das richtige Image

Der Anzug ist ein Kernstück des Business-Outfits. Wichtig bei der Grundausstattung sind ein guter Sitz und Qualität. Hier gilt die Regel: Wer billig kauft, kauft teuer. Denn schlechte Passform ist schlechter Stil. Die Stoffqualität zeigt sich bereits nach wenigen Kilometern Autofahrt. Gute Stoffe knittern nicht so leicht und hängen sich schneller wieder aus. Der Knittertest in der Faust beim nächsten Anzugkauf ist erlaubt. Der richtige Stoff wird sich nach dieser Tortur schnell wieder entfalten und nur wenige Knitterfalten aufweisen.

Business-Hemd

Ein Hemd zum Anzug ist immer langärmelig. Es sollte unter dem Sakko-Ärmel 1 – 1 ½ Zentimeter heraus schauen und dadurch das Sakko schonen. Ein Business-Hemd sollte möglichst in hellen Farben gewählt werden, damit durch den Kontrast zum Anzug beim Schließen des Sakkos ein helles Dreieck entsteht, das zum Gesicht hinführt. Hemden können einfarbig, gestreift oder kariert sein. Das Karo sollte allerdings kein mehrfarbiger oder allzu grob gemusteter Holzfällerverschnitt sein, sondern nur aus der weißen Grundfarbe und einem einfarbigen Karostreifen bestehen. Das wirkt edler und vornehmer.

> **Gepflegter Auftritt von Kopf bis Fuß**
>
> Gepflegtes Auftreten ist ein Muss für Gentlemen. Sowohl Gesichtshaar, Frisur und Nackenhaare sollten gut getrimmt sein und der Männerduft nur flüstern.

Ob der Hemdkragen in der klassischen Version „Kent" oder lieber der Haifischkragen gewählt wird, ist der Kopf- und Halsgröße überlassen. Der Haifischkragen passt gut zu einem "dicken" Hals und breitem Kopf, der Kentkragen eher zu einem schmalen Gesicht und kleinen Hals. Ein Button-Down-Kragen wird ohne Krawatte getragen und ist kein klassisches Business-Hemd. Es ist den Freizeithemden zuzuordnen.

Unter dem Hemd trägt man keine T-Shirts, sondern besser ein (Business-)Unterhemd. Die Ärmel enden dabei an der Schulterkugel und der Ausschnitt ist V-förmig oder tiefer Rundhalsausschnitt, sodass das Unterhemd nicht sichtbar wird, wenn der oberste Knopf geöffnet ist.

Krawatten

Mit Krawatten rundet der Herr seinen Stil ab. Krawatten sind aus Seide und mit einem dezenten Dessin. Bitte keine Comics, Weihnachtsmänner, Krawatten aus Strick, Holzteilen oder Leder tragen, wenn man ernsthafte Geschäfte machen möchte. Mit Krawatten passend zum Anlass und zum Anzug rundet man den perfekten Auftritt ab. Gerne darf Farbe eingesetzt werden – deren Wirkung sollte man sich jedoch bewusst sein. Auf Krawatten-Clips darf verzichtet werden, solange diese noch aus der Mode sind. Die Krawattenspitze endet bei Männern mit üblichen Längenproportionen an der Gürtelschnalle.

Accessoires für Herren

Neben der Krawatte gelten Gürtel, Armbanduhr, Manschettenknöpfe und ein oder zwei Ringe als die einzigen Accessoires, mit denen Gentlemen ihr Outfit schmücken können. Uhr und (Ehe-) Ringe sind eher dezent gehalten. Die Uhr sollte unter die Manschette passen und möglichst kein Kautschuk-Armband aufweisen. Der Gürtel muss farblich zu den Schuhen passen. Alles andere wie Kette, Ohrringe oder Armband sind Tabu, bzw. so zu tragen, dass sie nicht sichtbar sind. Gleiches gilt für Piercings und Tattoos. Falls Sie die Initialen Ihrer Liebsten auf den Arm gestochen tragen, freut das vielleicht Ihre Freundin, aber nicht Ihren Geschäftspartner.

Schwarz, blau oder grau?

Die klassischen Farben des Anzugs sind in Deutschland: blau, grau und braun. Schwarz ist eine Anlassfarbe und wird dennoch häufig im Geschäftsleben getragen. Man sollte dabei die Wirkung, die der schwarze Anzug auf den Gegenüber ausübt, nicht außer Acht lassen. Im Erstkontakt wirkt dieser Anzug sehr autoritär und mächtig und hilft dabei wenig den Gesprächspartner zu öffnen.

Blaue und graue Anzüge wirken weniger streng und geben dem Gegenüber mehr Raum. Der braune Anzug passt nicht in jede Branche, doch wer sich damit wohl fühlt, zeigt im Erstkontakt eine sehr freundliche und sympathische Farbe, die Vertrauen weckt.

Offen oder zu?

Ein Anzug wird im Stehen stets geschlossen getragen. Sobald der Herr aufsteht, wird mindestens ein Knopf geschlossen. Der unterste Knopf bleibt jedoch immer offen.

Schuhe und Strümpfe

An gepflegten Schuhen führt kein Weg vorbei. Selbst Kleinigkeiten wie kaputte Schnürsenkel oder das Preisschild an der Sohle können dem Geschäftspartner ins Auge stechen und er wird es dementsprechend beurteilen. Zu einem abendlichen Anzug sollten keine braunen Schuhe kombiniert werden, hier wählt der stilvolle Herr besser die schwarzen Lederschuhe aus. Schuhe zum Anzug sind immer aus Leder und werden geschnürt.

Die Wahl der Socken richtet sich nach dem Dunkelsten am Outfit und dies sind meistens die Schuhe. Wichtig ist vor allem, dass die Socken lang genug sind. Der Herr sollte darauf achten, dass beim Überschlagen der Beine keine nackte Haut zwischen Hosenbein und Socken hervor blitzt. Der Kontrast lenkt den Blick der Anwesenden auf die Füße, nicht ins Gesicht. Und wer will das schon?

Surftipp
Weitere Infos zum formvollendeten Outfit finden Sie unter www.korrekt.de.

Christina Tabernig und Anke Quittschau

Gentleys Tipp

Dresscodes und was sie bedeuten
Einladungen richtig lesen

Bei vielen Einladungen werden Dresscodes angegeben. Damit Sie für jeden Anlass die richtige Garderobe finden, vergegenwärtigen Sie sich bitte folgendes Vokabular:

☛ „Business Casual"
Die Krawatte kann beim „Business Casual" im Schrank bleiben. Es reicht völlig, eine Kombination aus Sakko und Hose in Verbindung mit einem gerne auch farbigen Hemd zu tragen. Grundsätzlich gilt: Was im Büroalltag akzeptabel ist, kann getragen werden.

☛ „Business Attire"
Als gehobene Variante des „Business Casual" sind hier Braun- und Blautöne erlaubt. Der komplette Anzug ist allerdings Pflicht. Zusammen mit der Krawatte.

☛ „Black Tie"
Damit ist der klassische Smoking gemeint. Schwarz, mit weißem Dinner-Shirt, schwarzer Fliege sowie schwarzen Socken und Lederschuhen. Farbliche Einflüsse sind tabu. Black Tie steht für die edle Abendgarderobe.

- **„White Tie"**

  Wird auch „full evening dress" genannt. Pflicht dabei ist ein Frack (einreihig), ebenso schwarz wie Frackhose. Die weiße Frackweste samt Frackhemd und weißer Fliege runden das Outfit ab. Zylinder und Handschuhe sind nicht mehr vorgeschrieben, aber auch nicht verboten.

- **„Cocktail"**

  Als Kleidungshinweis für elegante Abendanlässe, umfasst „Cocktail" einen dunklen Anzug mit Bügelfalte, im Regelfall kombiniert mit dunkler Krawatte und Schnürschuhen.

- **„Informal"**

  Dunkelgrau oder schwarz sollten bei „Informal" die dominierenden Farben sein. Sakko, Hose und Schuhe in dunklen Farben. Bei Hemd und Krawatte sind dunkle Farbtöne zur Auflockerung gestattet.

- **„Tenue de Ville"**

  „Tenue de Ville" ist französisch und beschreibt den Straßendress. Ein dezenter Anzug in eher dunkel gehaltenen Farben oder eine Kombination aus Jackett und Hose in Verbindung mit einem einfarbigen, gerne auch subtil gemusterten Hemd. Krawatte, Socken und Schuhe sollten hingegen wieder in dunklen Farben gehalten sein.

cos

Solide Basis

Schuhe für den modernen Mann

Ein passender Schuh ist die Grundlage einer guten Garderobe und das Aushängeschild einer Gesamterscheinung. Ein bekannter amerikanischer Spruch trifft den Kern: "If you want to know if a fellow is well dressed, simply look down!"

Warum soll man(n) eigentlich mehrere Schuhe besitzen? Zum einen erhöht sich die Langlebigkeit, da bei mehreren Schuhen häufiger gewechselt werden kann. Andererseits hat man eine verbesserte Kombinationsmöglichkeit zu den jeweiligen Outfits. Zu beachten ist aber eine bestimmte Harmonie bei den Schuhmodellen. Schuhe mit glattem Oberleder und dünner Ledersohle wirken wesentlich eleganter als z.B. Schuhe des Modells Derby mit gelochtem Oberleder und kräftiger Laufsohle.

Schuhmodelle im Überblick

Oxford

- Der Oxford wird meist aus glattem schwarzem Boxcalfleder ohne Lochungen gefertigt. Er eignet sich hervorragend als eleganter Business- und Abendschuh.

Derby

- Der Derby ist eher die rustikale Variante. Er ist sportlich und meist gelocht, was man bei Schuhmodellen als Brouge bezeichnet. Das bekannteste Modell unter den gelochten Derbys ist der Budapester, der sehr gut zu blauen klassischen Jeans passt.

Monk

- Der Monk ist ein eleganter Halbschuh, der mit Schnallen anstatt einer Schnürung versehen ist. Es gibt auch eine Variante mit zwei Schnallen. Diese ebenfalls elegante Schuhform wird „Doublemonk" genannt.

Loafer

- Der Loafer gehört vielmehr in die Kategorie Freizeitschuh als in den Berufsalltag. Er wird meist in hellen braunen Farben angeboten. In dunklen Farben eignet er sich auch für den Abend. Er ist sehr passend zur legeren Stoffhose.

Norweger

- Eine Abweichung vom Derby ist der Norweger, der ebenfalls einen rustikalen Charakter aufweist. Man sieht ihn oft mit einer leichten Profilsohle, die sein Aussehen in Kombination mit einer kräftigen Cordhose unterstreicht.

Woran erkennen Sie Qualität?

Gute Konfektionsschuhe gibt es zu sehr unterschiedlichen Preisen. Zur Einstiegsklasse zählen etwa Schuhe der Hersteller Loake, Trikkers, Lottusse, Heschung. Im mittleren Preissegment sind Alden, Crockett & Jones, Dinkelacker, Ellen Admons sowie Ludwig Reiter folgende zu nennen. Das Hochpreissegment wird von John Lobb Paris, Edward Green und Berluti gebildet.

Ein guter Schuh ist rahmengenäht. Dies unterscheidet ihn von den üblichen im Handel erhältlichen maschinell geklebten Schuhen. Ein rahmengenähter Schuh wird mit der GoodYear Maschine hergestellt. Bei einigen industriell gefertigten Schuhen findet man den Aufdruck „GoodYear welted". Renommierte Schuhhersteller sind mindestens 20 Jahre auf dem Markt, einige von ihnen schon über 100 Jahre. Hochwertige Materialien wie z.B. Oberleder und Sohlenmaterial sind allein bereits im Einkauf sehr kostenintensiv; höhere Qualität hat ihren Preis.

 „No brown after six!"

Nach 18 Uhr sollten Sie schwarze Schuhe tragen. Braune Schuhe eignen sich eher für tagsüber. Und als Fauxpas gelten zweifarbige Schuhe zu Businessanlässen.

Warum Maßschuhe?

André Kostolányi, gebürtiger Ungar und als Börsenexperte weltweit bekannt, sagte einmal: „Seit frühester Jugend trage ich Maßschuhe, denn bereits mein Großvater und mein Vater trugen sie. Dies war früher in bürgerlichen Kreisen selbstverständlicher als heute. Für mich persönlich ist ein guter Schuh zur Beurteilung eines wahren Gentleman immer wichtiger als der Anzug gewesen."

Für die Anschaffung von Maßschuhen gibt es verschiedene Gründe. Neben der Individualität, der Möglichkeit der Mitgestaltung von Schönheit und Ästhetik ist vor allem der Wunsch nach höchster Passgenauigkeit maßgebend. Eine solch genaue Anpassung des Schuhs an die Anatomie des Fußes ist mit Konfektionsschuhen nicht zu erreichen. Mit einem Maßschuh drückt Sie garantiert nichts am kleinen Zeh oder an der Ferse oder sonstwo. Der Schuh wird so genau angepasst, dass er beinahe wie eine zweite Haut erscheint.

Nach dem Vermessen des Fußes folgt eine Analyse der medizinischen Notwendigkeiten. Unterschiede vom linken und rechten Fuß werden selbstverständlich berücksichtigt. Das Vermessen und der Abdruck der Füße gewährleisten eine präzise Herstellung des Leistens. Danach folgen Konstruktion und Anfertigung eines Schaftes für Probeschuhe. Diese bestehen aus Echtleder und lassen die Formgestaltung, Gehfalten und die Passgenauigkeit des späteren Schuhpaares bereits erkennen. Die Probeschuhe werden mit hellem Futterleder ausgelegt, auf dem der Fußabdruck Information über eventuell vorhandene Druckpunkte hinterlässt. Nach einem Probetragen wird der Leisten entsprechend korrigiert. Erst bei 100% Passform wird der Originalschuh angefertigt.

Wartung und Pflege

Der Schuhspanner

- Unentbehrlich ist ein guter Schuhspanner, am besten einer, der auf Maß geschliffen wurde. Sie bewahren die Form, speziell im Gehfaltenbereich. Durch ein Querblatt im Vorfußbereich wird die Gehfalte heraus geformt. Schuhspanner bestehen im Idealfall aus einem offenporigen Holz wie etwas aus Zedernholz, das schweißaufsaugend wirkt. Am besten werden die Spanner direkt nach dem Tragen eingesetzt. Gleichzeitig sollte man die aufgespannten Schuhe mindestens einen Tag ruhen lassen. Das fördert eine hohe Langlebigkeit der Schuhe. Wenn keine Schuhspanner eingesetzt werden, führt der aggressive Schweiß zur Brüchigkeit des Leders – es verbrennt geradezu, daher der Name Brandsohle. Diese ist die Seele des Schuhs. Ist sie beschädigt, ist der Schuh irreparabel.

Schuhe putzen

- Vor dem eigentlichen Schuheputzen sollte man die Schnürsenkel entnehmen. Nach dem Tragen muss man zuerst die Schuhe abstauben. Danach werden sie mit Schuhcreme geputzt. Hier gilt das Prinzip „Weniger ist mehr". Putzen Sie lieber öfter, aber dafür mit ganz wenig Creme. Zu viel Creme vertrocknet nämlich zu einer harten Kruste auf dem Leder, welches späteres Polieren eindeutig erschwert.

- Die Rahmenfalz mit der Doppelnaht muss mittels der Einstreichbürste immer mit eingestrichen werden. Überflüssige Schuhcreme ist mit einem Baumwolllappen zu entfernen. Zum Schluss sind die Schuhe ein wenig in Ruhe zu lassen und abschließend auf Glanz zu polieren. Auf jeden Fall sollte man auf Selbstglanzmittel verzichten, da diese zwar sofortigen Glanz erzeugen, aber auf Dauer das Leder durch ihren hohen Chemieanteil austrocknen und somit dauerhaft schädigen.

> **Profi-Tipp**
>
> Zum Polieren verwenden Sie am besten ganz einfach Spucke.

Schuhlöffel

- Beim Anziehen muss man unbedingt immer einen Schuhlöffel verwenden, da sonst die Ferse ihre Form verliert. Steigen Sie nämlich immer wieder zu schnell in den Schuh, bekommt die Ferse Dellen und biegt sich nach innen.

Trocknen

- Die Schuhe darf man nie auf der Heizung trocken, da dies das Leder hart und brüchig macht und die Klebstoffverbindung löst. Ist der Schuh extrem nass geworden, wird er im Innenraum mit Zeitungspapier gefüllt und auf die Seite gelegt, damit die Ledersohle mit trocknen kann.

Pausen

- Schuhe brauchen nach dem Tragen eine Ruhepause von etwa 48 Stunden. Gönnen Sie Ihren Schuhen eine Pause, damit das Leder wieder „aufatmen" kann. Ein täglicher Schuhwechsel ist daher ratsam.

Aufbewahren

- Nach dem Tragen bewahrt man die Schuhe am besten in einem gut durchlüfteten Regal auf. Bitte niemals in einer Plastiktüte oder ähnlichem, da sonst das Leder anfängt zu schimmeln.

Regelmäßige „Wartung"

- Schuhe müssen regelmäßig und rechtzeitig von Ihrem Maßschuhmacher „überholt" werden. Der Schuh ist aus mehreren Schichten gebaut (Sohle und Absatz). Maximal bis zur ersten Laufschicht darf der Schuh abgelaufen werden. Die klassischen ersten Reparaturarbeiten sind in der Regel das Einsetzen einer Lederspitze, plus die Absatzlaufflecken, gegebenenfalls noch das frische Beziehen der Decksohle. Eine Komplettreparatur ist erst nach dem Durchlaufen der Ledersohle nötig.

Matthias Vickermann

 Über den Autor

Matthias Vickermann betreibt gemeinsam mit seinem Geschäftspartner Martin Stoya die Schuhmanufaktur und Werkstatt „Vickermann & Stoya". Die beiden Schuhexperten haben zwei Läden in Baden-Baden. Vickermann & Stoya fertigen klassisches Maßschuhhandwerk mit modernem Touch an. Spezialisiert haben sie sich auf Rennfahrerschuhe und Exotenleder. Mehr Infos unter www.vickermannundstoya.de.

Sportlerfüße mit Stil

Schuhe für's Golfen, Segeln und Jagen

Für fast jeden Sport gibt es heutzutage bereits eine spezielle Schuhlösung. Sportschuhe nach Maß entsprechend den unterschiedlichen sportlichen Anforderungen stellen den Superlativ in der Sportschuhherstellung dar. Der Maßschuhmacher muss den bestmöglichen Schutz der hoch belasteten Füße, höchste Funktionalität und individuelle Passform miteinander verbinden. Wichtig ist es, die Erfordernisse an die jeweiligen Einsatzfelder zu berücksichtigen.

Rennfahrerschuhe

- Der Fußraum im Cockpit bietet nicht viel Platz. Um eine Fehlbedienung der Pedalerie zu vermeiden, sind die Schuhe im Vorfuß besonders schlank und die Sohle eng anliegend. Die Fersenpartie ist in allen Richtungen rund ausgearbeitet, um ein schnelles Wechseln der Pedale zu gewährleisten. Zwischen dem Oberleder, das grundsätzlich schwer entflammbar ist, und dem Innenfutter ist zusätzlich Kevlargewebe eingearbeitet, um die Feuerfestigkeit weiter zu erhöhen. Nebenbei werden keine Ösen oder andere metallische Gegenstände verwendet, da diese bei Feuer zu erheblichen Brandverletzungen führen können. Je nach Ausarbeitung kosten derartig professionelle Sportschuhe ab ca. 900 Euro.

Golfschuhe

- Da sich Golfspieler in der Regel vier bis fünf Stunden auf einem Golfplatz aufhalten, liegt die größte Anforderung an einen Golfschuh im Bereich des anatomisch geformten Fußbettes. Dieses beinhaltet insbesondere eine Fersenschale, eine innere Längsgewölbestütze und eine Pelottenausarbeitung. Da das Gras oft sehr feucht ist, muss eine Membranschicht zwischen Oberleder und Innenfutter eingezwickt sein, die die Feuchtigkeit (Schweiß) von innen nach außen leitet, aber das Eindringen der Nässe von außen nach innen verhindert.

- Golfschuhe werden am besten „flexibelgenäht". Dadurch können, wie der Name schon sagt, sowohl ein flexibler als auch leichter Tragekomfort garantiert werden. Die Sohle besteht aus Kunststoff. Sie dient ebenfalls der Gewichteinsparung als auch der Feuchtigkeitsresistenz. Gleichzeitig verfügt die Sohle für eine längere Lebensdauer über auswechselbare Golfspikes.

- Golfschuhe nach Maß sind sowohl in klassischem Design, mit Golflasche, als auch in moderner Art, durch Kombination mit Exotenleder, orderbar. Bis auf Nubuk- und Velourleder, die eine geringere Wasserabweisung haben, eignen sich alle Glatt- und Strukturleder zur Herstellung von Golfmaßschuhen. Maßschuhe für den Golfsport beginnen preislich bei ca. 1.200 Euro.

Segelschuhe

- Da diese Schuhe extremen Naturbedingungen wie etwa Salzwasser und besonders intensivem Sonnenlicht ausgesetzt sind, muss das Leder stark wasserabweisend als auch sehr schnell trocknend sein. Am besten eignet sich dickes fettgegerbtes Leder, wenn möglich hydrophobiert. Auf ein Fußbett wird, wenn möglich, verzichtet, da sich dieses ebenfalls nur mit Wasser voll saugen würde. Vorder- und Hinterkappen werden aus diesem gleichen Grund ausschließlich aus Kunststoff angefertigt. Für Segelschuhe wird eine helle rutschhemmende Kunststoffsohle empfohlen, die einerseits den überwiegend hellen Farbtönen des Segelsportes am besten zu Gesicht steht und nicht abfärbt, und andererseits durch geringes Profil verhindert, Schmutz über das Bootsdeck mitzuschleifen. Wegen des häufigen Kontaktes mit Wasser müssen die Schnürösen aus nicht rostendem Material sein. Maßsegelschuhe beginnen preislich bei ca. 900 Euro.

Jagd- und Pirschstiefel

- Da bekanntlich gerade bei einer Treibjagd sehr viel gelaufen wird, ist bei Jagdstiefeln höchste Passgenauigkeit erforderlich. Wegen des unebenen Waldbodens droht die Gefahr des Umknickens. Durch einen hohen Stiefelschaft kann ein guter Halt garantiert werden. Unabdingbar ist eine Rollenausarbeitung im Vorfußbereich, die das Gehen mit solch stabileren Schuhen erleichtert. Für kälteres Wetter hilft es, das Innere des Stiefels mit Lammfellfutter auszuschlagen und das Fußbett von unten mit einer Aluminiumschicht zu isolieren.

- Sowohl Jagd- als auch Pirschstiefel werden immer in zwiegenähter Machart angeboten. Dieses Nähverfahren verhindert etwa das seitliche Eindringen von Wasser und erzeugt gleichzeitig eine höhere Verwindungsstabilität. Empfehlenswert ist die Verwendung von fettgegerbtem Oberleder, da dieses sowohl durch seine feste Haptik Oberflächenschäden reduziert, als auch durch seinen hohen Fettanteil wasserdicht ist. Schnürstiefel beginnen bei etwa 1.600 Euro, Jagdstiefel bei ca. 2.500 Euro.

Sneaker

- Der Sneaker stellt einen gut gelungenen Kompromiss zwischen Sport und Design dar. Als Maßschuh angefertigt ist er eine sportlich, kreative und dynamische Alternative zu industriell gefertigten Serienschuhen. Und Sneaker werden immer öfter auch nicht nur im Sport, sondern auch im Alltag getragen. Der wichtigste Aspekt bei der Herstellung von Sneakern ist die Leichtbauweise. Das geringe Gewicht und die hohe Flexibilität machen den Sneaker so beliebt und mittlerweile sogar alltagstauglich. Um den Komfort zu erhöhen, wird häufig weiches und geschmeidiges Velour- und Nubukleder verwendet. Glattleder wird oft als Kombinationsleder eingesetzt. Chemiefreies Futterleder erzeugt einen kühlen Fuß, ist schweißaufsaugend und auf jeden Fall langlebiger als Synthetikfutterstoffe der Industrie. Den Maßsneaker gibt es ab etwa 800 Euro.

Matthias Vickermann

Gentleys Tipp

Maßschuhe aus Exotenleder

Die Entscheidung für einen Maßschuh aus sogenanntem Exotenleder erfordert zum einen Mut, bietet dem Träger aber ein Höchstmaß an Exklusivität. Diese Lederraritäten haben einen außergewöhnlichen optischen Anreiz. Sie sind schon deshalb die „Krönung" in jeder privaten Schuhsammlung.

☞ Känguruleder ist eines der dünnsten und zugleich reißfestesten Materialien auf dem Ledermarkt. Da das Känguru in einer sehr heißen Region ansässig ist, eignet es sich besonders für Sommerschuhe, da es eine hohe Atmungsaktivität hat und dementsprechend ein kühler Effekt suggeriert wird.

☞ Rochenleder stellen das Maximum im Bereich der Widerstandsfähigkeit dar. Es stammt vom Perl-, Nagel- oder Mantarochen. Das Leder vom Perlrochen hat auf der Oberseite eine Hornschicht, die bei der Lederherstellung häufig geschliffen und poliert wird. Die Herstellung von Maßschuhen aus diesem optisch extravaganten Leder erfordert hohe handwerkliche Fähigkeit und einen höheren Zeitaufwand besonders beim Zwicken über den Leisten und dem Nähen von Hand. Daher gibt es weltweit nur eine Handvoll Maßschuhmacher, die in der Lage sind, solche Edelprodukte herzustellen.

☞ Auch Klassiker wie Krokodil, Alligator und Kaiman erfreuen sich neuerdings wieder zunehmender Beliebtheit. Gleichzeitig stellen Schuhe aus Alligator- oder Elefantenleder auch hinsichtlich des Preises das Maximum dar. Führende Maßschuhmacher veranschlagen für solch ein Paar ab 3.500,00 € aufwärts.

☞ Die Nachfrage nach Schlangen,- und Eidechsenhäuten stagniert seit längerem. Dies ist darauf zurückzuführen, dass die Häute Schuppen aus Horn besitzen, die ein raschelndes Geräusch während der Bewegung erzeugen.

☞ Fischhäute werden immer beliebter. Die Häute von Aal, Lachs, Karpfen, Haifisch und Seewolf werden zu Leder verarbeitet. Die Haut eines Lachses ähnelt sehr dem Strukturbild der Haut einer Pythonschlange. Fischhäute werden natürlich komplett entschuppt. Die Optik dieser Fischhäute ist einzigartig. Durch spezielles Unterfüttern mancher dünner Fischhäute (z.B. Aal) wird eine hohe Standfestigkeit erzielt, die die Passgenauigkeit des Maßschuhs selbst nach Jahren gewährleistet.

 Artenschutz

Bei der Verarbeitung aller Häute von exotischen Tieren muss übrigens der Artenschutz beachtet werden. Bei Tieren wie Elefant, Krokodil oder Alligator handelt es sich entweder um Zuchttiere oder Bestände von Überpopulationen, die in kontrolliertem Maße in Nationalparks geschossen werden dürfen. Bei diesen Tierhäuten ist es Pflicht, dass Sie mit „CITES"-Plomben versehen sind. Die „CITES"-Zertifikate garantieren weltweit nach dem Washingtoner Abkommen für Artenschutz, dass die Leder dieser Tiere legal gehandelt werden (www.cites.org).

- Die Leder von Wasserbüffel und Elefant sind vor allem bei Jägern sehr beliebt. Sie sind sehr robust. Wegen ihrer groben Struktur fallen durch Gebrauch entstandene Oberflächenschäden außerdem fast nicht auf. Diese Leder sind wegen ihres Erscheinungsbildes eher für den Stiefelbau als für den klassisch eleganten Halbschuhbereich prädestiniert.

- Straußenleder mit seiner bekannten Noppenoptik gehört schon zu den Klassikern unter den Exoten. Es ist vor allem aus der Taschenfertigung bekannt. Weniger bekannt und somit noch eine Besonderheit ist Leder vom Straußenbein. Diese Schienbeine mit ihrem interessanten Schuppenbild eignen sich hervorragend zur Veredlung von Schuhen in Kombination mit klassischem Leder.

mwi

Die Welt der Luxusuhren

Modelle, Techniken und Trends

Die Uhr soll in der Hauptsache eigentlich nur die Zeit anzeigen, aber heute bietet sie immer mehr zusätzliche Möglichkeiten. Einige können als Funksprechgerät genutzt werden, haben Rechner eingebaut oder zeigen Ihnen Ihre Position auf der Erde mittels des GPS-Systems an. Die Einsatzmöglichkeit der Uhren ist allgemein größer geworden, doch bieten einige über die modischen Zutaten hinaus noch anderes, sie sollen zeitlebens funktionsfähig sein. Sie sind besser unter dem Namen Luxusuhren bekannt. Ehe Sie aber los rennen, um einen großartigen Einkauf zu machen, möchte ich Ihnen hier einige Hinweise geben.

Luxusuhren sind ein Symbol für Erfolg. Rolex, Cartier, Patek Philippe, TAG Heuer und andere bekannte Marken von Luxusuhren sind unmittelbar Respekt heischend und lösen Bewunderung aus. Sie sollten jedoch einiges darüber wissen, ehe Sie sich zum Kauf entschließen.

Automatik oder Quarz?

Sie müssen also zunächst wissen, was die Luxusuhren, ganz wörtlich genommen, zum Ticken bringt. Beim Kauf einer Luxusuhr ist es sehr wichtig, über den Unterschied einer Automatikuhr, die ohne Batterien läuft, und einer Quarzuhr, die Batterien benötigt, Bescheid zu wissen. Eine Automatikuhr bezieht die benötigte Energie aus den Bewegungen des Handgelenks, an dem sie getragen wird. Das heißt also, dass die Automatikuhr, wenn sie längere Zeit nicht getragen wird, aufhört zu ticken. Man braucht die Uhr dann nur leicht zu schütteln, und schon läuft sie wieder. Alternativ können Sie auch einen Uhrenbeweger verwenden. Diese simulieren die Bewegung am Handgelenk und halten Uhren dadurch aufgezogen.

Demgegenüber ist eine Quarzuhr batteriebetrieben. Bezeichnenderweise sind Automatikuhren teurer als Quarzuhren, weil eine sehr präzise Technik nötig ist, damit ein korrektes mechanisches Funktionieren zustande kommt und gewahrt bleibt.

Kaliber-Automatik gegenüber Standard-Automatik

Um das Uhrwerk besser zu verstehen, hilft es einem, wenn man zum Vergleich die Funktion eines Automotors heranzieht. So wie sich der Motor eines Ferraris von dem eines Fords unterscheidet, unterscheiden sich in bezeichnender Weise auch die Uhrwerke. Ein Uhrwerk wird nach Kaliber gemessen. Je höher das Kaliber, desto höher ist die Qualität des Uhrwerks.

Das besagt Folgendes: Die Automatikuhr, die ohne Batterien arbeitet, wird trotz allem nach einiger Zeit etwas ungenau. Bei einem Uhrwerk von hohem Kaliber hat man hier eine größere Präzision. Wenn man also beispielsweise eine Standard Automatikuhr von geringem Kaliber einen Monat lang trägt, dann beträgt die typische Abweichung ungefähr zwölf Minuten. Hat man hingegen eine Uhr vom Kaliber 36 (ein Uhrwerk von hohem Kaliber), dann beträgt die Abweichung nur ungefähr zwei Minuten. Legt man eine Standard Automatikuhr beiseite, trägt sie also

 Tipp

Lesen Sie auch unser Kapitel „Die tickende Depotbeimischung".

nicht, dann wird sie ungefähr 36 Tage hindurch laufen und hört danach auf. Eine Uhr mit einem Kaliber 36 Uhrwerk wird hingegen 50 Tage lang laufen. Natürlich sind die Uhren mit Uhrwerken von höherem Kaliber entsprechend teurer. Darum sollten Sie eine Luxusuhr wählen, die Ihnen und Ihrer Persönlichkeit entspricht.

Statussymbol am Handgelenk

Man muss, wenn man in eine Luxusuhr investieren will, mehrere Faktoren berücksichtigen. Das oben Erwähnte kann als Ausgangspunkt für Ihre Entscheidung, die für Sie die richtige ist, genommen werden. Luxusuhren sind (teure) Objekte für die Zeitmessung, sie sind ein Statussymbol. Für einige Damen und Herren stellen sie allerdings eine wahre Lebensphilosophie dar. Für diese Leute handelt es sich dabei nicht um die Frage von Geld oder Alter, sondern es handelt sich um eine Leidenschaft. Wenn man sie jetzt nicht hat, wann entwickelt man sie denn dann? Das ist der Grund, weshalb das Tragen einer Luxusuhr mehr ist, als nur eine Uhr zu tragen. Ohne Zweifel haben Firmengruppen, die Uhren herstellen, keine Ausgaben gescheut, ihre Mittel zu konsolidieren, und so sind durch Zukäufe und Zusammenlegungen von Herstellern und Mischkonzernen Namen wie die Richmond Luxury Group, Swatch Group und LVMH Group in die vorderste Linie gerückt. In der Folge haben die Uhrenhersteller durch Milliarden Euro teure, weltumspannende Kampagnen ihre Produkte auf dem Markt neu positioniert.

Besonders erfolgreich waren mit dieser Kampagne die mechanischen Uhren aus der Schweiz. Die Uhren werden jetzt platziert als Objekte, die zum Vermächtnis einer Person gehören, oder Objekte, die besagen, dass die Person für Verschwendung Zeit hat. Vor allem Konsumenten in Asien mögen diese Dinge. Auch wenn die bekannten Marken ihr Gütesiegel behalten haben, haben immer mehr Manager, Geschäftsleute und Profis noch etwas anderes vor Augen und bevorzugen z. B. Objekte von Richmont wie beispielsweise die vom Militär inspirierten Marken Officine Panerai und IWC oder andere Prestige-Marken der Swiss Group, darunter Breguet und Blancpain. Was auch immer am Markt gekauft wird, gibt es bei den Schweizer Chronometern kein Anzeichen von Rückgang.

 Surftipp

Einen guten Überblick über die Hersteller von Luxusuhren finden Sie unter www.fhs.ch (Verband der Schweizerischen Uhrenindustrie).

Bernd Maisenhardt

Sport und Spaß

Artgerechte Haltung

Trainingsplan für Muskeln und Herz

Kennen Sie das auch? Sie kommen von der Arbeit und sind völlig erschlagen. Schlapp, müde, ohne jede Energie. Der Rücken schmerzt, der Nacken ist verspannt, zudem spüren Sie einen Druck auf dem Magen. Sie freuen sich auf eine Freizeitbeschäftigung oder Ihre Familie, aber können beides nicht genießen. Und das immer häufiger.

Erlauben Sie mir einen provokanten Vergleich: Wie stellen Sie sich eine Giraffe, einen Elefanten oder ein Nashorn idealerweise vor? In freier Wildnis, an Wasserstellen trinkend, weidend in der Savanne und in der Herde durch die Natur Afrikas streifend? Oder in kleinen Käfigen und auf Koppeln im Zoo? Wenn schon von Menschenhand gehalten, so wünschen wir uns doch eine "artgerechte Haltung". Und was bedeutet das übertragen auf uns Menschen? Der Mensch kommt auf die Welt als ein Lebewesen, das von seinem Evolutionsstand noch in der Natur lebt und sich die Nahrung durch Bewegung, Jagd und körperliche Aktivität beschafft. Das Sitzen und Arbeiten in Büros, um mit dem verdienten Geld abends in den Supermarkt zu gehen und die Nahrung aus dem Kühlregal zu nehmen, ist nicht wirklich „artgerecht".

Leben in der Natur als Ideal

Einige Erlebniszoos versuchen, den Tieren deutlich mehr Bewegungsfreiraum anzubieten, als das früher der Fall war. Der Versuch eines Kompromisses. Einen ähnlichen Kompromiss können wir mit Training zu mehr Bürofitness auch für den Menschen anstreben. Alle Systeme im menschlichen Körper (aktiver und passiver Bewegungsapparat, vegetatives Nervensystem und Herz-Kreislaufsystem) sind auf das Leben in der Natur ausgerichtet.

Durch unsere Lebensweise sind die drei häufigsten Gründe für Arbeitsunfähigkeiten Rücken- und Gelenkbeschwerden, Psychosen/Neurosen, sowie Erkrankungen des Herz-Kreislaufsystems. Weil wir sie vernachlässigen. Wer schon einmal einen Arm im Gips hatte, weiß nach vier Wochen, wie schnell sich ein nicht genutzter Muskel zurückbildet. Im Fitnessstudio können wir durch sinnvolles Training Muskelwachstum erreichen. Streng genommen versuchen wir in Fitnessstudios mit Maschinen und Kursen doch nur das „Leben" zu simulieren, um einen Ausgleich zu schaffen. Aber mindestens genau das sollten wir tun, um nicht mit 60 Jahren mit chronischen Rückenschmerzen und Atemnot vor einer längeren Treppe zu stehen.

Damit der Schiffsmast nicht bricht

Streng genommen ist die Wirbelsäule des Menschen mit seiner Halte- und Stützfunktion vergleichbar mit dem Mast eines Schiffes. Während der Mast gleichmäßig von Tampen, Segeln und Tauen gehalten wird, übernimmt in unserem Körper diese Aufgabe ein System aus Muskeln, Sehnen und Bändern. Dadurch kann der Mensch aufrecht gehen, sich fortbewegen und Arbeit verrichten. Sitzen wir jedoch täglich mehrere Stunden im Büro, werden unsere Muskeln nicht nur vernachlässigt. Sie bilden sich mit der Zeit immer mehr zurück – wie der erwähnte Arm im Gips. In der Folge entstehen immer mehr Dysbalancen. Einige Muskeln werden stärker oder kürzer, andere schwächer. Der Zug der Muskeln auf unsere Wirbelsäule wird ungleichmäßig. Schließlich sitzen wir wie ein mehrfach verwinkeltes Fragezeichen vor dem Computer.

Ein Schiffsmast würde nun brechen. Durch die vielen Gelenke an unseren Wirbelkörpern zerbricht unser Rücken nicht an den muskulären Dysbalancen, sondern gibt dem ungleichmäßigen Zug nach. Es kommt zu Hohlrundrücken mit Rückenbeschwerden, die letztendlich in Bandscheibenvorfällen enden können oder ähnlichen Erkrankungen. Wir verbiegen uns und machen uns krumm. Unterstützt wird dieser Prozess durch psychische Lasten, die das menschliche Rückgrat zu schultern hat. Auch diese Last führt zu Anspannungen und Fehlhaltungen. Gepaart mit Fehl- und Überernährung (etwa durch säurehaltige Lebensweise) wird die Belastung für Rücken und Gelenke immer größer.

Den Rücken stärken

Der Weg aus diesem Teufelskreis ist ein sinnvolles auf die individuellen Dysbalancen abgestimmtes Rücken- und Kräftigungstraining. Durch Muskelfunktionstests kann der Personaltrainer, Orthopäde oder Physiotherapeut die jeweiligen Dysbalancen ermitteln und vernünftige Trainingsempfehlungen geben. Muskeln müssen in der Vollamplitude (zur Sicherstellung der maximalen Ausdehnung) gekräftigt werden. Dies soll sanft und langfristig ausgerichtet passieren, um nachhaltigen Erfolg sicherzustellen. Ein Pauschal-Workout ist nicht immer sinnvoll, sondern kann im Gegenteil sogar kontraproduktiv sein.

Ganz nebenbei sorgt das Training für muskuläre Absicherung der Gelenke und beugt damit altersbedingtem Verschleiß vor, es baut Stresshormone ab, verbessert die Schlaffähigkeit, kräftigt Sehnen und Bänder und erhöht die Knochendichte. Nicht umsonst wird sinnvolles Krafttraining bei vielschichtigen Krankheiten (wie etwa Bandscheibenvorfall, Osteoporose, Depressionen etc.) eingesetzt. Das Training sorgt langfristig für eine aufrechte Körperhaltung, leistungsfähigere Muskeln, die den Rücken während der Arbeit halten sollen und beugt durch Aufbau und Erhalt der Muskulatur dem Altersprozess vor. Arbeitsunfähigkeiten und Beschwerden am Arbeitsplatz werden weniger. Die Effektivität und der Spaß an der Arbeit nehmen wieder zu. Viele Übungen lassen sich sogar zur Entspannung in fünfminütigen Pausen am Arbeitsplatz absolvieren.

Herz-Kreislaufsystem

Durch mangelnde Bewegung werden nicht nur der aktive und passive Bewegungsapparat vernachlässigt. Das gleiche passiert mit unserem cardio-vaskulären System. Ein gesundes Herz schlägt in Ruhe 60 bis 80 Mal in der Minute. Das untrainierte Herz eines

 Trainingstipp

- Krafttraining zweimal pro Woche
- Herzkreislauftraining am besten zwei- bis dreimal pro Woche für 20 bis 40 Minuten unter mittlerer Belastung („Lächeln statt hecheln")

Menschen mit Bewegungsmangel ist da deutlich aktiver – gezwungenermaßen. Das trainierte Herz eines Ausdauersportlers kommt je nach Leistungsniveau mit 30 bis 60 Schlägen aus. Ich erspare mir das Hochrechnen des Vergleichs auf ein oder zehn Jahre. Aber jedem wird klar sein, dass ein Herz im langfristigen Dauerschongang deutlich gesünder lebt. Stellen Sie sich nur das Motorengeräusch und die -tätigkeit eines 50-PS-Fahrzeuges bei 120 km/h im Vergleich zu einem 120-PS-Fahrzeug bei gleicher Geschwindigkeit vor. Doch während die Leistungsfähigkeit eines Motors auch bei viel befahrenen Fahrzeugen nicht zunimmt, können wir unser im Büro vernachlässigtes Herz-Kreislaufsystem mit vernünftigem Ausdauertraining auftrainieren und Krankheiten wie Herzinfarkt oder Schlaganfall entgegenwirken.

Durch Lauf-, Rad- oder Schwimmtraining vergrößert sich das Herz und damit das Schlagvolumen. Die Blutmenge nimmt zu, Kapilare bilden sich aus und die Fließeigenschaft des Blutes wird besser. Dies führt zu einer Entlastung des gesamten Herz-Kreislaufsystems. Ganz nebenbei steigert sich das allgemeine Wohlbefinden, die Schlaffähigkeit, das Immunsystem und die Leistungsfähigkeit. Stresshormone werden ab- und Glückshormone aufgebaut.

 Surftipp

Infos zu individuellen Trainingsplänen, Inhouse-Seminaren oder Projektbegleitung zu diesem Thema finden Sie unter www.kupferberg-training.de.

Carsten Kupferberg

Die perfekte Trainingswoche
Für mehr Ausdauer, Kraft und Selbstbewusstsein

Sind Sie bereit, etwa drei bis sechs Wochenstunden in das Wichtigste zu investieren, das Sie besitzen? Was das Wichtigste ist? Ihre Gesundheit. Und mit dem genannten überschaubaren Zeitaufwand tragen Sie bereits wesentlich zu mehr Vitalität und Lebensfreude bei. Idealerweise sollte Ihre Trainingswoche einen auf Ihr Figurziel ausgerichteten Mix aus zwei bis vier Ausdauer- und Krafttrainingseinheiten beinhalten, die mit Koordinationsübungen und Stretching vervollständigt werden. Also bitte: Oberste Priorität erkennen und keine Ausreden gelten lassen!

Ausdauer

Durch regelmäßiges Ausdauertraining wird der gesamte Stoffwechsel, insbesondere der Fettstoffwechsel angeregt, das Herz-Kreislaufsystem wird wirkungsvoll trainiert, das Atemsystem gekräftigt, das Immunsystem gestärkt und die Entschlackung optimiert. Geeignet sind Ausdauereinheiten von 30-60 Minuten, die aus Nordic Walking, Jogging, Radfahren oder Training auf diversen Ausdauergeräten im Fitnessstudio wie dem Cross-Trainer bestehen können. Parameter für die Effektivität der Ausdauertrainingseinheit im Hinblick auf das jeweilige Ziel ist die Trainings-Herzfrequenz, die jeder ausgebildete Fitnesstrainer für seinen Kunden errechnen können sollte und die sich an Geschlecht, Lebensalter, Fitnesszustand, Trainingsziel und Trainingsart orientiert.

Kraft

Krafttrainingseinheiten regen Ihren Zellstoffwechsel (Zellregeneration und -neubildung) an, was sich auf die allgemeine Regenerationsfähigkeit und Leistungsfähigkeit äußerst positiv auswirkt. Außerdem sorgt eine stabilisierte, fitte Muskulatur für einen schützenden und stützenden Panzer für die empfindlichen Knochen, Gelenke und besonders für die überlastete Wirbelsäule und sorgt darüber hinaus für eine verbesserte Figur.

Nach wie vor wird für Fettabbautraining oft ausschließlich Ausdauertraining empfohlen. Doch Krafttraining ist die ideale Ergänzung. Der einzige Ort im Körper, wo Körperfett verbrannt werden kann, ist nun einmal in der Muskelzelle, und je mehr fitte Muskelzellen man(n) hat, desto leichter tut er sich beim Abnehmen. Mehr Muskelmasse will auch versorgt und unterhalten werden. Das äußert sich in einem erhöhten Kalorienverbrauch, übrigens auch an Nicht-Trainingstagen.

Geeignete Workouts wären Übungen für die Rumpfstabilisation, wie beispielsweise Sit-Ups und Extensions für Bauch und unteren Rücken sowie die Grundübungen für die großen Muskelgruppen, wie zum Beispiel Bankdrücken (Brust), Klimmzüge und Ruderübungen (Rücken) sowie Kniebeugen (Beine). Ergänzend werden natürlich auch die kleinen Muskelgruppen bearbeitet: Curls für die Bizeps, Dips für die Trizeps sowie Seit- und Fronthebeübungen für die Schultern und so weiter. Das Repertoire an Übungsvarianten ist schier unerschöpflich.

Training und Psyche

Allgemein betrachtet sorgt der Gewinn von Leistungskraft, Fitness, Wohlbefinden und auch die sichtbare Verbesserung der Körperkonturen, die ein regelmäßiges Sportprogramm zwangsläufig mit sich bringt, für einen zusätzlichen, unschätzbaren Pluspunkt: Ihr Selbstbewusstsein, Ihre Körpersprache, Ihre Psyche und somit auch Ihre Seele werden gestärkt. Ihr „Standing" im Leben wird sich für alle Menschen, mit denen Sie zu tun haben, und natürlich auch für Sie selbst, sichtbar und spürbar positiv verändern.

So erkennen Sie ein gutes Fitnessstudio

- Ausgebildetes, kompetentes Personal
- Persönliche Betreuung auch nach der Vertragsunterschrift
- Angenehmes Klientel und Ambiente
- Sauberkeit
- Gepflegter Zustand der Geräte

Umso wichtiger ist es, dass Sie am Ball bleiben. Auch für Tage, an denen es Ihnen nicht möglich ist, ins Studio zu gehen, gibt es keine Ausreden (lesen Sie zum Thema „Innerer Schweinehund" bitte auch meinen Beitrag „Ihr ärgster Trainingsfeind"). Notfalls lassen sich Sit-Ups, Liegestützen, Kniebeugen und Klimmzüge auch mal zuhause oder im Hotelzimmer absolvieren, damit alle Muskelgruppen kraftmäßig zumindest ein wenig beansprucht werden. Im Park zu joggen, geht auch immer und überall, sodass auch Ihr Herz-Kreislaufsystem trainiert werden kann, ganz egal, wo auch immer Sie sich befinden.

Sich um die Gesundheit kümmern zu können, ist ein Privileg, um das Sie viele Männer auf der Welt beneiden, die aus ökonomischen oder gesundheitlichen Gründen daran gehindert werden. Nutzen Sie also Ihre Chance und investieren Sie ein wenig Zeit in Ihre kostbare und unersetzbare Gesundheit.

Jürgen Scharnagl

Gentleys Tipp

Ihr ärgster Trainingsfeind
Wie Sie gegen den inneren Schweinehund ankommen

Beim Training begegnen Sie mitunter einem Gegner, der mit allen Wassern gewaschen ist: dem inneren Schweinehund, der Ihre Motivation zu untergraben versucht, wo er nur kann. Der Ablauf verläuft meist so: Zunächst beginnen Sie etwas Neues und die Motivation ist noch enorm. Nach einigen Wochen meldet sich jedoch der berüchtigte innere Schweinehund immer häufiger und versucht alles, um Sie von Ihrem Weg abzubringen. Er ist leider ein recht cleveres Kerlchen und unheimlich geschickt in seiner Argumentation. Beispiele gefällig?

- „Heute ist es viel zu heiß/kalt zum Joggen."
- „Ich fühle mich heute nicht so besonders. Ich lasse das Training lieber ausfallen, vielleicht werde ich ja krank."
- „Jetzt habe ich ja schon ein Stück Kuchen gegessen, da ist das Zweite auch schon egal."
- „Alle essen Pizza, und ich soll mit dem Thunfischsalat zufrieden sein?"

So und ähnlich klingt er, der innere Schweinehund. Wichtig ist, dass Sie ihm entschieden entgegentreten und ihm klarmachen, wer hier der Boss ist. Und dabei helfen Ihnen die folgenden Strategien:

Glaube an Dich
Sie müssen in Ihrem tiefsten Inneren davon überzeugt sein, Ihr fokussiertes Ziel auch erreichen zu können. Rückschläge führen niemals zur Aufgabe des ganzen Projekts.

Ziele visualisieren
Schalten Sie Ihre innere Programmierung auf „positiv", indem Sie sich Ihr Ziel ständig vor Ihr geistiges Auge führen. Stellen Sie sich vor, wie sich Körper, Fitness, Seele und Gesundheit genau dahin entwickeln, wohin Sie wollen.

Disziplin
Diese Eigenschaft unterscheidet den Mann, der das Optimum erreichen will, vom Rest. Wenn der innere Schweinehund einmal kapiert hat, dass er es mit einem disziplinierten Kerl zu tun hat, wird er immer schwächer werden.

Gelassenheit
Betrachten Sie Ihren Lifestyle, der gute Ernährung und Sport beinhaltet, als Weg zu bestem Aussehen, Fitness und Gesundheit. Es ist keine dogmatische Religion. Den Spaß am Leben und den Genuss sollten Sie dabei nicht vergessen.

Geduld
Ein großes Ziel zu erreichen, geht nicht von heute auf morgen. Besser als ein zeitlich befristetes Programm ist die schrittweise Umstellung des gesamten Lebensstils. Die positiven Ergebnisse sind die nachhaltigen Folgen der Lebensweise.

Konzentration
Wenn Sie trainieren oder ein tolles Mahl genießen, dann zählt nur die bewusste Wahrnehmung des gerade Erlebten. Fühlen Sie, wie Ihr Körper im Training arbeitet und schmecken Sie Ihr Essen und Trinken mit Genuss! Das Resultat ist eine überraschend positive Grundstimmung.

jsc

 Angeln ist sexy
Warum immer mehr Männer zur Rute greifen

In Deutschland gibt es immer mehr Menschen, die angeln. Laut Umfragen sind es bis zu 4 Millionen Menschen, die jährlich mindestens einmal die Rute zur Hand nehmen. Dazu gehören einige ziemlich bekannte Personen: Ob Sportler wie Miroslav Klose, Jens Weißflog und Horst Hrubesch oder Schauspieler wie Heinz Hoenig und Fritz Wepper, sie alle bekennen sich zur Fischwaid.

Eines stellt man bei diesen Namen aber fest: Dieses Hobby ist fest in Männerhand. Zwar sind auch Caroline Beil und Anja Schüte zumindest für die „Royal Fishing Kinderhilfe" als Botschafterinnen unterwegs, trotzdem weiß man spätestens seit den Zeiten des großen Ernest Hemingway, dass Angeln männlich ist. Und die Frauen finden Angeln so richtig sexy – zumindest dann, wenn Brad Pitt als Hauptfigur in Norman Macleans großer Angler-Geschichte „Aus der Mitte entspringt ein Fluss" die Fliegenrute schwingt.

Das lässt man(n) sich was kosten

In Deutschland gibt es übrigens im Gegensatz zu den meisten anderen Ländern eine Fischerprüfung. Bevor man in Deutschland angeln darf, muss man an einem Lehrgang teilgenommen und eine Prüfung bestanden haben. Verständlich, wenn man beachtet, dass sich die Angelverbände auch als Naturschützer verstehen. Darum sollten Angler wissen, wann einzelne Fischarten laichen, welche Flussregionen es gibt und an Hand welcher Kleinlebewesen man bestimmte Wassergüten erkennen kann. Natürlich sind Lehrgang und Prüfung mit Kosten verbunden.

Überhaupt ist Angeln schon lange nicht mehr das Hobby des kleinen Mannes, denn immerhin geben Angler durchschnittlich 920 Euro pro Jahr für ihre Leidenschaft aus. Besonders diejenigen, die es auf die Kapitalen abgesehen haben, tun alles für den Erfolg. Technische Hilfsmittel gehören hier längst dazu. Dass ein guter Angler mindestens ein Schlauchboot hat, ist ja vielleicht noch verständlich. Dass das Boot häufig motorisiert ist, überrascht hingegen schon. Manche suchen gar mit Hilfe eines Echolots die Bodenstruktur nach dem perfekten Angelplatz ab und speichern diesen direkt im GPS-Gerät ab.

Beim Angeln ist der Mann frei in der Natur. So lautet jedenfalls das Ideal. Ganz so frei ist der Angler nämlich nicht, wenn man sich die vielen gesetzlichen Regelungen vergegenwärtigt, die es in Deutschland gibt. Und es liegt sicher auch an einigen dieser zum Teil doch schon sehr veralteten Regeln, dass Angeln hierzulande im Allgemeinen einen immer noch recht verstaubten Ruf genießt.

 Info

In Deutschland besitzen knapp 1,6 Mio. Menschen einen gültigen Fischereischein.

Quelle:
Jahresbericht Binnenfischerei 2008

Zuvorderst ist hier wohl unser „Tötungszwang" zu sehen. Die deutschen Gesetze werden so ausgelegt, dass jeder Fisch, der eine bestimmte Größe überschritten hat, getötet werden muss. Das ist in anderen Ländern nicht so, denn hier wird mehr Wert auf Pflege und Hege natürlicher Bestände gelegt. Zwar ist auch in Deutschland eine Pflicht zur Hege natürlicher Bestände vorhanden, doch spielt diese eine untergeordnete Rolle.

Freiheit und Abenteuer

Buchtipps

Tolle Angel-Bücher gibt es unter anderem beim Kosmos Verlag (www.kosmos.de).

Ben Boden: „Angeln, der Einstieg. Sicher zum Fangerfolg. Die besten Fangplätze. Profitipps aus der Praxis", Kosmos Verlag, 19.95 Euro.

Olivier Portrat: „Wilde Wasser, wilde Fische. Spektakuläre Angel-Destinationen", Kosmos Verlag, 49,90 Euro.

Letztendlich bleiben da aber noch die grundlegenden Dinge, für die man(n) angeln geht: Dinge wie Freiheit, Abenteuer, eins sein mit der Natur, zu sich selbst finden und vieles mehr. Ich hätte die Welt ohne mein Hobby nie so kennen gelernt, wie ich es getan habe. Beispiele gefällig? Ich habe mal gelesen, dass der Nasser-Stausee in Ägypten für Touristen uninteressant und wegen der Krokodile auch noch gefährlich wäre. Nun, ich habe hier Nilbarsche geangelt, Krokodile fotografiert und bei nubischen Fischern übernachtet. Es kommt eben immer auf die Sichtweise an.

Surftipps

Auskünfte für Neu-Einsteiger gibt es beim Deutschen Anglerverband (DAV) unter www.anglerverband.com oder beim Verband Deutscher Sportfischer (VDSF) unter www.vdsf.de.

Informationen zur Fischerprüfung erhalten Sie unter www.fischerpruefung.de.

Einige Jahre später war ich im tiefsten Dschungel von Ecuador. Hier kauften wir jede Woche einige Hühner, von denen wir uns ernähren konnten, wenn wir keine Fische fingen. Ja und da ist es wieder, das Gefühl für den großen, exotischen Fisch. Ich konnte Fische fangen, die ich nur aus Büchern kannte. Wäre ich gezwungen gewesen, diese Fische zu töten, wie es die deutsche Regelung vorschreibt, hätte ich diese Reisen nie unternommen.

Ben Boden

Über den Autor

Ben Bodens anglerischer Werdegang begann mit fünf Jahren, als sein Vater ihn zum Karpfenangeln mitnahm. Nach seinem Studium der Germanistik und Philosophie arbeitet er heute als Redakteur beim Kosmos-Verlag, wo er die Angelbücher betreut.

Kicks statt Alltag

Extremsportarten verändern das Leben

Was machen Sie jeden Tag? Und was haben Sie in den letzten Jahren jeden Tag gemacht? Stellt Sie Ihre eigene Antwort zufrieden? Wirklich? Träumen wir nicht alle davon, einmal etwas zu tun, was sonst niemand tut? Einmal den Kick zu erleben, den man im normalen Leben nicht mehr spüren kann, ausbrechen aus dem Alltag und etwas völlig Abwegiges tun? Extremsport macht es möglich.

Doch warum braucht Man(n) den Kick? Die Antwort auf diese Frage ist einfach. Männer müssen sich beweisen. Auch heute noch wollen Männer zeigen, wer sie sind und was sie können. Im täglichen Leben ist dies kaum noch möglich. Eine Leistungsgesellschaft verpönt einerseits denjenigen, der keine Leistung bringt, erkennt jedoch andererseits auch denjenigen, der sie bringt, nicht mehr an. Leistungsträger sind eben Standard und nichts Besonderes mehr. Etwas bewirken kann man nur noch, indem man sich an Extremen versucht. Mit dem eigenen Körper, der eigenen Energie und Kraft etwas zu tun, von dem niemand für möglich gehalten hätte, dass es machbar ist. So beweisen sich Männer heutzutage. Vor anderen und auch vor sich selbst.

Extremsport als Seelenheiler

Im Hinterkopf zu haben, dass man zu etwas fähig ist, was man selbst von sich nicht erwartet hat, wirkt nämlich stark tiefenpsychologisch. Der Kick während des Sports selbst schüttet lediglich Unmengen an Hormonen aus. Diese wirken kurzfristig und verursachen Glücksgefühle, wenn man „es geschafft hat". Doch langfristig wirken ganz andere Komponenten. Jemand, der weiß, dass er mehr kann als das, was er jeden Tag vollbringt, fühlt sich stärker – nicht körperlich, sondern geistig. Das Selbstbewusstsein steigt, ein erweitertes Körpergefühl entwickelt sich. Das Wissen um die eigene Person wirkt sich positiv auf den gesamten Körper aus und beeinflusst somit auch das persönliche Wohlbefinden.

 Surftipps

www.funsporting.de

www.massive-rides.de

www.adrenalin-factory.de

www.faszinatour.de

Angebote im Extremsportbereich

Extreme Dinge zu tun gibt es viele. Basejumper springen mit Fallschirmen von Gebäuden. Eisschwimmer gehen bei Temperaturen baden, die andere nur in ihrem Tiefkühlfach vorfinden. Speedflyer jagen auf Skiern Gletscher runter und lassen sich mit dem angehängten Gleitschirm Dutzende Meter weit über Klippen tragen. Beim Parcouring laufen die Teilnehmer eine Strecke mit Hindernissen entlang, ohne sich im Geringsten von ihnen behindern zu lassen: Seien es nun Autos, Treppengeländer, Telefonhäuschen oder gar Fassaden – es gibt immer einen Weg, über ein Hindernis hinüber zu kommen.

Paläo-Fans entwickeln sich zurück zu Urmenschen, essen Fleisch, baden in Eiswasser und sprinten barfuss. Manche Menschen durchqueren auf Skiern die Arktis, andere umrunden Australien mit einem Kajak und wieder andere klettern ohne Sicherung an Steilwänden hoch. Als Extremsport gilt absolut alles, was irgendwie vorstellbar ist.

Übung macht den Extremsport-Meister

Natürlich sollten Sie nicht loslegen, indem Sie sich mit Ihrem Betttuch aus dem Fenster stürzen. Übung macht den Meister. Fangen Sie also klein an und arbeiten Sie sich hoch. Wenn Sie in drei Minuten ein Hochhaus nur über die Treppen nach oben laufen möchten, dann haben Sie danach sicher einen Herzinfarkt. Versuchen Sie es also erst einmal mit zehn Minuten, dann neun, dann acht und so weiter. Auch Menschen, die auf dem Wakeboard über steinhartes Wasser rasen, haben dies Jahre lang geübt. Übertreiben Sie es also nicht. Extremsportarten können schnell tödlich enden, wenn Sie sich nicht genügend darüber informiert haben. Sie müssen in jedem Fall körperlich fit sein und wissen was Sie tun.

Am Ende sagen alle dasselbe: Die Extremsportart, die sie ausüben, hat ihr Leben verändert. Sie betrachten es anders. Sie sehen Beziehungen anders, lachen mehr, vergeben eher. Extremsport führt einen Menschen bis an den Rand der eigenen Kraft und zeigt, was wirklich wichtig ist im Leben. Darin sind sich alle einig – egal, ob fliegend in Wingsuit oder unter Wasser beim Apnoe-Tauchen.

Peter Smiller

Wenn Männer spielen

Taktik, Nervenkitzel und Siegestaumel

Spiele sind was für Kinder. Richtig? Pokern ist cool. Was für echte Männer. Richtig? Wenn Sie beide Fragen mit „Ja" beantwortet haben, muss ich Ihnen leider sagen, dass Sie falsch liegen. Und zwar rchtig falsch! Keine Frage, Steve McQueen in „Cincinatti Kid" ist cool, auch heute noch. Aber mal ehrlich, wer von uns kann in Sachen Coolness mit Steve McQueen wirklich mithalten? Und die Poker-Profis im Fernsehen – halten Sie die wirklich für cool? Die mögen cool wirken, aber damit hat sich's schon. Alles reine Show. Spätestens wenn Boris Becker mitmischt, sollte auch der Letzte gemerkt haben: Wie uncool. Ein Zockerabend unter Männern am eigenen Wohnzimmertisch hat dieselbe Tendenz. Es mag ja noch angehen, zu Hause mit Cowboyhut und Sonnenbrille herumzulaufen. Sieht ja keiner. Aber wenn die Gattin reinkommt und fragt, ob man noch was zu knabbern bräuchte oder das Töchterchen rein schneit, weil es nicht einschlafen kann, verkommt das Ganze zur Farce. Warum will Mann aber überhaupt das coole McQueen-Flair in sein Leben rufen? Weil es keine Abenteuer mehr gibt. Wo soll Mann denn heute noch Mann sein?

Bloß kein Pärchen-Spieleabend

Haben Sie schon mal an einem Pärchen-Spieleabend teilgenommen? Vermutlich einmal und nie wieder. Entweder man darf sich mit den unter Männern allseits beliebten „kommunikativen" Spielen verlustieren oder man steht früher oder später vor der Frage, ob man den eigenen Partner im Spiel bevorzugen sollte. Denn die emotionalen Antwortmöglichkeiten des Partners reichen vom bösen Blick bis zum Sex-Embargo. Und nichts davon will Mann leichtfertig für den banalen Sieg in einem Brettspiel riskieren.

Richtig spielen kann man deswegen nur unter Männern. Untereinander können sich Männer den Schädel einschlagen. Und sollten die Emotionen doch mal überkochen, so endet das nicht mit einer Nacht auf der Couch, sondern mit einem 18 Jahre alten Single Malt. Sollten sich Ihre Spielerfahrungen bis dato also auf das Spiel im Familienkreis beschränkt haben, so lassen Sie es sich gesagt sein: Das entscheidende Spielerlebnis steht Ihnen noch bevor.

Das fängt schon bei den möglichen Spielen an. Wenn Frauen mit am Spieltisch sitzen, sind Soft Skills gefragt. Kommunikation ist Trumpf. Kommen Strategie und Taktik ins Spiel, dann ist Frau wenig begeistert. Und geht es dann auch noch um Auseinandersetzung, Kampf oder gar Krieg, dann ist Frau weg. Natürlich mit einem bissigen Kommentar über „Diese Männer!". Dabei machen genau diese Faktoren das Abenteuer aus. Sich einer Herausforderung zu stellen, selbst die Fäden in der Hand zu haben, Herr seines Geschicks zu sein. Im Makrokosmos unseres Alltags ist das kaum noch möglich. Im Mikrokosmos eines Spiels aber hat man die totale Kontrolle: Jede Entscheidung hat Auswirkung auf das eigene Wohlergehen. Die richtige Entscheidung kann den Triumph bedeuten, die falsche den Untergang. Hier ist die Männerwelt noch in Ordnung.

Und solche Spiele gibt es, jenseits von PC- und Konsolenspielen? Oh ja, es gibt sie. Schon bedeutend länger als es überhaupt PCs und Konsolen gibt. Eines der ältesten dieser Spiele kennen Sie natürlich: Schach! Nun ist Schach zwar fraglos etwas für Männer, es ist nur kein Spiel. Rein abstrakte Zwei-Personenspiele sind nur dann interessant, wenn zwei absolut gleich starke Gegner gegeneinander antreten. Ansonsten steht schon vor Beginn der Partie der Sieger fest, und das ist für keinen der beiden Spieler spannend. Der entscheidende Punkt ist aber: Eine Partie Schach vermittelt kein Abenteuer-Feeling. Und all das gilt so auch für Mühle, Dame, Go etc.

In reiner Männerrunde

Der Klassiker „Risiko" geht da schon eher in die gewünschte Richtung. Es ist nicht völlig abstrakt und auch der Sieger steht nicht von vornherein fest. Ein guter Einstieg in die Welt der Männerspiele. Den man aber schnell hinter sich lassen sollte, sobald man Blut geleckt hat. Es gibt weitaus bessere und anspruchsvollere Spiele für Männer, sowohl reine Zwei-Personen-Spiele wie auch Mehrpersonen-Spiele. Von 30 Minuten Spieldauer bis zu 30 Stunden. Letzteres ist dann weniger für einen Spieleabend geeignet, sondern eher für eine Spielewoche – natürlich in reiner Männerrunde, zurückgezogen auf eine Hütte, abgeschieden von der Welt.

 Spieletipps

Für vier Personen: Britannia (Heidelberger Spieleverlag)

Für zwei Personen: Memoir 44 (Days of Wonder)

Aber bevor wir zu einer Spielewoche bereit sind, gilt es zunächst, ein paar Spieleabende zu organisieren. Wie sollte so ein Männer-Spieleabend also aussehen? Zunächst einmal: Sorgen Sie für Ungestörtheit. Ruhe gehört zum Spielen dazu und Störungen jedweder Art sind dringend zu vermeiden – das gilt insbesondere für Handys. Stellen Sie die Handys ab und genügend Bier kalt. Und natürlich sollten Sie das Wichtigste vorbereiten: Das Spiel. Wenn es sich um ein neues, unbekanntes Spiel handelt, öffnen Sie es nicht erst, wenn alle um den Spieltisch versammelt sind. Je anspruchsvoller das Spiel, desto anspruchsvoller die Regeln. Daher sollten Sie diese bereits vorher gelesen haben, um das Spiel flüssig erklären zu können. Denn Sie wollen ja ein Abenteuer erleben und Entscheidungen treffen – und nicht den Abend mit dem Studium einer „Bedienungsanleitung" verbringen. Wenn Sie insbesondere den letzten Punkt beachten, steht Ihrem Spiel-Abenteuer nichts mehr im Weg! Viel Spaß dabei!

Sebastian Rapp

 Über den Autor

Sebastian Rapp hat als leidenschaftlicher Spieler sein Hobby zum Beruf gemacht: Er arbeitet als Spieleredakteur beim Kosmos-Verlag, wo er tagtäglich mit spannenden Spielen wie etwa „Die Siedler von Catan" zu tun hat. Er hat zeit seines Lebens gespielt, insbesondere Importspiele aus den USA, aber auch anspruchsvolle deutsche Spiele.

Für das Kind im Manne

Gadgets, die keiner braucht und jeder will

Ob man sie braucht oder nicht, ist völlig egal. Technische Spielereien, auch Gadgets genannt, sind so beliebt wie eh und je. Täglich gibt es neue Dinge, die die Welt nicht braucht und die trotzdem jeder haben will. So zum Beispiel die Uhr mit Vulkanasche von Eyjafjallajökull oder der Dog-Messenger, das erste Handy für den Hund.

Gadgets orientieren sich nicht am praktischen Nutzen, sondern kommentieren und ironisieren auf amüsante Weise das aktuelle Zeitgeschehen. Ohne die riesige Aschewolke aus Island, die im Jahr 2010 wochenlang im Luftraum für bisher unbekannte Unwägbarkeiten beim Flugverkehr sorgte, hätte es die erwähnte Uhr mit Vulkanasche wohl kaum gegeben. Ansonsten ist der Markt breit gefächert: Blumentöpfe, die mit der Pflanze wachsen, faltbare Verpackungen für UPS-Pakete oder Rolly, der tanzende MP3-Player von Sony – alles ist möglich.

Wer sich über Trends auf dem Gadget-Markt informieren möchte, wirft am besten einen Blick auf die zahlreichen Blogs aus dem Bereich, wie etwa blog.ausgefallene-ideen.com oder www.gizmodo.de. Da lässt sich leicht erkennen, was gerade hip ist: Zum Beispiel ein Kissen mit Brüsten, welches die verreiste Freundin ersetzen soll zum Beispiel. Auch schön (un)nütz: OLED Kopfhörer. Damit lassen sich farbenfrohe Lichteffekte auf den Kopfhörerbügel zaubern. Mit e-Tinte liest man in Zukunft Zeitung und macht sich dabei die Finger nicht dreckig. Mit dem „Ping" hat man den Begriff „tragbarer Computer" einmal anders ausgelegt und gleich Kleidungsstücke hergestellt, die online gehen können.

Strom aus Tomaten

Wem das zu abgefahren ist, der besorgt sich ein paar Tomaten und versorgt mit diesen die von d-VISION entwickelte LED-Lampe mit Strom. Das jedenfalls würden sich die israelischen Designer wünschen. Wenn Sie einmal nach „Chairless" suchen, dann finden Sie den seltsamen Stuhl, der in eine Hosentasche passt. Die einen sagen vielleicht, dass es sich dabei um einen simplen Nylon-Gurt handelt, die anderen aber sehen darin die Sitzgelegenheit der Zukunft.

Und wer Geld hat, der benötigt vielleicht eine Lamborghini-Yacht oder die 15.000 US-Dollar teure Tread 1 Uhr von Devon. Diese gleicht eher dem Motorblock eines Ferrari als einer Uhr. Wer noch bis 2015 warten kann, dem wird DARPA dann hoffentlich ein fliegendes Auto präsentieren können. Heute kann man sich jedoch schon Plasma-TVs als Fenster in die Wohnung hängen. In 3D geht das ganze schon mit Sonys HX803, Europas erstem 3D-TV. Was Sie auch interessiert, die Welt der Gadgets ist überdimensional groß. Da ist für jeden etwas dabei.

Peter Smiller

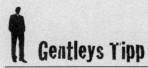
Gentleys Tipp

Die teuersten Dinge der Welt
Luxus in allen Lebenslagen

„Man versehe mich mit Luxus. Auf alles Notwendige kann ich verzichten.", sagte schon der Vorzeige-Dandy Oscar Wilde. Und damit sprach er allen aus der Seele, die sich für das Besondere interessieren, die sich von der Allgemeinheit abheben und kein Leben in standardisierter Mittelmäßigkeit führen möchten.

☞ **Pizza und Burger**

Bei Luxusgütern denkt man zunächst an Uhren, Yachten und Autos, aber ist es nicht auch reizvoll, etwas ganz Banales in eine Kostbarkeit zu verwandeln? Die teuerste Pizza der Welt hat der Italo-Schotte Domenico Crolla kreiert und 2006 auf Ebay zu einem Mindestgebot von 2000 Pfund (ungefähr 2300 Euro) angeboten. Der Belag bestand aus in Champagner getränktem Kaviar über Hummer in Cognac-Marinade, Rehmedaillons und Blattgold. Ähnlich luxuriöse Varianten gibt es im Glasgower Restaurant „Bella Napoli" (www.crolla.com). Fastfoodfans kommen deutlich günstiger weg. Der teuerste Burger der Welt wird aus Kobe Rind gemacht und für 85 Euro im „Estik" in Madrid serviert.

☞ **Handy**

"Diamonds are this phones' best friend": Das teuerste Handy der Welt stammt aus der Schweizer Luxus-Manufaktur „GoldVish Geneve" und verfügt über eine mit Diamanten besetzte Festgold-Oberfläche. Kaufpreis: 1.000.000 Euro (www.goldvish.com).

☞ **Duft**

Parfum ist meist ein gutes Geschenk für jemanden, der eigentlich schon alles hat. Allerdings nicht irgendein Parfum, sondern das „No 1 Imperial Majesty Edition" im diamantenbesetzten Baccarat-Kristall-Flakon aus der für Queen Victoria entworfenen Serie. Preis: 195.000 Euro (www.clive.com).

☞ **Hotelzimmer**

Sie möchten richtig luxuriös einschlafen? Dann begeben Sie sich nach Genf ins „Hotel President Wilson". Eine Übernachtung in der Royal Penthouse Suite mit ihren 1.600 m² kostet so viel wie ein durchschnittliches Jahresgehalt eines Angestellten in Deutschland, nämlich rund 40.000 Euro (www.hotelpwilson.com).

☞ **Uhr**

Mehr Überfluss passt nicht auf eine Uhr: Drei große Diamanten in den Farben rosa, blau und weiß umrahmen mit einer Karatzahl von 38 das Uhrenglas, während das Armband mit weißen und gelben Diamanten (163 Karat) funkelt. Preis: 25.000 Euro (www.chopard.com)

☞ **Auto**

Die Sportwagen der Ferrari-Baureihe 250 aus den 1950er und 60er Jahren stehen zwar selten zum Verkauf, wenn aber doch, dann erzielen sie regelmäßig Spitzenpreise. 2010 ging einer für etwa 18 Millionen US-Dollar „über den Ladentisch" des Auktionshauses RM Auctions (www.rmauctions.com, www.ferrari.com).

psm

Wohnen

Gemütlich und stilvoll

Die eigenen vier Wände aufpeppen

„My home is my castle", dieser Jahrhunderte alte Spruch ist aktuell wie nie. Die vielfältigen Möglichkeiten, die das heutige Medienzeitalter mit sich bringt, macht unsere Tage schnelllebiger und somit auch hektischer, weshalb immer mehr Menschen den Schutz der eigenen vier Wände neu schätzen lernen. Man(n) betrachtet sein Zuhause zunehmend wieder als „Festung" und zieht sich nach einem anstrengenden Arbeitstag gerne dahin zurück, um der Hektik zu entfliehen. Gemeinsames Kochen mit Freunden, Relaxen vor dem Fernseher oder gemütliche Stunden am Kamin sind „in" und werden oft rauschenden Partynächten in Bars oder Clubs vorgezogen. Dieses Lebensgefühl wurde bereits Ende der 80er Jahre erstmals von der Trendforscherin Faith Popcorn als „Cocooning" bezeichnet. „Cocoon" bedeutet Kokon. Und genau wie sich Raupen einspinnen, ziehen sich immer mehr Menschen auf ihre ganz persönlichen Bereiche zurück.

Abgelöst wurde dieser Begriff durch die Bezeichnung „Homing", die das eigene Zuhause noch mehr in den Mittelpunkt rückt. Man(n) möchte sich in seiner Wohnung wohl fühlen, sich stilvoll und luxuriös einrichten, sich entspannen, aber auch ungestört arbeiten können. Die Industrie hat sich schon seit Längerem intensiv auf die sogenannten „Homer" eingestellt, so entwerfen viele berühmte Designer und Labels wie Joop, Ralph Lauren und Gucci, aber auch Zara, Esprit und H&M ihre eigenen Home-Linien.

Tipps für mehr Style and Komfort

Mit wenigen Tricks können Sie Ihre Wohnung harmonischer gestalten, stilsicher Highlights setzen und die schlimmsten Einrichtungsfehler vermeiden.

Sich selbst treu bleiben

- Das Wichtigste ist, dass Stil authentisch ist. Es ist schließlich Ihr Stil. „Express yourself" ist das Motto. Man sollte sich durchaus die Frage stellen, ob die heutigen Stylevorgaben und Designratschläge vieler Zeitschriften und Möbelhäuser die Individualität verdrängen. Sollte man immer nach den neuesten Styles streben? Nicht in jeder Wohnung lassen sich alle Einrichtungsvorschläge gleich gut verwirklichen und erst recht sind nicht alle Designermöbel wahllos miteinander kombinierbar.

Akzente setzen

- Weniger ist manchmal mehr, setzen Sie lieber Akzente. Entscheiden Sie sich für eine dezente Einrichtung mit schlichten Dingen und puren Designs und würzen Sie diese mit Ihren Lieblingsstücken. Eine Grundeinrichtung aus weißen oder naturbelassenen Holzmöbeln kann mit fast allem kombiniert werden. Gradlinige, zurückhaltende Formen machen Platz für Besonderes.

- Setzen Sie Highlights! Vielleicht haben Sie ein besonders schönes Stück auf einer Reise erstanden oder ein antikes Möbelstück geerbt. Rücken Sie dieses in den Mittelpunkt. Es ist schön, wenn man dazu eine Geschichte erzählen kann. Einzelne Stücke haben meistens eine viel stärkere Aussagekraft als ein überladener Raum, in dem in jeder Ecke ein anderer Gegenstand die Blicke auf sich zieht.

Stilbrüche begehen

- Wichtig ist, dass Sie nicht zu viele Stile miteinander vermischen. Einen spannenden Kontrast schafft man allerdings, wenn man einen dezenten Stilbruch begeht. So könnte man beispielsweise schlichte, Natur belassene Holzmöbel mit einem Kronleuchter kombinieren, oder einen gemütlichen, schweren Ohrensessel neben modernen, gradlinigen Hochglanzmöbeln platzieren.

Accessoires variieren

- Wer gerne den neuesten Trends hinterher rennt, ist ebenfalls gut damit beraten, sich eine dezente Grundeinrichtung zuzulegen und je nach Saison, Trend oder Geschmack die neuesten Dinge hinzuzufügen. So schaffen Sie es, Ihre Wohnung abwechslungsreich zu gestalten, ohne sie dabei zu überladen.

Ehrliche Materialien verwenden

- Zur Authentizität einer stilvollen Einrichtung gehört es, dass man im Wohnbereich ehrliche Materialien verwendet. Ein Fliesenboden sollte nicht aussehen wie Holz, Arbeitsplatten mit Kunststoffbeschichtung nicht wie Naturstein. Lassen Sie jedem Material sein natürliches Aussehen und wahren Sie so auch Qualität.

Funktionen beachten

- Ein wichtiger Grundsatz, den Sie bei allen Dingen, mit denen Sie sich umgeben, befolgen sollten, ist „form followes function". Dieser Ausspruch wurde zuerst 1896 von Louis Sullivan, einem Vertreter der Chicago School und einem der ersten Hochhausarchitekten, geprägt. Das heißt, dass jedes Stück in erster Linie seinen Nutzen erfüllen muss und erst in zweiter Linie durch seine Form bestechen sollte. Das muss aber nicht heißen, vollkommen auf schmückende Dinge zu verzichten, aber auf Dinge, die durch ihr Äußeres die Funktion beeinträchtigen.

Viele so genannte Designermöbel erfüllen nicht ihren Nutzen. So gibt es beispielsweise Kunststoffstühle aus einem Guss, auf denen man schon nach kurzer Zeit zu schwitzen beginnt oder sündhaft teure Salz- und Pfefferstreuer einer namhaften Designfirma, die beim Gebrauch auseinander fallen und einem im wahrsten Sinne des Wortes die Suppe versalzen. Seien Sie also kritisch beim Kauf Ihrer Möbel und Accessoires und lassen Sie sich nicht allein vom Kaufpreis leiten. Nicht alles was teuer ist, muss auch gut sein. Auch günstige Möbel können oft durch Ihre Qualität überzeugen. Umso besser, wenn Sie ein preiswertes Stück ergattern, das auch noch alle Anforderungen an die Funktion erfüllt.

Tipps für mehr Gemütlichkeit

Warme Materialien

- Achten Sie auf die haptischen Eigenschaften der Materialien von Möbeln und Böden. Ein Fliesenboden etwa hat immer eine kalte Ausstrahlung, auch wenn er mit einer Fußbodenheizung ausgestattet ist. Dem kann man beispielsweise mit dem einen oder anderen geschickt platzierten Teppich entgegen wirken. Besonders in Sitzbereichen, in der Couchecke oder unter dem Esstisch ist ein Teppich sinnvoll. Im Trend liegen zurzeit Hochfloor-Teppiche, deren Struktur an eine Rasenfläche erinnert. Ein solches Stück sorgt für ein behaglich warmes Gefühl an den Füßen, was sich gleich auf die ganze Raumatmosphäre auswirkt.

Struktur durch Zonen

- Durch Teppiche werden auch einzelne Bereiche zusammengefasst, was die Struktur im Raum beruhigt und gliedert. Besonders bei großen Räumen ist es wichtig, Zonen zu schaffen, damit sich die Möbel nicht verlieren.

Geradlinigkeit aufbrechen

- Besonders Männer neigen dazu, alles mit der Wasserwaage auszurichten. Viel stimmungsvoller wird es, wenn auch mal ein Sessel schräg steht. Der Goldene Schnitt wird in Kunst und Architektur oftmals als das vollkommene Seitenverhältnis, als Inbegriff für Harmonie und Ästhetik angesehen. Hierbei entspricht das Verhältnis einer längeren Seite zu einer kürzeren der Goldenen Zahl 1,6180. Vereinfacht kann man von einem Verhältnis von einem Drittel zu zwei Dritteln sprechen. Dieses Verhältnis kann zum Beispiel bei der Platzierung von Accessoires hilfreich sein. Anstatt jeweils auf der linken und rechten Seite eines Regals eine Vase, Kerze oder ein Bild zu platzieren, ist es sinnvoller kleine Grüppchen mit drei bzw. auf der entgegengesetzten Seite mit zwei Gegenständen zu bilden.

> **Gute Beratung**
>
> Will Man(n) sich stilvoll einrichten, macht es Sinn, mit einem Einrichtungsberater oder Innenarchitekten zusammenzuarbeiten. Gemeinsam erörtern Sie Schritt für Schritt Ihre Wünsche und begeben sich zusammen auf die Suche nach den richtigen Einrichtungsgegenständen, Materialien und Farben.
>
> Einen guten Berater erkennen Sie daran, dass er mit Ihnen gemeinsam Ihren Stil finden will und Ihnen nicht einfach seinen Geschmack aufdrängt.
>
> Soll es einmal schnell gehen, oder brauchen Sie nur ein paar neue Ideen für einen Raum, empfiehlt sich vielleicht auch eine günstige Online-Beratung, wie sie z.B. unter www.raumtanz.de angeboten wird. Man kann ganz einfach das entsprechende Formular mit seinen Wünschen ausfüllen, einen Grundriss mit ein paar Fotos hoch laden und erhält schon bald ein individuelles Einrichtungskonzept.

Vorhänge

- Ein weiteres Muss bei fehlender Gemütlichkeit sind Vorhänge an den Fenstern. Das müssen keine altmodischen Häkelgardinen wie zu Omas Zeiten sein, aber nackte Fenster sind alles andere als modern. Besonders in der Dunkelheit benötigt der Mensch ein schützendes Gefühl. Der Blick in ein „schwarzes Loch" erzeugt (manchmal auch unbewusst) Unbehagen. Jalousien und Rollos schaffen zwar Abhilfe, sind aber wenig Raum gestaltend und ebenso wenig charmant. Blickdichte Vorhänge, die man zuziehen kann, sind hingegen geeignete Gestaltungsmittel. Am Tage rahmen Vorhangschals in harmonisch abgestimmten Farben die Fenster ein. Weich fließende Stoffe strahlen immer Gemütlichkeit aus. Es darf dabei auch mal zu üppigen Mustern gegriffen werden.

Warme Farben

- Gemütlichkeit und Wärme werden vor allem durch die passende Farbwahl erzeugt. Nicht ohne Grund wird das Farbspektrum von Rot bis Gelb als warme Farben bezeichnet. Diese Farben, übrigens auch das unterschätzte Braun, erzeugen beim Betrachter eine Assoziation mit warmen Dingen. Man fühlt sich beispielsweise an das wohlig warme Gefühl von Sonnenstrahlen erinnert oder an ein flackerndes Kaminfeuer. Allenfalls sparsam sollte man ein solches Farbschema mit kalten, also den auf dem Farbkreis gegenüberliegenden Farben, kombinieren.

- Viel harmonischer wirkt es, wenn man sich für eine Grundfarbe in verschiedenen Nuancen entscheidet und dazu eine leicht kontrastierende Farbe kombiniert. Eine warme, harmonische Farbkombination, die zur Zeit voll im Trend liegt, sind Brauntöne als Grundlage in Nuancen von „Sand" bis „Mokka", kombiniert mit einem satten Auberginenton, einem hellen Flieder oder auch einem dezenten Grün oder Türkis. Auch Farben, die man eigentlich als kalte Farben identifizieren würde, wie in diesem Fall ein Violettton, oder Grün, können warme Farben sein. Überwiegt bei Grün der Gelbanteil und bei Violett der Rotanteil, können diese Farben auch als warme Farben wahrgenommen werden.

 Farben

Lesen Sie zum Thema auch unser Kapitel „Die perfekte Farbpalette".

Weiche Stoffe

- Achten Sie beim Möbelkauf nicht nur auf die Optik. Viel wichtiger ist es, dass Möbel, die häufig genutzt werden, auch bequem und funktional sind. Ein weiches Sofa mit einem warmen Stoff schafft viel mehr Wohlbehagen als ein straffes Ledersofa. Auch ein Holztisch ist einem Glastisch gegenüber zu bevorzugen, da er eine natürliche Materialwärme hat. An Schreibtischen, bei denen man seine Arme auf kaltes Glas legen muss, kann niemand entspannt arbeiten. Statten Sie Ihre Möbel mit farblich abgestimmten, weichen Kissen und Tischdecken aus und schon zieht Gemütlichkeit in Ihre vier Wände ein.

Stimmungsvolles Licht

 Der aber wohl entscheidende Punkt bei der harmonischen und atmosphärischen Gestaltung einer Wohnung ist die Beleuchtung. Je mehr Beleuchtungsquellen es gibt, desto behaglicher wird die Atmosphäre. Dabei unterscheidet man vor allem zwischen zwei Lichtarten: Licht zum Sehen und Licht zum Ansehen. Das Licht zum Sehen ist wichtig für die Grundausleuchtung des Raumes. Dieses benötigen Sie beispielsweise zum Arbeiten.

Die Grundbeleuchtung sollte sich getrennt von den anderen Leuchten ausschalten lassen. Eine gute Farbwiedergabequalität ist wichtig. Licht zum Ansehen ist stimmungsvolles Licht. Viele kleine Lichtquellen sollten in den verschiedenen Zonen des Raumes platziert werden. Eine warme Lichtfarbe sollte hierbei bevorzugt werden. Dimmbare Leuchten sind eine gute Investition, da sie sich der jeweiligen Situation anpassen lassen. Entscheidend ist, dass man mit seinen Leuchten verschiedene Stimmungen erzeugen und nicht nur zwischen „Licht an" und „Licht aus" unterscheiden kann.

Sylvia Mündel

ⓘ Über die Autorin

Sylvia Mündel ist Innenarchitektin und arbeitet als Wohnberaterin. Die am Fachbereich Innenarchitektur diplomierte Ingenieurin bietet neben der individuellen Einrichtungsberatung auch Lichtplanungen, Möbeldesign sowie Konzepte für Läden und Gastronomie. Weitere Informationen unter www.raumtanz.de.

 Gentleys Tipp

Wohnen in Lofts
Von der Industrieetage zur Luxuswohnung

Unter den vielen Varianten, die von Stadtvillen bis zu alten Bauernhäusern oder ausgebauten Mühlen reichen, lieben vor allem Großstädter das Loft als außergewöhnliche und stilvolle Adresse. Der Begriff Loft bezeichnet grundsätzlich große ungeteilte Räume, die vorher meist industriell genutzt wurden und erst nachträglich zur Wohnfläche umfunktioniert werden. Der Bezug von frei stehenden Firmenetagen mit hohen Decken, großen Fenstern und ohne trennende Wände ist seit vielen Jahren in Mode.

Der Wohntrend entstand während der 1940er Jahre in den USA und fand mit Pop-Art-Künstler Andy Warhol, der 20 Jahre später mit seiner berühmten „Factory" in ein Loft einzog, seinen wohl berühmtesten Vertreter. Noch heute sind Lofts bevorzugte Wohnungen von Künstlern und Freischaffenden, die die Weitläufigkeit und Offenheit der Räume schätzen.

Die Anfänge des Wohnens im Loft hatten eine viel größere Nähe zur alternativen Hausbesetzer-Szene als zu der stilvollen eleganten Vorstellung, die man heute damit verbindet. Häufig waren die Mieter einfach wegen der günstigen Miete in ein Loft gezogen, hatten Probleme, die Räume zu heizen und mussten sich selbst provisorisch Bäder und Kochmöglichkeiten einbauen. Diese vermeintlichen Nachteile lassen sich allerdings leicht in Vorzüge umwandeln, wenn man ein paar Dinge beachtet:

- Kaufen oder mieten Sie ein Loft mit guter Bausubstanz und lassen Sie sich dabei von einem Fachmann beraten.

- Planen Sie genügend Raum für alle Eventualitäten ein. Ein Loft erhält seinen Charakter nur, wenn die offene großzügige Raumstruktur erhalten bleibt. Die Singlewohnung wird durch den Einzug von einer Partnerin schnell zu dicht mit Möbeln zugestellt. Und wenn sich auch noch Nachwuchs ankündigt, der seinen eigenen Raum benötigt, geht das ursprünglich gewünschte Wohngefühl schnell verloren. Überlegen Sie daher genau, wie viel Platz Sie brauchen werden.

- In Lofts ist es oft kalt und die Heizkosten sind hoch, deshalb lohnt sich der Einbau einer Fußbodenheizung, die die Wärme gleichmäßig verteilt. Auch die großen Fensterfronten sollten gut wärmeisoliert sein. Dafür gibt es übrigens oft Fördermittel.

- Der industrielle Charme eines Lofts mit rohen Backsteinwänden und Fabriktüren sollte sich auch in der Einrichtung widerspiegeln. Tapeten und Marmorböden sind da fehl am Platz.

fba

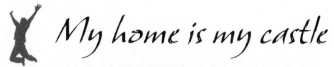
My home is my castle

Warum nicht im Schloss wohnen?

Nichts ist exklusiver als ein Schloss als Wohnadresse. Schließlich kann nun wirklich nicht jeder von sich behaupten, Schlossherr zu sein. Wo einst der Adel seinen Herrschaftssitz hatte und rauschende Feste im erlesenen Kreis feierte, hat nun jeder Zutritt, der es sich leisten kann.

Das Leben als Schlossbesitzer

Die Vorzüge, in einem Schloss zu wohnen, liegen auf der Hand: Schlösser sind einzigartige architektonische Denkmäler mit großzügigen Räumen und prunkvoller Ausstattung. Wer hier lebt, atmet den Geist der Geschichte und kann sich über Platzmangel selten beschweren. Auch Nachbarn, die neugierig ins Fenster schauen und einem zu nahe kommen, sind für Schlossbewohner kaum ein Problem – den großzügigen Parkanlagen sei Dank. Der Minigarten war jedenfalls ebenfalls gestern.

Doch was so schön und erhaben ist, wie das Wohnen im Schloss, hat natürlich auch eine Kehrseite. Zunächst einmal ist da das Problem jedes Altbaus: Häufig sind die Isolierungen schlecht und die Heizkosten immens, auch sanitäre Einrichtungen lassen oft zu wünschen übrig. Glücklicherweise bieten sich Schlossbesitzern viele Möglichkeiten, den Ausbau mit der Unterstützung durch staatliche Fördergelder zu finanzieren. Denn Schlösser sind ja erhaltenswerte Kulturgüter, die oftmals auch unter Denkmalschutz stehen.

Wie kommen Sie zu Ihrem Schloss?

Wer zwar vom Leben in einem romantischen Schlösschen in einzigartiger Umgebung träumt, aber nicht über das Konto eines Königs verfügt, hat dennoch eine Chance, in einem Schloss zu wohnen:

Urlaub im Schloss

- Viele Schlösser beherbergen inzwischen Hotels oder sogar Jugendherbergen. Wer einmal ausprobieren möchte, wie es sich in den Räumen eines Adelssitzes schläft, findet also Übernachtungsmöglichkeiten in allen Sternekategorien und für jeden Geldbeutel.

Schloss-Hotelier werden

- Wer sich zwar kein Schloss als Privatbesitz leisten kann und dennoch den Traum nicht aufgeben möchte, der macht ein Geschäft aus dem Schloss und wird selber Hotelier. Schlösser geben meist zauberhafte Kulissen für Feiern und Events ab, mit einem guten Konzept kann ein Schlosshotel durchaus ein Erfolg werden.

Ein Museum betreuen

 Dafür muss man natürlich ein wenig suchen und fundierte Kenntnisse und historisches Interesse haben. Wenn diese Voraussetzungen gegeben sind, steht einer Bewerbung bei Stiftungen, die Schlösser verwalten, nichts im Wege.

 Surftipps

Verkauf historischer Immobilien, Schlösser, Burgen, Herrenhäuser:
www.schloss-burg-verkauf.de

Immobilienportal für Exklusiv- und Luxusimmobilien in 15 Sprachen:
www.masterhomes.net

Maklerin Ingrid Fiedler mit exklusivem Angebot:
www.besondere-immobilien.com

Exklusive Designer-Wohnungen in einem Brandenburger Schloss:
www.schloss-wiesenburg.de

Immobilienbörse mit herrschaftlichen Anwesen:
www.iim.de/Exklusiv-IB/schloss-verkauf

Planung, Bau, Kauf und Vermietung von Premium-Immobilien:
www.exklusive-residenzen.de

Fred Barnhelm

Die perfekte Farbpalette

Welche Farbe zu welchem Raum passt

Neben der Wahl der richtigen Möbel ist natürlich auch die richtige Farbgebung entscheidend. Nicht jede Farbe ist für jeden Raum gleich gut geeignet. Als wichtigste Grundregel bei der Farbwahl ist zu beachten, dass man kleine Räume mit hellen Farben größer und weiter wirken lassen kann. Großzügige Räume hingegen vertragen durchaus auch dunkle Farben. Hier lohnt es sich auf jeden Fall, mutig zu sein. Viele Menschen scheuen sich vor dunklen Farben, dabei machen sie gerade große Räume wohnlicher und eleganter.

Farben können auch die Nutzung des Raumes positiv unterstützen. Ihnen werden verschiedene psychologische Wirkungen zugesprochen, die allerdings je nach Kulturkreis und Erziehung variieren können. Dennoch kann man über einige Farben allgemeine Aussagen treffen und Einrichtungsempfehlungen daraus ableiten.

- **Rot** ist eine warme und leidenschaftliche Farbe. Sie wirkt anregend und dramatisch. Sie ist aber auch sehr einnehmend und sollte unbedingt immer einen Gegenpol erhalten, etwa ein leichtes Grau oder Braun, sonst wirkt alles schnell sehr übertrieben und erdrückend. In Maßen dosiert ist Rot somit durchaus die richtige Farbe für Ihr Schlafzimmer – je nachdem, was Sie vorhaben. Fast schon ein Klassiker in der Farbgestaltung ist die Kombination von Rosa, der abgetönten und viel zarteren Variante von Rot, mit Grau. Hiermit treffen auch Männer garantiert die richtige Wahl.

- **Blau** eignet sich ebenfalls hervorragend für Schlafzimmer. Es ist die Farbe des Himmels. Sie strahlt Frieden und Ruhe aus. Sie hilft generell, sich zu entspannen und speziell in Schlafzimmern dabei, sich an Träume zu erinnern. Blau ist aber auch elegant. Nicht ohne Grund ist sie die Farbe der Könige. In einigen Kulturen gilt sie als Farbe der Unsterblichkeit. Blau ist ein wahrer Allrounder in allen Räumen. Besonders kleine Räume können durch ein helles Blau optisch an Weite gewinnen. Achten Sie darauf, dass Blautöne immer zu einer Kombination mit einer warmen Farbe verbunden werden. Sonst wirkt der Raum schnell kalt und unbehaglich.

- **Gelb** ist die Farbe der Sonne und des Lichts. Sie verbreitet Heiterkeit und Leichtigkeit. Gelb kann überall dort zum Einsatz kommen, wo sich viele Menschen aufhalten und gute Stimmung verbreitet werden soll. Zudem wirkt die gelbe Farbe Appetit anregend und fördert den Stoffwechsel. In Küchen, welche meist das Zentrum einer Wohnung darstellen, und in Esszimmern ist sie daher besonders gut geeignet. Ebenfalls gilt Gelb als die Farbe der Intellektuellen. Sie steht für Wissen, Vernunft und Logik. Sie regt zum Denken an. Somit ist sie auch geeignet für Bibliotheken und Arbeitszimmer.

- **Grün** ist die Farbe der Natur, des Lebens und der Hoffnung. Sie steigert die Konzentrationsfähigkeit und wirkt beruhigend auf Geist und Körper. Grün eignet sich daher wie Gelb besonders für Räume in denen geistig gearbeitet wird. Grün ist auch eine Quelle der Kreativität. Grüntöne sollten also in keinem Raum fehlen, sei es in Form von Pflanzen oder als Grundfarbe für Möbel oder Wände. So wird in jeden Raum etwas Frische gebracht.

- **Orange** steht für Optimismus und Lebensfreude. Nuancen wie Terrakotta sind aus mediterranen Interieurs gar nicht mehr wegzudenken. Gerade in den südlichen Ländern sind sie sehr verbreitet. Die Kontaktfreude wird durch Orangetöne angeregt. Seien Sie aber vorsichtig mit orangefarbenen Nuancen in kleinen Großstadtwohnungen, dort kann die Farbe schnell fehlplatziert sein. In der Sonne des Südens hat sie oft eine ganz andere Ausstrahlung als in unseren grauen Städten. Versuchen Sie also nicht zwanghaft das Urlaubsfeeling mit terrakottafarbenen Wandgestaltungen nachzuahmen. Wirkungsvoller ist es oft, auf passende Accessoires wie Kissen oder Bilder zurückzugreifen.

- **Violett** ist eine mystische Farbe, die besonders in letzter Zeit im Trend liegt. Extravagante dunklere Töne können der Einrichtung, sparsam verwendet, eine besondere Note verleihen. Hellere Flieder-Nuancen verbreiten großflächig verwendet auch Frische und Unbeschwertheit. Allerdings können gerade die dunkleren Töne in zu großen Mengen auch Stolz und Arroganz ausdrücken. Die Farbe der Magie ist zur Zeit ein absolutes Muss in jeder Einrichtung.

- **Schwarz** und **Weiß**, aber auch **Grau** sind sogenannte unbunte Farben. Stehen sie allein, kann ein Raum schnell fad wirken. Für leuchtende Farben fungieren sie aber perfekt als Dämpfer. Weiß ist als Grundfarbe außerordentlich gut geeignet. Sie ist die Farbe der Unschuld, Klarheit und Reinheit, steht aber in manchen, vor allem asiatischen Ländern, auch für Trauer. In nordischen Einrichtungsstilen ist sie besonders häufig anzutreffen. Schwarz ist die Farbe der Dunkelheit und der Trauer. Sie ist aber auch geheimnisvoll und luxuriös und stellt einen Klassiker in der Innenarchitektur dar. Sie hat einen feierlichen Charakter und wirkt erdend für bunte Farben. Schwarz und Weiß sind die wichtigsten Farben in der Innenarchitektur und unverzichtbar für jedes gelungene Einrichtungskonzept.

 Bitte paarweise

Beachten Sie beim Einrichten das Prinzip der Wiederholung. Keine Farbe sollte nur einmal vorkommen. Jedes Element der Raumgestaltung, sowohl Farben als auch Formen und Strukturen, sollte sich mehrmals wiederholen. Nur so kann ein ausgewogenes Gestaltungskonzept zustande kommen.

Farbkonzept ganz praktisch

Wenn Sie nun aus dem Dschungel der verschiedenen Farben eine harmonische Kombination zusammenstellen möchten, ist es hilfreich, sich eines Tricks zu bedienen. Als Grundlage für eine gelungene Farbgestaltung können Sie einen gemusterten Stoff, zum Beispiel für Ihre Vorhänge, oder einen Polsterstoff aussuchen, der Ihnen besonders gut gefällt und den

Sie gerne verwenden möchten. Gestalten Sie den Raum mit den Farben, die im Stoffmuster vorkommen. In fast keiner anderen Branche kennen sich die Designer so gut mit Farben aus wie in der Textilgestaltung. Schenken Sie ihnen Vertrauen. Achten Sie dabei besonders auf die Dosierung der Farben. Kommt eine Farbe nur sparsam in Ihrem Lieblingsstoff vor, so sollten Sie ihn auch nur sparsam in Ihrem Raum verwenden.

Sylvia Mündel

Gentleys Tipp

Kaufen oder mieten?
Tipps für die richtige Entscheidung

Ein eigenes Haus bedeutet Freiheit. Sie können verändern, was Sie möchten. Sie können selbst bestimmen, welche Farben und welches Material Sie bevorzugen. Das Heim kann Ihre Visitenkarte oder Ihr Rückzugsort werden. Aber sollten Sie wirklich kaufen oder doch mieten? Hier ist die Richtschnur für Ihre Entscheidung.

☞ **Überschlagen Sie die Kosten**

Rechnen Sie alle Kosten aus. Neben dem Kaufpreis und den damit verbunden Kosten wie Steuern, Maklercourtage und Finanzierung sollten Sie die langfristigen Fixkosten wie Grundsteuer und Hausversicherung sowie Anliegerbeiträge beachten.

☞ **Sind Sie ein Mieter-Typ oder ein Haus-Typ?**

Sind Sie handwerklich begabt? Können Sie mit Elektrizität und Rohrleitungen umgehen? Dann sind Sie ein Kandidat für ein eigenes Haus. Wenn Sie aber öfter weg sind und zwei linke Hände haben, sollten Sie sich überlegen, ob Sie lieber als Mieter diese leidigen Pflichten von der Hausverwaltung erledigen lassen.

☞ **Mögen Sie Besuch und Partys?**

Ist Ihnen ein repräsentatives Heim wichtig? Wollen Sie Ihr eigener Herr sein? Unter diesen Umständen sollten Sie sich wohl ein Eigenheim zulegen. Aber bedenken Sie auch, dass Ihre Gäste einen einfachen Anfahrtsweg und Parkplätze brauchen. Je repräsentativer die Lage, desto schwieriger ist ein schneller Verkauf, wenn sich Ihre Lebensplanung plötzlich ändert.

☞ **Ist das Haus eine Vermögensanlage?**

Bis zur Wirtschaftskrise galt es als ausgemacht, dass ein gut gepflegtes eigenes Heim eine solide Geldanlage darstellt. Dies sollten Sie heute mit Vorsicht betrachten. Wenn Ihr Haus jedoch nicht zu viele Extras hat und in keiner Randlage steht, sollte ein Verkauf für Sie ohne Verluste möglich sein.

☞ **Flucht vor den Nachbarn**

Sind Sie es leid, dass Ihre Nachbarn ständig Lärm machen? Dann ist ein Hauskauf Ihre Chance. Achten Sie aber genau darauf, wer Ihre neuen Nachbarn sind, oder wenigstens, dass der Abstand zu ihnen groß genug ist.

jba

 Psychogramm des Mobiliars

Was die Wohnung alles verrät

Wenn es um seine Wohnung geht, befindet sich der allein stehende Hetero-Mann im dauernden Übergangsstadium. Entweder er fühlt sich nicht zuständig für eine stilbewusste Einrichtung, weil ohnehin irgendwann die Traumprinzessin kommt, die ein Wohnkonzept vorgibt – also warum sich groß engagieren? Oder aber Mann kommt über Glas-Chrom-Schwarzes Leder gemäß dem Klischee „Erfolgreicher Investmentbanker in seinem Loft" nicht hinaus.

Viele Männer schwanken unentschlossen zwischen unterschiedlichen Wohnkonzepten hin und her: Das „Deko-Chi-chi" ist genauso wenig ihre Welt wie das unterkühlte James Bond-Equipment. Von den Ikea-Regalen wollen sie sich langsam trennen und das gute alte Jugendzimmer aus Fichte hat zum Glück auch schon lange ausgedient. Fragt man Frauen, in welchen Männer-Domänen sie schon einmal übernachtet haben, kann man nächtelang schaurig-lustigen Erzählungen lauschen. Vom düsteren Interieur des Death Metal-Fans bis zum African Style des Weltenbummlers ist alles dabei – das meiste mindestens skurril, wenn nicht gar scheußlich. Doch wie können Männer einen eigenen Stil für ihre Wohnung entwickeln, der ihrer Persönlichkeit entspricht?

Einer Linie folgen

Stilbewusst wird eine Einrichtung dann, wenn sie einer eigenen Linie folgt, die so modern und so erwachsen ist wie der Bewohner selbst. Holz macht die Stimmung gemütlich, sollte dann aber in schlichten Formen und in maximal zwei kontrastierenden Holzsorten daher kommen. Ein bis drei Farben sind wichtig, um eine klare Position zu beziehen – schließlich wollen wir auch im Leben Farbe bekennen. Die Gesamtaussage der Wohnung sollte so klar in der Aussagekraft sein wie wir selbst. Und was das Mobiliar angeht, machen wenige hochwertige Stücke eine bessere Figur als eine mit übrig gebliebenen Restposten voll gestopfte Bude. Gut machen sich darunter auch wenige alte Preziosen. Stilbewusst heißt, seinen eigenen Stil gefunden zu haben, der sich wie ein roter Faden durch die Wohnung zieht. Die Wohnung muss einfach „nach uns" aussehen, ohne allzu „schräg" zu sein und dabei auch noch gemütlich und einladend auf andere Menschen wirken.

Was steckt dahinter?

In der Einrichtung drückt sich der Charakter des Bewohners aus, seine Vorlieben und seine Tabubereiche. Die Art der Fensterdekoration etwa verrät etwas über unsere Kommunikation mit der Außenwelt (offen oder verschlossen?), die Auswahl der Materialien über unser soziales Leben (kühl oder

 Kleiner Wohntest

„Bin ich in meinen vier Wänden wirklich zu Hause?" Wer das herausfinden möchte, kann unter www.wohnpsychologie.com/wohntest.html einen kleinen Selbsttest durchführen.

warm?). Die Einrichtung zeigt zudem, wie erwachsen wir sind und ob wir uns stimmig verhalten und authentisch sind. Ein Professor, der im besten Alter immer noch mit den Studentenmöbeln lebt, reißt daher keine Frau vom Hocker – schließlich will sie einen erwachsenen Mann und keinen ewigen Studenten.

Von einem rohen Umgang mit Gegenständen schließt die Frau auch gerne auf einen lieblosen Umgang mit Menschen – also auch mit ihr. Ein anderes Beispiel ist die komplett voll gestellte Wohnung, in der Neues kaum Platz findet: Ihr Bewohner nimmt wahrscheinlich alles derart in Besitz, dass kein Platz mehr für etwas Neues oder jemand anderen bleibt. Genauso kann die Nähe der Gegenstände im Raum mit dem persönlichen Nähegefühl zu tun haben. Dem einen kann es nicht nah genug sein, so dass die Partnerin sich schnell erdrückt fühlt. Dem anderen ist zu viel Nähe unheimlich. Er will daher unbedingt „Land gewinnen" und umgibt sich gerne mit weiten, leeren und hohen Räumen.

Verräterisches Mobiliar

Die Wohnung gibt auch Auskunft über unser ganz individuelles Sicherheitssystem: Die Statik der Möbel spricht Bände über unser Verhältnis zu Konstanz oder Veränderung. Der massive Eichentisch mit den dicken Beinen und einer Tischplatte, auf der König Arthur schon Trinkgelage abgehalten haben könnte, hat mehr mit unseren Wertvorstellungen von Tradition, Beständigkeit und stabiler Sicherheit zu tun als eine filigran-zerbrechliche x-Bein Konstruktion, bei der jeder vermuten würde, dass mehr als 3 Teetässchen den Tisch zum Kippen bringen.

Unser Verhältnis zu Farben spiegelt unseren Mut, mit Gefühlen umzugehen. Sind deswegen reine Männerwohnungen so unbunt? Spannend ist auch unser Betriebsmodus: Stehen wir zu unseren Gedanken und Gefühlen und drücken uns daher stimmig aus? Wohnen wir in einem Ambiente, das zu uns passt? Einen herzlichen, einfühlsamen und kontaktfreudigen Menschen würden wir bei einer stimmigen Einrichtung in einer Wohnung mit warmen Farben, weichen Materialien und stimmungsvollem Licht erwarten. Lebt dagegen

Wo sollte Man(n) einkaufen?

Für manche Accessoires oder Regale im Arbeitszimmer reicht auch ein Besuch bei Ikea, aber Tisch und Stuhl, ein Bett und vor allem die Couch sollten von ausgezeichneter Qualität sein, damit sie viele Jahre lang halten. Solches Mobiliar gibt es nur im hochwertigen Einrichtungshaus. Dort gibt es zwar meist keine Schnäppchen, denn die Hersteller können ihre Möbel nicht wirklich billiger machen, sondern höchstens schlechter oder in Masse. Und das will doch keiner. Doch mit etwas Glück entdeckt man beim Einkaufsbummel das eine oder andere preisreduzierte Einzel- oder Ausstellungsstück.

Lassen Sie sich beraten und eine Planung erstellen, auch wenn Sie nicht alles sofort umsetzen. Aber ein Konzept zur Gestaltung ist immer sinnvoll, um Stückwerk zu vermeiden. Raumpsychologen, Innenarchitekten oder Einrichtungsberater sind dafür die richtigen Ansprechpartner. Und die können durchaus auch helfen, Geld zu sparen, indem man an der richtigen Stelle sinnvoll investiert.

der gleiche Typ in einer puristisch-kargen Wohnung mit harten Materialien und starken Farbkontrasten, könnte dies darauf hindeuten, dass der Bewohner sein Inneres verbirgt.

Das mögen Männer an Ihrer Wohnung

Andere Männer sind begeistert von Dingen, die sie selbst schon immer machen wollten, aber sich nie wirklich getraut haben. Dazu gehört der Billardtisch mit viel Platz ringsherum, die wohl gefüllte Bar mit einem Bierzapfhahn oder der gut sortierte Weinkeller oder zumindest ein Weinkühlschrank.

Ebenso lieben die meisten Männer einen privaten Kinoraum mit Dolby Surround-System, in dem man richtig aufdrehen und sich eine DVD nach der anderen reinziehen kann. Eindruck macht auch ein wohl sortiertes Angebot an entsprechenden Filmen und Spielkonsolen. Eine große Terrasse mit einem ordentlichen Grill, einem Hackklotz zum Austoben und ein Gartenhaus mit einem fetten Rasentraktor, tiefergelegt und mit ordentlichem Rennsound lassen die Herzen von Kerlen höher schlagen.

 Buchtipp

Uwe Raban Linke: „Die Psychologie des Wohnens. Vom Glück, sich ein authentisches Zuhause zu schaffen", Nymphenburger Verlag, 17,95 Euro.

Das mögen Frauen an Ihrer Wohnung

Frauen sind komplett anders gestrickt als die besten Freunde und erwarten auch von der Wohnung komplett unterschiedliche Dinge. Statt Billardtisch bevorzugen sie einen großen Esstisch, um viele Freunde einladen zu können. Mehr Eindruck als die Hausbar macht eine geräumige Küche mit Speisekammer. Welche Frau entscheidet sich für einen Kinoraum, wenn sie einen perfekt eingerichteten Ankleideraum ihr eigen nennen könnte oder einen Raum ganz für sich, mit einer Chaiselongue zum Lesen mit Aussicht auf den Wald?

Statt eines Grills würde so manche Frau den Backofen mit Pyrolyse wählen: Das geht viel besser und weniger Arbeit macht es auch danach. Welche Frau sehnt sich nicht nach einem leisen Akkumäher für den eigenen Garten mit angetriebenen Rädern und natürlich ohne Kabel und ohne Geknatter? Also: Frauen zu beeindrucken ist recht einfach. Aber dafür müssen wir von so mancher Männer-Idealvorstellung abweichen.

Uwe Raban Linke

 Über den Autor

Uwe Raban Linke ist einer der 300 Top-Einrichter in Deutschland, Coach und Psychotherapeut mit über 20-jähriger Erfahrung. Er bietet Einzelberatungen, Coachings und Seminare an. Weitere Infos unter www.raumpsychologie.info.

Verführerische Wohnung

Frauen mit dem Heim beeindrucken

Protzen ist out! Die Zeiten, in denen man mit offen zur Schau gestelltem Mega-Luxus beeindrucken konnte, sind längst vorbei. Vergessen Sie auf Hochglanz polierte Marmorböden, Leopardenfell-Teppiche und Ihr offensichtliches High-End Heimkino-Equipment. Understatement ist angesagt. Lassen Sie doch ganz einfach mal Ihre Technik in einem stilvollen Möbelstück verschwinden oder setzen Sie im Bad auf Wellness. Mit einem Rain-Shower Modul in der Dusche kann man sicher mehr beeindrucken als mit goldenen Wasserhähnen und man tut sich selbst (und seinem Besuch) noch etwas Gutes dabei.

So wird die Wohnung fit für das erste Rendezvous

Wichtig ist, dass es ernst gemeint ist. Frauen sind sehr sensibel und haben ein genaues Gespür dafür, wenn ein Mann etwas inszeniert, um sie zu beeindrucken. Verzichten Sie also auf die absichtlich liegengelassenen Hanteln, wenn Sie gar kein Krafttraining machen oder auf die Klassiker Deutscher Literatur im Bücherregal, wenn Sie sie nicht gelesen haben. Das wird Ihr Damenbesuch nur selten als anziehend bewerten. Wichtig ist, dass Sie zu den Dingen stehen, mit denen Sie sich umgeben.

Viel einfacher ist es, Frauen mit Ordnung zu beeindrucken. Achten Sie auf Sauberkeit - Männer vergessen oft die Fenster – ohne aber die Wohnung steril wirken zu lassen. Schließlich wohnen Sie ja dort, also darf Ihre Wohnung auch bewohnt aussehen. Ein Paar frische Blumen auf dem Tisch wirken Wunder. Blumen verzaubern jede Frau.

Geben Sie Ihrer Wohnung eine persönliche Note. Gerne können Sie ein paar gerahmte Familienfotos aufstellen. Verzichten Sie dabei nur auf das Bild Ihrer Exfreundin, wenn Sie eine andere Frau mit in Ihre Wohnung nehmen. Poster von leicht bekleideten, prominenten Damen sollten möglichst nie an Ihrer Wand gehangen haben.

Das Schlafzimmer überzeugt mit einer gemütlichen, stilvollen Einrichtung. Verzichten Sie auf Spiegel in der Nähe des Bettes, die sorgen für Nervosität. Eine hochwertige, farblich abgestimmte Bettwäsche sollte auf jeden Fall die knallrote Satinbettwäsche ablösen, mit der man schon seit den 80ern keine Frau mehr beeindruckt.

Mit einer gut ausgestatteten, exklusiven Küche, der man ansieht, dass jeden Tag darin gearbeitet wird, kann Mann jedoch bestimmt überzeugen. Frauen mögen kochende Männer. Wenn Sie kochen können, dann zeigen Sie es auch! Und wenn Sie dann noch das passende romantische Kerzenlicht auf dem Esstisch haben, kann gar nichts mehr schief gehen.

Sylvia Mündel

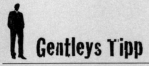
Gentleys Tipp

Das beste Grundstück finden
Immer auf dem neusten Stand

Wer Angebot und Nachfrage auf dem Immobilienmarkt kennt, die aktuellen Vorkommnisse vor Ort berücksichtigt und auch ein Quäntchen Glück hat, findet das passende Grundstücksangebot. Das A und O dabei: Sammeln Sie Informationen, wo Sie auch können. Die wichtigsten sind die folgenden Kanäle:

- **Zeitungen und Anzeigenblätter**

   Der erste und bekannteste Anlaufpunkt ist natürlich der Immobilienteil Ihrer Tageszeitung. Nicht zu verachten sind aber auch all die regionalen und lokalen Gratiszeitungen und Anzeigenblätter, genauso wie das Amtsblatt der Gemeinde. Hier finden sich oft Annoncen für Grundstücksverkäufe und Sie bleiben über die Flächennutzungspläne der Gemeinde informiert – ein Fakt, der nicht unerheblich ist, wenn es um Immobiliengeschäfte und Bauvorhaben geht. Bei Auktionen und Zwangsversteigerungen locken besonders gute Preise.

- **Immobilienseiten im Internet**

   Printmedien sind zwar immer noch ein wichtiger Bestandteil, ein großer Teil des Anzeigengeschäftes jedoch ist längst ins Internet abgewandert. Neben den Onlineangeboten der herkömmlichen Zeitungen zeigen hier spezialisierte Immobilienportale ihre Anzeigen. Dort können Sie gezielt nach Ort, Größe und Preis suchen. Standard sind mittlerweile auch Newsletter, mit denen Ihnen neue Angebote zu Ihrer konkreten Suche direkt nach Erscheinen zugemailt werden.

- **Öffentliche Aushänge**

   Arbeiten Sie digital und analog: In Supermärkten, Kirchen und öffentlichen Einrichtungen sollten Sie stets einen Blick auf das Schwarze Brett werfen. Gerade wer noch nicht so vertraut mit dem Internet ist, versucht vielleicht hier ein Grundstück zu veräußern und die Möglichkeiten steigen für Sie bei einem solchen Geschäft enorm, denn es wird vermutlich weniger Mitbewerber geben als bei einer Internetanzeige.

- **Profunde Ortskenntnisse**

   Fahren Sie regelmäßig die Gegend ab, in der Sie ein Grundstück suchen, beobachten Sie Veränderungen und natürlich Aushänge. Die Trefferquote dieser Vorgehensweise ist überraschend hoch.

- **Soziale Netzwerke**

   Nutzen Sie nicht zuletzt soziale Netzwerke wie Facebook. Hier gibt es spezielle Immobilien- und Grundstücksgruppen.

fba

Sicherheit für Ihr Heim
Wie Sie sich und Ihr Hab und Gut schützen

Sie liegen im Bett und hören, dass es im Haus poltert? Vielleicht ist jemand eingebrochen. In diese Situation möchte sicher niemand kommen. Aus diesem Grund sollte man sein Haus oder auch seine Wohnung gut schützen. Möglichkeiten dazu gibt es viele.

- Einbrecher steigen dort ein, wo sie Wertgegenstände vermuten. Sie sollten Ihren Reichtum also nicht unbedingt zur Schau stellen. Prunkvolle Statuen im Vorgarten wären jedenfalls der falsche Weg.

- Sichtbare Alarmanlagen, Überwachungskameras, Sicherheitsschlösser und natürlich der gute alte Schäferhund sind adäquate Mittel, um einen Einbrecher wirksam abzuschrecken.

- Sicherheitsglas und Sicherheitsschlösser erschweren oder verhindern den Einbruch.

- Sind Sie verreist, lassen Sie Ihren Briefkasten leeren und installieren Sie Zeitschaltuhren. So sieht ein Haus bewohnt aus.

- Rollläden sollten stabil sein und von außen keine Schrauben oder sonstige Angriffsstellen aufweisen.

Und was tun Sie, wenn die Gauner bereits im Haus sind? In jedem Fall sollten Sie nicht den Helden spielen. Lassen Sie die Einbrecher gewähren. Werden Sie nicht handgreiflich und bleiben Sie ruhig. Einbrecher sind unter einer enormen Anspannung und neigen zu Affekthandlungen. Am besten ist es, wenn Sie sich verstecken oder aus dem Fenster fliehen können. Versuchen Sie jedoch sich ein Bild von den Einbrechern zu machen. Dies hilft später bei der Identifizierung. Sollte es dennoch zu einer Begegnung mit dem ungebetenen Gast kommen, bleiben Sie auf jeden Fall ruhig und zeigen Sie Kooperationsbereitschaft. Zeigen Sie mit geöffneten Handflächen, dass Sie nicht bewaffnet sind. Sind die Einbrecher wieder verschwunden? Glück gehabt! Rufen Sie dann so schnell wie möglich die Polizei. Überprüfen Sie mit ihr was entwendet wurde, lassen Sie sich dies bestätigen und melden Sie sich dann bei Ihrer Versicherung.

> **Welche Alarmanlage?**
>
> Installieren Sie eine Alarmanlage mit Blink- und Blitzlichtern auf dem Dach. Im Falle eines Einbruchs weiß durch die Lichtsignale sofort jeder Bescheid, dass etwas nicht stimmt. Achten Sie beim Kauf einer Alarmanlage immer darauf, dass diese von einer nach EU-Norm DIN EN 45011 zertifizierten Prüfstelle geprüft wurde.

Die besten Geldverstecke zu Hause

- **Hinter dem Herd.** Suchen Sie Ecken in Ihrer Wohnung, denen Sie allerhöchstens einmal im Jahr beim Frühjahrsputz Aufmerksamkeit schenken. Wie etwa die Wand hinter dem Herd oder hinter dem Kühlschrank. Ein Dieb wird selten den Herd herausreißen, um nach Bargeld zu suchen.

- **Unter einer Dusche oder Badewanne.** Dies erfordert etwas mehr Aufwand, da Kacheln abgenommen werden müssen und sauber wieder aufgesetzt werden sollten.

- **Schuppen, Garagen, Keller und Dachböden.** Hier gibt es viele gute Verstecke.

- **Falscher Starkstromkasten.** In einem amerikanischen Film versteckte jemand seine Wertsachen in einem angeblichen Starkstromkasten außerhalb des Hauses. Am besten sind eben Verstecke, die nicht alltäglich sind.

- **Im Staubsauger.** Geht es Ihnen auch so, dass Sie den Staubsauger nur höchst ungern anfassen? Vielleicht geht es den Einbrechern genauso? Zumindest dürften sie nicht so schnell auf die Idee kommen, dass sich hier nicht nur Ihre „Wollmäuse" verbergen, sondern auch andere, wertvollere Mäuse.

Legale Waffen

Amerikaner schwören im Gefahrenfall auf Schusswaffen. In Deutschland gelten andere Regeln. Privatpersonen bekommen nur dann einen Waffenschein, wenn sie nachweisen können, dass sie durch Angriffe auf Leib und Leben gefährdet sind. Dies trifft in der Regel nur auf Sicherheitsunternehmen zu. Es gibt jedoch einige legale Möglichkeiten, Waffen einzusetzen.

Waffen

In erster Linie sollen Selbstverteidigungswaffen Ihnen Sicherheit vermitteln. Das ist meist noch wichtiger (und ungefährlicher) als ihr wirklicher Einsatz.

Tränengas

- CS-Gas ist in Deutschland für alle ab 14 Jahre frei erhältlich. Es hat jedoch den Nachteil, dass es bei ca. 20% der Menschen nicht wirkt, da sie nicht auf das Tränen bringende Gas reagieren. Eine Alternative wäre Pfefferspray. Hierauf reagieren ca. 98% der Bevölkerung. Pfefferspray ist allerdings im Einsatz gegen Menschen illegal und darf nur gegen Tiere angewendet werden.

Elektroschocker

- Diese Nahkampfwaffe gibt elektrischen Strom auf den Angreifer ab. Das Problem ist die Batterie und die komplizierte Handhabung. Sie müssen direkten Kontakt mit Ihrem Peiniger haben, darauf vertrauen, dass die Batterie nicht leer ist und dann das Gerät auch noch richtig anwenden können.

Gaspistolen

- Sie benötigen für das Tragen einer solchen Pistole einen Waffenschein, den Sie jedoch bei jeder örtlichen Behörde beantragen können. Die Pistole gibt Sicherheit, kann jedoch in direkter Nähe zum Täter auch schwerste Verletzungen auslösen. Zur Selbstverteidigung ist diese komplizierte zu handhabende Waffe nicht empfehlenswert.

Alarm

- Das Prinzip ist einfach. Sie lösen einen immens lauten Alarm aus, der durchdringend wirkt, den Angreifer abschreckt und auf Sie aufmerksam macht. Der Nachteil dabei ist, dass auch Ihr Gehör davon betroffen ist. Es kann leicht zu Schädigungen der eigenen Ohren kommen, wenn Sie den Alarm zu lange anwenden.

Schlagstock

- Der Schlagstock ist unhandlich und lässt sich in einer Notsituation schwer greifen. Die Gefahren für Ihren Angreifer sind genauso hoch wie bei der Anwendung einer Gaspistole. Es kann zu schweren Verletzungen kommen.

Trickbetrüger vor der Haustür

Eine weitere Gefahr für Ihr Hab und Gut sind Trickbetrüger. Diese Leute denken sich immer wieder neue Geschichten aus, um in Ihre Wohnung zu kommen. Keine Lüge ist zu dreist, keine Ausreden zu dumm. Zum Opfer werden daher meist all diejenigen, die hilfsbereit und leichtgläubig sind. Wer also sich und andere vor dreisten Dieben schützen will, sollte wachsam sein.

Vor allem wollen Diebe eines: In die Wohnung hinein gelangen, egal wie. Wenn also etwa jemand klingelt und nur einen Schluck Wasser trinken oder mal schnell auf die Toilette will, ist gesundes Misstrauen angebracht. Einige andere Szenarien als Beispiel: Jemand will eine Nachricht verfassen für Nachbarn und fordert Papier und Stift. Ein anderer möchte Geschenke abgeben und sie selbst in die Wohnung tragen. Auch die Suche nach einem entlaufenen Haustier oder ein Wasserrohrbruch kann als Trick-Lüge benutzt werden. Diebe wollen mit der angeblichen Notlagenschilderung nur eins: In Ihre Wohnung, um dort unbemerkt zu stehlen.

Ein zweiter Trick, auf dem viele Diebstähle beruhen, besteht darin, sich als Amts- oder sonst wie berechtigte offizielle Person auszugeben. Niemand hat das Recht, ohne Vorankündigung offizieller Natur in eine Wohnung einzudringen. Weder Hausmeister noch Vermieter, noch Amtsperson, Handwerker oder angeblich offiziell Beauftragter. Es hat sogar Fälle gegeben, in denen Diebe ihren Besuch vorab telefonisch angekündigt haben. Ein tatsächlich amtliches Vorgehen zeichnet sich jedoch immer durch eine schriftliche Ankündigung aus, die nachzuprüfen ist. Alles andere sind Lügenmärchen.

Henry Mollberg

Moderne Butler

Persönliche Assistenten stemmen den Alltag

Das Leben ist zu kurz und Sie sind zu beschäftigt, um sich mit den täglichen Dingen des Lebens rund um Küche, Haus und Garten aufzuhalten? Sie haben Lust auf Urlaub, aber keine Zeit Tickets, Restaurants und die passende Nanny zu buchen und wünschen sich außerdem in ein Haus mit gefülltem Kühlschrank zurückzukehren? Ihre Frau wünscht sich eine antike Vase und Sie haben keine Zeit, Onlineportale und Antiquitätenläden zu durchforsten, möchten ihr aber den Herzenswunsch erfüllen? Wer im Beruf viel zu leisten hat, dem sollte die Freizeit ganz alleine gehören, damit er diese seltenen aber wohl verdienten Momente ausgiebig genießen kann. Deshalb lohnt es sich, für bestimmte Aufgaben einen Butler zu engagieren.

Privatsekretär und Dienstleister

Ein klassischer Butler war die gute Seele des Hauses seines Dienstherren, er war der ranghöchste Diener des Haushaltes, organisierte und beaufsichtigte die Angestellten rund um Küche, Haus, Fuhrpark etc. So war er immer zur Stelle und versorgte den Auftraggeber mit allem, was er zum angenehmen Leben brauchte – und zwar am besten, bevor dieser überhaupt den Wunsch äußerte. Diese Vorzüge, unliebsame Dinge, um die man sich nicht kümmern mag, delegieren zu dürfen, kann man sich auch heute noch gönnen, und zwar mit Butler- und Concierge-Services. Hier ist nicht die Rede von Haushaltshilfen und Dienerschaft im feudalen Stil, es geht vielmehr um einen modernen Service, der Ihnen viele Aspekte des Lebens, die organisiert werden müssen, abnimmt und erleichtert.

Aufgaben und Kosten

Grundsätzlich kümmern sich moderne Butler um alle Wünsche, die Ihnen einfallen und deren Erfüllung legal ist. Zu den gefragtesten Diensten zählt das Housekeeping. Ob Haus-,

> **Anbieter**
>
> **Agent CS**
> Von privatem Service in Haus und Garten über Reiseunterstützung bis zu Events wird alles geboten, www.agent-cs.de.
>
> **e-concierge**
> Services in der Immobilie, beim Housekeeping und als Personal Assistant, www.e-concierge.de.
>
> **Modern Butler**
> Der Modern Butler übernimmt Planung, Organisation und Dienstleistungen rund um Haushalt und Büro, www.modern-butler.de.
>
> **White Concierge**
> Organisation und Unterstützung für Geschäftskunden in allen Lebenslagen, www.whiteconcierge.com.
>
> **Butler Service Berlin**
> Spezialist für exklusive Einladungen und Veranstaltungen, www.derbutlerservice.de.

Garten- oder Autopflege, Briefkastenleeren oder Schuhputzservice und Ämtergänge, alles wird für Sie erledigt.

Reiseplanung und Organisation sind ein zweiter wichtiger Zweig. Als Personal Assistant kümmert sich der Butler-Service um private und berufliche Belange. Fährt Sie und Ihre Gäste, recherchiert Themen und organisiert Geschäftsessen oder VIP-Partys. Da der Service des jeweiligen Anbieters sich ganz nach den individuellen Wünschen des Kunden richtet, sind Preise schwer darstellbar. Sie können einen Concierge-Service für einen bestimmten Anlass beauftragen, dann erfolgt die Abrechnung von Fall zu Fall, oder Sie sichern sich grundsätzlich die Möglichkeit eines Ansprechpartners für alle Lebenslagen. Ein Rund-um-die-Uhr Basis Service für Privatkunden ist ungefähr ab 250 Euro im Monat möglich. Oft sind moderne Butler-Dienste in Platin-Kreditkarten-Paketen enthalten oder über Flugmeilen bezahlbar.

Virtueller Assistent

Vom Strand aus arbeiten und das auch nicht zu viel – seit 2009 bringt das Unternehmen „Strandschicht" seinen Kunden diesen Traum ein kleines Stück näher, und zwar mit Hilfe von "Virtuellen Persönlichen Assistenten", kurz VPA's. Die VPA's erledigen über das Internet oder per Telefon so ziemlich alles, was der Kunde wünscht. Das Gros der Aufträge machen Recherchen, Datenverarbeitung, Terminkoordination oder das Erstellen von Präsentationen aus. Aber auch das Organisieren einer Hochzeit oder die Suche nach einem Lebenspartner für die Schwiegermutter haben die Berliner bereits übernommen.

Fritz Zobler

Gentleys Tipp

Bodyguards
Sicherheit für Leib und Reichtum

Personen des öffentlichen Lebens werden in der Regel von Bodyguards bewacht. Doch was viele nicht wissen ist, dass auch Menschen, die nicht zwangsläufig in der Öffentlichkeit stehen, beschützt werden. Das Gefährdungspotential einer Person ist dabei maßgeblich abhängig von seiner Tätigkeit. So müssen nicht nur Politiker oder Filmstars bewacht werden, sondern teilweise auch „ganz normale" private Menschen.

Worin unterscheidet sich nun die Bewachung privater Personen von der Bewachung anderer? Im Grunde gar nicht. Ein Bodyguard ist grundsätzlich dafür verantwortlich, dass eine Person oder auch kostbare Gegenstände vor Angriffen, Attentaten oder Entführungen geschützt werden. Bodyguards begleiten dabei ihre Zielperson entweder permanent oder nur über einen bestimmten Zeitraum. Sie werden im Regelfall von einer Sicherheitsfirma gestellt und sind mit allen relevanten Sicherheitstechniken vertraut.

Wer braucht Personenschutz?

Natürlich sind es nicht nur Politiker oder Funktionäre, die beschützt werden müssen. Menschen die über großen Reichtum verfügen, der Neider wecken könnte, gehören ebenfalls dazu. Menschen, die in Situationen geraten, gestalkt zu werden oder die von anderen bedroht werden, sollten sich ebenfalls überlegen, einen Bodyguard zu nutzen. Doch auch ganz normale Personen, die zeitweilig in das Licht der Öffentlichkeit gerückt werden, benötigen einen Bodyguard. Bestes Beispiel ist der Karikaturist, welcher in einer dänischen Zeitung Mohamed gezeichnet hat und dadurch den Unmut vieler Islamgläubiger auf sich zog. Er wurde radikal bedroht und benötigte einen Bodyguard.

Was macht ein Bodyguard?

Er begleitet. Egal wohin Sie gehen – auch Ihr Bodyguard wird dabei sein. Ein guter Personenschützer agiert im Hintergrund und bleibt unauffällig. Er ist permanent konzentriert und überprüft die Lage und die jeweilige Situation. Bodyguards gehen teilweise auch vorweg und schätzen Wege richtig ein. Sie haben eine gute Menschenkenntnis und haben ihren Blick überall. Einen guten Bodyguard werden Sie nicht weiter bemerken, da er nicht in Ihrem Leben agiert, sondern Sie aus sicherer Distanz begleitet, ohne dabei in Gefahr zu geraten nicht rechtzeitig eingreifen zu können für den Fall, dass etwas passiert.

Panzerfahrzeuge, Schutzwesten und Co.

Neben dem direkten Personenschutz ist es möglich, in speziell gepanzerten Fahrzeugen zu reisen. Diese verfügen grundsätzlich über schuss- und bruchsicheres Glas sowie verstärkte Türen. Auch Schusswesten schützen den Oberkörper vor Angriffen und Attacken, etwa durch Messerangriffe. Für den persönlichen Schutz gibt es eine Vielzahl an Selbstverteidigungswaffen wie CS-Gas, Pfefferspray oder auch Elektroschocker.

vkn

Kochen

Mit Kochkünsten umwerben

Ralf Zacherls Erfolgrezept

Das erste Date daheim. Kommen Sie jetzt bloß nicht ins Schwitzen, denn eine gute Vorbereitung ist die halbe Miete für den Erfolg – auch beim Kochen. Ein Mann, der auch noch kochen kann, beindruckt „Frau" ungemein. Sie kriegen das hin! Nachfolgend eine kleine Hilfestellung, was dazu in jedem Falle zu beachten ist:

Kochen Sie leicht

Und das gilt gleich im doppelten Sinne. Leichtes, was auf keinen Fall schwer im Magen liegt und dann natürlich auch etwas, was leicht vorzubereiten und zuzubereiten ist.

Kochen Sie raffiniert

„Blender" sind nicht nur erlaubt, sondern absolutes Muss. Gerade, wenn Sie „Kochender Anfänger" sind.

Dekorieren Sie

Das Auge isst auch mit und die Deko auf dem Teller macht vieles schöner. Verstreuen Sie Rosenblätter auf dem Tisch. Rote oder weiße Kerzen oder kleine stilvolle Teelichter in roten und/oder weißen Gefäßen verschönern nicht nur den Tisch, sondern verzaubern die Atmosphäre. Welche Frau steht nicht auf Romantik?

Rot ist nicht nur eine Signalfarbe, sondern auch die Farbe der Liebe. Daher: Schauen Sie sich um nach roten Servietten, roten Dekos, roter Verpackung für ein paar kleine leckere Pralinen „Liebling für dich". Sie haben schon fast gewonnen!

Starten Sie mit etwas Besonderem

Mit dem Champagner-Rosen-Cocktail erweichen Sie Ihren weiblichen Gast direkt zu Beginn des Abends (siehe Rezept).

Champagner-Rosen-Cocktail

Zutaten (für zwei Gläser)
    2 EL Crème de Cassis   2 TL Rosensirup (Apotheke)
200 ml Champagner, Sekt oder Prosecco

Zubereitung

 Crème de Cassis und Rosensirup mischen, gleichmäßig auf zwei Sektgläser verteilen. Mit Champagner auffüllen. Nach Belieben mit Rosenblättern servieren.

Vorbereitung ist die halbe Miete

Sie kennen das sicherlich: Die Küche wird zum Schlachtfeld, und das meist schneller als uns Männern lieb ist. Da gibt es Hilfe! Wofür haben wir eigentlich einen Backofen? Nicht nur zum Pizza-Aufwärmen, sondern um eindrucksvoll der Angebeteten unseren (selbst gemachten) Fisch vor ihren Augen aus dem Ofen zu holen. So ein „ganzer Fisch" aus dem Ofen. Den bekommen Sie beim Fischhändler, der ihn bereits für Sie schuppen, fachgerecht ausnehmen und einschneiden kann. Sagen Sie ihrem Fischhändler einfach: Sie wollen „ihn" füllen. Jetzt lassen wir unserem Jagdtrieb freien Lauf und füllen den Fisch. Steinbutt ist übrigens meine erste Wahl: ein sehr leckerer Fisch, aber auch teuer. Was soll's. Für das erste Date kann nichts zu teuer sein und die Fehlerquote liegt wesentlich geringer, als wenn Sie etwa ein Rinderfilet „verderben". Und glauben Sie mir: Das könnte auch in den Küchen von fortgeschrittenen Köchen passieren.

Waschen Sie den Fisch, trocknen Sie ihn, würzen Sie ihn mit Fleur de Sel (Meersalz) und hellem Pfeffer aus der Mühle. Wer es ein wenig schärfer mag: Chili schmeckt nicht nur „geil", es macht auch selbiges (oder geben Sie in die feuerfeste Form einfach ein paar klein gehackte Chilistücke von der Schote mit Olivenöl extra vergine dazu). Füllen Sie den Fisch mit frischen Kräutern nach Ihrem Geschmack und bestreichen ihn dann mit gutem Olivenöl. Behalten Sie ihn im Auge: Trockener Fisch ist einfach nicht lecker. Daher gilt bei der Backofentemperatur: Weniger ist mehr! Dazu ein köstliches Risotto. Und mit „Love Hearts" was Herziges „zum Schluss" (siehe Rezept).

Ralf Zacherls Lieblings-Rezept für Männer

 Love-Hearts

Zutaten (für 20 Stück)

250 g Himbeeren (frisch oder tiefgekühlt)
4 EL Limoncello (ital. Zitronenlikör)
Mark von 2 Vanilleschoten   2 Päckchen Vanillezucker
200 g Mehl   150 g Butter
5 Eier (M)   250 g Mascarpone
4 EL Puderzucker   100 g Sahne
Salz

Zubereitung

 Himbeeren gegebenenfalls putzen bzw. antauen lassen. Ofen auf 200 Grad vorheizen. Blech mit Backpapier belegen. Vanillemark, 250 ml Wasser, Butter und 2 Prisen Salz aufkochen. Topf vom Herd nehmen. Mehl und Vanillezucker unterrühren. Topf wieder auf die heiße Kochplatte stellen. Die Masse so lange rühren, bis sich ein fester Kloß bildet und am Topfboden eine dünne weiße Schicht zu sehen ist. Masse in eine Schüssel umfüllen, etwas abkühlen lassen, dann nacheinander die Eier unterrühren.

- Die Hälfte des Teigs in einen Spritzbeutel mit Lochtülle (0,5 cm) füllen und auf das Blech 10 Herzen (ca. 1 cm dick und 8 cm groß) spritzen. Herzen im Ofen auf der mittleren Schiene in ca. 20 Minuten goldbraun backen und noch 5 Minuten im abgeschalteten Ofen lassen. Dann herausnehmen, quer halbieren und auf einem Gitter abkühlen lassen. Ofen wieder auf 200 Grad schalten und mit dem restlichen Teig ebenso verfahren.

- Himbeeren pürieren, durch ein feines Sieb streichen und mit Mascarpone, Limoncello und Puderzucker verrühren.

- Sahne steif schlagen und unter den Himbeer-Mascarpone-Mix ziehen. Himbeercreme in einen Spritzbeutel mit Lochtülle (1cm) füllen, gleichmäßig auf die untere Hälfte der Herzen spritzen. Obere Hälfte darauf setzen. Nach Belieben mit frischen Himbeeren dekorieren.

Ralf Zacherl

Surftipps

Ralf Zacherls persönliche Webseite: www.ralf-zacherl.de

Online-Kochschule, zahlreiche Rezepte sowie Weininfos, Kochkurse und mehr: www.kochende-leidenschaft.de

Leidenschaft und Entspannung

Johann Lafer verrät, warum Männer gut kochen

Der Gourmet fragt sich oft: Wieso finden sich so wenige Frauen in der Riege der Spitzenköche? Sind Frauen weniger begabt, nicht kreativ genug, um solche Speisen zu bereiten, welche die Genießer unter uns zum Jubel treiben? Mitnichten – Frauen sind hervorragende Köchinnen, ausgestattet mit großer Feinfühligkeit und dem mütterlichen Attribut, die Menschen auf das Beste zu ver- und umsorgen.

Warum also? Nun, Koch als Beruf auszuüben bedeutet nicht nur, sich wundersame Gerichte auszudenken und über die Zusammenstellung verschiedener Ingredienzien zu sinnieren. Es bedeutet, unter anderem, auch schwere, körperliche Arbeit, oft mehr als 12 Stunden pro Tag. Dauerstress bei hohen Temperaturen, präzise Strategien und höchste Konzentration bei der Zubereitung von mehreren Gerichten zur gleichen Zeit. Sicher, ganz sicher können Frauen das auch, man denke an Huber, Lisl Wagner-Bacher, Sarah Wiener und Lea Linster und so viele mehr.

Aber offensichtlich verspüren zu wenige Frauen die große Leidenschaft, die die Herren der Schöpfung an den Herd treibt. Der Herd, das über Jahrhunderte unangefochtene symbolische Tätigkeitsfeld der Frauen und Mütter, von welchem der Mythos des Geborgenseins, des Genusses und der Wärme ausgeht. Bei uns zu Hause war die Küche stets der Mittelpunkt des Familienlebens.

Rezepte der Familie

Ein Kochbuch hat meine Mutter nicht besessen, dafür eine dicke Mappe mit handgeschriebenen Rezepten. Auf den gefalteten, vielfach angefassten und dadurch weich gewordenen Zetteln sah man die stets kindlich gebliebene Handschrift meiner Großmutter, die entschlossenen Schriftzüge meiner Mutter, aber auch manche mir fremde Schrift, die wohl einer guten Freundin oder Tante gehören mochte. Nein, ohne das Aufschreiben geht es wohl nicht, wenn man in der Küche ein großes Repertoire an Gerichten beherrschen will. Es soll ja nicht immer das Gleiche auf den Tisch kommen.

Auf der anderen Seite weiß jeder, der schon einmal nach einem Rezept gekocht hat, dass ein Rezept noch nicht die fertige Mahlzeit ist. Es kann einen zur Verzweiflung treiben. Da hat man alles getreulich getan, wie es im Kochbuch gestanden hat, und es ist doch irgendwie nichts Rechtes dabei heraus gekommen. Betrachten Sie es bitte nicht als billigen Hohn, wenn ich sage: Gott sei Dank! In der Küche haben wir es mit einer einst lebendig gewesenen, organisch gewachsenen Materie zu tun, die nicht so zuverlässig reagiert wie die Chemikalien im Laboratorium, obwohl eine Küche mit einem Laboratorium durchaus manches gemeinsam hat. Gerade das Unberechenbare macht oft den Reiz beim Kochen aus. Umso mehr freuen wir uns immer wieder über eine besonders gelungene Kreation.

Kochen ist Entspannung pur

In meinen Kochkursen vermehrte sich die Anzahl der kochenden Männer in den letzten Jahren. Mit Freude, Faszination, unglaublichem Qualitätsbewusstsein und auch mit höchster Präzision sowie dem absoluten Perfektionsgedanken treten sie an zum: Schnibbeln, Hacken, Blanchieren, Pochieren, Brutzeln, Braten, Schmoren, kunstvollen Anrichten und Genießen. Sie gehen völlig auf in ihrer Handwerklichkeit, deren Resultat über den genussreichen Umweg des Gaumens die Seele befriedigt. Für den Mann, der es als Hobby betreibt, ist Kochen – ab und zu verbunden mit dem Genuss eines guten Glases Wein – Entspannung pur!

Und bei den Hausfrauen? Entspannen sie beim täglichen Kochen zwischen Wäschebergen, putzen, aufräumen und den zahlreichen Kinderterminen? Natürlich können auch Frauen groß auffahren, fantastische Menüs für besondere Momente zaubern, experimentieren und immer wieder neue Rezepte ausprobieren. Den meisten Frauen bleibt dafür nicht wirklich viel mehr Zeit als den Männern. Kochen ist Alltag, Notwendigkeit! Schnell muss es dabei gehen, gesund soll es sein und auch noch schmecken. Eine nicht einfache, logistische Aufgabe, der sich einige Frauen und Mütter durch Fertig- und Halbfertiggerichte entziehen. Schade, denn eigentlich ist alles – ob Alltagskost oder große Küche – eine Frage der Organisation.

Aus den Vollen schöpfen

 Buchtipp

Johann Lafer: „Der große Lafer. Die Kunst der einfachen Küche", GU Verlag, 39,90 Euro.

Was ich deshalb vermitteln möchte, sind nicht bloß Rezepte (hier finden Sie übrigens eines meiner Lieblingsrezepte, den „Mohrekopp mit Gewürzorangenfilets", die ich für besonders gelungen und praktikabel ansehe, sondern die auch etwas von dem Gefühl für das Kochen, ohne das in der Küche nichts zustande kommt. Wissen Sie, wie die Köche salzen? Sie greifen mit der vollen Hand in den Salztopf, haben das Salz auf dem glatten Handteller liegen und schütteln die Hand in der Horizontalen dann sanft hin und her, so dass das Salzhäufchen in Bewegung gerät und in dünnem Strom aus der Hand in den Topf rieselt. Auf diese Weise verteilt es sich am besten, zugleich wird bei dieser Methode aber auch deutlich, dass der aus dem Vollen schöpfende, in seiner Küche souverän waltende Koch mit pedantischen Maßangaben wenig anfangen kann – bis aufs Backen, da nehmen selbst Altmeister noch die Briefwaage für die Zutaten.

Ich wünsche mir, dass die Leser meiner Rezepte eine wirkliche Beziehung zu den Produkten gewinnen, die sie in der Küche auf dem Herd und im Backofen verwandeln möchten. Nehmen Sie den Fisch, den Sie in die Kasserolle oder den Fischkochtopf legen, auch einmal in die Hand und wiegen Sie ihn darin, damit Sie ein Gefühl für seine Schwere und die Dichte seines Fleisches bekommen. Sie als Köchin oder Koch sind es, die oder der ein totes Rezept zum Leben erwecken muss. Mut und Liebe gehört zum Kochen – und außerdem die besten Zutaten, die Sie nur auftreiben können. Paul Bocuse äußerte sich vor Jahren in einem Interview: „Das Tischtuch und das Betttuch sind sich die liebsten Verwandten." Verstehen Sie die Leidenschaft kochender Männer?

Johann Lafers Lieblings-Rezept für Männer

Lafers Mohrekopp mit Gewürzorangenfilets

Zutaten Mohrekopp (für 4 Personen)

1 Blatt	Gelatine, in kaltem Wasser eingeweicht		
1	Ei	50 g	hellen Nougat
1 EL	Rum	50 g	weiße Kuvertüre
1 EL	Grand Marnier	40 g	Krokantbrösel
225 g	geschlagene Sahne	1	Biskuitboden, klein
1	Schale von einer Orange		

Zubereitung Mohrekopp

- Das Ei über dem Wasserbad schaumig schlagen. Wenn die Eimasse dicklich wird, herunternehmen und noch etwas weiter schlagen.

- Den Nougat und die Kuvertüre über dem Wasserbad bei mäßiger Hitze schmelzen lassen, unter die Eimasse geben und gut verrühren.

- Die eingeweichte Gelatine mit etwas Rum und Grand Marnier erwärmen. Die aufgelöste Gelatine nun unter die obige Masse rühren.

- Die Krokantbrösel und die Orangenschale mit der geschlagenen Sahne vorsichtig unter die abgekühlte Masse rühren.

- Die Crème in Kuppelförmchen füllen. Im gleichen Durchmesser kleine Biskuitböden ausstechen und damit abdecken.

- Für ca. 2 Stunden kühl stellen. Nach dem Abkühlen auf ein Gitter stürzen.

Zutaten Canache

220 g	Sahne	40 g	Butter
200 g	Bitterkuvertüre		

Zubereitung Canache

- Die Sahne aufkochen sowie die Butter und die klein geschnittene Bitterkuvertüre darin auflösen.

Zutaten Sauce

90 g	Wasser	110 g	Zucker
50 g	Crème double		
ca. 50g	weiße Kuvertüre, aufgelöst		

Zubereitung Sauce

- Wasser und Zucker aufkochen, Crème double dazu geben, nochmals aufkochen lassen und leicht abkühlen.

- Die Canache und die Sauce mischen und gut verrühren.

- Mit Hilfe einer Suppenkelle die Überzugmasse über die Crèmekuppeln gießen und im Kühlschrank fest werden lassen.

- Die Mohreköppe mit der flüssigen weißen Kuvertüre (mit Hilfe eines kleinen Pergamenttütchens) besprenkeln.

Zutaten Gewürzorangen

5	Orangen	130 g	Zucker
250 ml	Weißwein	125 ml	Orangensaft, frisch gepresst
2	Kardamomkapseln	4	Nelken
2	Sternanis	2	Zimtstangen
1	Vanilleschote	20 g	Speisestärke
1	abgeriebene Schale von einer Orange (unbehandelt)		
1	abgeriebene Schale von einer Zitrone (unbehandelt)		
2 cl	Grenadine	2 cl	Grand Marnier

Zubereitung Gewürzorangen

- Die Orangen filetieren. Zucker karamellisieren, mit Weißwein ablöschen und etwa 5 Minuten kochen. Orangensaft unterrühren. Gewürze sowie Orangen- und Zitronenschale dazugeben und alles etwa 10 Minuten leicht köcheln lassen.

- Speisestärke mit 1 Esslöffel kaltem Wasser anrühren und den Gewürzfond damit leicht binden. Nochmals kurz aufkochen und abkühlen lassen.

- Mit Grenadine und Grand Marnier abschmecken. Das Ganze über die Orangenfilets gießen und etwa 1 Tag im Kühlschrank marinieren.

Zutaten Mandelkrokantkörbchen

50 g	flüssige Butter	100 g	Kristallzucker
2 EL	frischer Orangensaft	30 g	Mehl
	Saft von einer halben Zitrone		
50 g	gehobelte Mandeln oder gemahlene Pistazien		

Zubereitung Mandelkrokantkörbchen

- Alle Zutaten vorsichtig miteinander verrühren. Diese flüssige Mandelmasse in Klarsichtfolie wickeln und für eine Stunde in den Kühlschrank legen. Ein Blech mit Butter bestreichen und mit Mehl bestäuben. Aus der Masse kleine Kügelchen formen und auf das Blech setzen. Mit Hilfe eines Gabelrückens die Kugeln flach und dünn zerdrücken. Dann für 5-7 Minuten bei 200° C in den vorgeheizten Backofen schieben. Wenn die Mandelscheiben goldbraun sind, aus dem Ofen nehmen, leicht abkühlen lassen und in noch warmem Zustand in etwas höhere Gefäße drücken, so dass der Rand überlappt. Nun völlig auskühlen lassen, bis die Körbchen fest sind.

- Den Mohrekopp mit Grand Marnier Eis im Krokantkörbchen servieren. Mit den Gewürzorangen, Vanillesauce und Himbeermark garnieren.

Johann Lafer

 Über den Autor

Johann Lafer hat sein Leben dem guten Geschmack gewidmet. Das zeigt er nicht nur in Fernsehshows, sondern auch in seinen Kochkursen, aber auch in der Küche seiner Restaurants. Besonders bekannt ist Lafer durch die Kochshow „Lafer! Lichter! Lecker!", in der er gemeinsam mit Horst Lichter köstliche Rezepte präsentiert. Weitere Infos unter www.johannlafer.de.

Großes Kino in der Küche

Mirko Reeh weiß, dass Männer anders kochen

Kochkurse boomen und sind im ganzen Land beliebt. Und auch zu Hause wird wieder vermehrt gekocht. Nicht, dass einfach nur ein Schnitzel in die Pfanne gekloppt würde. Nein, es wird großes Kino gefahren. Und das ist ganz klar eine Domäne für uns Männer.

Männer kochen anders als Frauen. Frauen kochen eher unter der Woche, während Männer Wochenendkocher sind – zumindest meinen Erfahrungen nach. Frauen kochen eher nach Gefühl und lassen sich inspirieren. Männer kochen lieber nach Rezept und halten sich erstaunlicher Weise auch daran.

Ich merke in meinen Kochkursen ganz stark, dass Männer nicht nur eine Roulade machen wollen, sondern auch mal etwas Besonderes. Und da kommen dann auch schon mal Exoten auf den Tisch. Ich habe die Erfahrung gemacht, dass nach meinen Kochkursen sehr viel zu Hause nachgekocht und ausprobiert wird. Das aufgetischte Ergebnis scheint den jeweiligen Herzensdamen gut zu schmecken. Denn viele Frauen schicken ihre Männer öfter zu mir – oder kommen gleich selber mit.

 Kochkurse für Männer

Die Kochschule Mirko Reeh in Frankfurt bietet spezielle „Kochkurse für Männer" an. Von Hausmannskost, über Wok-Kochen bis hin zum Fine Dining Menü können Interessenten alles lernen, was das Männerherz begehrt. Daneben sind viele weitere Kurse im Angebot. Weitere Infos unter www.mirko-reeh.com.

Mirko Reehs Lieblings-Rezepte für Männer

 Abbelwoi Suppe mit Thunfisch und Jakobsmuscheln

Zutaten Suppe (für 4 Personen)
1,5 l Apfelwein
100 g Zucker
2 EL Zitronensaft
Zimt
Salz und Pfeffer

1/2 l Fleischfond
200 g Schmand
2 Eigelb
frische Kräuter

Zubereitung Suppe

 In einem feuerfesten Topf (kein Metalltopf) wird der Abbelwoi zusammen mit dem Fleischfond, dem Zucker, dem Zitronensaft und etwas Zimt 15 Minuten gekocht. Der Schmand wird mit dem Eigelb verquirlt und mit einem Schneebesen in die Suppe eingerührt. Die Kräuter fein hacken und ebenfalls in die Suppe einrühren. Mit Pfeffer und Salz abschmecken.

Zutaten Thunfisch und Jakobsmuscheln

250 g Thunfisch	6 EL Sojasauce
1 EL Limettensaft	1 EL Honig
Jakobsmuscheln	Räuchersalz & Pfeffer

Zubereitung Thunfisch und Jakobsmuscheln

- Thunfisch in große Würfel schneiden, dann die Zutaten für die Marinade sehr gut vermengen, den Thunfisch darin marinieren. Mit Räuchersalz und Pfeffer würzen. Dann in einer heißen Pfanne kurz rundherum anbraten.

- Jakobsmuscheln nur mit Pfeffer und Salz würzen, dann von beiden Seiten anbraten.

Jakobsmuscheln auf Ragout von Apfel und Blutwurst

Zutaten (für 4 Personen)

8 Jakobsmuscheln	300 g Blutwurst
600 g saure Äpfel	2 EL Apfelessig
1 Msp. Zimt	½ TL Curry
Olivenöl	Pfeffer & Salz

Zubereitung

- Blutwurst pellen, dann in kleine Würfel schneiden. Apfel schälen, entkernen und in gleich große Würfel schneiden. Dann erst die Äpfel anbraten, danach die Blutwurst dazu geben. Essig, Zimt und das Currypulver hinzugeben, danach abschmecken mit Pfeffer und Salz.

- Jakobsmuscheln mit etwas Olivenöl knackig anbraten, danach abschmecken mit Pfeffer und Salz.

Mirko Reeh

Über den Autor

Mirko Reeh ist Koch und betreibt Kochschulen in Frankfurt/Main sowie auf Mallorca und Ibiza. Heute führt er das Restaurant („Reehstaurant") „Pearl by Mirko Reeh". Zudem stellte Reeh einige Rekorde auf. So schuf er etwa die längste Nudelbahn der Welt mit 47 Metern und steht damit im Guinness-Buch der Rekorde. Weitere Infos unter www.mirko-reeh.com.

Beziehungspflege mit Bison

Das perfekte Gericht für's Date

Kochen kann ganz einfach sein – und damit meine ich nicht, einfach eine Tütensuppe aufzureißen oder ein Fertiggericht in die Mikrowelle zu schieben. Lassen Sie sich nicht ins Bockshorn jagen von kompliziertesten 4-Stunden-Rezepten. Natürlich ist das toll, wenn andere Menschen, die für Sie im Restaurant kochen, diesen Aufwand auf sich nehmen. Aber zu Hause geht es auch schnell, sicher und einfach.

Kochen ist für mich vergleichbar mit meiner zweiten Leidenschaft, der Musik. Gleichklang, Harmonie aber auch Spannung sind die tragenden Elemente. Deshalb kombiniere ich in einem meiner Lieblingsrezepte zartes Bison mit der indischen Gewürzmischung Vadouvan, gedörrten Tomaten und Majoranhonig: Säure trifft so auf Süße und Röstaromen und wird geerdet von Maisbrot.

Wenn sich das Essen beim Date verzögert

Mein Lieblingsrezept, wenn nicht so ganz sicher ist, wann es zum Essen geht, ist rückwärts gebratenes Steak. Dieses Rezept verzeiht auch Verzögerungen von bis zu 40 Minuten, welche bei ersten Verabredungen durchaus passieren können. Rückwärts braten hört sich ungemein geheimnisvoll und hochtechnisch an, meint jedoch lediglich, dass das Fleisch nicht erst heiß angebraten wird und dann ruht, sondern vielmehr langsam temperiert und danach kross gebraten wird. So hat das Fleisch weniger Hitzestress, kann behutsam auf Temperatur gebracht werden und ist unter Garantie perfekt rosa und zart.

 Woher kommt das Bison?

Kolja Kleebergs Bisonlieferant „Otto Gourmet" versendet deutschlandweit Fleisch und weitere Gourmetprodukte, die zuvor nur der Spitzengastronomie zur Verfügung standen: feinstes Fleisch von amerikanischen Wagyu Kobe Rindern, American Beef und Bisons, spanischen Iberico-Schweinen, Mieral-Geflügel aus Frankreich oder Seafood. Alles wird frisch oder fresh frozen bis zur Haustür geliefert (www.otto-gourmet.de).

Frauen mögen Fleisch – wenn sie nicht gerade Vegetarierinnen sind. Perfektes Roastbeef lässt Frauenherzen genauso schnell schmelzen wie Hummer – nur dass es für Mann einfacher zuzubereiten ist. Die ganze Salat- und Fisch-Nummer wird überschätzt. Aus der Erfahrung in meinem Restaurant VAU kann ich sagen, dass die Damen auch beim zarten Fleisch gerne zulangen.

Natürlich funktioniert mein Rezept auch mit handelsüblichem Roastbeef, doch probieren Sie auch mal das zarte und ungewöhnliche Bison-Fleisch aus. Bisons sind Wildrinder, welche ursprünglich aus Amerika stammen. Das Fleisch des Bisons ist zarter und hat trotz intensiven Geschmacks weniger Fett und damit Kalorien als der domestizierte Bruder. Bei diesem Gericht können Sie die Vorbereitungen übrigens locker ein paar Stunden vor der finalen Zubereitung erledigen.

 **Buchtipp**

Kolja Kleeberg: „VAU. Das Kochbuch", Rolf Heyne-Verlag, 58 Euro.

Kolja Kleebergs Lieblings-Rezept für Männer

 Bisonroastbeef mit Vadouvan rückwärts gebraten Maisbrotcrostino mit geröstetem Mais, gedörrte Tomate mit Majoranhonig und Tomatenessigjus

Zutaten für das Bisonroastbeef (für 4 Personen)
4 Scheiben Roastbeef vom Bison à 150g
    Salz, schwarzer Pfeffer aus der Mühle
    Olivenöl extra   50 g Butter zum Nachbraten
4 EL Vadouvan (indische fermentierte Gewürzmischung)

Für die gedörrten Tomaten
10 Tomaten   Olivenöl

Für den gerösteten Mais
4 Maiskolben   50 g Butter
  Zucker   Pflanzenöl
80 g Bacon in Würfeln   1 EL frische Majoranblätter

Für den Majoranhonig
4 EL Blütenhonig   1 Bund Majoran
  „Mille fiorie"

Vorbereitung

🌿 Die Tomaten blanchieren, abziehen, vierteln und entkernen. Auf einem geölten Blech verteilen und bei ca. 80 Grad Umluft ca. 1 Stunde trocknen. Die Maiskolben buttern, etwas zuckern und in Alufolie geben. Im Ofen bei 175 Grad Umluft 30 Minuten garen. Auskühlen lassen und die Körner längs vom Kolben schaben.

🌿 Den Honig auf 40 Grad erwärmen, den Majoran waschen, trocknen und zupfen. Die Stiele ca. 15 Minuten im Honig ziehen lassen, danach passieren und die Majoranblätter einrühren.

Zubereitung

🌿 Die Roastbeefscheiben mindestens 3 Stunden vor der Zubereitung aus dem Kühlschrank nehmen. Mit Olivenöl leicht einölen, pfeffern und in einer flachen Form bei 60-80 Grad Ober- und Unterhitze ca. 45 Minuten, bzw. bis zu einer Kerntemperatur von 50 Grad im Ofen garen.

🌿 Für den gerösteten Mais etwas Pflanzenöl erhitzen, die Baconwürfel hineingeben und knusprig braten. Den Mais zusammen mit dem Bacon erwärmen, leicht zuckern und einen Esslöffel gehackten Majoran unterziehen.

- 4 Scheiben vom Maisbrot schneiden und in einer Pfanne in Pflanzenöl knusprig rösten.
- Zum Servieren Butter in einer Pfanne aufschäumen. Sobald sie gebräunt ist, die Roastbeefscheiben einlegen und von beiden Seiten ganz kurz braten. Das Vadouvan-Gewürz zugeben, kurz mitbraten, das Fleisch etwas ruhen lassen. Das Roastbeef quer in fingerdicke Tranchen schneiden, salzen, mit schwarzem Pfeffer würzen und auf den Maiscrostini anrichten. Den Mais zugeben, die Tomaten anrichten und mit dem Majoranhonig beträufeln.
- Die Kalbsjus mit der Bratbutter aus der Pfanne erhitzen, mit Tomatenessig abschmecken und neben dem Fleisch anrichten.

Kolja Kleeberg

Über den Autor

Kolja Kleeberg ist Küchenchef im Berliner Restaurant VAU in Rufweite des Gendarmenmarkts, das 1997 eröffnet wurde. Die Küche Kleebergs vereint Anspruch und Bodenständigkeit. Bei Kleeberg treffen Spitzkohl, Hummer, Berliner Blutwurst und Gänseleberfagottini auf einer Speisekarte zusammen. Dies wird seit 13 Jahren mit einem Michelin-Stern gewürdigt. Weitere Infos unter www.vau-berlin.de.

Kräuter statt Blumen

Frauen erobern mit allen Sinnen

Frauen genießen gern mit allen Sinnen. Beim Essen – wie übrigens in allen anderen Lebenslagen auch – erobert man einen Menschen vor allem durch das intensive Sehen, Riechen, Tasten, Schmecken. Gerade Kräuter sorgen für eine wahre Geschmacksexplosion, die durch den ganzen Körper gehen kann – wenn man(n) es richtig macht.

Ich genieße das Zusammensein mit Frauen, ich genieße es zu kochen und ich genieße Kräuter in ihrer vollen Pracht – alles zusammen genieße ich noch viel mehr: Kochen mit Kräutern für eine schöne Frau. Denn auch privat koche ich leidenschaftlich gern – im kleinen, intimen Rahmen. Das Besondere an Kräutern ist etwas, was auch bei Frauen nicht ungewöhnlich ist – die Tiefe sieht man nicht auf den ersten Blick: So unscheinbar und winzig die lange vernachlässigten Schätze der Natur auch sind, so intensiv sind ihre Düfte, so außergewöhnlich ihr Geschmack, so fulminant ihr Ausdruck. Kräuter geben vielen Gerichten erst den richtigen Kick, machen jeden Bissen zu einem sinnlichen Erlebnis.

Der Beginn einer wunderbaren Freundschaft

Schon als kleiner Junge lernte ich die zauberhafte, geheimnis- und wirkungsvolle Welt der aromatischen Gewächse kennen. Ich kann mich noch genau an das große Kräuterbeet meiner Mutter erinnern, das sie in unserem Schrebergarten in der Nähe von Karlsruhe liebevoll angelegt hatte; an die vielen verschiedenen Düfte und Wahrnehmungen, die auf mich einströmten, wenn der Wind durch die Blätter, Blüten und Stängel wehte und der Anblick einem grünen Meer glich. Eine Kindheitserinnerung, die mein Leben prägte und meine Liebe zu Kerbel, Petersilie & Co. weckte. Ich entschied tatsächlich wegen dieser Erfahrungen, Koch zu werden und mich voll und ganz der Kräuterküche zu widmen.

Meinen ersten eigenen Kräutergarten legte ich in Kapstadt an, als ich dort für einige Zeit im Sterne-Restaurant „Aubergine" arbeitete. Zusammen mit meiner damaligen Freundin pflanzte ich all die Gewächse an, mit denen ich zu kochen gewohnt war – ein Stück Heimat in der Fremde, in der ich am Ende doch einen Teil meines Herzens zurück ließ. Denn nichts erinnert so sehr an Erlebnisse wie Gerüche. Vielleicht prägte die Südafrika-Erfahrung meine Vorliebe für exotische Kräuter, vielleicht aber auch die Frau, die eines Tages im Restaurant 44 im Swissôtel, in dem ich heute als Küchenchef

 Kräuterkochkurs

Wie wirken Kräuter auf unseren Körper? Wie verfeinern wir damit ein 3-Gänge-Menü? Genau das erfahren Interessenten in einem Kräuterkochkurs im Swissôtel Berlin, den Danijel Kresovic, Küchenchef des dort ansässigen Kochstudio 44, durchführt. Der Kurs beinhaltet einen Aperitif, Fingerfood, ein selbst zubereitetes 3-Gang-Menü, korrespondierende Getränke und eine Kochschürze. Weitere Informationen bei Ingvi Carlsson, Telefon 030/ 220 10 2011.

arbeite, vor mir stand, einen Büschel grüner Gewächse in der Hand und noch viel mehr davon im Gepäck. Die Ehefrau von Dr. Ali Moshiri, der seit über zwölf Jahren mitten in der Hauptstadtmetropole Berlin einen riesigen exotischen Kräutergarten hegt und pflegt (siehe Tipp), gab so den Anstoß für eine intensive und fruchtbare Zusammenarbeit und Freundschaft. Moshiri brachte schließlich die seltensten und interessantesten Kräutern von Ananassalbei bis Zitronenbasilikum auf die Dachterrasse des Restaurants, wo sie seitdem im Sommer blühen und trotz des Großstadtdschungels bestens gedeihen, um in der Küche dann vollends ihr Aroma zu entfalten.

Auf die Dosierung kommt es an

Beim Kochen mit Kräutern ist es wie in der Liebe: Auf die Dosierung kommt es an und oft ist dabei weniger mehr! Manchmal reichen schon kleine Portionen für den ausgefallenen Geschmack; besonders bei frischen Kräutern kann die gewünschte würzige Note schnell das komplette Gericht übertönen. Ausgewogen muss es sein und da ist Fingerspitzengefühl gefragt.

Auf gar keinen Fall dürfen die feinen und zarten Gewächse mitgekocht, ja zerkocht werden. Das ist eine optische Katastrophe und auch geschmacklich eher kontraproduktiv! Je später Sie die Kräuter zugeben, umso intensiver die Kombination aus filigraner Struktur und sattem Grün, was neben dem sinnlichen Geruch und feinen Geschmack jedem Gericht zusätzlich auch die gewisse Farbintensität verleiht. Das Auge isst ja schließlich mit. Natürlich ist der Geschmack wichtig, aber ist auch die Optik ansprechend und der Duft unwiderstehlich, beeindrucken Sie jede Frau!

 Besuch im Kräutergarten

In Berlin Charlottenburg gedeihen im Exotischen Kräutergarten von Ali Moshiri mehr als 480 Kräuter aus aller Welt. Das Angebot des aus dem Iran stammenden Biologen und Pharmazeuten ist bereits weit über die Hauptstadt hinaus bekannt. Von Mitte April bis Ende September ist der Garten zur Besichtigung und zum Einkauf geöffnet. Weitere Infos unter www.exotischer-kraeutergarten.com

Experten-Tipp

Ein kleiner Tipp noch, bevor ich Ihnen einen kleinen Einblick in mein geheimes Rezeptbuch gebe, mit dessen Hilfe Sie sicher auch das eine oder andere Frauenherz erobern können: Setzen Sie auf leichte Küche! Fett ist ein Geschmacksträger, aber es müssen nicht immer Butter oder Sahne sein. Gute Oliven- und Rapsöle sind wesentlich bekömmlicher und gesünder. Für den würzigen, kräftigen Geschmack sorgen die intensiven Aromen der verschiedensten Kräuter. Apropos Liebe: Gleichzeitig wirken die Rezepte vitalisierend und anregend – statt träge und müde zu machen.

Danijel Kresovic' Lieblings-Rezepte für Männer

 In Verbeneöl confiertes Bäckchen vom Iberico Schwein auf Avocado-Chorizo-Salat und Olivenjus

Zutaten

1 Bund	Zitronenverbene	½ kg	Schweinebäcken
200 ml	gutes Rapsöl	½	unbeh. Zitrone (Abrieb)
1 TL	Fenchelsaat	1	Vacuumbeutel
80 g	kurz angebratene Chorizowürfel		
80 g	kurzgebratene rote Paprikawürfel		
80 g	Gurkenwürfel	80 g	Cantaloup Melonenwürfel
1	Avocado, in Würfel geschnitten		
1	eingelegte Jalapeno, gehackt		
	Einige Spritzer vom grünen Tabasco		
	frischer Pfeffer aus der Mühle		Salz

100 ml Kalbsjus   20 ml gutes Olivenöl
1 EL schwarze Oliventapenade

Zubereitung

 Die Verbene zupfen und grob zerhacken. Mit dem Rapsöl vermengen, in einem kleinen Topf leicht erhitzen und circa dreißig Minuten ziehen lassen. Anschließend passieren. Die Schweinebäckchen kurz von beiden Seiten anbraten und zusammen mit dem passierten Öl, dem Zitronenabrieb und der Fenchelsaat in den Vacuumbeutel füllen, verschließen und im Dampfgarer oder im Wasserbad bei 100°C circa 1 ½ Stunden garen. Derweil den Salat aus den Chorizo-, Paprika-, Melonen- und Avocadowürfeln herstellen, mit der fein gehackten Jalapeno vermengen und mit Salz und Pfeffer würzen. Abschließend mit dem Fleischsaft und dem grünen Tabasco abschmecken. Für den Olivenjus den Kalbsjus in einem kleinen Topf erwärmen, anschließend mit Olivenöl und Tapenade aufmixen.

Kräuter sind nicht nur gesund für Physis und Psyche, sie betören die Sinne, sprechen Auge, Nase und Zunge gleichermaßen an, beleben den Körper, streicheln die Seele. Das gilt im Besonderen für alle Zitrusgewächse: Zitronenbasilikum, Orangenminze, Zitronenverbene sind richtige Wachmacher. Ihre fruchtige Note balanciert Fleisch- und Fischgerichte perfekt aus, auch in Süßspeisen sorgen sie für den exotischen Geschmackskick, der zunächst flüchtig auf der Zunge zergeht und sich erst im Gaumen vollends entfaltet.

Gibt es nun das Geheimrezept zum Verwöhnen? Was kann romantischer sein, als nach einem guten Essen mit einem Digestif auf dem Balkon oder der Terrasse den Tag ausklingen zu lassen? Auch hier lassen sich Kräuter vielfältig einsetzen. Zum Beispiel bei einem Sirup aus Holunderblüten. Die Herstellung ist einfach, aber großartig im Geschmack und abwechslungsreich in der Variation: Servieren Sie ihn aufgefüllt mit Rieslingsekt, mit einem Schuss Vodka oder zu Sorbets.

Holunderblütensirup

Zutaten

½ kg	Holunderblüten	1 L	Wasser
1 L	Weißwein	1	Vanillestange
1	Orange, unbehandelt	2	Zitronen, unbehandelt
½ TL	Vitamin C	1 ½ kg	Zucker

Zubereitung

 Die Orange und die Zitronen auspressen und den Saft sowie die Schalen mit dem Weißwein vermengen. Die Vanilleschote auskratzen und zusammen mit dem Vitamin C und den Holunderblüten ebenfalls in die Flüssigkeit geben. Alles gut verrühren, mit einer Klarsichtfolie abdecken und zwei bis drei Tage ziehen lassen. Danach durch ein sauberes Tuch passieren und anschließend aufkochen, den Zucker zugeben und nochmals aufkochen. In sterile Flaschen gefüllt, ist der Holunderblütensirup übrigens bis zu einem Jahr haltbar.

Ich wünsche Ihnen viel Glück bei der Umsetzung. Und hier noch eine Warnung: Vorsicht, Kräuter können süchtig machen!

Danijel Kresovic

 Über den Autor

Danijel Kresovic ist Küchenchef des Kochstudio 44 im Berliner Swissôtel. Seine Leidenschaft für Kräuter zeigt nicht nur auf der Speisekarte Spuren. Auf der Terrasse des Hotels hat er in riesigen Pflanzgefäßen seinen eigenen exotischen Kräutergarten angelegt. 2009 wurde er „Aufsteiger des Jahres" der Berliner Meisterköche Jury von Berlin Partner. Weitere Infos unter www.restaurant44.de.

Risotto vom Weltmeister

Ein gerührtes „Glücklich-Gericht"

Der Westfale an sich ist nicht unbedingt zum Risottoweltmeister geboren – in meiner Heimat regiert die Knolle. Doch als reiselustiger Koch habe ich nicht nur weltweit in die Töpfe geschaut, sondern insbesondere in Italien besonders tief in die Pasta- und Risottocasserolen. Ein Praktikum im toskanischen Viareggio im Traditionshaus „Romano" hat mich in meiner Zeit als Küchenchef im Berliner „Langhans" mit japanisch-italienischer Küche entscheidend geprägt. Gerade die Reissorten sind für den italienischen Koch echte Glaubensfragen. So habe ich mich vom Carnaroli-Reis überzeugen lassen. Arborio ist nicht stabil genug, Superfino zu weich und Vialone zu klein, um wirklich bissfest und beständig zu sein. Die nächste italienische Superdiskussion ist angesagt, wenn es um die perfekte Konsistenz des Risottos geht. Ich für meinen Teil habe mich für al dente mit angenehmer Cremigkeit entschieden. Das ist so manchem Deutschen schon fast zu stabil für Reis, aber wie gesagt, das sind Glaubensfragen.

Weder gerührt noch geschüttelt

Das Gerücht, dass Risotto ständig mit dem Holzlöffel gerührt werden muss, möchte ich an dieser Stelle ein für alle Mal widerlegen. Natürlich darf der Reis nicht mit zu viel Flüssigkeit erschlagen werden oder bei zu wenig Wasser am Topfboden ankleben, jedoch ständiges Rühren beschädigt eher das Korn als dass es zur Bindung beiträgt. Man sollte immer so viel Flüssigkeit nachgießen, dass der Reis gerade so eben bedeckt ist. Diese lässt man dann einreduzieren und das Korn gleichzeitig aufquellen. Final rührt man dann vorsichtig die restliche Flüssigkeit nochmals unter, bevor entweder das Risotto fertig ist oder nochmals Flüssigkeit nachgegeben werden muss. Zur cremigen Bindung nimmt man dann zum Abschluss je nach Rezept etwas Butter oder geriebenen Parmesan.

Warum Frauen Risotto lieben

Risotto ist eine leichte und dennoch nahrhafte Angelegenheit. Wenn man es nicht mit Butter oder Käse vollkommen erschlägt, ist es noch nicht mal kalorienreich. Mit Meeresfrüchten oder Gemüse kommen dann noch Vitamine oder hochwertige Eiweiße dazu. Wenn Frau nicht gerade Trennköstlerin ist, wird Risotto zum perfekten leichten Abendessen oder zum anregenden Zwischengang. Kohlenhydrate machen eben doch zufrieden, und mit Meeresfrüchten wird es das perfekte Glücklich-Gericht. Pikant abgeschmeckt, wirkt es sogar noch anregend und ein Gläschen Champagner dazu schadet auch nicht.

Holger Zurbrüggens Lieblings-Rezept für Männer

 Meeresfrüchte-Risotto

Zutaten (für vier Personen)

220 ml	Fischfond	5 ml	Weißwein
2	Knoblauchzehen	120 g	Risottoreis (Canaroli)
2	Schalotten	1	Lorbeerblatt
4	Hummerscheren oder 4 Jakobsmuscheln		
8	Calamaretti	100 g	gekochten Pulpo
80 g	ausgelöste Miesmuscheln	4	Seewassergarnelen
½ g	Safran	1 TL	Butter
	frisch gemahlenen Pfeffer		Salz
1	Limettenblatt	1 TL	Petersilie
1 TL	Schnittlauch		

Zubereitung

- Alle Meeresfrüchte zusammen mit dem Knoblauch und den Schalotten in einer Pfanne anschwitzen. Mit Weißwein, Safran und Fischfond ablöschen und etwa eine Minute lang köcheln lassen.

- Jetzt die Meeresfrüchte aus der Pfanne nehmen und Risottoreis sowie Lorbeer- und Limettenblatt zum Fischfond hinzufügen. 14 Minuten langsam gar ziehen lassen, dabei gelegentlich umrühren.

- Eine Minute, bevor das Meeresfrüchte-Risotto fertig gegart ist, Lorbeer- und Limettenblatt sowie die Knoblauchzehen herausnehmen und alle anderen Zutaten unterheben.

- Abschließend mit Salz, Pfeffer, Safran, gehackter Petersilie und Schnittlauch abschmecken. Danach anrichten und servieren.

Holger Zurbrüggen

 Über den Autor

Holger Zurbrüggen ist Inhaber und Küchenchef des Gourmet-Restaurants „Balthazar" am Berliner Kurfürstendamm. Seinen Küchenstil nennt er „metropolitan", weil er die vielfachen Einflüsse der Hauptstadt und seiner Reisen aufnimmt. Auch im Fernsehen tritt Zurbrüggen als Berater auf, so trainiert er zum Beispiel in der VOX-Kocharena Hobbyköche und Prominente. Zudem ist Zurbrüggen amtierender Risottoweltmeister mit seinem Gericht „Stubenküken gefüllt mit Ingwerrisotto und Suki Yaki Sauce". Weitere Infos unter www.restaurant-balthazar.de.

Schokolade für die Dame
Frank Buchholz verrät sein süßestes Rezept

Männer kochen anders als Frauen. Sie achten viel mehr auf technische Details, während Frauen das Kochen oft sinnlicher erleben. Männer unter sich kochen viel disziplinierter, aber sie lieben in der Küche auch die kreative Herausforderung. Weil sie so offen für kulinarische Entdeckungen sind, brauchen sie auch besonders viel Freiraum für ihre Experimentierfreude. Warum versuchen Sie nicht einmal meine „Schokoladenvariation"?

Frank Buchholz' Lieblings-Rezept für Männer

 ### Schokoladenvariation „Buchholz"

Zutaten Brownieboden
- 90g Eiweiß
- 80g Mandelmehl
- 10g Kakaopulver
- 30g Zucker
- 80g Puderzucker
- Prise Salz

Zutaten Canache
- 120ml Sahne
- 65g Zartbitterschokolade (67%), fein gehackt

Zutaten Zartbitter Schokoladenmousse
- 100g Zartbitterschokolade (64%)
- 25g Vollmilchschokolade
- 10ml Cognac
- 25ml flüssige Sahne
- 1 Ei
- 1 Eigelb
- 300ml geschlagene Sahne

Zutaten Vollmilch Schokoladenmousse
- 100g Vollmilchschokolade
- 25g Zartbitterschokolade (64%)
- 10ml Haselnusslikör
- 25ml flüssige Sahne
- 1 Ei
- 1 Eigelb
- 250ml geschlagene Sahne
- 1 Blatt Gelatine

Zutaten Weiße Schokoladenmousse
- 125g weiße Schokolade
- 15ml Grand Marnier
- 250ml geschlagene Sahne
- 2 Blatt Gelatine
- 1 Ei
- 1 Eigelb
- 25ml flüssige Sahne

Zutaten Dunkles Schokoladensorbet
- 250ml stilles Wasser
- 25g Kakaopulver
- 100g Zartbitterschokolade (72%)
- 90g Zucker

Zutaten Schokoladen-Nougat-Parfait
- 100g Eigelb
- 100g Nougat
- 100g Zucker
- 50ml Wasser

½ Vanilleschote
100g Nougat
25ml Cognac
50g Zartbitterschokolade
60ml Milch
450ml geschlagene Sahne

Zutaten Schokolade zum Sprühen
150g Vollmilchschokolade
100g Kakaobutter

Zutaten Schokoladenhippe
80g Grießzucker
25g Butter
5g Kakaopulver
40ml Wasser
1g Pektin
25g Zartbitterschokolade (74%)
20g Glykose

Schokoladenblättchen aus 50g Zartbitterschokolade

Zutaten Schokoladenespuma
200ml Sahne
20g Kakaopulver
40g Zartbitterschokolade
1 Blatt Gelatine

Zutaten Schokoladenkuchen
100g Zartbitterschokolade
2 Eier
80g Zucker
3g Backpulver
15g Kakaopulver
100g Butter
50g Mehl

Zubereitungen

Brownieboden

🌶 Das Eiweiß mit einer Prise Salz und dem Zucker zu festem Schnee schlagen. Das Mandelmehl mit dem Puderzucker und dem Kakaopulver vermischen und unter das Eiweiß heben. Die Masse auf ein mit Backpapier ausgelegtes Backblech 7mm hoch aufstreichen und bei 220°C ca. 10 Minuten backen.

Canache

🌶 Die Sahne einmal aufkochen lassen, danach auf 70°C abkühlen lassen. Anschließend auf die gehackte Schokolade gießen und mit einem Gummispatel zu einer glänzenden Canache rühren. Die Masse in einen Spritzbeutel mit kleiner Lochtülle füllen und im Kühlschrank erkalten lassen.

Schokoladenmousse

🌶 Das Ei mit dem Eigelb auf dem Wasserbad aufschlagen. Die Schokolade schmelzen und auf die Eimasse geben und glatt rühren. Die flüssige Sahne erhitzen, den jeweiligen Alkohol und ggf. die Gelatine hinzugeben, dann auf die Schokoladen-Ei-Masse schütten und glatt rühren. Die geschlagene Sahne unter die handwarme Masse heben und schichtweise abfüllen. Danach mindestens drei Stunden in den Kühlschrank stellen.

Dunkles Schokoladensorbet

🌶 Das Wasser mit dem Zucker und dem Kakaopulver aufkochen lassen, auf die Schokolade gießen und mit dem Stabmixer emulgieren lassen. Dann die Masse in einer Eismaschine frieren lassen.

Schokoladen-Nougat-Parfait

🌶 Eigelb schaumig schlagen. Das Wasser mit dem Zucker erhitzen, dann das Zuckerwasser bei mittlerer Rührgeschwindigkeit in einem dünnen Strahl in die Eigelbe einlaufen lassen und kalt schlagen. Die Schokolade und das Nougat auflösen und die aufgekochte Milch mit der Vanilleschote dazugeben und glatt rühren. Die Masse auf Körpertemperatur abkühlen lassen, unter die Eigelbe heben und den Cognac hinzufügen. Zum Schluss die geschlagene Sahne unterheben, die Masse in Förmchen füllen und einfrieren.

Schokolade zum Sprühen

🌶 Schokolade und Kakaobutter bei 50°C schmelzen lassen, dann mit dem Stabmixer (ohne Luft einzumixen) emulgieren. In die Sprühpistole abfüllen und auf das gefrorene Nougatparfait aufsprühen. Danach das Parfait sofort wieder frieren.

Schokoladenblättchen

🌶 Schokolade erwärmen, auf eine Schokoladenfolie (wenn nicht vorhanden, Klarsichtfolie nehmen) gießen und glatt streichen. Wenn sie angezogen aber noch nicht ausgehärtet ist, in 3 x 2 cm große Rechtecke schneiden und auskühlen lassen.

Schokoladenhippe

🌶 Zucker, Kakaopulver und Pektin vermischen. Die Butter und die Glykose mit der Schokolade schmelzen lassen und die Zucker-Kakao-Pektin-Mischung dazugeben und das Wasser einrühren. Die Masse kurz aufkochen lassen, danach kühl stellen. Die Hippenmasse bei 180°C 10 Minuten backen lassen und noch warm formen und an der Form auskühlen lassen.

Buchtipp

Frank Buchholz: „Männer kochen anders", VGS Verlag, 24,95 Euro.

Schokoladenespuma

🌶 Sahne aufkochen, klein gehackte Schokolade sowie das Kakaopulver dazugeben und schmelzen lassen. Die eingeweichte und ausgedrückte Gelatine dazugeben und mit dem Stabmixer emulgieren. In eine 0,5l Espumaflasche abfüllen (2 Patronen) und mindestens zwei Stunden kalt stellen.

Schokoladenkuchen

🌶 Schokolade im Wasserbad schmelzen lassen und die Butter einrühren. Eier und Zucker schaumig schlagen und unter die Schokoladen-Buttermasse heben. Kakao, Mehl und Backpulver vermischen und nach und nach unterheben. Die Schokoladenkuchenmasse in gebutterte Förmchen füllen und bei 200°C mindestens 8 Minuten backen.

Anrichten

🌶 Den Brownieboden in 3 x 2 cm große Rechtecke schneiden. Den Canache in drei Streifen aufdressieren und ein Schokoladenplätzchen aufsetzen. Die dreierlei Schokoladenmousse mit einem warmen Kaffeelöffel abstechen und auf das Schokoladenplätzchen setzen. Den Schokoladenkuchen und das gesprühte Parfait auf dem Teller anrichten. Die Schokoladenespuma in die Hippe füllen und zum Schluss das Schokoladensorbet mit einem warmen Löffel abstechen.

Frank Buchholz

 Über den Autor

Der Sternekoch und Buchautor Frank Buchholz galt bei seinem Karrierestart als „Junger Wilder" und wurde 1999 vom Gault Millau als „Innovation des Jahres" ausgezeichnet. Ausgefallene Ideen hat er heute immer noch, und weitere Auszeichnungen blieben nicht aus. 2007 erhielt er etwa 16 Punkte im Gault Millau, 3 F im Feinschmecker und den ersten Michelin-Stern in Mainz. Weitere Infos unter www.frank-buchholz.de.

Genusselixiere

 Verkannte Rebsorten

Von Wunschkindern, Halbwaisen und Mutationen

Jedes Weinland hat nicht nur seine unbekannten Weine, sondern auch verkannte Rebsorten. Für Deutschland scheint das ganz besonders zu gelten. Das hat nicht nur mit den Rebsorten selbst zu tun, sondern allgemein mit Traditionen und Gewohnheiten. Lange Jahre durchschritt der deutsche Wein ein Tal der Tränen und war von der Weltspitze soweit entfernt wie André Rieu von einem Gangster-Rapper.

Die meisten deutschen Weine waren Weine mit „Würde": Würde es sie nicht geben, wär' es auch kein Verlust. Selbst als der See der Liebfrauenmilch lange trocken gelegt war, trank man – wohl auch einer Sehnsucht nach mediterranem Lebensgefühl geschuldet – viel lieber Pinot Grigio als Grauburgunder. Wenn etwas kultiviert wurde, waren es Vorurteile und gepflegtes Halbwissen. „Man muss kein Prophet sein, um im eigenen Lande nichts zu gelten." Heute kann der deutsche Wein erhaben über dieses Sprüchlein lächeln, denn es tut sich was an Elbe, Rhein und Mosel. Wenn man deutsche Spitzenwinzer heute anruft, erwischt man sie immer häufiger „zufällig" in London, New York oder Tokio. Dort ist mittlerweile nicht nur „German Riesling" angesagt, sondern zunehmend auch sein rotes Pendant, der kapriziöse und elegante Spätburgunder.

Obwohl nun auch wir Deutschen endlich wieder unsere „Bodenschätze" zu würdigen wissen, gehören streng genommen auch die beiden deutschen Vorzeigesorten zu den verkannten Reben, denn viele verschmähen Riesling und Spätburgunder, weil sie das Thema nach zwei, drei suboptimalen Erlebnissen für sich abgehakt haben. Wenn hier von „verkannten Rebsorten" die Rede ist, reden wir über eine Melange aus „unbekannt", „missachtet" und „unverstanden" und lenken unseren Blick vornehmlich auf sogenannte Bukettsorten. Diese besitzen nur Außenseiterchancen und können nur denjenigen bereichern, der bereit ist, auch das kennen zu lernen, was links und rechts der festgetretenen Pfade wächst.

Der Bacchus

Ich gebe zu: Bei dieser Rebsorte besteht die Gefahr, in der Rubrik „Waren, die die Welt nicht braucht" zu landen. Aber wenn in Weinberg und Keller vorbildlich gearbeitet wurde, ist diese Kreuzung aus Silvaner, Riesling und Müller-Thurgau alles andere als belanglos. Probieren Sie doch mal das Gewächs von Karl Friedrich Aust aus Radebeul. Mit seinen Zitrus- und Cassisaromen und seiner frischen Säure bringt es den Beweis ins Glas, warum der Bacchus auch als „sächsischer Sauvignon Blanc" bezeichnet wird.

Die Scheurebe

Ähnlich in der Aromatik, jedoch noch ein wenig expressiver ist die nach ihrem Züchter benannte Scheurebe. 1916 in der Forschungsanstalt für Rebenzüchtung im rheinhessischen Alzey gezüchtet (aus dem Riesling und einer unbekannt gebliebenen Wildrebe), gehört die auch unter dem unromantischen Synonym „Sämling 88" bekannte Rebsorte zu den hochwertigsten in Deutschland. Ein Winzer, der es bestens versteht, ein solches Potenzial zu nutzen, ist Philipp Wittmann aus dem rheinhessischen Westhofen. In seiner biodynamischen Arbeitsweise kitzelt der kompromisslose Qualitätsfanatiker alles an komplexem Aromenspiel aus der Traube, was die Scheurebe zu bieten hat: Grapefruit, Stachelbeere, Litschi und Johannisbeerstrauch.

Der Gewürztraminer

Noch weniger scheu im Bukett ist der Gewürztraminer. Wenn die Scheurebe mit ihrer Nase schon freundlich auf den Genießer zukommt, dann wird dieser vom Gewürztraminer regelrecht „umarmt". Die Rebe stammt vom mutationsfreudigen, über tausend Jahre alten Traminer ab. Die aus dem Gewürztraminer gewonnenen Weine sind opulent und körperreich und besitzen mit ihrer Kräuterwürze und ihrem Rosenduft einen äußerst hohen Wiedererkennungswert. Wenn mein Weintipp für diese Rebsorte ein wenig gewagt ist, dann liegt das ausschließlich an den homöopathischen Mengen, die es von Henrik Möbitz gibt. Die gesamte Rebfläche, die der bei einem Schweizer Pharmaunternehmen arbeitende Hobbywinzer bearbeitet, entspricht gerade mal einem Fußballfeld und die Weinbereitung findet in einem kaum 30m^2 großen Keller eines Mietshauses in Ehrenstetten südlich von Freiburg im Breisgau statt. Wenn Sie von seinen Weinen (sensationell auch seine Pinot Noir!) ein paar Fläschchen ergattern, freuen Sie sich über Ihr Finderglück!

Der St. Laurent

Eine verdiente Renaissance erlebt derzeit der St. Laurent, dessen Herkunft in Frankreich vermutet wird. Im gelungenen Fall erwartet den Genießer ein wundervolles, von Weichselkirschen und Zwetschgen geprägtes Bukett, am Gaumen verwöhnt er mit einer feinen, dichten Textur und kommt auch für den Weinfreund mit Tannin-Phobie infrage. Eine so ambitionierte Rebe ist beim Pfälzer Philipp Kuhn natürlich in besten Händen. Der mehrfache Gewinner des „Deutschen Rotweinpreises" keltert Jahr für Jahr Weine mit höchster Fruchtpräzision und Filigranität. Sein barrique-gereifter St. Laurent hat feine Anklänge von Weihnachtsgewürz und Schokolade. Die gut abtrainierten Tannine formen einen geschmeidigen Körper mit perfektem Body-Mass-Index. Kuhns St. Laurent gehört zu den besten Rotweinen in Deutschland.

So wird das Leben bunter

Die hier empfohlenen Weine können und wollen gar nicht allen gefallen. Dazu sind sie viel zu eigene Charaktere. Doch mit diesen „Minderheiten" wird das Leben exotischer und bunter. Die Wahrscheinlichkeit ist gar nicht so gering, dass Sie neue „Freunde" fürs Leben kennen lernen. Wer sich diesen liebenswerten Randerscheinungen von vornherein verschließt, verzichtet unnötig auf Genuss und neue Geschmackserfahrungen. Der deutsche Wein ist nicht zuletzt durch solch verkannte Sonderlinge so stark wie nie und gefragter denn je.

Carsten Schmidt

Über den Autor

Carsten Schmidt betreibt in Berlin fünf Filialen seines „Weinladen Schmidt". Neben einer breiten Auswahl an guten Weinen und einer fachkundigen Beratung bietet Carsten Schmidt auch Wein-Seminare, Verkostungen und Aktionen rund ums Genießen an. Weitere Infos unter www.weinladen.com.

 Gentleys Tipp

Für jeden Wein das passende Glas
Erst im richtigen Gefäß entfaltet sich das Aroma

☞ **Flöte**

Ein schmales hohes Glas, eine so genannte Flöte, für Schaumwein wie Sekt, Champagner und Prosecco.

☞ **Weißweinglas**

Ein Standard-Weißweinglas, klein genug, um die Temperatur zu halten und groß genug, um Farbe und Bouquet genießen zu können.

☞ **Rotweinglas**

Ein etwas größeres Rotweinglas mit bauchiger Kuppa.

Drei Regeln helfen bei der Wahl des Glases:

☞ **Material**

Das Weinglas sollte aus glattem, farblosem und durchsichtigem Glas gefertigt sein, denn nur so können Sie die Farbe des Weines beurteilen. Der Anblick des Weines macht schon einen Teil des Genusses aus und lässt einige Rückschlüsse zu. Selbst geschliffenes Kristall beeinträchtigt die Wahrnehmung dieses wichtigen Qualitätsmerkmals von Wein, deshalb greifen Sie am besten zu Gläsern mit transparenter, unverzierter Kuppa – so nennt man den Kelch des Weinglases.

☞ **Größe**

Wählen Sie ein Glas, das groß genug ist. Damit sich der Wein gut entfalten kann, füllt man das Glas höchstens zur Hälfte, so können Sie es noch ein wenig schwenken, damit der Wein atmet und Sie sein Bouquet riechen können. Grundsätzlich gilt, dass Gläser für Getränke, die gekühlt getrunken werden – also Weißwein und Champagner – kleiner sind und schmalere Öffnungen haben, um die Temperatur besser zu halten.

☞ **Stiel**

Der Stiel des Weinglases sieht nicht nur elegant aus und schützt die Kuppa vor Fingerabdrücken. Er garantiert auch, dass Sie den Wein nicht mit der Hand anwärmen.

hmo

So gelingt die Weinprobe
Was Sie bei der Verkostung beachten sollten

Bei der Weinprobe gebrauchen Sie Ihren Gesichts-, Geruchs- und Geschmackssinn. Sie werden also sinnvollerweise darauf achten, dass es keine konkurrierenden Gerüche gibt und die Lichtverhältnisse gut sind. Auch ein geschmacksfreier Gaumen ist von Vorteil. Deshalb sollten Sie, wenn Sie am Gaumen Geschmack haben, vorher etwas Brot essen oder Wasser trinken. Auch die Reihenfolge ist entscheidend: Kosten Sie zuerst die leichteren Weißweine, die trockenen vor den süßen, und wechseln Sie dann erst zu den etwas schwereren Rotweinen. Nehmen Sie saubere, klare Gläser, damit Sie die Farbe des Weins und die Intensität der Farbe erkennen können. Es sollte einen Stil haben, an dem Sie es festhalten und es nicht am Kelch halten. Der obere Rand sollte nach innen gebogen sein, damit der Weingeruch eingefangen wird.

Dem Wein auf der Spur

- Gießen Sie eine kleine Menge Wein ins Glas und halten Sie es gegen einen weißen Hintergrund, damit Sie die Farbe erkennen können. Neigen Sie das Glas, um festzustellen, ob die Farbe am oberen Rand mit der in der Mitte übereinstimmt. Weinverkoster setzen das noch weiter fort und schauen, ob sich ein breiter oder enger Randbereich bildet.

- Schauen Sie sich die Farbe an. Wenn es sich um einen Rotwein handelt: Ist es helleres oder dunkleres Purpur oder geht sie ins Braun? Rotwein wird bei höherem Alter heller und weniger intensiv in der Farbe, und ein roter Bordeaux hat gewöhnlich ein tieferes Rot als roter Burgunder. Weißweine können als junge Weine eine grünliche Färbung haben, die dann mit dem Alter dunkler wird und bis ins tiefe Gelbgold geht. Bei trübem Wein könnte etwas mit ihm nicht in Ordnung sein, etwa, dass noch eine Fermentation in der Flasche stattgefunden hat, Bakterien vorhanden sind, oder bei sehr altem guten Wein, dass er nicht gut dekantiert wurde oder das Dekantieren schwierig war. Falls Sie sich Notizen für später machen, versuchen Sie die Farbe möglichst anschaulich zu beschreiben.

- Schwenken Sie den Wein im Glas, um festzustellen, welche Spuren an der Wand des Kelches entstehen. Die Spuren geben einen Hinweis auf konzentrierten Geschmack, hohen Alkoholgehalt oder können Zuckergehalt anzeigen. Der Wein wird auf diese Weise auch belüftet, sodass er das Weinaroma abgibt. Dies ist besonders bei jungen Weinen wichtig, da sie beispielsweise noch Geschmack von den Eichenfässern enthalten.

- Halten Sie Ihre Nase ins Glas, um den Wein zu riechen – es reicht, wenn Sie einmal kräftig ziehen. Woran erinnert Sie das? Riecht das wie eine Vorratskammer oder blumig oder „strohig" oder wonach? Mit dem Geruch kann man mehr entdecken und bekommt nicht nur den Hinweis, was man beim Schmecken erwarten kann bzw. bestätigt bekommt. Ein junger Wein kann mehr nach Rebe schmecken, während dagegen ein älterer im Geschmack komplexer ist. Überprüfen Sie auch, ob Korkgeruch vorhanden ist. Manchmal riechen einfachere Weißweine nach Schwefel.

Trinken Sie eine genügende Menge, um den Wein schmecken zu können und wenden Sie ihn mit der Zungenspitze, sodass Luft herankommt – wobei möglicherweise dieses typische Geräusch, das man von den Weinverkostern kennt, entsteht. Oder Sie „kauen", damit sich der Wein im Mund verteilt. Über welche Zeit ist der Geschmack vorhanden? Bei schlechten Weinen hat man einen Nachgeschmack oder einen unangenehmen Geschmack. Bei guten Weinen bleibt der Geschmack erhalten.

Thomas Terwag

Gentleys Tipp

Welcher Wein passt zum Essen?
Die richtige Begleitung für Vorspeise, Hauptgang und Dessert

Trocken oder lieblich, prickelnde Säure oder holziger Abgang, leicht und weiß oder schwer und rot? Zu einem guten Essen gehört auch ein ebenso gutes Getränk. Die Auswahl des Weines kann ein Gericht in seinen Aromen unterstützen oder den Geschmack völlig unterlaufen, ja sogar zerstören. Wer ein paar einfache Regeln befolgt, sollte in der Lage sein, ein harmonisches Paar aus Essen und Wein zu finden, das sich gegenseitig ergänzt.

☞ **Vorspeise**
Zu Suppen passt ein Chianti, Fisch harmoniert gut mit Chablis oder Riesling. Bei geräuchertem Lachs darf es auch ein Champagner sein. Meeresfrüchte werden wunderbar durch einen Sauvignon Blanc ergänzt.

☞ **Hauptgang**
Je dunkler das Fleisch, desto dunkler auch das Getränk. Erfahrungsgemäß passen Chablis, Chardonnay oder Riesling sehr gut zu feinen Fisch- und Meeresfrüchtegängen wie Muscheln, Kaviar, Krebs, Hummer und anderen Schalentieren.

Scharfes Essen braucht einen starken und dennoch den Gaumen kühlenden Partner wie zum Beispiel einen Pinot Blanc. Zu Sushi und Thaicurrys eignet sich neben dem klassischen Sake auch ein frischer Riesling, der Klassiker zur Pasta ist ein Chianti, zum Huhn oder Kaninchen darf es ein Merlot sein, und Pute mit dunkler Soße wird durch einen Cabernet gut unterstützt. Wild, Ente und Rind werden durch einen vollmundigen Shiraz zur Geltung gebracht.

☞ **Käsegang**
Zum Brie passt ein Chardonnay, bei Ziegenkäse darf es eine Sauvignon Blanc sein.

hmo

Das flüssige Gold

Champagner

Champagner: Welch eine Faszination geht von diesem Wort aus, welche Erwartungen verknüpfen sich damit! Zum Erzeugen eines guten Champagners gehört nicht nur jahrzehntelange Erfahrung, sondern vor allem Leidenschaft. Präzise angewendete Technologie allein bringt kein Spitzenerzeugnis hervor. Dass ein guter Tropfen edle Trauben und einen sorgfältig gepflegten Rebbestand voraussetzt, ein ideales Klima und den richtigen Boden, versteht sich von selbst.

Champagner wird hauptsachlich aus den Rebsorten Chardonnay und Pinot noir erzeugt. Die Lese der Trauben erfolgt grundsätzlich in Handarbeit; sie werden sanft gepresst und die erste Vergarung findet bei relativ warmer Temperatur (18 bis 20°C) statt. Der Winzer strebt an, dass sein Champagner in möglichst winzigen Bläschen moussiert – je kleiner sie sind, desto weicher perlen sie nach und nach an die Oberfläche im Glas. Das ist eine Frage der sogenannten zweiten und sehr langsam erfolgenden Gärung, die bei 10, maximal 12°C vorgenommen wird.

Jahrgangs-Champagner

Grundsätzlich unterscheidet man zwischen einem Champagner ohne Jahrgangsangabe und einem Jahrgangs-Champagner, der nur aus einem bestimmten Erzeugungsjahr stammen darf. Dieser meist sehr viel teurere Champagner ist also nicht mit Weinen anderer Jahrgänge verschnitten, was bei schwächeren Jahrgängen die Regel ist, um das Endprodukt zu verbessern. Doch ein Jahrgangs-Champagner muss nicht automatisch besser sein – es kommt eben auf das Jahr an, aus welchem seine Trauben stammen. Den Unterschied zwischen Champagnern mit und ohne Jahrgangsangabe, aber aus demselben Jahr, macht eben die Selektion der Grundweine aus. Ein Jahrgangs-Champagner darf zehn bis fünfzehn Jahre alt werden, damit sich seine Qualität voll entwickeln kann.

Trocken oder Halbtrocken

Das nächste Unterscheidungskriterium ist der Süßegrad. „Extra brut" bezeichnet einen besonders trockenen Champagner, mit „brut" ist ein trockener, im Abgang reifer Champagner gemeint, „extra-sec" steht für

 Perlender Genuss

Eine Flasche Champagner enthält im Durchschnitt 250 Millionen Bläschen.

halbtrocken, „sec" für mild-trocken, „demi-sec" für süß. Die wenigen Rosé-Champagner, die heute im Handel sind, weisen im Vergleich zu weißem Champagner weniger Säure auf und werden jung getrunken – schon weil ihre Farbe im Laufe der Zeit zu intensiv wird. Mit einem „brut" oder „extra-sec" liegen Sie immer richtig, die lieblicheren Sorten sind nicht einmal mehr bei Damen (wie früher) beliebt. Die besten „brut"-Jahrgänge sind 1979, 1982, 1983, 1988, 1990, 1993, 1995, 1996.

Lagern und Servieren

Champagner hat es gern, bei einer Temperatur zwischen 9 und 13°C gelagert zu werden, und zwar im Dunkeln, ohne Lichteinfall. Ob die Flaschen stehend oder liegend aufbewahrt werden, ist weniger wichtig. Der Kenner lässt Champagner noch zwei, drei Jahre nach dem Kauf reifen, ehe er ihn anrührt; vor allem Markenware gewinnt dadurch enorm an weiterer Körperfülle und Eleganz. Am besten ist es, Champagner möglichst kühl, aber nicht allzu kalt zu servieren. Drei, vier Stunden nach der Entnahme aus dem Keller die Flasche(n) in den Kühlschrank zu legen, tut ihrem Inhalt gut. Die Flasche anschließend in den Eiskübel zu stellen, erübrigt sich meist – nur, wenn sie sehr langsam geleert wird, macht der Eiskübel Sinn. Etwa 6 bis 7°C Serviertemperatur sind ideal.

 Top-Jahrgänge

Sammler bezahlen viel Geld für Flaschen der Jahrgänge 1904, 1921, 1937, 1947, 1952, 1955, 1959, 1961, 1969 oder 1976 – das waren Spitzen-Millesimes, wie es im Fachjargon heißt.

Champagnerflöten, aus denen man den edlen Schaumwein genießt, können die unterschiedlichsten Formen aufweisen. Benutzen Sie keine sogenannten Sektschalen, denn die lassen Champagner schon nach zwei Minuten schal schmecken. Am besten geeignet sind schmale Gläser, deren Rand sich etwas verengt, weshalb man sie Tulpe nennt. Besonders teure Gläser sind nicht unbedingt die besten, doch bei Markengläsern wie jenen von Riedel, Rosenthal, Spiegelau oder WMF dürfen Sie sicher sein, dass Stil, optimale Form und Qualität einfach stimmen.

Chancen für Entdecker

Die „Appellation Champagne" beschränkt sich auf die Region Champagne und Champagne-Ardennes. Dort sind es mehr als 19.000 Winzer, die Wein anbauen, aus denen Champagner erzeugt wird. Doch es gibt nur etwa 270 renommierte Champagnerhäuser, die unter ihrem Namen Champagner auch vermarkten. Doch mehr als 4.800 kleine und kleinste Betriebe von meist nur lokaler Bedeutung verkaufen Champagner ebenfalls unter eigenem Etikett. Knapp 100 der oben genannten 270 Häuser dominieren den Weltmarkt, die anderen Sorten muss man regelrecht entdecken – und gerade das kann sehr viel Spaß machen. Etwa anlässlich einer Reise durch Frankreich, möglichst mit Zeit und Muße.

Namen von Rang

Die etablierten Klassiker unter den Champagnermarken sind (in alphabetischer Reihenfolge) Ayala, Billecart-Salmon, Bollinger, Delbeck, Deutz, Dom Pérignon, Heidsieck Monopole, Charles Heidsieck, Krug, Lanson, Laurent-Perrier, Mercier, Moët & Chandon, Mumm, Perrier-Jouët, Joseph Perrier, Pieper-Heidsieck, Pol Roger, Pommery, Roederer, Ruinart, Salon, Taittinger und Veuve Cliquot. Sie stellen die Elite der „grandes marques" dar. Was sie zu bieten haben, finden Sie in den besten Feinkostgeschäften, Weindepots und Spitzenrestaurants rund um den Globus.

Halwart Schrader

# Cowboy oder Gentleman?
Whisky ist ein Drink für Männer

Wir haben alle das Bild im Kopf. Der Cowboy betritt den Saloon durch die Schwingtür, durchquert langsam den Raum, tritt schweigend an den Tresen und knurrt nur ein Wort – Whiskey. Und zwar mit einem deutlichen E vor dem Y. Damit können wir sogleich eine der am weitesten verbreiteten Unsicherheiten im Umgang mit dieser traditionsreichen Spirituose beseitigen: Beide Schreibweisen sind korrekt, Whisky und Whiskey – allerdings nicht überall. Denn während man in den USA und in Irland gerne die Schreibweise mit E benutzt, verwendet der Rest der Welt überwiegend diejenige ohne.

Die Geschichte

Whisky ist zunächst ein hochprozentiges alkoholisches Getränk, das mit Hilfe der Destillation aus Getreide gewonnen wird. Wo und von wem genau die Kunst des Destillierens erfunden wurde, ist bis heute unklar, man geht aber davon aus, dass die Destillation ihren Weg von Asien aus nach Europa fand. Auch diente sie nicht von Anfang an überwiegend der Herstellung alkoholischer Getränke, sondern wurde zunächst hauptsächlich zur Gewinnung von Duftessenzen verwendet.

Mit der Christianisierung brachten Mönche, allen voran der irische Nationalheilige St. Patrick, die Destillation nach Irland und Schottland – zunächst ebenfalls zur Gewinnung von Essenzen und Arzneien. Um 1500 findet sich zum ersten Mal der Begriff „aquavite", der nichts anderes bedeutet als „Lebenswasser" – eine schöne Umschreibung für einen hochprozentigen Getreidebrand, die umso verständlicher wirkt, wenn man das Klima im nasskalten Norden Englands kennt. Eifrig machten sich die gälisch-sprechenden Iren und Schotten das Wort zueigen und übersetzten es mit „uisge beatha" (sprich uschge/ischge bäha), was ebenfalls soviel bedeutet wie Lebenswasser. Noch im 17. Jahrhundert wurden mit „uisge beatha" verschiedene Destillate – teilweise mit Gewürzen versetzt – bezeichnet, erst allmählich entstand eine Tradition der Whiskyherstellung unter überwiegender Verwendung von Gerste.

Bevor es jedoch soweit war, wurden zunächst alle möglichen Getreidearten ausprobiert, und so finden sich bis heute deutliche regionale Unterschiede was Farbe, Geschmack und die Zutatenlisten betrifft. Das Wort Whisky – und damit auch das Getränk in seiner bis heute erhaltenen Form – taucht erstmals im England des frühen 18. Jahrhunderts auf.

Verschiedene Arten

Dem Whiskyanfänger erscheint es auf den ersten Blick gar nicht so leicht, sich im Dschungel der zahlreichen Brennerei-Na-

 Zitat

"Whisky ist flüssiges Sonnenlicht."

George Bernard Shaw

men, regionalen Unterschiede und Artenbezeichnungen zurechtzufinden. Dabei folgt die Namensgebung in der Regel einer festgelegten Klassifikation, die sich einerseits nach dem Ausgangsstoff, also dem verwendeten Getreide, und andererseits nach den Herstellungsmethoden richtet. Dass darüber hinaus zwischen schottischen, irischen, amerikanischen und sonstigen Whiskeys unterschieden wird, hat mit der Typenbezeichnung zunächst nichts zu tun – es wird nur nicht in jedem Land jede Art von Whisky produziert.

Aus Schottland

- In Schottland scheint es die größte Variationsbreite zu geben, hier finden sich Bezeichnungen wie Single Malt Whisky, (Single) Grain Whisky, Vatted/Pure Malt Whisky oder Blended Scotch in fröhlicher Eintracht nebeneinander – alle jedoch verbunden durch den Familiennamen Scotch. „Single Malt" bedeutet dabei, dass es sich um einen klassischen Malz-, also Gersten-Whisky handelt, der nur von einer einzigen Brennerei stammt, also nicht mit Whiskys anderer Hersteller verschnitten wurde. Ein Vatted oder „Pure Malt" kann Whiskys mehrerer Jahrgänge vom selben Brenner enthalten, ist somit also kein Blend im eigentlichen Sinn. Entsprechend besteht ein Blended Scotch aus Whiskys verschiedener Destillerien. In Schottland gibt es etwa acht Brennereien, die sich auf „Grain Whisky" spezialisiert haben. Dabei handelt es sich um Whisky, der zu einem großen Teil nicht aus Gerste, sondern aus Weizen, Mais und/oder einer Mischung aus gemälzter und ungemälzter Gerste besteht.

- 100 Brennereien in verschiedenen Regionen der Hoch- und Tieflande brennen bis heute echten Scotch Whisky. Unterschieden wird dabei nach den klassischen Herstellungszentren Highlands (East-, West-Highlands, Skye), Lowlands, Islay (Innere Hebrideninsel) und Campbeltown (eine Stadt in Südwestschottland). Ähnlich wie bei Wein, sind Kenner in der Lage, anhand des Geschmackes und des Aromas die Herkunft eines Scotchs recht genau zu ermitteln.

Aus Irland

- Whisk(e)y aus Irland wird heute nur noch an wenigen Standorten hergestellt, da im Laufe der Zeit eine Zentralisierung durch Aufkäufe kleinerer Brennereien stattgefunden hat. Auch existieren in der Herstellung einige Unterschiede im Vergleich zu den schottischen Whiskys. So wird hier grundsätzlich nicht über Torffeuer getrocknet bzw. geräuchert, was zum gänzlichen Fehlen des für einige namhafte Scotch-Sorten typischen Rauchcharakters führt. Irischer Whisky schmeckt in der Regel also milder. Darüber hinaus wird er dreifach destilliert und erhält wesentliche Geschmacksmerkmale, zum einen durch das hier übliche Verschneiden („Blending") und zum anderen durch unterschiedliche Reifeprozesse in verschiedenartigen Fasstypen (Sherry-, Bourbon-, Portweinfässer).

- Allerdings beträgt auch in Irland die Mindestreifedauer drei Jahre. Neben dem traditionell verschnittenen Whisky, also den „Vatted"-Sorten (von engl. „vat" = Mischfass) produziert man in Irland zunehmend auch Single Malts. Ihr Marktanteil ist jedoch nach wie vor vergleichsweise gering.

Aus den USA

- Die USA sind die Heimat des Bourbon – aber auch anderer Whisk(e)y-Arten wie Corn, Rye und Tennessee. Von europäischen Experten oft eher etwas herablassend beurteilt, finden sich auch unter den amerikanischen Whiskys interessante Besonderheiten, die es zu entdecken gilt. Der klassische Bourbon, der seinen Namen ursprünglich der französischen Königsfamilie verdankt, muss aus einer Maische gebrannt werden, die mit mindestens 51% aus Mais angesetzt wurde, in der Regel ist der Maisanteil jedoch wesentlich höher (65-75%). Ähnliches gilt für den sogenannten Rye, also den Roggen-Whiskey, auch er muss zu wenigstens 51% aus Roggen bestehen, um diesen Namen tragen zu dürfen. Rye ist der ursprünglichere Whiskey der USA und wurde erst allmählich vom Bourbon verdrängt. Gemein ist allen amerikanischen Whiskey-Sorten, dass sie mindestens zwei Jahre in frischen Eichenfässern ruhen, deren Innenseiten zuvor mit Feuer behandelt wurden. Dieses Auskohlen bewirkt zum einen das Karamellisieren des vorhandenen Zuckeranteils im Holz, der gemeinsam mit der entstehenden Holzkohle dem Brand sein typisch würziges Aroma verleiht. Tennessee Whiskey wird zu mindestens 51% aus Mais und zu mindestens 20% aus Roggen, Weizen oder Gerste gewonnen. Vor der Fasslagerung wird er über eine drei Meter hohe Schicht aus Holzkohle gefiltert, um unerwünschte Aromastoffe zu entfernen. Besteht die Maische zu 80% bis 100% aus Mais spricht man von einem Corn-Whiskey. Diese spezielle Art muss ebenfalls mindestens zwei Jahre lagern – dies kann aber auch in gebrauchten, unverkohlten Eichenfässern geschehen.

Aus Kanada

- Auch aus Kanada kommen einige international bekanntere Whiskymarken. In der vormaligen britischen Kronkolonie setzt man beim Maischegrundstoff überwiegend auf Roggen. Allerdings sind hier auch weitere Zusätze gestattet, wie zum Beispiel Sherry, Obstwein oder Fruchtsäfte – wenn auch nur in geringen Mengen (bis zu 2 %). Im Gegensatz zu den amerikanischen oder schottischen Bränden sind kanadische Whiskys in der Regel „blended", also Verschnitte aus mehreren Destillerien. Besonders beliebt sind sie vor allem in Cocktails, was sicherlich darauf schließen lässt, dass sie für Experten keine echten geschmacklichen Herausforderungen darstellen.

Ian Mc Cormack

Gentleys Tipp

Richtig Whisky trinken

Im Gegensatz zum Filmcowboy, der seinen Whisky am liebsten becherweise herunterstürzt, bevorzugt der Gentleman ein spezielles Procedere zum Verkosten der feinen Gerstenbrände. Hierfür werden zunächst einige Zutaten benötigt: etwas Weißbrot oder wahlweise englische Biskuits, einen Krug mit Wasser (natürlich ohne Kohlensäure) und ein passendes Glas.

- Hier eignet sich keineswegs der so genannte Tumbler, der geschliffene Glasbecher mit großem Durchmesser, den man traditionellerweise aus amerikanischen Filmen kennt. Eher sollte es schon ein spezielles Glas mit einem Stiel und einer engen Öffnung sein, ähnlich wie man es von guten Rotweinkelchen her kennt – allerdings in deutlich kleineren Dimensionen. In ihm soll sich das Aroma sammeln und konzentriert nach oben hin abgegeben werden. Ein Tumbler disqualifiziert sich hier bereits durch seinen dicken Boden, der – in der Hand gehalten – sehr schnell Wärme speichert und den Whiskey übermäßig erhitzt.

- Der erste Schritt des Verkostens ist das Eingießen des Whiskys, etwa einen Finger breit. Nun kann in Ruhe die Farbe begutachtet werden, denn nicht zuletzt hier gibt es wesentliche Unterschiede, die jedoch mit steigender Qualität der verkosteten Whiskys immer feiner ausfallen. Gegen das Licht gehalten, lassen sich verschiedenste Farbtöne ausmachen – heller oder dunkler, bernsteinfarbig oder eher ins Rötliche tendierend usw.

- Nun muss der Whisky eventuell verdünnt werden. Üblicherweise ist Whisky bereits beim Abfüllen auf Trinkstärke (40-43%) verdünnt worden, sobald wir uns jedoch ins High-End-Segment begeben und Fassabfüllungen von bis zu 70% genießen möchten, muss per Hand verdünnt werden. Denn Alkoholwerte über 50% betäuben die Sinneszellen der Zunge und würden letztlich dazu führen, dass man von dem edlen Getränk nicht einmal die Hälfte schmeckt. Hier muss man als Anfänger unter Umständen ein wenig mit der Wassermenge experimentieren, bis man mit etwas Übung das perfekte Mischungsverhältnis erreicht.

- Der Rest der Verkostung dürfte zumindest Weinkennern bereits geläufig sein. Zuerst kommt die Nase ins Glas, um mit den wesentlich feineren Sinneszellen des menschlichen Riechapparates das Aroma zu erschnüffeln. Dann wird eine kleine Menge Whisky aufgenommen und im Mund hin und her bewegt, um eine weitere Erwärmung, und damit die Expansion des Aromas zu ermöglichen. Zugleich sollte etwas Luft eingesaugt werden, die die Ausbreitung der schmeckbaren Moleküle verbessert. Zuletzt lässt man den Whisky nach hinten ablaufen und kann ihn dann schlucken, um den Abgang zu bewerten.

- Zwischen den einzelnen Proben sollte immer etwas Weißbrot verzehrt werden, um den Geschmack des vorausgegangenen Getränks zu neutralisieren.

imc

 *It's Teatime*

Tee genießen mit Stil und Sommelier

Tee ist nach Wasser das meistgetrunkene Getränk weltweit und ein ganz besonderer Genuss – erlesene und vollendet zubereitete Tees erfreuen Gaumen, Nase und Auge anspruchsvoller Genießer. Die Überlieferung besagt, dass Tee schon vor rund 4.500 Jahren getrunken wurde. Sein Ursprungsland ist China. Tee war schon immer ein besonderes und luxuriöses Getränk und in früheren Jahren nur einer besonderen Schicht vorbehalten. Das hängt mit der Handarbeit der Produktion von grünen und schwarzen Spitzentees und deren weiten Weg nach Europa zusammen. Heute möchte der Reisende in allen Top-Hotels und Restaurants der Welt den besten Tee genießen. Diesen Wunsch nach Spitzentees haben die Hotel- und Restaurantmanager erkannt und bieten heute eine große Auswahl von Spitzentees aus China, Taiwan, Indien, Sri Lanka, Japan, Afrika und anderen Teeregionen an.

Welche Sorten gibt es?

Wenn von Tee gesprochen wird, dann immer vom Aufgussgetränk der Teepflanze „Thea sinensis" und „Thea assamica". Kräuter und Früchtetees werden im Allgemeinen als Infusionen bezeichnet. Im Groben wird zwischen Grün- und Schwarztees unterschieden, die beide von einer Pflanze stammen. Während Grüntee nicht fermentiert wird, erhält Schwarztee erst durch die Fermentation seine dunkle Farbe. Der grüne Tee wird nach dem Welken kurz erhitzt – in China im Wok, in Japan in Dampftrommeln. Dadurch werden die Enzyme zerstört, die das Bräunen verursachen (wie beim angeschnittenen Apfel, der mit Zitrone beträufelt nicht braun wird). Dadurch entstehen die gewollten und unterschiedlichen Geschmackserlebnisse sowie Wirkungen auf Geist und Körper.

Grüner Tee

- Je nach Sorte schmeckt grüner Tee grasig, blumig, elegant, zart bis vollmundig, nussig. Grüner Tee sollte nicht länger als zwei Minuten ziehen. Er ist oft besonders reich an Tein, vor allem die Schattentees aus Japan.

Schwarzer Tee

- Schwarze Tees schmecken oft limonig, würzig, rassig, elegant bis robust, manchmal leicht mineralisch. Bis zu einer Ziehdauer von drei Minuten entsteht ein anregender Effekt, danach baut sich das Tein ab und es wirkt verstärkt das Tannin, welches beruhigt.

Die teuersten Tees der Welt

Big Red Robe

- Die südostasiatische Provinz Fujian zwischen den Bergketten des Wuyi-Gebirges ist die Heimat des „Da Hing Pro" – einem Oolong-Tee –, der dem Teekenner mit dem Namen „Big Red Robe" geläufig ist. Für 100 Gramm dieses mit Legenden umwobenen Tees werden bei Auktionen um die 10.000 Euro geboten.

Gyokuro

📌 Gyokuro, zu Deutsch in etwa „edler Tautropfen", gilt als edelster unter den japanischen Tees. Er ist kein Alltagstee, sondern wird zu besonderen Anlässen und Festen gereicht, oder um Gästen eine hohe Ehre zu erweisen. Als „Kaiser" der japanischen Tees hat Gyokuro einen entsprechenden Preis und gilt als teuerste Grünteesorte der Welt.

Pu-Erh-Tee

📌 Die Knospen und jungen Blätter dieser Teesorte sind oft mit feinen Haaren bedeckt und größer als bei anderen Teesorten. Des Weiteren haben die Blätter eine andere chemische Zusammenstellung. Pu-Erh-Tee hat dadurch einen einzigartigen Geschmack und eignet sich besser dazu, ihn altern zu lassen. Alte und wilde Teebäume sind sehr selten und echter Pu-Erh-Tee ist deshalb auch ziemlich teuer. Teeliebhaber bezahlen astronomische Preise für Pu-Erh-Tee, hergestellt nur aus den Blättern der wilden Wälder eines einzigen Teeberges.

 Top-Tees

Einige grüne Top-Tees:

Pai Mu Than, China (wird auch als Weißer Tee bezeichnet)

Green Yin Long, China

Jasmine Pearls, China (aromatisierter Tee mit Jasminblüten)

Pu-Erh-Tee, Cina (besonders gereifter Tee aus Pu'er, Yunnan)

Gyokuro, Japan

Satsuma Göttertee, Japan

Sencha, Japan

Green Leafs, Indien

Einige schwarze Top-Tees:

Darjeeling first flush, Indien

Darjeeling second flush, Indien

Assam, Indien

Lapsang Souchong, China (Rauchtee aus Fujian)

Earl Grey, China, Indien

Ceylon, Sri Lanka

Oolong, Taiwan, China

Silbernadel

📌 Der Weiße Tee „Silver Needle Yin Zhen" oder auch „Silbernadel" genannt, ist wohl der berühmteste und gleichzeitig seltenste Weiße Tee und galt bis vor kurzem noch als teuerster Tee der Welt. Er wurde in solch geringen Mengen hergestellt bzw. geerntet, dass es so gut wie unmöglich war, jemals in den Genuss zu kommen, ihn zu trinken. Er war ursprünglich den Kaiserhäusern vorbehalten (daher auch: kaiserliche Pflückung). Das Einzigartige am Silver Needle Yin Zhen ist sein samtig weicher und angenehm leichter Geschmack sowie das leichte Schimmern der weiß-silbrigen Blätter. Traditionell wird der Weiße Tee Silver Needle Yin Zhen in einer Glaskanne bzw. Glastasse zubereitet. Die weiß-silbrigen Teeblätter sinken nach kurzer Ziehzeit zu Boden und richten sich senkrecht auf, sodass es eine wahre Freude ist, dieses vor dem Genuss zu beobachten.

Anleitung für Genießer

Grundsätzlich gilt: Bei guten Tees sollten Sie möglichst auf Zucker, Zitrone oder Milch bzw. Sahne verzichten. Verwenden Sie kein Stövchen (Tee bittert nach), sondern benutzen Sie lieber das in England 1841 erfundene Tea Cosy (Teemütze) feinster Materialien, um den Tee zu wärmen. In der gehobenen englischen Gesellschaft war der Afternoon Tea das Ereignis schlechthin, um zu „tratschen". Damit währenddessen der Tee nicht kalt wurde, nutzte man diese Erfindung. Es gibt sie heute auch in sehr modernen Varianten.

 Teehandel

Als die Teefachgeschäfte mit der größten Auswahl an Top-Tees gelten „Mariage Freres" in Paris (www.mariagefreres.com) und „Fortnum & Mason" in England (www.fortnumandmason.com).

Do's Bitte unbedingt beachten	Don'ts Bitte unbedingt vermeiden
Nehmen Sie sich Zeit für Ihren Tee.	Wasser nicht tot kochen.
Kaufen Sie den besten Tee im Geschäft Ihres Vertrauens, lieber in kleinen Mengen, dann ist er frisch.	Verwenden Sie keine Teeeier. (Hier kann das Teeblatt sich nicht frei entfalten. Verwenden Sie große Teesiebe aus Glas, Metall oder Baumwolle).
Luftdicht und trocken lagern.	Tee nicht zu lange ziehen lassen, sonst wird er schnell bitter.
Grüner Tee mit 80 °C, schwarzer Tee mit 100 °C heißem, weichem Wasser brühen.	Nehmen Sie keine Teebeutel, lieber lose und frisch.
Verwenden Sie ein Teethermometer und eine Teeuhr.	Wärmen Sie erkalteten Tee nicht auf, schmeckt scheußlich.
Ziehzeiten beachten.	Für Eistee (doppelte Menge an Tee nehmen) den Tee nicht langsam erkalten lassen, sondern zum Schockkühlen über Eis gießen, so bleibt Ihr Eistee klar und geschmackvoll.

Roland Pröh

 Über den Autor

Roland Pröh ist Bar Chef und Tea Master am Berliner Hotel „The Regent". Er hat das TeaMaster-Programm des Frankfurter Teehauses Ronnefeldt absolviert und ist somit einer der wenigen zertifizierten „TeaMaster Gold" weltweit. Die meisten Tees erkennt er sogar in einer Blindverkostung. Weitere Infos unter www.regenthotels.com/berlin.

Delikatessen

Kulinarische Highlights
Köstlichkeiten für die stilvolle Küche

In der Küche des erfolgreichen Mannes wird man niemals hungrig gelassen und niemals enttäuscht. Denn wie in seinem beruflichen Leben verlässt sich der Erfolgreiche nicht nur auf sein Können, sondern vor allem auf sein Produkt. Beim Auto sind dies Mercedes oder BMW, beim Anzug Brioni oder Armani und in der Küche sind es die kulinarischen Highlights. Garanten für den Erfolg in der Küche sind Kaviar, Trüffel, Gänsestopfleber, Austern und Hummer.

Eine hochwertige Grundausstattung

Um ein ordentliches Hummer-, Gänseleber- oder Trüffelgericht zu kochen, benötigen Sie neben dem Hauptprodukt einige gute Zuträger. Wenn Sie einen Maybach fahren, werden Sie dessen Motor nicht mit Frittenfett befüllen. Genauso wenig sollten Sie eine köstliche Delikatesse mit raffiniertem Industriesalz aus der Chemiefabrik oder mit billigem Olivenölverschnitt ruinieren. Butter ist auch nicht gleich Butter, Crème Fraîche aus Deutschland hat mit dem Original aus Frankreich nur wenig zu tun und Aceto Balsamico ist von ekelhaft bis göttlich in allen Schattierungen zu erhalten. Bevor Sie also die wunderbare Welt der Produktküche betreten, rüsten Sie sich mit einer qualitativ hochwertigen Grundausstattung aus. Folgende Produkte sind dafür essenziell.

Fleur de Sel

- Dieses Salz ist universell einsetzbar und der beste, gesündeste und preiswerteste Geschmacksverstärker, den es gibt. Ob Sie eine fertige Speise mit normalem Speisesalz oder mit Fleur de Sel abwürzen, macht einen Qualitätsunterschied von 20% aus. Das zurzeit beste Fleur de Sel kommt aus Portugal. Es heißt dort allerdings Flor de Sal. Dieses handgeerntete und unbehandelte Meersalz wird früh am Morgen mit kleinen Siebnetzen von der Oberfläche der Meerwassersole in den Salinenbecken abgeschöpft. Die Salzkristalle des Flor de Sal sind so zart, dass sie auf der Wasseroberfläche schwimmen.

Olivenöl

- Die Herstellung eines guten Olivenöls kostet, ohne Flasche und Etikett, bereits 8-10 Euro pro Liter. Bei allen Ölen, die billiger angeboten werden, wurde an der Qualität gespart. So einfach ist das. Nun ist es gewiss nicht so, dass alle teuren Olivenöle gleichbedeutend gut sind. Über den Preis lassen sich aber die herausfiltern, bei denen das Probieren nicht lohnt. Sie sollten mindestens zwei Olivenöle im Haus haben. Ein mildes und ein pikantes. Am Anfang werden Sie oft zum milden Öl greifen, was daran liegt, dass Sie mit Butter und Sahne als Speisefett groß geworden sind. Es dauert eine Weile, bis man sich an Olivenöl als Würzmittel gewöhnt hat.

Butter

- Versuchen Sie einen Lieferanten für Rohmilchbutter aus Frankreich zu finden. Dieses Produkt erklärt sich von selbst. Wenn Sie einige Zeit französische Rohmilchbutter gegessen haben, werden Sie keine normale Butter mehr mögen.

Crème Fraîche

- Crème Fraîche kann bis zu 40% Fett haben. Die bei uns im Supermarkt angebotene Crème Fraîche hat in der Regel ca. 30% Fett. Deren Geschmack ist eher neutral, während Crème Fraîche aus der Normandie für sich allein schon anbetungswürdig ist. Mein persönlicher Favorit ist die Crème Épaisse mit 39,4% Fett.

Aceto Balsamico

- Die Krönung fast jeder Kreation sind einige Tropfen eines sämigen Aceto Balsamico. Damit perfektionieren Sie Gerichte zu kulinarischen Sensationen. Jeder wirklich gute Koch hat sein kleines Fläschchen mit altem Aceto in Griffnähe. Ganz gleich, ob in Dressings, in Saucen oder pur auf Fisch oder Fleisch – ein guter Aceto ist die halbe Miete.

Die eigentlichen Stars der Küche

Wenn Ihre Basics und Ihre Einstellung stimmen, ist es an der Zeit, zu den eigentlichen Highlights zu kommen.

Trüffel

Es gibt wohl kein Lebensmittel, das so magisch ist wie der Trüffel. In allen Epochen der Kochkunst haben führende Köche diesem Lebensmittel gehuldigt. Von Brillat-Savarin, Auguste Escoffier, Alfred Walterspiel, Paul Bocuse bis Eckart Witzigmann – keiner von ihnen, der diesen Pilz nicht liebte und verehrte. In der 3-Sterne-Küche von Paris, die für die ganze Welt tonangebend ist, werden Sie kein einziges Restaurant finden, in dem von Oktober bis März keine frischen Trüffel auf der Karte stehen.

Es gibt ca. 100 verschiedene Sorten von Trüffeln und ca. 10 davon befinden sich im Handel. Von diesen sind nur zwei Trüffelsorten kulinarisch wertvoll und zugleich die teuersten. Die beiden guten Sorten sind der schwarze Winteredeltrüffel (Périgordtrüffel) und der Weiße Trüffel (Albatrüffel). Diese beiden Trüffel sind Weltklasse, wenn sie in der richtigen Region gefunden wurden. Die schwarzen Winteredeltrüffel sollten aus dem Périgord oder noch besser aus der nördlichen Provence, der Region Vaucluse kommen. Die weißen Albatrüffel sollten aus dem Piemont oder

> **Saison für Trüffel**
>
> Weiße Trüffel findet man von Anfang Oktober bis Ende Dezember und schwarze Trüffel von Anfang Januar bis Ende März.

noch besser aus der Emilia Romagna stammen. Beide Sorten werden außerhalb der bevorzugten Regionen (leider) noch in vielen anderen Gegenden gefunden. Oft sind die aber nur halb so gut, in jedem Fall aber schlechter als das Original aus der richtigen Gegend.

Weiße Trüffel bestehen zu 80% aus Duft und zu 20% aus Geschmack. Das Gehirn setzt diese beiden Sinnesempfindungen zu einem fast unschlagbaren Genuss zusammen. Dabei gilt es zu beachten: Das Parfüm der Trüffel entfaltet sich bei Wärme und verfliegt bei Hitze. Deswegen dürfen weiße Trüffel niemals mitgekocht werden. Es würden nur 20% Geschmack übrig bleiben. Vielmehr wird der weiße Trüffel wie ein Gewürz über das vorbereitete Gericht gehobelt, nachdem es serviert ist. Hierzu brauchen Sie einen rasiermesserscharfen Trüffelhobel und eine schnelle Hand. Stellen Sie den Hobel so dünn ein, wie es nur geht, aber so dick, dass Sie trotzdem noch ganze Scheiben hobeln können. Und nun mit schneller Hand den Trüffel über das Gericht hobeln. Es gibt übrigens kaum etwas Armseligeres als einen Gastgeber, der Trüffel in Zeitlupe über den Hobel zieht und dabei noch ein Gesicht macht, als ob ihm bei jedem Zug ein 5-Euroschein aus der Tasche gezogen würde.

Wieviel Trüffel pro Person?

Zu wenig Trüffel ist verschenktes Geld. Genießen Sie Trüffel lieber selten, aber dafür richtig. Etwa 10-15g weiße Trüffel und 20-25g schwarze Trüffel müssen pro Person einkalkuliert werden.

Beim schwarzen Trüffel verhält es sich im Vergleich zu weißem Trüffel genau umgekehrt: 80% Geschmack, 20% Duft. Da der Geschmack nicht verduftet (schönes Wortspiel), können Sie die schwarzen Trüffel ruhig mitkochen, ohne dass ein Großteil ihrer Kraft verloren geht. Vielmehr gibt die Knolle gerne ihren Geschmack an die anderen Protagonisten eines Gerichts ab. So wird aus einer Poulardenbrust oder einer Selleriecreme eine echte und wahre Delikatesse. Beim schwarzen Trüffel sollte man die Trüffel für den Tag vor der Zubereitung des Gerichts ordern. Zum einen, weil die Schwarzen etwa doppelt so lange halten wie die Weißen, zum anderen, weil schwarze Trüffelgerichte wesentlich mehr Kochkunst verlangen als Zubereitungen mit weißen Trüffeln.

Kaviar

Noch vor wenigen Jahren war Kaviar in der gehobenen Gastronomie fast allgegenwärtig und bezahlbar. Dann wurden die Störe, von dem der Kaviar stammt, unter Artenschutz gestellt, und die Preise schnellten ins Astronomische. Heute verzichten selbst die Besten der Besten aufgrund der nicht mehr durchsetzbaren Kalkulation auf diese wunderbare Delikatesse. Die Quoten für legal einge-

Zutaten zum Kaviar-Genuss

- Kaviar
- Crème Fraîche (am besten Crème Épaisse s.o.)
- warmer Toast oder Cracker
- Perlmuttlöffel
- Crushed Ice zum Kühlen der Kaviardose

führten Kaviar sind so klein und die Fangmengen so gering, dass wilder Kaviar aus dem Kaspischen Meer nur noch schwer und unglaublich teuer zu bekommen ist.

Im Kaspischen Meer leben drei Störarten, die Kaviar produzieren. Vom Sevrugastör (lat. Acipenser stellatus) gewinnt man den Kaviar mit dem kleinsten Korn. Die Farbe des Sevruga-Kaviar ist stahlgrau bis schwarz. Bis vor einigen Jahren war er der preiswerteste der drei Sorten. Der Bestand dieses Störes ist jedoch inzwischen so gefährdet, dass für ihn nur noch eine ganz geringe Fangquote ausgewiesen wurde. Entsprechend sind die Preise am stärksten gestiegen.

Der Osietrastör (lat. Acipenser gueldenstaedti) ist der häufigste unter den Wildstören. Etwa 80% des im Handel befindlichen Kaviars ist Osietra-Kaviar. Sein Korn hat einen Durchmesser von durchschnittlich 2mm. Ab 2,5-3mm Durchmesser darf sich dieser Kaviar dann „Imperial Kaviar" nennen. Die Tiere, von denen dieser Kaviar stammt, sind zwischen 45 und 85 Jahre alt. Seine Farbscala reicht von Hellgrau über Olivgrün zu Stahlgrau bis fast Schwarz. Die Farbe ist aber, wie bei jedem Störkaviar, kein Qualitätskriterium.

 Zuchtkaviar

Seit einigen Jahren züchtet die Firma Desietra in Fulda in einer Aquakulturanlage den Sibirischen Stör (lat. Acipenser baerii), der natürlicherweise im Baikalsee und sibirischen Flüssen vorkommt. Sein Kaviar aus Wildfang ist nicht im Handel. Die Zuchtform dieses Kaviars entspricht in Korngröße und Geschmack etwa dem des Osietra und ist von feinster Qualität. Er ist ganzjährig verfügbar und nur halb so teuer wie iranischer Osietra.

Der Belugastör (lat. Huso huso) ist der größte der drei Kaviar produzierenden Störarten im Kaspischen Meer. Heute ist der Beluga fast ausgestorben. Das Korn des Beluga-Kaviar hat über 3mm Durchmesser und eine sehr zarte Haut.

Sollten Sie die Wahl zwischen russischem, aserbaidschanischem oder iranischem Kaviar haben, wählen Sie den aus dem Iran. Sollten Sie die Wahl zwischen Sevruga-, Osietra- und Beluga-Kaviar haben, wählen Sie Osietra. Sollten Sie die Wahl zwischen Osietra- und Imperial Kaviar haben, wählen Sie Imperial. Damit haben Sie eine Richtschnur für das manchmal verwirrende Nebeneinander verschiedener Sorten.

Hummer

Es gibt kaum ein Bild von einem festlichen Gelage, bei dem keine Hummer geknackt werden. Der Hummer ist das Synonym für Schlemmen und Feiern. Komischerweise sind die Hummer, die wir heutzutage essen, gar nicht so richtig lecker. Vielmehr schmeckt er eher fade und hat eine Konsistent, die entfernt an Gummi erinnert. Nach dem Essen bleiben dann auch noch Fasern dieses Zeugs zwischen den Zähnen hängen und wollen sich nicht entfernen lassen. Was finden die Leute so toll an diesen Biestern? Die Antwort lautet: Nichts.

Der Hummer, den wir heute bekommen, stammt aus Main oder aus Kanada. Die Tiere werden Tag für Tag tonnenweise gefangen, in unglaublichen Mengen geerntet und in die ganze Welt verschickt. Das ganze Procedere ist dermaßen industriell und denaturiert, dass der Hummer, der bei Ihnen in der Küche ankommt, letztlich viele schädliche Prozeduren hinter sich hat. Außerdem wird der Hummer zu lang oder zu kurz gekocht. Die richtige Garzeit wird fast nie eingehalten.

Das Zauberwort heißt bretonischer Hummer. Bretonische Hummer sind selten, teuer und im rohen Zustand blau. Geschmack und Konsistenz dieses Hummers sind dem nordamerikanischen weit überlegen. Er ist zart, saftig und hat einen ganz ausgeprägten, aber dennoch feinen, dem Gaumen schmeichelnden Eigengeschmack. Da sie so selten sind, sind sie fast ausschließlich im Gastronomiegroßhandel zu bekommen. Lassen Sie sich deshalb Ihren Hummer vom Gastronomen Ihres Vertrauens besorgen.

Zum Servieren nehmen Sie den Hummer in eine Hand und drehen mit der anderen Hand das Schwanzsegment ab. Legen Sie das Schwanzsegment auf ein Schneidebrett und halbieren Sie es mit einem scharfen Messer der Länge nach. Drehen Sie nun die Scherengelenke direkt am Körper von der Karkasse. Bevor Sie die Scheren und die Vorderbeine anrichten, müssen Sie die Scherenpanzer und die Beinpanzer der Vorderbeine mit einem schweren Messer oder mit einer Zange knacken, sonst kommen Sie nicht an das edle Fleisch dran. Bei dieser Arbeit sollten sie eine Schürze tragen. Diese Arbeit wird Ihnen von Hummer zu Hummer leichter fallen. Jetzt ordnen Sie die Hummerteile auf eine vorgewärmte Platte und dekorieren die Platte mit den Hinterbeinen des Hummers. Die können Sie ohne viel Mühe an den Gelenken abbrechen und das darin enthaltene Fleisch mit Daumennagel und Zeigefinger heraus schieben und abknabbern. Pro Person rechnet man etwa 500g Hummer, wobei nach oben keine Grenzen gesetzt sind. Auch hier sind die Beilagen eher puristisch. Etwas hausgemachte Mayonnaise, warmer frischer Toast und leicht gesalzene, französische Rohmilchbutter. Besser geht's nicht.

> **So kochen Sie einen Hummer**
>
> Kochen Sie einen Hummer nicht in Salzwasser, sondern in Meerwasser. Besorgen Sie sich also naturbelassenes Meersalz und geben Sie 3 – 3,5g Meersalz pro Liter Wasser in den Kochtopf. Etwas ganzen Kümmel, einige Fenchelsamen, eine grob gewürfelte Zwiebel, zwei Lorbeerblätter und etwas Paprikapulver in das Wasser geben und es dann zum Kochen bringen. Wenn das Wasser sprudelnd kocht, geben Sie ohne zu zögern die Hummer kopfüber in den Kochtopf. Wählen Sie einen großen Topf mit viel Wasser, damit die Wassertemperatur durch die kalten Hummer nicht wesentlich absinkt. Geben Sie nie mehr als 1,5 kg Hummer in einen großen Topf. Pro 100g Hummer berechnen Sie eine Minute Kochzeit. Nach der genau gestoppten Kochzeit nehmen Sie die Hummer mit einem Schaumlöffel aus dem Kochtopf und legen sie für weitere 5-7 Minuten zum langsamen Abkühlen ins Waschbecken.

Austern

9 von 10 Menschen in Deutschland mögen keine Austern. Die Hälfte davon behauptet außerdem, dass sie Austern nicht vertragen. In Frankreich ist es genau andersrum. Die Menschen lieben Austern und eine Eiweißallergie oder ein Eiweißschock ist dort in Bezug auf Austern völlig unbekannt. Wie kommt das? Zuerst einmal muss ich sagen, dass ich die Leute, die keine Austern mögen, gut verstehen kann. Ich persönlich finde die meisten Austern, die hierzulande zu bekommen sind, ebenfalls total ekelhaft. Auch die Ausrede mit der Unverträglichkeit kann ich gut nachvollziehen. Wer will schon im Angesicht einer angeblichen Delikatesse als Feigling oder Banause dastehen. Aber warum sind Austern in Deutschland ekelhaft und in Frankreich nicht?

So öffnen Sie eine Auster

Stechen Sie mit der Spitze der Klinge eines schmalen Austernmessers in das Gelenk der Auster, bis die Klinge Halt hat. Drehen Sie die Klinge mit großer Kraft, bis das Gelenk aufspringt. Fahren Sie nun mit der scharfen Seite der Klinge innen an der oberen, flachen Schale entlang und durchtrennen Sie den dort befindlichen Muskelstrang. Jetzt können Sie den Deckel abnehmen und die Auster liegt frei.

Die Austern, die ich und Sie vermutlich auch ekelhaft finden, schmecken, entschuldigen Sie meine Ausdrucksweise, wie ein Klumpen Rotze mit Meerwasser. Eine richtig gute Auster schmeckt natürlich ganz anders. Sie hat die Konsistenz einer leicht angekochten Miesmuschel, ist muskulös und auch leicht süßlich. Sie erinnert im Geschmack ein wenig an Salatgurke mit einem Hauch von Meeresbrise.

In Frankreich sind die Austern im Großen und Ganzen nicht besser, sondern ganz einfach frischer. Eine Auster, die aus dem Meer kommt und nicht weiter behandelt wird, bleibt ca. einen Tag lang am Leben und schmeckt diesen Tag lang auch ganz gut. Einen Tag später ist sie tot und ungenießbar. Diese Austern heißen Parc-Austern. Um sie länger am Leben zu halten, werden die Austern trainiert. Hierzu werden sie vom Meerwasser in Klärbecken gegeben und immer wieder für eine längere Zeit aufs Trockene gelegt. Hierdurch werden die Muskeln der Austern kräftiger, und sie können ihre Schale länger geschlossen halten, d.h. sie sind länger ohne Wasser lebensfähig. Jedoch verzehren sich die Austern außerhalb des Wassers selber und werden von Tag zu Tag glibberiger. Das Wasser, das sie in der Schale behalten, um am Leben zu bleiben, wird von Tag zu Tag unappetitlicher. Austern, die in großen Mengen in wenig Wasser geklärt und trainiert werden, heißen Claire-Austern. Werden sie in kleineren Gruppen in viel Wasser länger geklärt und trainiert, heißen sie Fine de Claire-Austern. Sollten sie in ganz kleinen Gruppen in besonders viel Wasser sehr lange geklärt und trainiert werden, heißen sie Special de Claire Austern. Damit hört die gesetzlich verankerte Klassifizierung auf.

Austernproduzenten, denen diese Anforderungen nicht ausreichen und die es noch besser machen wollen, bezeichnen ihre Austern als Special Austern und hängen außerdem noch ihren eigenen Namen dran. Der bekannteste dieser Luxusproduzenten ist Monsieur Gillardeau. Dessen Special-Gillardeau Austern sind in fast allen 2- und

3-Sterne-Restaurants auf der Karte. Suchen Sie die Specials der Superproduzenten, die gut und gerne zwei Wochen fit sind. Die sind so gut, dass man sie ganz einfach pur genießt.

Foie Gras

Der wirkliche Superstar der Produktküche ist Foie Gras, die Stopfleber der Gans oder der Ente. Obwohl die Stopfleber der Gans teuerer ist als die der Ente, ist sie nicht unbedingt die bessere. Geschmacklich ist die Entenleber sogar die elegantere. Die meisten Lebern werden zu Pasteten und Terrinen verarbeitet, welche naturgegeben kalt gegessen werden. Sollten Sie ein Freund dieser Spezialität sein, kaufen Sie lieber ein gutes fertiges Produkt, da die Herstellung extrem schwierig ist und einiges an Erfahrung verlangt.

Die einfachste Qualität ist die Vollkonserve. Viel besser sind Halbkonserven. Auf der einen Seite haben sie den Schmelz des frischen Produkts, auf der anderen sind sie bei Kühlung einige Zeit haltbar. Somit sind sie die beste Wahl.

Die qualitativ hochwertigste Variante ist die frische Foie Gras. Diese ist aber selbst bei guter Kühlung nur wenige Tage haltbar .

Foie Gras Qualitätsstufen

Bloc de Foie Gras

Die einfachste Variante. Die Leber wurde durch ein Sieb gestrichen, die so gewonnene Farce gewürzt und in eine Blockform gepresst.

Bloc Foie Gras avec Morceaux

Dieses Produkt besteht zu mindestens 30% aus Leberstücken, die eine wesentlich angenehmere Konsistenz als die Farce haben.

Bloc Foie Gras entier

Ausschließlich Stücke der Leber wurden mit Gewürzen in eine Form gepresst. Die Krönung in Konsistenz und Geschmack.

Wenn Sie jetzt auf den Gedanken gekommen sind, neben Ihrem Mercedes oder BMW in der Garage und Armani oder Brioni im Schrank, Ihre B-Klasse-Lebensmittel im Kühlschrank in A-Klasse-Lebensmittel verwandeln zu wollen, dann wird es sicher einen guten Gastronomen geben, der Ihnen dabei hilft. Sollten Sie aber den Wunsch verspüren, von uns beraten werden zu wollen, so können Sie gerne Kontakt mit uns aufnehmen.

Ralf Bos

Über den Autor

Ralf Bos ist Koch und Inhaber des Delikatessenversands „Bos Food", wo 120 Mitarbeiter ein Kompetenzzentrum in Sachen Lebensmittel und Molekulare Küchentechniken bilden. Soziales Engagement zeigt Ralf Bos mit den von ihm initiierten Aktionen „Spitzenköche für UNICEF" (www.skfu.de) sowie „Spitzenköche für Afrika" (www.skfa2009.de). Weitere Infos unter www.bos-food.de

Fische mit Brief und Siegel
Wie Sie Skrei und Hummer nachhaltig genießen

Kochende Männer sind bekanntlich in Mode. Aber bevor Mann zum Koch wird, muss er erst zum versierten Einkäufer werden. Alarmierende Nachrichten zur Überfischung der Meere, nicht nachhaltiger Fangmethoden und unseriöser Aquafarmen machen den Fischeinkauf nicht eben einfacher. Doch es gibt einen Ausweg: Den Fischhändler des Vertrauens mit dem MSC-Siegel und einige Hintergrundinformationen zum Thema Fisch, mit denen Sie zum Experten jeder Gesprächsrunde werden.

Nachhaltige Fangmethoden

Nachhaltige Fischerei heißt, die Rohware Fisch von den Fischereien und Lieferanten zu beziehen, die mit der Ressource Fisch verantwortungsvoll umgehen, Bestände sichern und ökologisch unbedenkliche Fangmethoden anwenden. Zu kleine Fische werden nicht gefangen und Beifänge durch spezielle Methoden vermieden. Wer so arbeitet, erhält das MSC-Logo. Durch MSC ist der Fisch von der Fischtheke bis hin zum Fischer, der ihn irgendwo auf der Welt gefangen hat, rückverfolgbar.

Der MSC-Standard (Marine Stewardship Council) ist die einzige international anerkannte Sammlung von Umweltprinzipien, die eine messbare Bewertung von Fischereien in Bezug auf gutes und nachhaltiges Management erlaubt. Fischereien jeder Größe und Lage können sich um eine unabhängige Bewertung nach dem MSC-Standard bewerben. Dem MSC-Standard liegen eine Reihe von Kriterien zugrunde, deren Einhaltung für jede Fischart einzeln überprüft werden.

Und was ist mit dem gut bekannten Bio-Siegel? Bio macht im Fischfang nur begrenzt Sinn als Siegel. Fisch ist eigentlich immer „bio". Mit Ausnahme von Aquakulturen, in denen beigefüttert wird, ernährt sich der Fisch nämlich im großen Gewässer immer biologisch. Das Stichwort für verantwortungsbewussten Umgang mit dem Rohstoff ist umfassender. Das Produkt muss nicht nur optimal für den Menschen sein, sondern auch den Rohstoff, die verschiedensten Fischarten, über Jahre und Jahrzehnte hinaus sichern.

Der Schwarzenegger unter den Kabeljaus

Eine besondere Delikatesse ist der norwegische Skrei mit seinem eiweißreichen Muskelfleisch, den es nur zwischen Januar und April gibt. Skrei bedeutet auf Norwegisch „der Wandernde". Die Kabeljaus schwimmen vom arktischen Eismeer bis zur Küste Norwegens, den Lofoten, um hier in den wärmeren Gewässern Norwegens zu laichen. Das Fleisch des Skrei oder auch Winterkabeljaus ist besonders schmackhaft, da es eiweißreich und fettarm ist. Der wandernde Kabeljau bezieht seine Energie nicht aus den Muskeln, die braucht er ja für den langen Weg, sondern aus Fettreserven und den Innereien.

Allerdings gab es jüngst einiges Geschrei um den Skrei. Man könnte nun denken, laichenden Fisch zu fangen, das sei doch mit Ausrottung gleichzusetzen. Doch dazu muss man wissen, dass ein Großteil der geschlüpften Eier sowieso absterben, da ihre Halbwertzeit vom Schlüpfen bis zum Zusammentreffen mit ihrer Nahrung, dem Plankton, so gering ist, dass hier schon 98 Prozent der Winzlingsfische absterben. Auch den Bodybuilder unter den Kabeljaus kann man also mit gutem Gewissen kaufen, insbesondere, wenn er das MSC-Siegel trägt. Die MSC überwacht, dass der Skrei nicht überfischt wird.

Humanes Hummertöten

So manchem Tierfreund oder zart besaiteten Seele kommt es barbarisch vor, den noch lebenden Hummer ins kochende Wasser zu werfen. Abgesehen davon, dass der Hummer zuvor in eher kleinen Becken gehalten und langen Transporten ausgesetzt wurde. Die neueste Methode und Erleichterung für den Schalentier liebenden Tierfreund ist, den Hummer bereits direkt nach dem Fang unter Druck zu töten und gleich von der Schale zu befreien. Zwei Fliegen auf einen Streich: Der Hummer stirbt in Sekundenbruchteilen und das Fleisch löst sich von der Schale, so dass man sich nicht mit lästigem Hummerbesteck abquälen muss. Diese Methode des „high pressure" wird zumeist in Kanada ausgeübt, wo die Ware augenblicklich tiefgeforen wird, sodass wir nun diesen Hummer portionsweise und mit gutem Gewissen kaufen können.

Ganze Fische aus dem Ofen

Ganze Fische im Ofen sind wirklich leicht zuzubereiten, sind immer saftiger als bloße Filets und beeindrucken auf der Servierplatte. Einige Regeln sind zu beachten. Der Fisch sollte – vom Fischhändler ihres Vertrauens – ausgenommen und entschuppt sein, sodass Sie ihn nur noch einmal mit klarem Wasser abspülen und abtupfen müssen. Bei den Kräutern sind keine Grenzen gesetzt – Sie können alles verwenden, was das Kräuterbeet oder die Auslage beim Gemüsehändler hergibt. Einen besonderen Aromenkick geben angeröstete Koriander-, Senf- oder Kardamomsamen, aber das ist im Zweifel eine Angelegenheit für Fortgeschrittene mit besser ausgestattetem Gewürzregal.

 Diese Fische sind in

Ganz im Trend liegt bei Fisch-Genießern derzeit das Thema „Back to the roots": So ist etwa der gute alte Kabeljau total in und auch gar nicht mehr so preiswert, wie wir immer dachten. Hoch im Kurs liegen aber auch hochwertige und geangelte Makrelen und Heringe. Steinbutt vom Kutter liegt bei stolzen 30 Euro pro kg.

Steinbutt à la Anton

Zutaten (für vier Personen)
1	mittelgroßer Steinbutt
1 TL	gemischte Samen, z.B. Koriander, Senfsaat oder Fenchel
3 Bund	gemischte Kräuter, z.B. Blattpetersilie, Majoran, (Zitronen-) Thymian oder Dill
150 ml	Olivenöl
	Grobes Meersalz
1 Stk.	Bio-Zitrone
	Frisch gemahlener Pfeffer

Zubereitung

Die Samen in einer trockenen Pfanne anrösten und zur Seite stellen. Die Kräuter waschen und grob hacken. Die Zitronen waschen und in dünne Scheiben schneiden. Die Kräuter mit den Samen mischen und mit 2 TL Salz und 1 TL frisch gemahlenem Pfeffer vermengen.

Den Steinbutt waschen und trocken tupfen. Das Backblech mit reichlich Olivenöl bestreichen. Den Steinbutt mit der weißen Hautseite darauf geben und mit der Kräuter-Zitronenmischung von allen Seiten einreiben und bedecken. Den Fisch nochmals großzügig mit Olivenöl übergießen und bei 140 Grad für 40-50 Minuten in den Backofen schieben.

Der Fisch ist gar, wenn die Filets sich leicht von der Mittelgräte lösen lassen. Im Ganzen servieren und am Tisch filetieren.

Dazu passen einfache Salzkartoffeln und/oder knackiges Gemüse wie Fenchel mit Cherrytomaten.

Ingo Anton

 Über den Autor

Ingo Anton ist Inhaber von „Fisch Anton" und seinen sechs rollenden Filialen im Harz. Sein Unternehmen ist MSC-qualifiziert und steht damit für nachhaltige Fischerei. 2008 wurde er zum „Mobilen Fischhändler des Jahres" gekürt. Auch in der „VOX-Promi-Kocharena" trat er bereits als Experte auf. Weitere Infos unter www.fisch-anton.de.

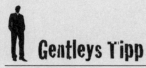
Gentleys Tipp

Mit Speisen die Sinneslust wecken
Aphrodisierendes Essen

Seit Bestehen der Menschheit sind natürliche Aphrodisiaka bekannt, die in Speisen und Getränken Liebessehnsucht erwecken sollen. Oft sind die der Natur entstammenden Aphrodisiaka bekannte wohl riechende und wohl schmeckende Gewürze und Pflanzenteile, Tiere und Früchte.

Wer aphrodisierende Essen zubereiten will, sollte die Duftkomponenten anregender Zutaten voll zum Einsatz bringen. Die Kraft bestimmter Düfte auf die Sinne kennen wir aus der Parfumherstellung. Der Duft von Ingwer und Kardamom steigern die sinnlichen Erlebnisse. Wer sich traut, die drei aphrodisierenden Naturschätze Ingwer, Chili und Vanille zu hellen Fleisch-, Fisch- und Muschelgerichten einzusetzen, wird erleben, was Verführung durch Geschmack und Geruch bedeutet.

Ingwer
Frisch zubereiteter Ingwer regt die Sinne an und bringt den Kreislauf in Schwung. Durch die angeregte Durchblutung werden auch die sexuellen Gelüste stimuliert. Ingwer soll Frauen richtig wild machen und Männer zart und voller Empfindungskraft.

Chili
Das scharfe Chili macht auch die Angebetete scharf. Denn Chili führt zur Ausschüttung von Glückshormonen. Die Endorphine erzeugen körperliches Wohlgefühl und regen die Lust an.

Vanille
Wahre Glücksgefühle kann die Vanille hervor zaubern. Stress und Angst verfliegen und die wohl riechende Süße schafft Platz für Verführung.

Meeresfrüchte
Alle Meeresfrüchte enthalten Zink und Eiweiß und den Duft des Meeres. Als erster Gang serviert, öffnen Jakobsmuscheln, Austern und Kaviar seit Generationen die Sinnespforten. Denn Zink regt das Testosteron an und beschleunigt die Kommunikation der erotischen Nachrichtenströme des Gehirns.

Obst
Unter den Früchten sollen Feige, Granatapfel, Ananas, Dattel, Mango und Erdbeere sowie Mandeln und Avocado aphrodisierende Wirkungen zeigen. Sowohl der hohe Vitamin C-Gehalt, die reichhaltigen Enzyme als auch die Geschmacksnuancen dieser Früchte regen die Sinne an und lassen die Sexualhormone sprudeln.

Gemüse
Unter den Gemüsesorten brillieren Spargel und Sellerie als echte Aphrodisiaka. Sie sind reich an Vitaminen und Mineralien und regen den Stoffwechsel an – daher fördern beide Gemüse die Lust. Sellerie enthält zudem den männlichen Sexuallockstoff Androstenol, ein Pheromon, das deutlich anziehende Wirkung zeigt.

hmo

 Die Königin der Sinnlichkeit

Warum Edelschokolade boomt

Darf ich vorstellen? Hier kommt die zarteste Versuchung, die dunkle Königin, die pure Sinnlichkeit. Die Rede ist vom braunen Gold, der Schokolade. Und wir Deutschen lieben sie wirklich. Das zeigen auch die Verbrauchszahlen: Gleich nach den Milchschokoladenköniginnen aus der Schweiz zählen die Deutschen mit ca. 11 kg Schokolade Verbrauch pro Kopf und Jahr zur Spitze der weltweiten Schokoladenkonsumenten. Im Schnitt verspeist also jeder 110 handelsübliche Tafeln im Jahr – das entspricht zwei Tafeln pro Woche plus eine Extraration an Weihnachten, Ostern und zum Geburtstag. Und Schokolade goes Luxus: Gerade Edelschokoladen von höchster Qualität und in den raffiniertesten Geschmacksrichtungen sind heute vielerorts erhältlich. In jeder größeren Stadt gibt es heute zudem Schokoladenfachgeschäfte mit exquisiter Auswahl. Nicht zuletzt der Film „Chocolat" aus dem Jahr 2000 (den gefühlt mindestens jede zweite Frau gesehen hat) gilt als Initialzündung für die Schokomanie.

Uralt und einst sehr wertvoll

Die Geschichte der Schokolade reicht weit zurück in die Zeit um 1500 v. Chr.: Damals verstand es das Volk der Olmeken und Maya, aus den Bohnen des „Theobroma Kakao", dem vom Schöpfergott Quetzalcoatl geschenkten Kakaobaum, einen göttlichen Trank zu zaubern. Und schon in den Anfängen der Schokolade wurden ihr Gewürze wie Chili, Vanille oder Piment beigefügt. Zucker hingegen kam erst viel später mit den spanischen Eroberern dazu. Kakao war damals so wertvoll, dass seine Bohnen zeitweilig sogar als Zahlungsmittel genutzt wurde.

Herkunft und Sorten

Kakao wächst 20° nördlich und südlich des Äquators. Er braucht eine Durchschnittstemperatur von 20° C und eine hohe Luftfeuchtigkeit sowie sehr nährstoffreichen Boden. Ursprünglich liegt die Wiege des Kakaos in Südamerika. Seit ca. 1819 wird Kakao in großen Mengen aber auch in Afrika angebaut. Und auch Asien spielt eine Rolle im Kakaoanbau. Es werden drei Grundarten unterschieden:

ⓘ Schokoladengeschichte

- Um 1828 stellte der Holländer Coenraad Johannes van Houten das erste Mal Kakaopulver her.
- Etwa 1850 wurde erstmals eine Tafel Schokolade produziert.
- 1879 erfand der Schweizer Daniel Peter die Milchschokolade.

Forastero

 Das ist der so genannte Konsumkakao oder Industriekakao, der ca. 85 % der Welternte ausmacht. Er zeichnet sich durch seine robuste, ertragsreiche Art aus. Geschmacklich ist er (verglichen mit den anderen beiden Grundarten) eher langweilig und findet daher bei den Edelschokoladen keine Verwendung.

Criollo

📌 Dieser Edelkakao wird hauptsächlich in Amerika angebaut. Er besitzt eine breite Palette an Aromen, ist allerdings sehr empfindlich und nicht so ertragreich.

 Gesunde Stoffe

Je dunkler eine Schokolade, also je höher der prozentuale Kakao-Anteil, desto weniger Zucker ist enthalten und umso gesünder ist die Schokolade. Der Kakao ist mit Abstand der Bestandteil, in dem die meisten Stoffe enthalten sind – nämlich etwa 400. Davon sind allerdings nur die wenigsten erforscht oder gar ihre Wirkung wissenschaftlich belegt.

Trinitario

📌 Ebenfalls ein Edelkakao ist der Trinitario, der durch eine Kreuzung aus den beiden oben genannten Sorten entstanden ist. Und so vereinigt er auch die Vorteile beider: eine gute Widerstandsfähigkeit gegenüber Krankheiten sowie ein ausgeprägtes Aroma.

Von der Bohne zur Tafel

Das Ungewöhnliche am Baum „Theobroma Kakao": Er trägt das ganze Jahr über gleichzeitig Blüten, unreife und reife Kakaofrüchte. Diese werden vorsichtig mit einer Machete abgeschnitten und geöffnet. Je nach Sorte und Größe befinden sich zwischen 20 bis 50 Kakaosamen im Innern, die noch von weißem Fruchtfleisch umgeben sind. Sie werden aufgehäuft und abgedeckt.

Während der nun folgenden Fermentation wird das weiße Fruchtfleisch in Alkohol umgewandelt. Dieser erste wichtige Prozess bildet die Grundlage für die vielen Aromen, die später bei der Röstung entstehen. Danach werden die Bohnen zum Trocknen ausgebreitet, in Säcke gefüllt und per Schiff z. B. nach Europa gebracht. Im Zielland angekommen, folgen die weiteren Verarbeitungsschritte auf dem Weg von der Bohne zum Kakao. Die wichtigsten sind das Reinigen der Bohnen, das Rösten, mehrfaches Mahlen und Walzen, das Conchieren (stundenlanges Erwärmen und Rühren) sowie das Temperieren und Abtafeln.

Kakaokult und Schoko-Trends

Generell erleben Edelschokoladen derzeit einen Boom. Der Kakaokult ist sicherlich Schokoladenproduzenten wie „Bonnat" (französischer Chocolatier seit 1884 und einer der ersten, der sortenreine Edelkakaos verarbeitete), und vor allem in jüngster Zeit „Domori" (italienischer Hersteller von sortenreinen Edelschokoladen seit 1995, das aromatischste was es gibt) sowie Claudio Corallo (kultiviert auf Sao Tome den ersten afrikanischen Kakao, auch sehr aromatisch) zu verdanken.

Vor allem die dunkle „bittere" Schokolade hat sich in den letzten beiden Jahrzehnten von ihrem etwas verstaubten Image als „Altherren-Schokolade" befreit und erfreut sich heute wachsender Beliebtheit, nicht nur unter Männern. Ihre große Aromafülle unterscheidet sie von den „bitteren" Schokoladen der Vergangenheit, die außer dem bitteren Geschmack nicht viel zu bieten hatten – sicherlich auch, weil sie aus dem aromaschwächeren Konsumkakao erzeugt wurden. Ähnlich wie beim Wein, der auch je nach Herkunft, Sorte und Verarbeitung ganz unterschiedliche Aromen entfaltet, entwickeln auch dunkle Schokoladen die vielfältigsten Geschmacksnoten, die von rauchig und blumig über Nuancen diverser Früchte und Pilze bis hin zum Geruch von würzigem Waldboden und frischer Wiese reichen.

Schokolade mit Fisch, Sellerie und Co.

Auch im Bereich der „niederprozentigen" Schokoladen (Milchschokolade sowie weiße Schokolade, die ja eigentlich keine ist, da sie nur aus Kakaobutter, Milchpulver und Zucker besteht) gibt es spannende Neuerungen. Und natürlich eine schier nicht enden wollende Fülle an Kreationen gefüllter oder massiver Schokoladen, die parfümiert oder mit diversen Zutaten kombiniert werden. An der Spitze innovativer Kreateure steht sicherlich der Österreichische Chocolatier Joseph Zotter. So befinden sich in seinem Sortiment auch unkonventionelle Kompositionen, in denen Fisch, Sellerie, Käse oder Schweineschmalz Verwendung finden.

Geschmäcker sind ja (Gott sei Dank) verschieden. Also einfach mal was Verrücktes probieren. Ich selber finde es spannend, scheinbar nicht Zusammenpassendes zu kombinieren. Die Liste von neuen Zutaten, die ich noch ausprobieren möchte, ist lang: Jägermeister, Red Bull, Oliven, Senf und Tomaten sind nur ein kleiner Ausschnitt davon. Für mich ist Schokolade auf jeden Fall einer der am variabelsten zu gestaltenden Stoffe. Sowohl Geschmacklich als auch künstlerisch. Schokolade ist für mich aber auch wie eine große Diva, sie zickt gerne mal herum. So wunderschön sie in Form, Farbe und Geschmack ist: Wenn man sie nicht sorgsam behandelt, kann sie schnell mal ein hässliches Gesicht zeigen.

Schallplatten aus Schokolade

Mittlerweile gibt es Schmuck oder Mode ganz aus Schokolade, Badezusatz und Parfüm sowie Schoko-Massage. Oder als prickelndes Liebesspielzeug in Form von Bodypainting. Und man kann Schokolade sogar hören. In der kleinen Schokoladen-Manufaktur in't Veld werden Schallplatten aus Schokolade hergestellt, die sich sogar abspielen lassen.

Die Wegbereiter dafür waren Ludwig Stollwerck und Thomas Alva Edison, die um 1900 einen kleinen Phonographen entwickelten, auf dem man Schokotaler abspielen konnte, die so genannte „sprechende Schokolade". Die Rillen befanden sich allerdings noch in Silberfolie auf der Schokolade. Als eigentlicher Erfinder gilt daher der Berliner Bastler Peter Lardong, der in der 80er Jahren die

 Zitat

„Neun von zehn Leuten mögen Schokolade. Der Zehnte lügt."

John Tullins

Schokoladen-Schallplatte entwickelte. Lieferbar sind etwa die Titel „Mama" von Heintje sowie „Mein kleiner grüner Kaktus" von den Comedian Harmonists. Wer keine Lust mehr auf die Musik hat, isst die Platte einfach auf. Jede Single besteht aus ca. 60 g leckerer 70 %iger Schokolade und kostet 12 Euro (zu bestellen unter www.acappella-klang.de).

Surftipps

Beschle Chocolatier Suisse: www.beschlechocolatier.com

Bonnat: www.bonnat-chocolatier.com

Claudio Corallo: www.claudiocorallo.com

Domori Cacao Culture: www.domori.com

Fassbender & Rausch Chocolatiers: www.fassbender-rausch.de

Hachez Chocolade: www.hachez.de

in't Veld: www.intveld.de

Leysieffer: www.leysieffer.de

Zotter Schokoladen-Manufaktur: www.zotter.at

Christoph Wohlfarth

Über den Autor

Christoph Wohlfarth ist gelernter Konditor und Patissier und arbeitet seit 2006 als Chefchocolatier bei in't Veld Schokoladen in Berlin. Er moderierte diverse Schokoladenseminare und bespielte bereits erfolgreich den Patisserie-Grand-Prix in Wien. Weitere Infos unter www.acappella-klang.de.

Gentleys Tipp

Schokoladen-Degustation
Ein sinnlicher Abend unter Freunden

Warum laden Sie Ihre Freunde nicht einmal zu einem Schokoladen-Abend ein? Das ist nicht nur originell, sondern verspricht auch noch viel Genuss. Und im Trend liegen Sie auch, wenn Sie einige der raffinierten Geschmacks-Neuschöpfungen wählen.

Eine gute Vorbereitung ist wichtig: Ähnlich wie Wein und Käse sollte auch Schokolade vor dem Verzehr etwas Zeit zum Atmen bekommen, damit sich die Aromen entfalten können. Wenn die Tafel also eingeschweißt ist, sollte sie aus der Verpackung befreit werden und bei Zimmertemperatur ca. 15 Minuten liegen gelassen werden.

Wie man eine Degustation gestaltet, hängt natürlich ganz von den eigenen Vorlieben ab. Wenn ich mich mit Freunden zu Schokoladenverkostungen treffe, beginnen wir mit einer kleinen Mahlzeit. Es gibt zuerst z. B. leckeres Ciabatta, guten Käse, tolle Salami, Oliven und Salzbutter. Für den Durst gerne schlichtes Wasser oder einen schönen Weißwein.

Danach wird Platz gemacht für den Hauptakteur des Abends. Bei der anschließenden Degustation können wir hauptsächlich mit dem Riech- und Geschmackssinn arbeiten. Mit Vorliebe gibt es kleine Themen als Vorgabe. Das kann eine Prozentangabe sein, dann suchen wir uns von verschiedenen Herstellern Schokoladen mit demselben Kakaogehalt aus.

 Schon gewusst?

Ohne unsern Geruchssinn wären wir ganz schön aufgeschmissen. Denn erst durch ihn können wir die vielen Aromen wahrnehmen. Über die Geschmacksknospen der Zunge können wir nur süß, sauer, salzig, bitter und umami („köstlich") schmecken. Halten Sie sich doch mal die Nase zu, wenn Sie etwas Aromatisches essen. Sie werden feststellen, dass dann nicht mehr viel bleibt.

Oder wir machen das gleiche Spiel mit einer Kakaosorte wie z.B. dem Criollo.

Den Schokogenuss zelebrieren

Zunächst einmal brechen wir kleine Stücke von der Tafel ab und lassen den Geruch für sich sprechen. Danach darf das Stück langsam auf der Zunge zergehen. Zwischen den verschiedenen Sorten neutralisieren wir entweder mit Wasser oder Weißbrot. Am Ende jeder Sorte tauschen wir unsere Geschmackseindrücke aus. Das ist oft sehr spannend, weil jeder bei aller Übereinstimmung doch auch immer wieder unterschiedliche Aromen wahrnimmt.

Wer sich nicht gleich selber an das Gestalten einer Degustation herantraut, der findet ein größeres Angebot bei diversen Schokoladenfachgeschäften. Dort kann man ja erstmal etwas Erfahrung sammeln, bevor man es selber versucht. Spannend sicherlich auch Wein, oder Rum mit Schokolade zu kombinieren (es gibt sogar regelrechte Tabellen in denen Kombinationsvorschläge unterbreitet werden).

cwo

Unterwegs

Zu Lande

Oldtimer der Weltklasse

Die 25 besten Marken

Das zweitschönste Spielzeug für Männer, die von Leidenschaft nicht nur reden, sind Oldtimer. Sich mit ihnen zu beschäftigen, setzt Emotionen frei, lässt Jugendsehnsüchte Gestalt annehmen, garantiert hohen Unterhaltungs- und Kommunikationswert. Deshalb auch eine Warnung vorweg: Oldtimer machen süchtig!

Der materielle Wert eines Sammlerwagens kann einen höheren Betrag ausmachen als den, der auf dem Markt erzielbar ist. Denn wir haben es heute inzwischen mit einem vom Käufer, weniger mit einem vom Verkäufer bestimmten Markt zu tun. Den emotionalen Wert eines Oldtimers hingegen, egal ob Baujahr 1912 oder 1968, bestimmen drei Hauptkriterien: seine automobilhistorische Bedeutung, seine Rarität und sein Zustand. Prominente Vorbesitzer oder eine besonders interessante Vorgeschichte können ebenfalls eine Rolle spielen. Der Zustand kann der Originalbeschaffenheit entsprechen (je älter der Wagen, desto mehr Patina) oder aus einer sach- und fachgemäßen Restaurierung resultieren. Originalität, automobilgeschichtliche Bedeutung und die Frage der Rarität können jedoch nur Insider ermessen und beurteilen. Die findet man zum Beispiel beim Oldtimer-Dachverband Deuvet (www.deuvet.de).

Die exklusivsten Marken der Welt

Eine Rangfolge der wertvollsten, schönsten, reizvollsten Oldtimer kann es nicht geben, zumal jeder Liebhaber andere Präferenzen trifft. 25 der exklusivsten Marken der Welt und jeweils einige herausragende Modelle und deren Besonderheiten enthält die nachfolgende Aufstellung. Es sind im Sinne der Buchthematik ausnahmslos Spitzenfahrzeuge hoher Bedeutung, großer Seltenheit und von jener Ausstrahlung, die man eigentlich nur erleben, kaum beschreiben kann.

Alfa Romeo

Wer ein Höchstmaß nostalgischen Alfa-Romeo-Vergnügens auskosten möchte, lässt die Finger von Fahrzeugen der Baujahre nach 1952. Letzter wahrer Edel-Alfa: der von 1939 bis 1953 fabrizierte 6C2500 als Cabriolet Super-Sport oder Freccia d'Oro. Favorit der Millionärserben aber ist der 8C2900 von 1938, ein Achtzylinder-Dreiliter. Als Roadster, Coupé, Cabrio: ganz gleich, der Wagen ist in jeder Ausführung sündhaft verführerisch.

Wichtige Oldtimer–Websites

www.oldtimer.de
www.motor-klassik.de
www.carsablanca.de
www.carandclassic.co.uk
www.classiccars.com

Jedes der Modelle aus der genannten Zeit ist, guter Zustand vorausgesetzt, 250.000 bis 800.000 Euro wert. Oder mal eben auch das Doppelte. Kommt drauf an, wer gerade mit bietet.

> **Auktionen**
>
> Auch Auktionshäuser wie Christie's, Coys, Oldtimer-Galerie, Bonhams oder Sotheby's bieten regelmäßig Oldtimer an.

Aston Martin

- Halten Sie sich nicht bei den filigranen 1,5- und 2,0-Liter-Wagen der dreißiger Jahre auf, so hinreißend sie aussehen. Verdruss bekommen Sie als Aston-Martin-Owner über kurz oder lang vermutlich sowieso, aber dann soll er sich wenigstens lohnen, und daher muss es schon ein DB 2/4 Mk.III von 1957-59 sein, ein Klassiker aus jener Zeit, als man in Großbritannien noch etwas vom Automobilbau verstand. Die wahre Freude beginnt indessen erst beim DB4 GT von 1959-63: 330.000 Euro und Sie sind dabei. Der DB5 von 1963 bis 1966 und der DB6 Short Wheelbase 1965-66 können an Ausstrahlung und Qualität noch mithalten. Alles, was danach kam, macht Sie nicht glücklich.

Auburn

- Ein Amerikaner der Zeit von 1925 bis 1936. Ab 1932 gab es sogar Zwölfzylinder-Versionen. Dass so viel Extravaganz, Schönheit und Glamour gar nicht teuer sein muss (im Vergleich zu einem Duesenberg), beweisen Preise um maximal 250.000 Dollar. Topmodell ist der 12/165 Roadster Baujahr 1933.

Bentley

- Schon vom allerersten Modell an schrieb Bentley Geschichte. Das gab es nur selten. Daher ist auch jeder Bentley der Frühzeit, also 1921 bis 1931, ein historisch ebenso bedeutsames Fahrzeug wie ein unter Sammlern begehrtes (denn diese beiden Kriterien müssen nicht unbedingt deckungsgleich sein). Ein 4,5 oder 6,5 Liter Bentley der Zeit von 1926 bis 1931, tonnenschwer und gefährlich schnell, zählt zum aufregendsten Alteisen der letzten achtzig Jahre. Gäbe es nur einen einzigen Klassiker auf dieser Welt, wäre es – wenn kein Bugatti – ein Bentley, vielleicht sogar ein S-Type Continental Coupé von 1955-56. Das ist jener vollendet schöne Fließheck-Gigant, der seine 200 km/h Spitze schon im Stand erkennbar werden lässt.

BMW

- Liebhaber präferieren die beiden Spitzenmodelle 328 Roadster von 1937-39 und den 507 Roadster von 1955-59. Erstgenannter hat BMW als Automarke überhaupt erst berühmt gemacht – durch eine Unzahl von Rennen, die mit ihm gewonnen wurden. Er verkörpert die gute alte Roadsterherrlichkeit, als man den Ellenbogen während der Fahrt draußen ließ, während der 507 den Schein-Wohlstand der Marke BMW in einer Zeit dokumentiert, als die Marke (fast) vor dem Bankrott stand. Der 507 ist ebenso selten, ebenso teuer und ebenso begehrt wie der 328.

Bugatti

- Ein Bugatti ist mehr als ein Auto: ein Mythos, eine Weltanschauung. Mit ganz wenigen Ausnahmen ist jedes einzelne Exemplar der 7.800 zwischen 1910 und 1954 im Elsass gebauten Wagen Teil einer Legende. Die interessantesten sind die meist hellblau lackierten Rennsport-Zweisitzer der Typen 35, 43 und 51, die kräftigen Tourenwagen 46 und 49, der ungemein attraktive Sportwagen Typ 55 sowie die Reise- und Repräsentationswagen vom Typ 57 und deren Kompressor-Derivat 57 SC. Alle Modelle teilen sich eine vollendet schöne Technik-Architektur, die Reinheit des Bugatti-Designs im Auto-Art-Deco und das Erbe Tausender Rennsiege.

Cadillac

- Die Palette der Luxuswagen der General-Motors-Marke Cadillac umfasste vor dem Krieg nicht nur Fahrzeuge mit V8-, sondern auch mit V12-und sogar V16-Motoren. Cadillacs Spitzenmodell, Series 90 genannt, wurde als Limousine gebaut – ein Chauffeurswagen mit langem Radstand und unglaublich viel Platz im Fond. Der Cadillac-Jahrgang 1940 war der letzte mit einem V16 im Programm. Ein Edelfahrzeug ist auch der Eldorado (spanisch für „der Goldene"). 1952 war er als Show Car entstanden, mit Dutzenden von Luxusattributen und einer Panorama-Windschutzscheibe. Als erstes amerikanisches Auto verfügte er serienmäßig über eine Klimaanlage.

Daimler

- Die britische Marke Daimler, 1896 als britische Dependance des Automobilpioniers Gottlieb Daimlers entstanden, brachte eine Reihe großartiger Repräsentationswagen hervor, ehe sie 1960 von Jaguar absorbiert wurde. Als Großbritanniens erster V12 erschien 1926 der Daimler Double Six 50. Ab 1928 gab es auch einen kleineren 3,7-Liter-V12 als Double Six 30. All diese feinen Automobile erhielten aufwändig gebaute Karosserien prominenter Hersteller; die Besitzer eines Double Six waren Aristokraten und Großindustrielle. Für das gleiche Geld hätten sie auch einen Rolls-Royce bekommen können, doch vielen galt ein Daimler als nobler – zumal das Königshaus nur Daimler fuhr. Jeder dieser britischen Giganten der Zeit vor 1940 ist Sammlern zwischen 100.000 und 150.000 Euro wert.

Delahaye

- Die Firma Delahaye, 1895 in Tours gegründet, wäre vielleicht zeitlebens eine Fabrik zur Herstellung von Lastwagen und schweren Limousinen geblieben, hätte man nicht 1935 einen besonders starken LKW-Motor in ein spezielles, leichtes Sportwagenchassis gebaut und damit einen schnellen Wettbewerber zu Bugatti geschaffen. Der 135MS hatte einen 130-PS-Motor und war im Motorsport besonders erfolgreich: Mit einem solchen Wagen gewann Delahaye 1937 und 1939 die Rallye Monte-Carlo sowie die 24 Stunden von Le Mans. Ganz hervorragende Fahrzeuge sind auch der Saoutchik oder der Chapron. Der Besitzer eines alten Delahaye beweist Kennerschaft!

Duesenberg

- Die 1919 von den deutschen Einwanderern Fred und August Duesenberg in Newark, USA, gegründete Automobilfabrik wurde für ihre Luxusfahrzeuge berühmt, und die Marke Duesenberg hatte auch im Motorsport einen klangvollen Namen. Doch der hohe Aufwand, der bei Duesenberg – später nach Indianapolis übersiedelt – betrieben wurde, zahlte sich nicht aus. 1926 wurde Duesenberg an Auburn verkauft. Auburn-Chef E. L. Cord nutzte die hohe Reputation des Namens Duesenberg, um unter seiner Regie die Autos dieser Marke zu den teuersten zu machen, die in den USA gebaut wurden. Spitzenmodell war der SJ mit 320 bis 400 PS starkem Kompressormotor. Als E. L. Cords Imperium 1937 zusammenbrach, verschwand auch Amerikas teuerste Luxusmarke von der Szene. Jeder einzelne der nur 480 Duesenberg Model J ist heute mindestens eine halbe Million Dollar wert.

Ferrari

- Das Kaliber Ferraris ist nur vergleichbar mit dem Bugattis und Bentleys. Und jeder in die Jahre gekommene Ferrari ist etwa ebenso viel wert wie ein nagelneuer. Die Typenreihe 250 war im Rennsport außerordentlich erfolgreich. Der 250 GTO avancierte zum berühmtesten, in der Fachliteratur am häufigsten erwähnten und auch in Sammlerkreisen zu dem am höchsten bewerteten Ferrari aller Zeiten. Nur 39 Exemplare wurden zwischen 1962 und 1964 gebaut, mit einer Karosserie, die Schritt für Schritt optimiert wurde und noch heute als eine der formschönsten bezeichnet werden darf, die in den 1960er Jahren entstanden ist. Dutzende weiterer Ferrari-Modelle sind jede kleine Sünde wert. 250 GT und GTO aber auch eine etwas größere.

Hispano-Suiza

- Die französische Automobilfirma Hispano-Suiza hatte während des Ersten Weltkrieges Flugmotoren hergestellt. 1919 erschien der neue Hispano-Suiza H6, eine Aufsehen erregende Konstruktion, die ihrer Zeit weit voraus war. 1924 kamen zwei Sportversionen hinzu mit 8,0 Liter Hubraum, genannt H6C und Boulogne – Traumwagen, die zu den ganz großen Klassikern der Automobilgeschichte zählen. 1932 erschien der grandiose V12-Hispano-Suiza J12. Sein 9424 ccm großes Aggregat motorisierte einige der eindrucksvollsten Limousinen der dreißiger Jahre, die 160 km/h schnell waren (dem Fahrer eines Sportwagens flog damals schon bei 120 die Mütze davon). Der als „Weißer Elefant" bezeichnete Hispano übertraf an Prestige und Ausstrahlung jeden Maybach oder Rolls-Royce. Die Krönung der Reihe aber bildete der Typ 68-bis, dessen V12-Motor nicht weniger als 11,3 Liter Hubraum hatte und 250 PS leistete.

Horch

- Als einer der Pioniere der deutschen Automobilindustrie hat sich August Horch, nachdem er unter anderem bei Benz gearbeitet hatte, 1899 erst in Köln, kurze Zeit später in Sachsen selbständig gemacht und mit der Konstruktion und dem Bau hochwertiger Fahrzeuge begonnen. Differenzen mit seinem Aufsichtsrat bewogen ihn, 1909 seine Firma in Zwickau zu verlassen und eine neue zu gründen: Audi. Autos unter der Marke Horch (mit der ihr Gründer erst 1932 wieder zusammenkam, als man die Auto Union ins Leben rief) wurden ohne ihren Namensgeber weitergebaut und ihrem Prestigenamen stets gerecht. Der von 1936 bis 1939 gebaute Horch 853A, ein Achtzylinder-Luxuscabriolet, gehört neben den Mercedes 500/540 K heute zu den begehrtesten deutschen Klassikern jener Ära. Einen 853A oder den zweisitzigen Roadster 855 ausfindig zu machen, setzt viel Geduld voraus, und um ihn für weniger als 380.000 Euro zu bekommen, bedarf es eines guten Horoskops.

Jaguar

Eine ganze Reihe interessanter Modelle der Marke Jaguar wären es wert, als Traumwagen apostrophiert zu werden. Begnügen wir uns hier mit zweien: dem SS100 und dem E-Type. Der Jaguar SS100 war der erste Sportwagen, der unter der Modellbezeichnung Jaguar angeboten wurde; die S.S. Cars Ltd. selbst nannte sich erst 1945 um. Mit dem SS 100 gelang der Marke Jaguar der Durchbruch zu internationaler Popularität. Die XK-Modelle 120, 140 und 150 legen davon beste Zeugnisse ab. Ihr Nachfolger wurde der 1961 vorgestellte E-Type. Wenn es gälte, den faszinierendsten, legendärsten und in seiner Ästhetik überzeugendsten Sportwagen der Nachkriegszeit zu benennen, stünde der Jaguar E-Type mit an erster Stelle. In jeder seiner Versionen ist der E-Type heute ein wertvolles Liebhaberobjekt und von ihrer Alltagstauglichkeit haben diese grandiosen Sportwagen auch drei, vier Jahrzehnte später nichts eingebüßt.

Lagonda

Der Lagonda 3-Liter Sechszylinder, in Staines, England, von 1929 bis 1934 gebaut, galt bis zum Erscheinen des großen 4,5-Liter-Wagens als das Spitzenmodell der Marke. Im Motorsport war dieser Lagonda sehr erfolgreich, die meisten Fahrzeuge taten jedoch als Tourenwagen ihren Dienst. Als Krönung erschien 1937 bis 1940 ein Zwölfzylindermodell, konstruiert von Walter Owen Bentley. In seiner Roadsterversion als Lagonda Rapide bezeichnet, ist dieses Auto unter Freunden 300.000 Euro wert – unter sehr guten Freunden, sagen wir mal. Gelegentlich wird bei Christie's (www.christies.com) ein solches Exemplar aufgeboten; Kennern ist diese Gelegenheit eine Reise nach London oder Monaco wert.

Lincoln

Unter der Marke Lincoln, seit 1922 zum Ford-Konzern gehörend, entstanden einige wunderschöne und technisch perfekte Zwölfzylinder. Ende 1935 präsentierte Lincoln mit dem Modell Zephyr eine neue Stromlinien-Baureihe. Es waren Luxus-Automobile, die ausgezeichnet in das neue Zeitalter einer von Kühnheit geprägten Wolkenkratzer-Architektur und verchromter Toaster passten. Der Zephyr war beileibe kein Blender; er hielt, was sein Eindruck versprach. Ein von der Firma Brunn gebautes Town Car (offenes Fahrerabteil, geschlossener Fond) avancierte zum persönlichen Wagen der First Lady des Hauses Ford, der Ehefrau Edsel Fords. Ebenfalls bewundert: Der Lincoln Continental, ein gigantisch dimensionierter Wagen mit Zwölfzylindermotor, entstand in nur 1.642 Exemplaren. Ein Lincoln V12, gleich welchen Jahrgangs, zählt zu den Great American Classics.

Maybach

- Die schweren Maybach-Sechszylinder der Zwanziger und frühen Dreißiger waren Qualitätswagen von 5,8 und 7,0 Liter Hubraum; 1929 kamen auch V12-Modelle hinzu, die ab 1930 den Beinamen „Zeppelin" trugen. Das fahrfertige Chassis wog um die zwei Tonnen; dem hohen Benzinverbrauch entsprechend hatte der Zeppelin einen 135-Liter-Tank. Der Bau von Luxusautomobilen fand mit Kriegsbeginn sein Ende. Erst 2002 wurde unter DaimlerChrysler die Automobilproduktion wieder aufgenommen. Da in den letzten fünfzehn Jahren kein Maybach Zeppelin mehr auf den Markt kam, werden Sie mit einem SW35 oder SW38 (3,5-, 3,8-Liter-Sechszylinder) vorlieb nehmen müssen – sofern Sie zum Zuge kommen. Ihrer extrem hohen Werte wegen werden Maybach-Automobile in keinem Oldtimer-Preisführer aufgeführt.

Mercedes-Benz

- Die seit 1926 existierende Marke Mercedes-Benz dürfte neben Volkswagen die in aller Welt bekannteste Deutschlands sein. Unter Ferdinand Porsches Ägide entstand 1926 das Modell 15/70/100 PS mit 4.0 Liter Hubraum und Kompressor, gefolgt vom Typ 630 und vom Typ K, bis zu 160 PS stark. Mit größerem Motor und niedrigerem Chassis erschienen dann der S (Sport) und der SS (Super-Sport). Porsches Nachfolger Hans Nibel entwickelte daraus den SSK (Super-Sport-Kurz). Mit einem um 200 kg leichteren Chassis und 300 PS gab es auch einige als SSKL bezeichnete Rennwagen, bis zu 235 km/h schnell – Superlativ-Automobile ihrer Ära und heute als Originalfahrzeuge so selten, dass man die Authentizität eines jeden angebotenen Exemplars von einem Fachmann bestätigen lassen muss.

- Zu den spektakulären Mercedes-Klassikern gehört natürlich auch der 300 SL. Er wurde 1954 bis 1967 ausschließlich als Flügeltüren-Coupé gebaut; 1.400 Exemplare waren es, und die überwiegende Zahl ging in den Export. Dem „Gullwing", wie ihn die Amerikaner nannten, folgte eine Version als zweisitziger, offener Roadster mit normalen Türen. Mit diesem Modell erschloss sich Daimler-Benz neue Käuferkreise, die sich für den Flügeltürer nicht erwärmen konnten. Zum 350.000 Euro teuren Gullwing gehört unbedingt ein nach Maß angefertigter Koffersatz für den Fond – denn im Heck des Wagens, wo das Reserverad sitzt, findet normales Reisegepäck kaum Platz.

Packard

- Der erste Wagen, den James Ward Packard baute, erschien 1899. Autos unter der Marke Packard genossen von Anfang an eine Reputation für in-

> **Mit dem Auto zum Weißen Haus**
>
> 1921 ließ sich mit Warren G. Harding erstmals ein US-Präsident bei seiner Amtseinführung mit dem Automobil zum Weißen Haus fahren – mit einem Packard Twin Six.

novative Technik. Diesem Ruf wurde nicht zuletzt ein Wagen mit V12-Motor gerecht, 1915 vorgestellt. Der Twin-Six war der erste serienmäßig produzierte Zwölfzylinder der Welt. Und da er wie alle Fahrzeuge der Marke Packard von außerordentlich feiner Qualität war, nahm er binnen kurzem die Position als das Spitzenauto amerikanischer Produktion ein. Und als US-Präsident Warren G. Harding einen Twin-Six dazu auserkor, als offizielles Fahrzeug für seine Amtseinführung zu dienen, war der Publicity-Effekt grandios. Innerhalb von acht Jahren wurden mehr als 35.000 dieser Fahrzeuge verkauft, ehe ein Achtzylindermodell den ersten V12 der Automobilgeschichte ablöste.

Pierce Arrow

Die amerikanische Prestigemarke Pierce Arrow existierte von 1901 bis 1938, gegründet von George N. Pierce, und war für hohe Qualität berühmt. Unter den noblen Sechs-, Acht- und Zwölfzylindern ist besonders der Silver Arrow erwähnenswert, der 1933 auf der Weltausstellung von Chicago für Aufsehen sorgte. Nicht mehr als zehn Silver Arrows wurden gebaut – für einige wohlhabende Auftraggeber, die der hohe Preis von 7.500 Dollar offenbar nicht schreckte. Jeder Pierce Arrow hat heute großen Liebhaberwert, doch der 1933er Silver Arrow rangiert an der Spitze und wird, wenn er überhaupt je angeboten wird, nicht unter 220.000 Dollar gehandelt.

Porsche

Ab 1950 wurde der klassische Porsche 356 gebaut. Ausgewogene Gewichtsverteilung, die reichliche Verwendung von Leichtmetall sowie Einzelradaufhängung vorn und hinten mit Drehstäben zeichneten den Porsche 356 als einen modernen Sportwagen aus. Danach entstand der Speedster. Er war vor allem für den Export vorgesehen, zum Beispiel ins sonnige Kalifornien, wo Sportwagen kein Dach benötigten. 1955 erschient der 356A. Es folgten die Carrera-Version und der 356B. Der von 1963 bis 1965 gebaute 356C, je nach Motorbestückung 175 bis 200 km/h schnell, war die ausgereifte Weiterentwicklung dieses so erfolgreichen Sportwagens, der innerhalb verhältnismäßig kurzer Zeit zahlreiche Siege und Meisterschaften im Rennsport eingefahren hatte. Welcher 356 Ihnen auch an Ihr für Porsche schlagendes Herz geht: Jedes Modell genießt Klassiker-Status und ist eine sichere Wertanlage.

Rolls-Royce

Nicht in jedem Rolls-Royce ist eine automatische Wertsteigerung eingebaut. Die geflügelte Lady auf dem Kühler (mal steht, mal hockt, mal kniet sie) macht sich zwar auch auf einem Baby-Rolls ganz gut, doch erheblich wohler fühlt sie sich, wenn sie unter ihren Schwingen einen Silver Ghost (1908-1925), einen Phantom II Continental (1930-1935) oder einen Phantom III V12 (1935-1939) weiß. Bemerkenswert ist jedoch vor allem der Silver Cloud. Ende 1962 wurde der Silver

> (i) **Flüsterleise**
>
> Beim Rolls-Royce Silver Cloud II traf die Behauptung zu, dass selbst bei laufender Maschine nur das Ticken der Uhr zu hören sei.

Cloud III vorgestellt, in vornehmer Zurückhaltung, wie stets bei Rolls-Royce. Der Silver Cloud gehört zu den besten Luxuswagen jener Ära und war in der Sonderausführung „Flying Spur" gut und gerne 80.000 Euro wert. Cabrios rangieren um 50 Prozent höher.

Stutz

- Das Nonplusultra Ihrer Oldtimer-Kollektion wäre ein Stutz Bearcat. Der 1914 bis 1917 gebaute Wagen ist eine amerikanische Legende. Der von Harry C. Stutz gebaute Bearcat war im Grunde ein Rennwagen, zumindest in seiner Erscheinung. Der Bearcat ließ sich gut verkaufen, weil Stutz nach wie vor im Motorsport aktiv war und viele Rennen bestritt. Einer der berühmtesten Indianapolis-Rennfahrer jener Epoche war „Cannonball" Baker, der es 1915 auch schaffte, am Lenkrad eines Bearcat die Vereinigten Staaten von Küste zu Küste in Rekordzeit zu durchqueren, was der Marke Stutz ein hohes Maß zusätzlicher Publicity einbrachte. Ein weiterer Superlativ der Marke Stutz war der Blackhawk, den es 1929-1930 als Sechs- und als Achtzylinder mit 85 bzw. 95 PS gab. Stutz existierte bis 1935, und jedes einzelne Fahrzeug dieser Marke hat einen außergewöhnlichen Charakter.

Talbot-Lago

- Unter der Marke Talbot-Lago entstanden exklusive Sport- und Reisefahrzeuge, auch Rennwagen, die sogar im Grand-Prix-Geschehen für Schlagzeilen sorgten. Nach dem Kriege war es der Talbot-Lago Grand Sport, der als luxuriöser GT sein Publikum suchte und fand – wenn auch in minimalen Stückzahlen. So gut wie jeder Talbot-Lago ist ein automobilhistorisches Juwel, um das ihre Besitzer beneidet werden.

Vauxhall

- Bevor der Prince-Henry-Wagen erschien, galt ein Vauxhall als nicht besonders aufregend. Die seit 1903 am südlichen Themseufer Londons hergestellten Automobile waren hochbeinig und langsam. Doch als man 1910 einen Tourenwagen mit einem neuen, 60 PS leistenden 3-Liter-Motor vorstellte, der mit Erfolg an der deutschen Prinz-Heinrich-Fahrt teilnahm, horchte die Branche auf. Ungefragt verlieh Kronprinz Heinrich dem bis dahin C-Type genannten Tourer auch seinen Namen. Der „Prince Henry" Vauxhall war, als er im Herbst 1910 auf der Londoner Motor Show gezeigt wurde, ein türenloser Viersitzer, dessen Vierzylindermotor nicht nur äußerst elastisch war, sondern für eine Spitze von 120 km/h taugte – in jenen Tagen eine Sensation. Aber auch der 1914 bis 1928 gebaute Vauxhall 30/98 zählt zu den großen Meilensteinen der britischen Automobilgeschichte. An Berühmtheit stand zwar der Bentley 3-Litre an erster Stelle, doch der Vauxhall 30/98 war schneller. Mit 900 Pfund Sterling galt ein 30/98 – ohne Karosserie – als sehr teuer; fahrfertig als so genannter Velox Tourer kostete er 1675 Pfund. Multiplizieren Sie diesen Betrag mit 70 – und Sie wissen, was Sie heute für den ersten Sportwagen der Welt etwa anzulegen haben.

Halwart Schrader

Über den Autor

Halwart Schrader, Jahrgang 1935, zählt zu den bekanntesten Publizisten im Automobilbereich. Er arbeitete als Redakteur und freier Mitarbeiter verschiedener Zeitschriften im Maritim-, Touristik- und Automobilbereich. Er ist Mitglied in der „Guild of Motoring Writers" und wurde mehrfach mit dem „Cugnot Award" ausgezeichnet. Zudem zeichnete ihn der Motor-Presse-Club 2007 für sein Lebenswerk aus. Weitere Infos unter www.schrader-mobil.de.

 Gentleys Tipp

Autokauf im Internet
Wie Sie sich vor Betrügereien schützen

Zwar haben viele Autohäuser auch eine Onlinepräsenz, doch davon haben Sie nicht viel. Sie können auch gleich in das Autohaus gehen, um sich die Modelle anzuschauen. Viel interessanter sind Autobörsen, auf denen eine Vielzahl privater aber auch gewerbliche Anbieter ihre Autos verkaufen. Zu den bekanntesten zählen wohl www.autoscout24.de, www.mobile.de, www.dhd24.com, www.euwagen24.de oder auch www.webauto.de. Dort lassen sich Autos auch nach bestimmten Kategorien und Filtern suchen. Ein beliebter Trick von Betrügern ist es übrigens, die Accounts von seriösen Autoverkäufern zu kapern, um dann Schnäppchenpreise ins Netz zu stellen. Hilfestellung gibt Ihnen dabei die Europäische Verbraucherzentrale unter www.evz.de. Und beachten Sie unsere Tipps:

☞ Kaufen Sie kein Auto ohne vorher mit dem Verkäufer in Kontakt getreten zu sein.

☞ Begutachten Sie das Auto vor dem Kauf. Nehmen Sie dafür ruhig ein wenig Aufwand in Kauf.

☞ Zahlen Sie unter keinen Umständen, bevor Sie nicht den Fahrzeugschein und alle sonstigen relevanten Unterlagen in der Hand haben.

☞ Zahlen Sie nicht per Überweisung, sondern klären Sie alles von Angesicht zu Angesicht.

☞ Kommt Ihnen eine Annonce seltsam vor, aus welchen Gründen auch immer, dann nehmen Sie lieber Abstand.

☞ Wenn Sie feststellen, dass ein Auto zu einem scheinbar unschlagbar günstigen Preis angeboten wird, können Sie davon ausgehen, dass etwas nicht stimmt.

☞ Vergleichen Sie die Preise von ähnlichen Autoangeboten untereinander. So haben Sie einen Überblick über den Marktwert des Autos und können eher abschätzen, ob eine Preisvorstellung zu hoch oder zu niedrig ist.

wwa

Abenteuerreisen für ganze Kerle

Abseits ausgetretener Touristikpfade

Die Welt ist klein geworden, die globale Landkarte weist kaum mehr weiße Flecken auf und beinahe an jedem lebenswerten Ort, der mit modernen Verkehrsmitteln zu erreichen ist, entwickelt sich in kürzester Zeit eine boomende Touristikindustrie, die den ursprünglichen Reiz von Landschaft und Kultur verschlingt. All-inklusive-Ghettos, Touristenfallen und steigende Kriminalitätsraten sind die unschönen Folgen des Massengeschmacks. Die großen Urlaubsziele dieser Erde unterscheiden sich inzwischen fast nur noch durch die jeweilige Landessprache.

Außergewöhnliche Herausforderungen

So genannte Abenteuerreisen bieten heute vielleicht die letzte Möglichkeit, dem Alltagstrott zu entfliehen und für sich selbst herauszufinden, wie neugierig, belastbar und tolerant – oder kurz: wie abenteuerlustig man tatsächlich ist. Abenteuerreisen sprechen einige sehr elementare männliche Bedürfnisse an, die in unserem modernen Alltag mit all seinem Komfort und der täglichen Routine leider häufig zu kurz kommen. Jedes bestandene Abenteuer – sei es der Berg, der bezwungen, sei es der reißende Fluss, der überquert wurde – schafft ein ungeheures Erfolgserlebnis, das sich nachhaltig einprägt und den Charakter formt. Denn letztlich ist nichts befriedigender, als sich der eigenen mentalen Stärke und körperlichen Leistungsfähigkeit bewusst zu werden und sie immer wieder aufs Neue zu erproben.

 Gut vorbereitet

Informieren Sie sich im Vorfeld beim Reiseveranstalter oder bei den entsprechenden Konsulaten über die erforderlichen Reiseunterlagen.

Reisepässe sollten sicherheitshalber mindestens noch ein halbes Jahr nach der Reise gültig sein. Im Zweifelsfall muss eine Verlängerung beantragt werden, was zusätzliche Zeit in Anspruch nimmt.

Falls Visa benötigt werden, sind auch diese rechtzeitig zu beantragen.

Behalten Sie bei Fernreisen – speziell in tropische Regionen – in jedem Fall den Impfschutz und die Malariaprophylaxe im Auge.

Bringen Sie Ihren Körper auf Trab. Je nach Art der Reise ist entweder eine gewisse sportliche Leistungsfähigkeit oder eine entsprechende körperliche Ausdauer gefragt.

Von Profis gut beraten

Professionelle Reiseveranstalter haben nicht nur Erfahrungen im Reiseland, sondern sie verfügen auch über die erforderlichen Kontakte. Sie kümmern sich um die erforderliche Ausrüstung, begleitendes Personal, Unterkunft oder Transportmöglichkeiten vor Ort. Nicht zu unterschätzen ist auch der Sicherheitsfaktor – in einer Gruppe mit ortskundigem Reiseführer ist der Tourist letztlich deutlich besser geschützt als ein Einzelurlauber. Zudem sind einige sehr exotische Orte für den Einzelnen ohnehin nicht zu besuchen.

Natur, Studien oder Sport

Grundsätzlich ist Abenteuerurlaub nicht gleich Abenteuerurlaub. Bei Naturreisen liegt der Schwerpunkt auf der Bewegung in und mit der Natur, der lokalen Flora und Fauna wird dabei besondere Aufmerksamkeit zuteil. Radreisen und Trekkingtouren bieten da schon eher den Faktor der Unwägbarkeit, da man sich über teilweise weite Strecken außerhalb menschlicher Ansiedlungen durch das Gelände bewegt. Ähnliches gilt übrigens auch für Touren mit Kanu oder Kajak, selbst wenn sie auf regulär schiffbaren Gewässern stattfinden. Diese Reiseformen sind in der Mehrheit sehr gut geeignet für den Urlaub mit der ganzen Familie.

Echtes Abenteuerfeeling kommt jedoch erst auf, wenn sich der Reiseablauf von einem relativ festen Zeitplan löst. Zwar werden auch bei dieser Art des Urlaubs An- und Abreise sowie die Unterbringung vor Ort vom Veranstalter koordiniert, allerdings befinden wir uns hier bereits im Sektor der Individualreisen, die dem Urlauber wesentlich mehr Spielraum für die persönliche Gestaltung seiner Reise lassen. Bei diesen insbesondere für Kleingruppen, Paare und Einzelpersonen interessanten Angeboten dominieren vor allem Pakete, die ein passendes Fahrzeug sowie auf Wunsch auch Vorschläge für eine möglichst interessante Reiseroute beinhalten. Sei es nun die Wüstentour, der Trip durch den Regenwald, der Rentierauftrieb samt Übernachtungen im Eishotel. Wohin die Reise auch geht: Wer einen Abenteuerurlaub erlebt, wird davon sicherlich noch seinen Enkeln erzählen.

 Surftipps

www.abenteuer-reisen.de

www.guideboard.net

www.abenteuerreisen.com

www.abenteuerurlaub-online.de

www.erlebnisreisen-weltweit.de

www.wikinger-reisen.de

www.guerba.co.uk

www.keadventure.com

www.mtsobek.com

Schiffsreisen in die Antarktis: www.abenteuer-antarktis.de

Wüstentouren: www.oasereisen.de

Jagdreisen: www.westfalia-jagdreisen.de

Thomas Meinert

Gentleys Tipp

Kleine Helfer für unterwegs
Gadgets für Autofahrer

Der moderne Fahrer braucht zwar immer noch den Führerschein, doch haben erfindungsreiche Techniker und Tüftler mittlerweile für viele kleine technologische Helfer gesorgt, die gleichsam auf dem Beifahrersitz Platz nehmen und für viele kleine und große Erleichterungen im Straßenverkehr sorgen.

So wurden Gadgets entwickelt, die dem Fahrer technologische Hilfe bieten, um sicher über die Straßen zu kommen und keine anderen zu gefährden. Die Zukunft sicheren Fahrens liegt in den sprechenden Fahrassistenten. In Zukunft soll der Fahrer von Beginn seiner Fahrt an über Assistentenfunktionen informiert werden. Da wird ein Abstandswarner oder ein Schleudersitz erläutert und Grafiken oder kleine Filme erläutern, was der Fahrer in bestimmten Fahr- und Gefahrensituationen tun kann.

- Auch der Tempomat kann dann eigenständig und natürlich elektronisch gesteuert anbieten, eine bestimmte Fahrgeschwindigkeit zu halten. Der Fahrer muss nur noch mit Ja antworten, wenn ihm eins dieser hilfreichen Technologiewunder seine Hilfe anbietet. Mit diesen Hightechentwicklungen wird das Licht reguliert, Abstand gehalten, der Benzinverbrauch reguliert und sogar Notbremsungen schaffen die Assistenten. Auch für den Fall eines Unfalls können die Hightechassistenten per GPS einen Notruf absetzen.

- Für diejenigen, die nachts nicht gut sehen, sind Wärmebildkameras entwickelt worden, die für Nachtfahrten Sicherheit bieten.

- Um den toten Winkel einsehen zu können, gibt es selbst klebende Zusatzspiegel, die mehr Überblick verschaffen.

- Das KD-NX5000 von JVC ist ein Spielzeug, das Männerherzen sicherlich höher schlagen lässt. Dieses Gerät ist nämlich Navi, MP3-, CD-, DVD-, VCD- und DIVX-Player in einem.

- Auch der erste Blu-ray-Player für den mobilen Einsatz im Auto, der Panasonic CY-BB1000D lässt Männer nicht kalt. Mit diesem Gadget kann das Armaturenbrett in HD-Brillanz getaucht werden. Dass der coole CY-BB1000D auch gleich noch als Navi dient, versteht sich beinahe von allein.

- Wer zu Nickerchen am Steuer neigt, erhält mit dem „Anti-Einschlaf-Alarm" einen praktischen Helfer, der am Ohr befestigt wird. Die Elektronik reagiert, sobald der Kopf sich zur Waagrechte hinbewegt, und ein Alarmsignal ertönt, um den Fahrer am Einschlafen zu hindern.

- Beim NAVI Robo2 von Pioneer handelt es sich um einen Roboter, der Autofahrern zu den visuellen und akustischen Informationen ihres GPS-Systems zusätzliche hör- und sehbare Informationen bietet. Der kleine Helfer sieht aus wie ein Käfer. Wenn er den Fahrer etwa auf demnächst nötiges Abbiegen aufmerksam machen will, leuchten seine Augen rot auf und der entsprechende Flügel vibriert.

- Für Menschen, die ständig ihr Handy irgendwo liegen lassen, gibt es ein Tool namens „Bringrr", das in den Zigarettenanzünder eingestöpselt wird und beim Anlassen des Wagens mittels Bluetooth das Handy zu orten versucht. Ist es an Bord, bleibt es stumm. Fehlt der Partner jedoch, alarmiert es den Fahrer durch einen Warnton. Suchen muss der Fahrer dann allerdings selbst.

- Ein aufblasbarer Gepäckträger hilft all jenen, die spontan größere Einkäufe erledigen, die nicht in den Kofferraum passen.

- Vor allem im Winter ist eine kleine Kaffeemaschine nützlich (etwa von Waeco), die am Zigarettenanzünder eingestöpselt wird und frierende Autofahrer mit einem Heißgetränk versorgt. Ebenfalls für den Winter gut geeignet sind beheizbare Sitzauflagen.

- Wer sich nach einem Barbesuch über den aktuellen Status seiner Fahrtüchtigkeit nicht im Klaren ist, kann auch einen Alkoholtester an Bord mit sich führen und den Promillewert selbst testen – bevor die Streifenpolizisten zu einem ungünstigen Ergebnis kommen.

- Ein Minitisch, der zwischen die beiden Vordersitze montiert werden kann, dient als Extraablage für all jene, die häufig hinterm Steuer ihre Mahlzeit einnehmen.

 Surftipps

www.megagadgets.de

www.gizmodo.de

www.weltdergadgets.de

www.daily-gadget.de

www.enjoymedia.ch

www.thinkgeek.com

www.gadgetly.de

wwa

Camping + Luxus = Glamping

Zelten ohne Abstriche beim Komfort

„Luxuscamping" klingt öde. Aus diesem Grund kamen einige findige Köpfe auf die Wortneuschöpfung „Glamping". Der Begriff setzt sich aus den englischen Wörtern „glamorous" und „camping" zusammen und bedeutet nichts anderes als „luxuriöses Camping".

Sinn eines Campingabenteuers ist die Verbindung von Mensch und Natur. Nichts ist schöner und romantischer als abends vor seinem Zelt am Lagerfeuer zu sitzen, morgens von zwitschernden Vögeln und den ersten Sonnenstrahlen geweckt zu werden. Für diese Naturerlebnisse nimmt der Camper in der Regel einiges in Kauf: Harte Luftmatratzen oder Isomatten, keine ordentliche Duschmöglichkeit und kaum Platz, um sich anzuziehen. Wer einmal Zelten war, der weiß, dass dies nicht nur schön, sondern auch ganz schön lästig sein kann.

Findige Unternehmer aus den USA haben deshalb das Glamping eingeführt. Langsam schwappt der Trend nun über die ganze Welt. In Glamping-Anlagen finden sich innerhalb eines großen Zelts abgetrennte Räume zum Schlafen und Essen oder um sich umzukleiden. Die Glampingzelte in „Aman-i-Khás" im indischen Bundesstaat Rajasthan sind nicht nur mehr als 100 Quadratmeter groß, sondern zudem noch sechs Meter hoch und klimatisiert. Auch in Namibia gibt es ein Glamping-Areal. Das feine „Boulders Camp" in einem Naturreservat hatte auch schon den einen oder anderen Hollywoodstar zu Gast. Die Preise haben es dabei natürlich in sich. Unter 400 Euro pro Nacht kommt kaum jemand weg. Dafür erhält der Reisende große Betten, persönliche Butler, 5-Sterne-Essen, Internet-Zugang, Wellness-Behandlungen, Weine, Liköre oder Zigarren. Glamping ist nur etwas für anspruchsvolle Camper, die der Natur näher sein wollen, ohne dabei auf ihren täglichen Luxus verzichten zu müssen. Das Zielpublikum sind dabei meist Stadtbewohner, die zwar das Campen für sich entdeckt haben, doch mit den Unzulänglichkeiten nicht klar kommen oder klar kommen wollen. Geglampt wird übrigens nicht mitten in der Pampa oder auf einem x-beliebigen Campingplatz, sondern in der Regel auch an den schönsten Orten der Welt. Schließlich sollen Sie sich als Glamper nicht nur in Ihrem Domizil wohl fühlen, sondern auch davor.

Wer auf eigene Faust glampen möchte, erhält mittlerweile auch Glampingzubehör in Outdoor- und Campinggeschäften. Sei es nun die sich selbst aufblasende Luftmatratze mit Daunenüberzug oder der Eskimoschlafsack vom Modedesigner – der Markt für derlei Luxus wächst stetig.

 Surftipps

Bamurru Plains, Northern Territory, Australien: www.bamurruplains.com

Bedarra Island, Queensland, Australien: www.bedarra.com.au

Surftipps

Capella Lodge, Lord Howe Island, Australien: www.lordhowe.com

Wolwedans, Namibia: www.wolwedans-namibia.com

Aman-i-Khás, Indien: www.amansara.com

Clayoquot Wilderness Resort, Kanada: www.wildretreat.com

Paws Up, Montana, USA: www.pawsup.com

Ecocamp, Chile: www.ecocamp.travel

Greystoke Mahale, Tansania: www.greystoke-mahale.com

Paperbark Camp, Australien: www.paperbarkcamp.com.au

Canvas Chic, Südfrankreich: www.canvaschic.com

Thomas Meinert

 Gentleys Tipp

Jogging und Sightseeing
Sport und Kultur auf Geschäftsreisen

Wie schafft es der karrierebewusste Mann, gleichzeitig erfolgreich, sportlich und kulturell bewandert zu sein? Viel Arbeit und ständige Geschäftsreisen in unterschiedlichste Städte und Länder sorgen meist eher für einsame Hotelabende oder den Wunsch nach einem starken Drink an der Bar. Den körperlichen und seelischen Ausgleich zur Arbeit durch Sport und kulturelle Veranstaltungen vernachlässigen viele erfolgsorientierte Männer jedoch zu schnell. Fitness und eine breite Allgemeinbildung machen karrierebewusste Männer noch interessanter und erfolgreicher – im Beruf und im Privaten.

Für Geschäftsreisende und Tagungsgäste

Die Lösung heißt „Sightjogging". Diese beliebte neue Art der Stadtführung, auch „Sightrunning" genannt, findet immer mehr Anhänger, die das Angenehme mit dem Nützlichen verbinden wollen: Nach dem geschäftlichen Termin in der fremden Stadt kann Man(n) die neue Umgebung kulturell erkunden und gleichzeitig Sport treiben. Im Lauftempo wird der Stadtbesucher an Sehenswürdigkeiten und geschichtliche Ereignisse herangeführt, während Herz und Kreislauf trainiert werden. Es gibt meist verschiedene Touren, die zwischen 5 und 10 Kilometer lang sind. Begleitet werden die Kunden in der Regel von erfahrenen Läufern als Guides, die das Lauftempo an die körperliche Leistungsfähigkeit der Mitläufer anpassen und die auch bei kleineren laufbedingten Zipperlein mit Rat und Tat zur Seite stehen. Wer kein begeisterter Jogger ist, kann bei vielen Anbietern die Besichtigungswege auch als Fahrrad- oder Nordic Walking-Touren buchen. Die angebotenen Zeiten kommen Business Männern oft entgegen: Zwischen 6 Uhr morgens und 22 Uhr abends kann die Stadt per Sightjogging erkundet werden.

Surftipps

Berlin: www.sightjogging-berlin.de, www.mikes-sightrunning.de

München: www.muenchen-sightjogging.de

Hamburg: www.touristjogging.de

Augsburg: www.laufkulttour.de

Freiburg: www.city-tours-freiburg.com/jogging.htm

Düsseldorf: www.run-and-see-duesseldorf.de

Barcelona: www.sightjogging-barcelona.com

Rom: www.sightjogging.it

Paris: www.parisrunningtour.com

London: www.cityjoggingtours.co.uk

wwa

Zu Wasser und in der Luft

Schwimmender Luxus

Warum Privatyachten Männer faszinieren

Was für eine verlockende Szene: Man(n) liegt auf Deck unter einem geräumigen Sonnensegel, in der Hand einen eiskalten Drink, meerjungfrauen- oder zumindest bondgirlgleich steigt die Liebste aus dem Ozean an Bord, und der Steward meldet, dass pünktlich um acht Uhr für das Dinner gedeckt sein wird. Nun gut – wenn Sie das für ein Filmklischee halten, dann stellen Sie sich einfach Folgendes vor: Strahlend blauer Himmel, eine üppige Brise bläht das Großsegel, Sie und Ihre vier besten Freunde cruisen mit strammen 10 Knoten durch die Ägäis. Ein eingespieltes Team, bei dem jeder Handgriff sitzt, und einer der Jungs hat sogar noch Zeit gefunden, eine Angel auszulegen. Yachten sind Männerträume. Warum das so ist, kann man eigentlich nicht rational erklären. Denn als Verkehrsmittel, das einen zügig von A nach B bringt, ist eine Yacht denkbar ungeeignet. Vielleicht sind es die Filme über verwegene Piraten aus unserer Jugendzeit, vielleicht ein Rest Hans-Albers-Romantik. Oder vielleicht ist es das Gefühl der Freiheit und Unabhängigkeit, das man mit einem Stück mobiler Heimat genießt. All das mögen Gründe sein, die Faszination zu erklären. Darüber hinaus kann man natürlich auch auf dezente Art ein wenig mit seinem Wohlstand protzen, indem man sogar größere Strecken komfortabel mit der eigenen Yacht zurücklegt, statt mit dem Flieger von Termin zu Termin zu hetzen.

Symbol der Unabhängigkeit

Wie könnte man seine materielle und berufliche Unabhängigkeit besser beweisen, wenn nicht durch den Überfluss an Zeit, den diese Art des Reisens voraussetzt. Ein Boot zu besitzen beweist Stil und zeigt, dass man sein hart verdientes Geld auch gut zu investieren weiß – eine Yacht ist nämlich nicht nur ein exzellentes Männerspielzeug für Fortgeschrittene, sondern auch eine solide Kapitalanlage (siehe Beitrag auf Seite 79).

Welche Yacht passt zu Ihrem Typ?

Sind Sie ...	
technisch interessiert?	ein Traditionalist?
ein Fan von Kraft und Geschwindigkeit?	ein Freund der Ruhe?
begeistert von den neuesten Entwicklungen in der Aerodynamik?	naturverbunden?
interessiert an Wertstoffkunde?	sportlich orientiert?
Dann sind Sie ein Typ für eine	
Motoryacht	Segelyacht

Ein weiteres Argument für den Kauf einer Yacht ist sicherlich das Image, das diesen stattlichen Gefährten anhaftet: Beinahe automatisch assoziiert man damit Sommer, Sonne, Luxus, Urlaub und den Besuch exotischer Länder, der durch dieses traditionelle Fortbewegungsmittel auch erheblich mehr Abenteuerfeeling aufkommen lässt, als etwa eine Pauschalreise von einem sterilen Flughafen zum nächsten.

Was die Yacht vom Bötchen unterscheidet

Von einer Yacht spricht man in der Regel ab einer Schiffslänge von wenigstens 12 Metern. Alles was darunter liegt, ist für den Profi schlichtweg ein Bötchen. Ebenfalls Kennzeichen einer Yacht ist nach allgemeinem Verständnis der Umstand, dass Kabinen zur Unterbringung von mindestens sechs Personen vorhanden sein müssen. Dadurch eignet sie sich sowohl für einen geselligen, flexiblen Urlaub mit Familie oder Freunden als auch für zwanglose Treffen mit Geschäftspartnern.

Luxusmodelle verfügen darüber hinaus über eine Komfortausstattung (auf Wunsch inklusive Jacuzzi), die mühelos mit besseren Hotels mithalten kann, und bieten ausreichend Platz für ein kleines Beiboot, Jet Ski und Tauchausrüstung. Somit ist man auch am Urlaubsort relativ unabhängig unterwegs – aber selbstverständlich nur, wenn man den entsprechenden Führerschein sein Eigen nennt, denn speziell für die Fahrt auf hoher See ist einiges an theoretischem wie praktischem Wissen erforderlich – das beispielsweise Kenntnisse in den Bereichen Seefahrtsrecht, Verkehrsregelungen auf See, Navigation, Instrumentenkunde und Funkverkehr umfasst. So wird die Yacht schnell zum abendfüllenden Hobby, in das man(n) nicht nur tüchtig Geld, sondern auch reichlich Zeit investieren kann.

„Meiner ist länger"

Der Vorwurf, es ginge Männern bei ihren Schiffen um das viel zitierte „Meiner-ist-länger-Prinzip" hält einer genaueren Überprüfung jedenfalls nicht stand. Denn es gibt durchaus Zeitgenossen, die mit einer kleinen Segelyacht sehr zufrieden sind, obwohl sie sich ebenso gut einen Luxusliner leisten könnten. Paul McCartney ist der Legende nach einer von ihnen. Ein Augenzeuge berichtet, der Ex-Beatle habe sich bei Studioaufnahmen in Australien eigens ein kleineres Boot zugelegt, um wenigstens einige Stunden am Tag unerkannt dort verbringen zu können. Auch für andere Prominente spielt sicher der Gedanke, sich bei Bedarf zurückziehen zu können, eine nicht unerhebliche Rolle beim Kauf einer Yacht.

Motoryachten sind in verschiedenen Größen und Ausführungen lieferbar – vom etwas

 Die größte Segelyacht

Die derzeit größte Segelyacht in Privathand dürfte die „Athena" von Royal Huisman sein. Sie ist 90 Meter lang, ein echter Dreimaster und wurde 2004 in den Niederlanden zu Wasser gelassen. Ihr dicht auf den Fersen ist die „Mirabella V" aus der englischen Werft Vosper Thornycroft. Sie misst der Länge nach 75 Meter, ist mit Segeln 90 Meter hoch und setzt nicht nur mit ihrem Preis von 100 Mio. Dollar Maßstäbe.

größeren Motor-Kajütboot bis hin zum ausgewachsenen Schiff mit eigenem Hubschrauberlandeplatz. Allerdings halten sich die herstellenden Werften hier mit den Angaben zu Motorleistung oder Ausstattungsdetails sehr zurück. Der Grund: unter die Rubrik Motoryachten fallen auch die so genannten Megayachten, die unter größter Geheimhaltung von den reichsten Männern der Welt in Auftrag gegeben werden. Denn ein solches Luxusschiff kauft man nicht – man lässt es nach Maß anfertigen wie einen Anzug. Entsprechend dünn sind auch die Informationen darüber, welche Prominente welche High-End-Yacht besitzen. Als Faustregel gilt, dass die Kosten pro Schiffsmeter ca. eine Million Euro betragen. Sonderwünsche wie Speedboote, Hubschrauber-Landeplätze und Tennis-Felder kosten extra.

Prominente und ihre Yachten

Tatsächlich gibt es mehr Yachten als gemeinhin angenommen. Zumindest muss man zu diesem Schluss kommen, wenn man sich die Anzahl der Yachtwerften weltweit betrachtet, und wenn man sich obendrein in den Yachthäfen dieser Welt umsieht. Alleine im Hafen Puerto Banus in Marbella liegen über 900 Boote, viele von ihnen gehören Mitgliedern arabischer Herrscherfamilien und sind mit 70 Metern Länge sowie mehreren Decks beileibe nicht unscheinbar. Die größte Yacht im Hafen gehört Prinz Salman Ben Abd El-Aziz al Saud.

- Der „Urvater" der arabischen Yachtleidenschaft dürfte allerdings König Fahd von Saudi-Arabien gewesen sein, der sich 1984 die „Prince Abdul Aziz" bauen ließ – ein Ungetüm von sage und schreibe 147 Metern. Das Schiff hat jedoch die arabischen Gewässer seit 1995 nicht mehr verlassen, da der inzwischen über 80-jährige Fahd gesundheitlich sehr angeschlagen ist.

- Überhaupt machen in der Regel die größten und spektakulärsten Yachten am ehesten von sich reden, da sie meist auch von besonders wohlhabenden Männern angeschafft werden. So zum Beispiel die „Octopus" von Paul Allen, dem Mitbegründer von Microsoft. Das von Lürssen in Deutschland hergestellte Schiff misst stattliche 135 Meter und verfügt über mindestens einen Hubschrauberlandeplatz sowie ein U-Boot.

- Als echter Fan besitzt Paul Allen jedoch noch weitere Yachten, unter anderem die etwa 92 Meter lange „Tatoosh", die er ebenfalls eifrig nutzt.

- Larry Ellison, amtierender Chef von Oracle, ließ sich ein Basketballfeld auf seiner Yacht „Katana" einrichten. Mit der „Rising Sun" verfügt er nun auch über die mit 136 Metern eine der längsten Privatyachten der Welt.

- Bekannt für seinen „Yacht-Trieb" ist auch Roman Abramowitsch, der russische Multimillionär und Besitzer des FC Chelsea. Ihm gehören unter anderem die „Pelorus" von Lürssen (122 Meter) und die „Le Grand Bleu" (115 Meter), die auf dem Gelände der Vulkan Werft in Bremen entstand. Und dies sind nur zwei Schiffe aus seiner Flotte.

- Der bekannte Formel-1-Manager Flavio Briatore gönnte sich die „Lady in Blue" des niederländischen Herstellers Amels – eine Motoryacht mit 52 Metern Länge, einem Whirlpool und einer eigenen Deck-Disco. Für das Interieur wurden verschiedenste edle Hölzer und Stoffe verarbeitet. Sie bietet Platz für 12 Gäste und 9 Besatzungsmitglieder und erreicht eine Geschwindigkeit von 15 Knoten.

- Giorgio Armani besitzt natürlich ein italienisches Modell, die „Mariú" von Codecasa. Sie kommt auf eine Länge von 49,9 Metern und schafft mit ihrem Motor 14 Knoten. Die „Mariú" hat vier Decks, für Gäste gibt es eine Suite und 5 Kabinen, in denen im Schnitt zwei Personen Unterkunft finden. Für das Personal stehen zusätzlich sechs Kabinen zur Verfügung.

- Michael Douglas geht mit seiner „Phoenix" regelmäßig an der Playa de Palma vor Anker.

Gloria Anders

Gentleys Tipp

Aristoteles Onassis' Yacht
Der Mythos „Christina O" segelt wieder

Bevor Aristoteles Onassis 1954 Hand an die "Christina" anlegte, war sie eine bescheidene Fregatte der kanadischen Kriegsmarine. Millionen Dollar später, wandelte er sie in die wahrscheinlich protzigste Luxusyacht der Welt um. Diese Yacht diente Aristoteles für mehr als zwanzig Jahre als schwimmendes Heim, also betrieb er großen Aufwand, um sicherzustellen, dass es auch den nötigen Luxus bot.

1998 kaufte ein Freund der Familie Onassis die Yacht, und taufte sie um in "Christina O." Heute können in 18 Kabinen bis zu 36 Passagiere untergebracht werden, jeder von ihnen wird zweifellos die Wendeltreppe bewundern, die Bibliothek, die Bar und die Marmorbäder. Winston Churchill war hier, Marilyn Monroe, Frank Sinatra und Prinzessin Grace, nicht zu erwähnen braucht man wohl Jacqueline Kennedy Onassis.

Die Yacht wurde von 1999 bis 2001 überholt und erstrahlt nun wieder im alten Glanz. Privatleute können die „Christina O" für 45.000-65.000 Euro am Tag mieten (Preis abhängig von der Zahl der Gäste).

 Surftipps

www.elmarine.com/christina-o-yacht-charter.html

www.christinayachting.com

www.christina-o.com

gan

Wohnen auf Hausbooten

Wie es sich auf Hausbooten lebt

Auf dem Wasser zu leben ist für viele Menschen ein Traum. Das sanfte Schaukeln der Wellen und die freie Sicht auf das Wasser erzeugen Romantik und wecken Geborgenheit. Zudem ist ein Hausboot als Adresse mehr als außergewöhnlich und verrät ein hohes Maß an Individualität und Originalität. Ein Hausboot verleiht dem Bewohner immer ein Stückchen Freiheit, das Gefühl, man könne einfach den Anker lichten und mitsamt dem eigenen Heim ins Blaue fahren.

Je nach Wunsch können zahlreiche Variationen von Hausbooten gefunden oder selbst gebaut werden. Von einem echten alten Binnenschiffskutter bis zu einem richtigen mehrstöckigen Haus auf einer schwimmenden Plattform reichen die Möglichkeiten.

Sie sind noch unsicher, ob das Leben auf dem Wasser das Richtige für Sie ist? Dann entscheiden Sie sich doch erst einmal für einen Probelauf und verbringen einen Urlaub auf dem Wasser. In zahlreichen europäischen Binnengewässern kann man Hausboote in Größen, die 2 bis 12 Personen Platz bieten, chartern. Beim Schippern entlang von Loire oder Müritz lässt sich das Wohngefühl auf dem Boot wunderbar ausprobieren.

Sie müssen nur einige wenige Anforderungen für das Führen eines Hausbootes erfüllen:

- Der Mieter muss volljährig sein und geistig und körperlich in der Lage, das Boot zu fahren. Ein Bootsführerschein wird nicht benötigt, als Ersatz gilt die Charterbescheinigung.
- Bevor es los geht, muss eine umfassende Schulung erfolgen, bei der der Mieter in alle Fragen rund um das Hausboot eingeführt wird, das Fahren, Anlegen und das Verhalten an Schleusen lernt. Eine Probefahrt ist unerlässlich.
- Bei urlaubsweise gemieteten Hausbooten gilt meist eine Bindung an ein bestimmtes Wasser-Revier, das nicht verlassen werden darf.
- Nächtliche Fahrten sind verboten.
- Besonders wichtig ist es, darauf zu achten, dass die Vorräte an Treibstoff und vor allem an Nutzwasser (für Bad und Küche) stets ausreichen. In den Navigationskarten für das Revier sind „Tankstellen" verzeichnet.

Wenn Sie Feuer für diese Wohnform gefangen haben, werden Sie feststellen, dass Hausboote als feste Wohnsitze gewisse Besonderheiten aufweisen:

- Hausboote, die als Wohnadresse dienen, liegen fest vor Anker und dienen

 Buchtipp

Barbara Flanagan: „Das Hausboot Buch", Brandstätter Verlag, 36 Euro.

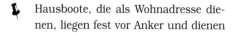

nicht gleichzeitig als Transportmittel. Deshalb brauchen Sie auch dringend einen genehmigten Liegeplatz in der jeweiligen Stadt. Anforderungen wie Absicherung, Zugang zu Infrastruktur etc. sind wichtige Auswahlkriterien. So ein Liegeplatz ist übrigens gebührenpflichtig – ganz mietfrei bleibt man also auch auf einem Hausboot nicht.

- Statt der absoluten Mobilität bieten Wohnboote jedoch ein Mehr an Komfort. Schließlich soll man sich darin ja nicht nur in 2 Wochen Sommerurlaub, sondern das ganze Jahr über wohlfühlen. Deshalb achten Sie auch besonders an einen stabilen Rumpf, denn das Hausboot soll ja viele Jahre halten.

- Lassen Sie Ihr Hausboot vom TÜV genehmigen und achten Sie auf absolute Sicherheit.

Surftipps

www.bootsurlaub-online.de

www.hausboot.de

www.hausboot.com

www.kuhnle-tours.de

www.ferien-auf-dem-wasser.de

www.leboat.de

www.houseboatingworld.com

www.waterwayhouseboats.com

www.houseboat.com

Oliver Kättner

Hoch hinaus

Was Vielfliegern das Leben erleichtert

Wer beruflich viel unterwegs ist, wird sicherlich viel Zeit im Flugzeug und im Flughafen verbringen. Vielflieger können von den folgenden Tipps profitieren.

Die richtige Kleidung für lange Flugreisen

Flugreisen von 8 bis 10 oder mehr Stunden können anstrengend sein, auch wenn man eigentlich nur sitzt. Die Auswahl des richtigen Outfits steigert nicht nur den Komfort an Bord des Flugzeugs, sondern erleichtert und vereinfacht bestenfalls auch die gesamte Reisegarderobe. Schlaues strategisches Packen ist ein Erfolgsgeheimnis für entspannte Reisen. Reise-Profis optimieren ihr Gepäck so, dass sie neben dem, was sie auf dem Leib tragen, mit einer einfachen Reisetasche auskommen (Surfgepäck oder Ausrüstung für Gebirgsexpeditionen einmal ausgeschlossen).

Das richtige Material

- Achten Sie darauf, dass kein Hosenbund drückt und nichts scheuert oder die Bewegungsfreiheit einengt. Strick- und Webwaren, am besten mit einem leichten Stretchanteil, sind die besten Begleiter. Sie gehen mit der Ausdehnung des Körpers mit und bleiben auch besser in Form als andere Stoffe.

Dunkel und schmutzabweisend

- Kleckern, Wasserspritzer oder andere Malheure sind auf Reisen unvermeidlich. Wechselkleidung ist jedoch begrenzt. Wer sich beschränken muss, tut deshalb gut daran, fleckunempfindliche Kleidung zu tragen. Deshalb sollten Sie dunkle Farben bevorzugen. Sollte einmal etwas schief gehen, sind schnell trocknende Kunstfasern von Vorteil. Zur Not können Sie diese von Hand im Waschbecken reinigen.

Das Zwiebelprinzip

- Je mehr Sie am Körper tragen, desto leichter ist Ihr Gepäck. Eine bestechend einfache und dennoch goldene Regel. Im Flugzeug erspart Sie Ihnen außerdem lästiges Kramen im Gepäck, sollte Ihr Ziel einer anderen Klimazone angehören, als Ihr Start. Abgesehen davon lohnt es sich immer, auf langen Flugreisen, lange Hosen und Pullover zu tragen, denn die Klimaanlage sorgt meistens für moderate bis kühle Temperaturen auf dem Flug.

Sicherheit geht vor Style

- Sie ist nicht schön aber nützlich: die Bauch- beziehungsweise Gürteltasche. Besonders wenn Sie alleine reisen, sollten Sie eine dabei haben. So haben Sie die wichtigsten Dinge immer sicher am Körper. Auch bei der Auswahl Ihrer Garderobe denken Sie immer an den Ernstfall: Sollte Ihr eingechecktes Gepäck verloren gehen, haben Sie dann das an, was Sie am liebsten tragen würden und mit dem Sie zur Not für alle Eventualitäten gerüstet sind?

Meilen sammeln

Wer viel fliegt, kann auch Meilen sammeln. Jeder, der viel auf Geschäftsreise geht, kann an einem Vielfliegerprogramm einer Fluggesellschaft teilnehmen. Bei den Vielfliegerprogrammen werden einem Punkte oder Meilen entsprechend der geflogenen Meilen gutgeschrieben. Diese können dann in Flugreisen oder andere Prämien umgetauscht werden. Außerdem wird über diese Programme der Lounge-Zugang geregelt. So darf man bei der Lufthansa entsprechend des Ranges die entsprechende Lounge auf den jeweiligen Flughäfen nutzen.

Noch mehr sammeln

Nicht nur beim Fliegen können Sie Meilen sammeln, sondern auch durch das Buchen bestimmter Hotels und Mietwagen oder durch das Abonnieren einer Zeitung oder Zeitschrift. Nähere Informationen unter www.miles-and-more.com.

Jede der großen Gesellschaften hat ein eigenes Programm. Die Lufthansa ist Mitglied in der Star Alliance und man erhält auch Meilen gutgeschrieben, wenn man mit irgendeiner Gesellschaft fliegt, die dieser Vereinigung angehört. Lufthansa Miles & More bietet allen, die 600.000 Meilen und mehr binnen zwei Jahren sammeln, die Mitgliedschaft im exklusiven HON-Circle. Im Lufthansa First Class Terminal in Frankfurt genießen die Mitglieder einen schnellen Check-in, edle Speisen, Ruhezonen sowie einen eigens eingerichteten Limousinen-Service zum Flugzeug.

Surftipps

Übersicht über Vielfliegerprogramme: www.tsbot.de

Meilenumrechnungsprogramm: www.webflyer.com

Forum für Vielflieger: www.flugreport.com

Informationen über Airlines, Bonusprogramme und mehr: www.flykit.de

Tipps zum Meilen sammeln: www.bonusmeilen.info

Privatjet statt Business-Class

Hollywoodstars, Basketball-Profis, Golf-Größen, Unternehmer wie die Chefs von Universal Music und Warner Bros. oder Computer-Giganten wie Bill Gates haben es leicht: In ihren „Private Jets" haben sie Stewardessen, die dem eigenen Geschmack angemessen sind, Abflugzeiten, die sich mit dem Golf-Termin vereinbaren lassen, Dinner nach Lust und Laune. John Travolta fliegt eine eigene B707 in schickem Design. Bei einer Konzerttournee von

Stars wie Phil Collins oder den Rolling Stones sind die Privatjets einfach Teil des steuermindernden Kostenaufwands. Das sind in der Regel gecharterte Jets, von Privatair oder Jet Aviation. Michael Schumacher hingegen nennt eine Gulfstream sein eigen. Kaufpreis ca. 50-60 Millionen Euro.

Nicht jeder Multimillionär muss sich jedoch gleich einen eigenen Jet kaufen. „Time sharing" oder „Fractional Ownership" heißen die Modelle, die inzwischen immer mehr nachgefragt werden. Unternehmen wie Flexjets, Netjets, Travelair, Citation Shares oder Flight Option bieten ihre Maschinen mit einem „Time sharing"-Vertrag an. Von der zehnsitzigen Cessna Citation bis zum Boeing Business Jet ist alles verfügbar. Netjets gehört beispielsweise zu den größten Kunden der Hersteller von Geschäftsflugzeugen. Privatjets sind für Geschäftsleute und Firmen ökonomisch sinnvoll, da sie erheblich Zeit sparen. Wenn mehrere Personen fliegen, kostet der Flug so manchmal weniger als Business-Class-Tickets für alle Reisenden. Die Vorteile gegenüber einem Linienflug liegt auf der Hand: Sie machen sich unabhängig von den Flugplänen der Liniengesellschaften. Und die Innenausstattung spricht sowieso für sich: Statt Kniekontakt zum Vordersitz gibt es Wohnlandschaften, Schlafzimmer und Bars an Bord.

 Surftipps

Net Jets Europe: www.netjets.com

VistaJet: www.vistajet.com

Club Airways: www.clubairways.com

Weitere Anbieter: www.aircharterguide.com

Zugang zu Lounges weltweit

Die langen Wartezeiten an Flughäfen in unkomfortablen Hallen sind wahrscheinlich jedem Flugreisenden ein Gräuel. VIP-Lounges sind da wahre Oasen im Flughafenbetrieb. Der „Priority Pass" bietet Flugreisenden endlich Komfort, Ruhe, Entspannung und auch optimale Arbeitsbedingungen. In den 600 Lounges der weltweit agierenden Gesellschaft „Priority Pass" können Mitglieder Faxe verschicken, Geschäftsberichte schreiben oder einfach nur Ruhe sowie kostenfreie Snacks und Erfrischungsgetränke genießen. Der Service ist unabhängig von der genutzten Fluglinie. Das internationale Unternehmen bietet drei verschiedene Mitgliedschaften. Die Standard-Mitgliedschaft kostet einen Jahresbeitrag von 99 Euro. Hinzu kommt eine Gebühr von 24 Euro, wenn das Mitglied die Lounge nutzen möchte.

 Surftipp

www.prioritypass.com

Thomas Mayerhöfer

Gentleys Tipp

Die besten Geldverstecke für unterwegs
Sichere Orte für Ihre sieben Sachen

Wer auf Reisen geht, muss vorher gut überlegen, wie er sein Geld unterwegs so verstecken kann, dass es in keinem Fall gestohlen wird. Mit einer soliden Planung fängt alles an. Dazu zählt in jedem Fall eine ausführliche und genaue Recherche über das Reiseland. Denn oft haben sich die Langfinger einer Region auf bestimmte Tricks spezialisiert. Meist finden Sie in guten Reiseführern entsprechende Hinweise. Hier einige Tipps, um unterwegs das Geld zu sichern:

- Optimal sind verschiedene Verstecke. Denn wenn ein Dieb eines findet, sind an anderer Stelle noch Reserven vorhanden.
- Nicht zuviel Bargeld mitnehmen und stattdessen lieber eine Reiseroute so planen, dass zwischendurch immer wieder Geld vom Automaten geholt werden kann.
- Geld und Wertsachen immer so nah wie möglich am Körper tragen.
- Sich nicht auffällig begütert zeigen. In armen Ländern fällt ein Tourist ohnehin schon auf. Wer dann noch wertvollen Schmuck zeigt oder wertvolle Gegenstände, lockt die Diebe an.
- Der Klassiker ist der Geldgürtel und ein Brustbeutel. Besser ist da schon eine nach innen zu kehrende Gürteltasche, die zwar am Gürtel aufgehängt ist, jedoch in der Innenseite der Hose versteckt wird. Wird der Gürtel durchgeschnitten, würde der Träger den Beutel immer noch in der Hose halten können.
- Schulterhalftertaschen sind ebenfalls eine Möglichkeit. Sie sind in Trekkingläden zu finden.
- Auch um die Waden können Geldbeutel gebunden werden. Dort vermuten Diebe selten Wertsachen.
- In Socken lässt sich Geld ebenfalls verstecken.
- Es gibt Sandalen (von Reef), die ein Geldversteck in den Sohlen eingearbeitet haben.
- Auch in einem Buch können Sie Geld verstecken.
- In einem Erste-Hilfe-Set lässt sich Geld auch verstecken.
- Getränkedosen eignen sich ebenfalls als Versteck.
- Besonders originell ist eine Unterhose mit braunem Streifen und einem eingearbeiteten Geldfach.
- Fragen Sie im Trekkingladen nach, welche Möglichkeiten es sonst noch gibt. Die Angestellten dort sind echte Reisespezialisten.
- Ein Geldversteck niemals in der Öffentlichkeit offenbaren. Oft genug kramen Reisende aus ihrem Geldversteck in aller Öffentlichkeit Geld heraus. Das lockt in jedem Fall Diebe an.

tma

Wie Sie eine Flugreise optimal planen

Lange Wartezeiten und Verspätungen bei Flugreisen sind ärgerlich – aber auch zu einem gewissen Anteil vermeidbar. Mit ein paar einfachen Regeln nützen Sie Ihre Zeit besser und vermeiden unnötige Verzögerungen:

Buchen Sie Direktflüge

- Eine der häufigsten Quellen für Verspätungen ist das Verpassen der Anschlussflüge. Wenn Sie direkt fliegen, gehen Sie diesem Problem aus dem Weg.

Nutzen Sie aktualisierte Online-Flugpläne und Statistiken

- Manche Flüge sind so geplant, dass es immer wieder zu Problemen und Verzögerungen kommt. Nutzen Sie das Wissen, dass es darüber gibt. Zum Beispiel, indem Sie die Geschichte des Flugs und Pünktlichkeits-Statistiken verfolgen. Die Online-Übersichten über Abflüge und Ankünfte an Flughäfen geben stets Auskunft über aktuelle Verzögerungen, verfolgen Sie die Daten für Ihr Reiseziel und finden Sie so die zuverlässigste Fluggesellschaft. Besuchen Sie auch Test- und Vergleichsforen, so profitieren sie von den Erfahrungen anderer Reisender.

Reisen Sie morgens

- Je früher am Tag Sie fliegen, desto weniger Verspätung werden Sie erleben. Im Laufe eines Flugalltages summieren sich viele kleine Verspätungen, am Morgen werden die Slots jedoch meist noch eingehalten.

Check-In am Vortag

- Nutzen Sie die Möglichkeit, bereits am Vortag einzuchecken. Das erspart Ihnen die Warteschlange am Reisetag.

Planen Sie Anschlussflüge und Umstiege

- Wenn es keine Direktflüge zu Ihrem Wunschziel gibt, planen Sie Ihre Anschlüsse sorgfältig und genau. Sie benötigen genügend Zeit zum Umsteigen, wollen aber nicht unnötig lang an irgendeinem Flughafen festsitzen. 90 Minuten sind ein guter Richtwert für eine komfortable Umsteigezeit. In dieser Zeit erreichen Sie Ihren Anschluss, ohne zu hetzen und verlieren nicht zu viel Zeit beim Warten. Selbst kleinere Verspätungen sind dann noch abgedeckt. Sollte Ihr Anschlussflug allerdings nur einmal am Tag gehen, dann sollten Sie sich absichern und früher anreisen, um nicht über Nacht bleiben zu müssen, falls doch etwas schief geht. Drei Stunden Wartezeit sind eventuell doch angenehmer als eine Nacht im Flughafenhotel.

Vermeiden Sie die großen Flughafen-Drehkreuze

Diesen Tipp zu befolgen ist sicher nicht immer möglich, eine Überlegung ist es jedoch wert. Umsteigen auf kleineren Flughäfen ist durchaus stressfreier. Die Flugzeuge haben mehr Slots für Starts und Landungen zur Verfügung.

Thomas Mayerhöfer

Gentleys Tipp

Die coolsten Bars weltweit
Wo Sie auf Reisen einkehren können

Der After-Work Drink gehört zum Business-Mann wie seine stilvolle Kleidung und seine Geschäftsbeziehungen. In hippen Bars werden bei besten Cocktails Kontakte geknüpft, es wird geflirtet und geschäftlichen Fragen kann im stylischen Ambiente nachgegangen werden.

- **Red Square, Las Vegas**
  Thema dieser Bar ist Russland. Highlight: der Tresen besteht aus Eis, so dass die Getränke immer schön kühl bleiben (Blvd South, Mandalay Bay Hotel).

- **The Library/The Garden Room, London**
  Die Wände dieser Bar sind mit unzähligen in Leder eingebundenen Büchern geschmückt. Stilvoller geht es kaum – eine Bar für Kunden, die nach der exklusiven Location suchen (Lanesborough Hotel, Hyde Park Corner).

- **Les Caves du Roy, St. Tropez**
  Wer den Türsteher von sich überzeugen kann, darf mitfeiern in einem der angesagtesten Nachtclubs der Welt. Hier feiern die Reichen und Schönen im besonders extravaganten Ambiente (Avenue Paul Signac).

- **Campbell Apartment, New York**
  Die Bar ist in ganz Amerika bekannt und beliebt. Absolutes Highlight ist die alte Einrichtung, die den ort so malerisch und märchenhaft macht (15 Grand Central Station, Vanderbilt Avenue).

- **Saphire Bar, Berlin**
  Die Saphire Bar ist bekannt für ihre Whisky Auswahl. Natürlich gibt es auch andere Getränke wie Cocktails (Bötzowstr. 31).

- **The Glamour Bar, Shanghai**
  Für Glamour und Luxus wird diese Bar in Shanghai von Kunden aus aller Welt geschätzt. (Guangdong Lu Corner of the Bund).

 Surftipp

www.worldsbestbars.com bietet einen Überblick über angesagte Bars in aller Welt.

tma